Friedrich Georg Jünger · Die Perfektion der Technik

Friedrich Georg Jünger

Die Perfektion der Technik

Klostermann**RoteReihe**

Bibliographische Information der Deutschen Nationalbibliothek

Die Deutsche Nationalbibliothek verzeichnet diese Publikation in der Deutschen Nationalbibliographie; detaillierte bibliographische Daten sind im Internet über *http://dnb.d-nb.de* abrufbar.

8., um ein Nachwort vermehrte Auflage 2010

© Vittorio Klostermann GmbH · Frankfurt am Main · 1944
Alle Rechte vorbehalten, insbesondere die des Nachdrucks und der Übersetzung. Ohne Genehmigung des Verlages ist es nicht gestattet, dieses Werk oder Teile in einem photomechanischen oder sonstigen Reproduktionsverfahren zu verarbeiten, zu vervielfältigen und zu verbreiten.
Gedruckt auf Alster Werkdruck der Firma Geese, Hamburg.
Alterungsbeständig ∞ ISO 9706 und PEFC-zertifiziert
Druck und Bindung: Hubert & Co., Göttingen
Printed in Germany
ISSN 1865-7095
ISBN 978-3-465-04094-1

VORBEMERKUNG

„Die Perfektion der Technik" und „Maschine und Eigentum" sind in diesem Bande vereinigt. Beide Bücher, die nacheinander erschienen und durch den Ansatz der Betrachtung sich unterscheiden, gehören zusammen.

„Die Perfektion der Technik", die im Frühling des Jahres 1939 begonnen und im Sommer des gleichen Jahres beendet wurde, konnte erst im Jahre 1946 erscheinen. An eine Veröffentlichung war in den Kriegsjahren nicht zu denken. Erwähnen will ich, daß das Manuskript trotz dieser Unmöglichkeit zweimal gesetzt wurde, von meinen Verlegern Benno Ziegler in Hamburg und Vittorio Klostermann in Frankfurt am Main. Durch Bombenangriffe wurde sowohl der Satz in Hamburg wie die fertiggestellte Auflage in Freiburg bis auf wenige Exemplare zerstört. In der gleichen Zeit druckte der Drucker Victor Hammer in Lexington, Ky., USA., der im Besitze eines Manuskripts war, zusammen mit seinem Sohne, neun Exemplare im Handdruck und gedieh mit dieser langwierigen, sorgsamen Arbeit bis zur Seite 60. Der Verlust des Manuskripts sollte verhütet werden. Ihm, seinem Sohne und meinen Verlegern schulde ich für ihre Bemühungen Dank. Nicht alles führt zum Ziele, doch belehrt uns das Leben darüber, daß in den Mühen des Versuchs, selbst des untauglichen, mehr Kraft, Wohlwollen und Fürsorge liegen kann als im mühelosen Gelingen.

Indem ich das erwäge, danke ich auch den Lesern, die mir freimütig zu erkennen gaben, daß solche Bücher wie „Die Perfektion der Technik" und „Maschine und Eigentum" nicht gedruckt werden dürften, daß ihr Druck verhindert und verboten werden müßte. Sie überschätzen die Macht der Zensur und auch die des gedruckten Wortes. Gedanken, sie mögen beschaffen sein, wie sie wollen, kommen aus Berührungen, und Berührungen setzen einen Widerstand voraus. Bücher lassen sich verbieten, nicht aber die Bewegungen, die vorausgehen, wenn es zu ihnen kommen soll, nicht Berührungen, nicht Widerstände, nicht Erfahrungen. Daß diesem jetzt neu erscheinenden Buche lange, wiederkehrende und auch schmerzliche Erfahrungen zugrunde liegen, wird dem deutlich werden, der es aufmerksam liest. Mir wäre wohler gewesen, wenn ich es nicht hätte schreiben brauchen. Indessen hat diese Auseinandersetzung nichts Zufälliges, und auch der Zeitpunkt, an dem sie hervortritt, ist nicht beliebig, nicht zufällig gewählt. Die Frage nach den Grenzen der Mechanik, nach den Grenzen des automatisierten technischen Bereiches wird nicht mehr ruhen können. Kein Techniker wird sie verhindern können. Mit Verboten ist hier nichts zu erreichen, und dort, wo sie bestehen, ändern sie nichts, das heißt, sie können die Verstrickung des Arbeiters in Apparatur und Organisation nicht verheimlichen. Heute, nach dem zweiten Weltkriege, gleicht die Lage aller Staaten der von Schiffen, die mit einer durchaus intakten, trefflich funktionierenden Maschinerie auf einen unbekannten Eisberg zulaufen.

Über den Dogmatismus des Technikers läßt sich folgendes sagen. Er ist nicht weniger hart als der des Theologen und nicht weniger erfolgreich. In seinem Wissen, das auf Fortbildung der Apparatur und Organisation bezogen ist, ist dieser Dogmatismus nicht zu spüren, denn hier ruiniert eine Erfindung ruhelos die andere, und jede neue macht alle vorhergehenden zum Gerümpel. Nicht in seinem Wissen, sondern in seinem Glauben an dieses Wissen ist der Techniker dogmatisch. Über die Wissenswürdigkeit seines Wissens denkt er weder nach, noch zieht er sie in Zweifel. Mehr noch, er duldet nicht, daß andere über die Wissenswürdigkeit dieses Wissens nachdenken und Zweifel darüber hegen. Die Kritik, die von Technikern an der „Perfektion" und an „Maschine und Eigentum" geübt wurde, hat mich zunächst durch den unverhüllten Dogmatismus überrascht. Widerspruch ohne Begründung, pure Versicherungen, unbedingtes Vertrauen in eine maschinell zu bewältigende Zukunft, darauf läuft die Summe der Einwände hinaus. Und auch auf die Schilderung riesenhafter neuer Anlagen, auf Fabriken, welche die Sonnen- und Meeresenergien ausnützen und Kettenreaktionen in Gang setzen. Die Vernutzung ist so weit fortgeschritten, daß nach neuen Methoden der Ausbeutung unbedingt Ausschau gehalten werden muß. Auch auf dem Mond könnten abbauwürdige Vorkommen sein. Gewiß, auf dem Mond liegt manches. Das alles verhindert nicht, daß ein enthusiastischer Mechaniker etwas Unerträgliches ist. Selbst das Mögliche, Erreichbare wird durch seinen Enthusiasmus in Humbug verwandelt.

Die rohe Einseitigkeit solcher Berechnungen, die ganz vergißt, daß der Gang aller Aktionen und Reaktionen, die mechanisch in Gang gesetzt werden, also auch der Kettenreaktionen, auf den Menschen bezogen bleibt, auf ihn zurückfallen muß, hat etwas Unerträgliches. Auch habe ich keine Lust, mich mit Angestellten und Agenten eines der vielen Pläne zu unterhalten, die heute in Gang gesetzt sind, mit den Agenten eines Vier- oder Fünfjahresplans, zu denen Wissenschaftler, Techniker und auch Lyriker gehören, die plangemäß Hymnen auf ein Hüttenkombinat oder eine Kugellagerfabrik anstimmen. Mit solchen Leuten ist kein Gespräch zu führen, da sie nicht mehr Partner eines Gesprächs, sondern Demonstranten sind. Die Umwandlung des Gesprächspartners in einen Demonstranten kennzeichnet die Dogmatisierung der Glaubensgrundlagen einer mechanischen Bewegung.

Ein Einvernehmen ist schwer zu erzielen. Doch ist es nicht überall unmöglich. So werden vielleicht nicht alle, aber doch die meisten zum Einvernehmen darüber kommen, daß frische Butter besser ist als ranzige. Auch werden die meisten darin übereinstimmen, daß frische Butter von der Kuh besser ist als Margarine, selbst wenn sie, wie das heute geschieht, mit Vitaminpräparaten versetzt wird. Der Widerspruch kann den Besitzern von Margarine-Fabriken und von chemischen Fabriken, die Vitaminpräparate herstellen, überlassen bleiben. Auch über technische Fragen ist ein Einvernehmen zu erzielen, schwer aber über eine Fragestellung, die dem technischen Bereich selbst Grenzen zu setzen versucht und die Rückwirkungen einer automatisierten Mechanik auf den Menschen bedenkt. Ein solches Unternehmen rührt an mächtige Interessen und hat keine Bundesgenossen. Es kann nur störend wirken. Ihm gegenüber schließen sich auch bittere Feinde zur gemeinsamen Abwehr zusammen. Kapitalisten und Sozialisten, Inder und Chinesen, Politiker, Wissenschaftler und Techniker sind sich einig darüber, daß der technische Bereich, vor allem also der Bereich der automatisierten Mechanik, rücksichtslos auszudehnen ist, daß von dieser hastigen Ausdehnung unser aller Zukunft abhängt. Welche Zukunft aber? Abhängig werden wir in Maßen und Graden, die dieses Buch zu umschreiben versucht. Zugleich deutet sich etwas anderes an. In der Ausdehnung des mechanischen Bereiches liegen für uns keine Schwierigkeiten mehr. Die Probleme, die hier zugrunde lagen, sind gelöst, und der Vorgang ihrer umfassenden Anwendung stößt auf immer geringere Widerstände. Darin kündigt sich ein Endzustand an. Wir nähern uns einem Zustand, der als Sättigung beschrieben werden kann. Dieser Begriff hat nicht nur chemisch einen guten Sinn; er reicht weiter. Durch ihn wird verständlich, daß wir von einem Denken, welches technische Probleme bewältigt, zu einem anderen Denken kommen, welches die Folgen dieser Bewältigung zum Gegenstand hat. Über die Hebelgesetze wissen wir Bescheid. Welche Folgen die Anwendung dieser Hebelgesetze auf das Zusammenleben von Menschen hat, das müssen wir erkunden. Dieses Erkunden geht über alles technische Fragen hinaus.

Erwähnt sei, daß „Die Perfektion der Technik" in einer englischen Übersetzung von Henry Regnery in Hinsdale (Illinois) 1949 herausgebracht wurde. An dem Briefwechsel mit amerikanischen Lesern fiel mir deren Unbefangenheit auf, eine Unbefangenheit, die sich in Zustimmung und Ablehnung gleichblieb. Mir scheint, daß diese Unbefangenheit mit dem Mangel an Neid zusammenhängt, der dem Amerikaner eigentümlich ist und vielleicht kein Verdienst ist, da Leute, die über die Hilfsmittel eines ganzen Kontinents verfügen, nicht dem Neid, sondern anderen Lastern sich zuwenden mögen. Vielleicht liest der deutsche Leser gründlicher und weniger weiträumig. Wir sind auf engem Raum zusammengepfercht, woraus sich vieles Unzuträgliche ergibt, so das allzuhäufig wiederkehrende Argumentum ad hominem, das an dem Verhältnis zwischen Autor und Leser zu rütteln versucht. In den Zeiten demokratischer Publizität werden an den Autor Anforderungen gestellt, denen schwer zu genügen ist. Er muß die Haut des Elefanten entwickeln, ohne an seiner Sensibilität Schaden zu nehmen. Die anspruchsvollen Leser sind aber nicht immer die besten. Solche Leser, die vom Autor die radikale Lösung ihrer eigenen Nöte und Schwierigkeiten erwarten, sind ungeduldig und verlangen von ihm das, was der Deus ex machina in der griechischen Tragödie leistet. Sie sind nicht zufrieden damit, daß ihnen neue Zusammenhänge aufgedeckt werden, sie wollen schnelle Lösungen, die ihnen von anderen fertig geliefert werden. Patentlösungen, an denen heute kein Mangel ist, sind die Sache technischer Erfinder. Im Umgang, im Zusammenleben von Menschen gibt es keine Patentlösungen.

ERSTES BUCH

DIE PERFEKTION DER TECHNIK

Motto: Platz für alles, aber alles an seinem Platze.
Inschrift in einem Werkzeugschuppen

1.

Technische Utopien sind, wie die Betrachtung der Literatur zeigt, nichts Seltenes; sie sind vielmehr so häufig und werden so gern gelesen, daß ein allgemeines Bedürfnis nach einer Lektüre dieser Art vorauszusetzen ist. Gefragt werden könnte also, warum gerade die Technik dem utopisch arbeitenden Verstand so viel Stoff liefert. In einer früheren Zeit war es der Staat, von dem er ausging, und das Buch, das der ganzen Gattung den Namen geliefert hat, die Schrift des Thomas Morus, „De optimo rei publicae statu, de que nova insula Utopia" war ein Staatsroman. In der Wahl des Gegenstandes, im Wechsel der Gegenstände spiegelt sich die wechselnde Teilnahme, die man ihnen entgegenbringt. Diese Teilnahme wird nicht durch das Fertige, Abgeschlossene, Übersehbare erweckt, sie begnügt sich weder mit der Vergangenheit noch mit der Gegenwart, sie wendet sich dem in der Zukunft Möglichen zu und beutet die Chancen aus, welche die Zukunft andeutet. Die Utopie braucht ein Schema, das einer rationalen Fortbildung zugänglich ist, und die Technik ist das brauchbarste Schema dieser Art, das heute vorzufinden ist. Es gibt kein anderes, das mit ihm in Wettbewerb treten könnte, denn selbst die soziale Utopie verliert ihren Glanz, wenn sie sich nicht auf den technischen Fortschritt stützt. Sie kann nicht auf ihn verzichten, ohne unglaubwürdig zu werden. Das Zeitalter des technischen Fortschrittes ist nicht fertig und abgeschlossen, es ist da und in voller Bewegung, und diese Bewegung nimmt reißend zu. Es ist nicht identisch mit der geschichtlichen Bewegung, die umfassender ist und auch den nichttechnischen Bereich einbegreift, aber es steht als eine Art Schmiede und Hammerwerk im Dienst dieser Bewegung.

Der Utopist ist weder Prophet noch Seher, ist es auch dann nicht, wenn das von ihm Vorhergesagte eintrifft, wenn seine Voraussagen sich bewahrheiten. Niemand wird in einem Jules Verne oder Bellamy prophetische Gaben suchen, da ihnen so gut wie alles zum Propheten fehlt, zunächst das Amt, die Berufung, und deshalb auch das Wissen, das hier erforderlich ist, und die Sprache, in der es sich mitteilt. Im besten Falle erraten sie etwas, das kommen wird, und spielen mit der Zukunft, die für sie niemals jene Gewißheit haben kann, die sie für den Menschen hat, der religiös lebt und denkt. Was sie in die Zukunft projizieren, ist die in der Gegenwart auftauchende Möglichkeit, die sie durch ein logisches, rationales Verfahren entwickeln. Und es wäre unbillig, mehr von ihnen zu fordern. Wenn wir von Prophezeiungen und Gesichten fordern, daß sie untrüglich sind und gewiß eintreffen, so verlangen wir von der Utopie nicht mehr als einen gewissen Schimmer der Glaubwürdigkeit und Wahrscheinlichkeit, durch die sie unseren Verstand befriedigt. Denn das durchaus Unglaubwürdige und Unwahrscheinliche erweckt nur Unbehagen und Langeweile; es lohnt nicht, sich mit ihm zu befassen. Wenn also das Phantastische unsere Aufmerksamkeit und Teilnahme erwecken will, dann tut es gut, die Mittel dazu in unserem Verstand zu suchen. Es muß uns durch seinen Zusammenhang, durch seine Folgerichtigkeit, durch die geistige Kälte des Arguments bestechen. Wer das Unwahrscheinliche wahrscheinlich machen will, der muß es durch die Nüchternheit seines Vortrags, durch seinen kahlen Stil tun. Und dieses sind auch gemeinhin die Mittel, deren sich der Verfasser einer Utopie bedient, um uns anzulocken, ob er uns nun auf den Mond führt oder in den Mittelpunkt der Erde oder an einen anderen Ort. Er ruft die Wissenschaft zu Hilfe, um das Fabelhafte seiner Fabel zu verstecken.

Was ist aber das eigentlich Utopische an der Utopie? Es liegt in einer Verbindung des Unvereinbaren, in einer Grenzüberschreitung, in den unberechtigten Schlüssen, die aus widerstreitenden Voraussetzungen gezogen werden. Hier gilt nicht der Satz: A posse ad esse non valet consequentia. Wenn wir eine solche Utopie, einen technischen Roman etwa, betrachten, dann werden wir finden, daß das Utopische nicht, wie vermutet werden könnte, in dem technischen Schema liegt, das der Verfasser fortbildet. Wenn er uns Städte mit rollenden Straßen beschreibt, in denen jedes Haus eine perfekte Wohnmaschine ist, jedes Dach einen eigenen Flughafen hat, wo den Hausfrauen alle Bestellungen durch ein vollendetes Röhrensystem in die Küche geliefert werden, das Essen sich von selber kocht oder gar durch Roboter herbeigetragen wird, wenn er uns versichert, daß diese Städte aus einer Substanz errichtet sind, die im Dunkel in sanftem Licht zu leuchten beginnt, und daß die seidenen Gewänder, die man dort trägt, aus dem Kehricht oder der sauren Milch gewonnen sind, dann ist er noch kein echter Utopist. Denn alles dieses liegt, ob es nun wirklich wird oder nicht, im Bereich der technischen Organisation und ihrer Möglichkeiten. Wir begnügen uns mit der Feststellung, daß diese Einrichtungen denkbar sind und lassen einstweilen die Frage außer acht, was damit gewonnen ist, daß ein solcher Zustand erreicht wird. Utopisch wird die Darstellung erst, wenn der Utopist diesen Bereich verläßt, wenn er uns etwa einzureden versucht, daß in diesen Städten und Häusern bessere Menschen leben, daß man dort keinen Neid, keinen Mord und keinen Ehebruch kennt und daß weder für Gesetze noch für Polizei ein Bedürfnis in ihnen vorliegt. Denn hier verläßt er das technische Schema, innerhalb dessen er seine Phantasien fortspinnt, und verbindet es auf utopische Weise mit etwas anderem, Nichtzugehörigen, das aus diesem Schema niemals zu entwickeln ist. Bellamy ist deshalb ein größerer Utopist als Jules Verne, denn dieser hält sich genauer an das technische Schema. Ein sozialer Utopist wie Fourier glaubte allen Ernstes daran, daß, wenn man seine Theorien annehmen und durchführen würde, das Meerwasser selbst zu süßer Limonade werden müsse und Walfische freudig die Schiffe ziehen würden. Er schrieb also seinen Gedanken eine Kraft zu, die mächtiger wirkte als das Lied des Orpheus, und er tat es noch, als sein Phalanstère „La Réunion" zusammengebrochen war. Hätte er ein wenig nachgedacht, dann hätte er merken müssen, daß die Meerestiere in Limonade, die, wenn sie gut ist, nicht aus Surrogaten sondern, aus Limonen bereitet ist, nicht leben können. Diese Vorstellung ist von widriger Süße. Eine so ausschweifende Vernunft ist lächerlich, vorausgesetzt, daß man nicht gerade zu denen gehört, die durch sie zugrunde gerichtet werden. Doch müssen wir einräumen, daß zu jedem System, das rund genug ist, um unsere geistige Teilnahme zu erwecken, ein Korn utopischen Salzes gehört. Ein Beispiel dafür liefern die Lehren von Comte. Es wird uns das heute deutlicher, weil der Positivismus überall auf dem Rückzuge ist und auch in den Einzelwissenschaften seine Erbgüter räumen muß. Offenbar haben wir jenes dritte und höchste Stadium menschlicher Entwicklung, das positive nämlich, das Comte für sich und seine Lehre erreicht zu haben behauptete, schon durchschritten, und sein Motto: „Voir pour prévoir, prévoir pour prévenir" gilt so wenig mehr wie die ganze natürliche Hierarchie der Wissenschaften, die er aufgestellt hat. Die Lehren von Comte haben etwas Separatistisches; es liegt ihnen zudem eine Sicherheit zugrunde, die wir verloren haben. Wenn das Leben in neue Zonen der Gefahr eintritt, verändert sich alles, der Beobachter und die Beobachtungen. Positivismus ist immer eine Beschäftigung geruhiger Zeiten.

2.

Wenn wir betrachten, wie die utopische Darstellung in unserer Zeit entwickelt wird, etwa in den Büchern eines Wells und Huxley, welche Unterschiede zeigen sich dann gegenüber den Darstellungen des neunzehnten Jahrhunderts? Hier greift die Einbildungskraft schon über alles Technische hinaus. Die Zukunft wird nicht mehr als Paradies betrachtet, die Prognosen sind düsterer geworden, allzu düster wohl. Das Vertrauen ist geschwunden, und an seine Stelle sind quälende Zweifel getreten. Wells, der sich einer Zeitmaschine bedient, um die Zukunft zu erkunden, findet in ihr keine durchdachte technische Organisation, von der jeder Nutzen zieht, sondern rohen, nackten Kannibalismus. Gewiß, Zeitmaschinen sind Unfug. Ihre Voraussetzung wäre, daß es zwei Zeiten gibt, eine nichtumkehrbare eigene Zeit (Lebenszeit) und eine umkehrbare (Zeitmaschinenzeit). Mit der Maschinenzeit reise ich dann in der Lebenszeit. Wenn ich aber mit einer Zeitmaschine ein Jahr zurückreise, finde ich, was Wells übersehen hat, mich selbst vor und spaziere zweimal umher. Nehme ich mein jüngeres Ich mit auf die Maschine und reise wieder ein Jahr zurück, bin ich dreimal vorhanden. Und so weiter in infinitum. Der Kannibalismus freilich ist unentbehrlich. Ohne ihn kann menschliches Leben nicht bestehen, weil unanfechtbare Wahrheit ist, daß der Mensch sich vom Menschen nährt, daß wir stets Nahrung für einander sein werden. Ob wir aber in polynesische Formen des Kannibalismus zurückfallen oder in die weit widrigeren, die Wells beschreibt, ist eine andere Frage. Huxleys Zukunft, welcher der Abwurf der Atombombe vorausgeht, ist nicht weniger schwarz. Eine geschwächte, kindisch gewordene und düsteren Fetischen unterworfene Menschheit steht am Ende. Das alles mag auf sich beruhen, doch zeigen die Bilder, wie die Skepsis wächst.

Lassen wir die Utopien zunächst außer Betracht. Nicht von ihnen, sondern vom technischen Bereich soll hier ausgegangen werden; von ihm und von den Vorstellungen, die sich an ihn knüpfen, von Vorstellungen, wie sie sich in jedem durchschnittlichen Kopfe heute finden. Auch hier ist an Utopischem kein Mangel, da uralte und ganz neue Hoffnungen sich mit dem technischen Fortschritt verbinden. Wer auf die Technik Hoffnungen setzt — und die Hoffnung schließt ein Vorwegnehmen des Zukünftigen in sich —, der muß sich darüber klar werden, daß er von der Technik das erwarten darf, was innerhalb ihrer Möglichkeiten liegt, und nichts anderes. Er muß von ihr absondern, was sich chimärisch an sie heftet und mit ihren Zwecken und Zielen nichts zu schaffen hat. Tut er das nicht, dann reist er mit Maschinen in die Mythologie, die der Verstand konstruiert hat. Wie das geschieht, soll hier gezeigt werden.

Ein allgemein verbreiteter Glaube ist heute nicht nur, daß durch die Technik dem Menschen Arbeit abgenommen wird, geglaubt wird auch, daß er durch diese Verminderung der Arbeit an Muße und freier Beschäftigung gewinnen wird. Dieser Glaube hat bei vielen Menschen etwas Unerschütterliches und Ungeprüftes; dort, wo er durchleuchtet, wird spürbar, daß er in die Fundamente gehört, die den technischen Fortschritt stützen, ihn rechtfertigen und eine rosige Auffassung der Zukunft sichern. Es versteht sich, daß eine Mechanik, die dem Menschen nicht zugute kommt, keinem recht einleuchtet und daß die Zuversicht hier walten muß. Doch handelt es sich um eine Behauptung, deren Stichhaltigkeit unerweisbar ist und die durch beständige Wiederholung nicht glaubwürdiger wird. Muße und freie Beschäftigung sind Zustände, die nicht jedem offenstehen, ihm nicht von vornherein eingeräumt sind, an sich auch mit der Technik nichts zu schaffen haben. Ein Mensch, dem Arbeit abgenommen wird, wird dadurch noch nicht fähig zur Muße, erlangt dadurch noch nicht die Fähigkeit, seine Zeit zu freier Beschäftigung zu verwenden. Muße ist nicht ein bloßes Nichtstun, ein Zustand, der negativ bestimmt werden kann; sie setzt ein müßiges, musisches, geistiges Leben voraus, durch das sie fruchtbar wird und Sinn und Würde erhält. Ein Otium sine dignitate ist hohle, leere Faulenzerei und bestätigt unser altes Sprichwort, nach dem Müßiggang aller Laster Anfang ist. Die Muße ist auch nicht, wie viele annehmen, die Arbeitspause, eine begrenzte Zeit; sie ist vielmehr ihrem Begriff nach unbegrenzt und unteilbar, und aus ihr geht alle sinnvolle Arbeit hervor. Muße ist die Vorbedingung jedes freien Gedankens, jeder freien Tätigkeit. Deshalb sind die allerwenigsten ihrer fähig, und die meisten, die ein Mehr an Zeit gewonnen haben, tun nichts anderes, als es totzuschlagen. Nicht jeder ist für eine freie Beschäftigung geboren, denn wenn es sich so verhielte, wäre die Welt anders eingerichtet und sähe anders aus. Selbst wenn uns also durch die Technik Arbeit abgenommen würde, läge darin keinerlei Gewähr, daß die gewonnene Zeit uns als Muße zugute kommt, daß sie müßig, musisch und geistig verwendet wird. Der arbeitslos gewordene Arbeiter, der diese Fähigkeit nicht besitzt, ist kein kynischer Philosoph, der vor seinem Fasse einen Hopser macht, wenn er erfährt, daß er nichts zu tun braucht und dazu noch vom Staat eine Arbeitslosenunterstützung erhält, von der er sein Brot und seinen Lauch kaufen kann. Vielmehr verkommt er, weil er mit der leeren Zeit, die ihm zufließt, nichts anzufangen weiß. Er hat nicht nur keine Verwendung für sie, sie schädigt ihn auch. Er verliert seinen Mut und fühlt sich deklassiert, weil er seine Bestimmung nicht mehr erfüllt. Er hat weder Kraft noch Lust zum freien Handeln, und weil er nur leere Zeit gewonnen hat, ist er von aller Muße und jener Fülle freier Beschäftigung, welche der Gedanke gewährt, ausgeschlossen. Verminderung der Arbeit und Muße und freie Beschäftigung stehen also in keinem Zusammenhang, so wenig wie die schnellere Bewegung mit einer Erhöhung der Sittlichkeit oder die Einführung des Telegraphen mit der Zunahme klarer Gedanken im Zusammenhang steht.

Wohl aber hat es einen Sinn, wenn wir die Frage aufwerfen, ob durch unsere technischen Verfahren die Arbeit quantitativ vermehrt oder vermindert wird. Das ist zunächst eine grobe Frage, die nur auf die Masse der mechanischen und manuellen Arbeit bezogen werden kann. Mechanische und manuelle Arbeit sind hier zu trennen, weil die Frage, so wie sie allgemein gestellt wird, auf die Behauptung hinausläuft, daß die manuelle Arbeit durch den Einsatz von Maschinen vermindert wird. Auch müssen wir davon absehen, daß die Arbeit ihrem Begriff nach etwas Unbegrenztes oder doch schwer Begrenzbares hat, daß immer mehr Arbeit vorhanden ist, als der Mensch leisten kann, und daß die geschichtliche Situation bestimmt, in welchem Maße Anstrengungen erhöht werden müssen. Wir erwägen auch nicht den wichtigen Unterschied zwischen Zwangsarbeit und freier Arbeit, der im zweiten Teile dieses Buches abgehandelt wird, bemerken aber schon hier, daß die freie Arbeit immer mehr abnimmt und nur in begrenztem Umfange vorhanden ist, während die Zwangsarbeit einer Ausdehnung fähig ist, die ihre Grenzen erst im Tod und der Vernichtung des Menschen findet. Wir müssen den Grad der tatsächlichen Anstrengung zu ermitteln suchen, welcher der Mensch inmitten seiner Maschinerie arbeitsmäßig unterworfen ist, ein schwieriges Unternehmen, das durch exakte Zeitmessungen allein nicht zu bewältigen ist. Endlich dürfen wir uns nicht dazu verleiten lassen, aus den gesetzlichen Festlegungen und Begrenzungen der Arbeitszeit, die für mechanische und manuelle Arbeit angesetzt sind, voreilige Schlüsse zu ziehen, denn diese gesetzlichen Begrenzungen enthalten noch keine Aussage über die tatsächlich bewältigte Arbeitsleistung, auch geben sie keine Auskunft darüber, welcher zusätzlichen Beanspruchung durch die technische Organisation der Mensch außerhalb seiner Arbeitszeit unterworfen ist. Das Verlangen der Bergarbeiter etwa, die eine kürzere Arbeitszeit fordern, ist berechtigt, und ihm gegenüber können die Einwände nicht durchschlagen, daß sie manuell weniger beansprucht sind und die Fürsorge für sie gewachsen ist. Die Arbeit in immer tieferen, heißeren Schächten ist nicht leichter geworden, und die Arbeit mit dem Preßluftbohrer ist nicht leichter als die Arbeit, die mit Hand und Schaufel verrichtet wird. Ein Arbeiter, der untertags arbeitet, hat gegenüber dem Arbeiter, der im Tageslicht arbeitet, einen Anspruch auf kürzere Arbeitszeit.

Die allgemeine Ansicht geht dahin, daß früher mehr, das heißt länger und härter gearbeitet worden ist als heute, und wenn wir die speziellen Angaben darüber nachprüfen, werden wir finden, daß diese Ansicht oft begründet ist, dort nämlich, wo die mechanische Arbeit die manuelle verdrängt hat. Solche Angaben führen aber in die Irre. Wir müssen alles einzelne außer acht lassen und die technische Organisation als ein Ganzes, Zusammenhängendes betrachten, dann werden wir erkennen, daß von einer Verminderung des Arbeitsquantums nicht die Rede sein kann, daß vielmehr gerade durch den technischen Fortschritt dieses Arbeitsquantum beständig vermehrt wird, daß deshalb in den Zeiten, in denen der technische Arbeitsprozeß Krisen ausgesetzt ist, die Arbeitslosigkeit um sich greift. Woran liegt es aber, daß niemand dieses Mehr nachrechnet? Der Mensch, der eine einzelne

Maschine betrachtet, ist in einer naiven Täuschung befangen. Es ist kein Zweifel, daß eine Maschine zur Herstellung von Flaschen unvergleichlich mehr Flaschen herstellt als der Glasarbeiter, der bisher diese Flaschen mühsam geblasen hat. Ein mechanischer Webstuhl leistet ohne Vergleich mehr als der Weber an seinem Handwebstuhl, und der Fabrikweber überwacht gleichzeitig mehrere Maschinen. Eine Dreschmaschine schafft ihre Arbeit glatter und rascher als die Bauern, die· das Dreschen bisher mit Flegeln besorgt haben. Aber solche Vergleiche sind kindisch und eines denkenden Menschen nicht würdig. Die Flaschenmaschine, der mechanische Webstuhl und die Dreschmaschine sind nur die Endprodukte eines umfassenden technischen Prozesses, in dem ein ungeheures Quantum Arbeit enthalten ist. Man darf nicht die Leistungen einer Spezialmaschine mit denen eines Handarbeiters vergleichen, denn dieser Vergleich ist sinnlos und führt zu nichts. Es gibt kein technisches Fabrikat, das nicht die gesamte technische Organisation berührte, keine Bierflasche und keinen Anzug, der sie nicht voraussetzte. Deshalb gibt es auch keinen Arbeitsvorgang, der isoliert und unabhängig von dieser Organisation betrachtet werden könnte, der für sich existiert wie Robinson auf seiner Insel. Die Arbeitsquanten, die zu einem fertigen technischen Fabrikat gehören, liegen weit verstreut. Sie sind nicht nur Herstellungsquanten, sie fallen in der gesamten Länge des laufenden Bandes an, das die technische Organisation über den Planeten zieht.

Niemand bezweifelt, daß jenes Arbeitsquantum, das auf mechanische Weise gewachsen ist, sich gewaltig vermehrt hat. Wie aber sollte es sich vermehren können, ohne daß sich auch die manuelle Arbeitsleistung vermehrt, da doch die menschliche Hand das Werkzeug der Werkzeuge ist, jenes Werkzeug, welches das gesamte technische Instrumentarium erschaffen hat und erhält. Die Maschinenarbeit führt, auf das Ganze gesehen, nicht zu einer Abnahme der Handarbeit, so groß immer die Zahl der Arbeiter wird, die mechanisch beschäftigt werden. Sie schaltet den Handarbeiter nur dort aus, wo die Arbeit auf mechanische Weise verrichtet werden kann. Die Last aber, die ihm hier abgenommen wird, verschwindet nicht auf den Befehl des technischen Zauberers, sie verlagert sich an jene Stellen, wo Arbeit nicht mechanisch bewältigt wird. Sie vermehrt sich in dem Maße, in dem sich das mechanische Arbeitsqantum vermehrt, nicht als selbständige manuelle Arbeit, sondern als Zusatzarbeit an Mechanismen. Es bedarf keiner komplizierten Berechnungen, um das zu erkennen; es genügt, daß man das Verhältnis des einzelnen Arbeitsvorgangs zur technischen Organisation aufmerksam betrachtet. Wer das tut, der sieht, daß jeder Fortgang in der Mechanisierung eine Vermehrung der manuellen Arbeit zur Folge hat, welche im Dienst der Mechanik steht. Wer daran zweifelt, der bedenke, daß die Methoden unserer Arbeit nicht auf ein Volk, auf einen Kontinent beschränkt sind, daß sie alle Völker der Erde sich dienstbar zu machen streben und daß ein Hauptteil der harten und schmutzigen Arbeiten auf die Schultern von Menschen abgewälzt wird, welche die technische Organisation nicht ersonnen haben.

3.

Von allen Vorstellungen, die sich an den technischen Fortschritt knüpfen, ist die Vorstellung des Reichtums, die dieser Fortschritt hervorruft, wohl die am tiefsten eingewurzelte. Wer zweifelt daran, daß die Industrie den Wohlstand vermehrt, und zwar um so kräftiger, je mehr die Industrialisierung durch den technischen Fortschritt ausgebreitet wird? Niemand, er müßte sich denn eben dort befinden, wo eine böse Konjunktur sein Vertrauen an der Wurzel abgesägt hat. Offenbar gibt es geschichtliche und wirtschaftliche Situationen, die dieses Denken ermutigen, es gibt günstige Konjunkturen, die es stützen und zu bestätigen scheinen. Eine dieser Konjunkturen, und zwar die ergiebigste, beruhte auf dem Vorsprung in der Technisierung, den einige europäische Völker sich erarbeitet hatten; sie war die Frucht der Monopolstellung, die sich nicht bewahren ließ und um so mehr dahinschwand, als das technische Denken sich über die Erde ausbreitete. Das gemeinsame Kennzeichen aller dieser Konjunkturen ist die Ausbeutung einer günstigen Situation.

Der Begriff der Konjunktur, das heißt einer Verknüpfung weitreichender wirtschaftlicher Daten und Fakten, deren Veränderung Angebote und Nachfragen, Preise und Arbeitsbedingungen verändert, beschäftigt dringlich erst das neunzehnte Jahrhundert. In ihm tauchen Leute, welche gute und schlechte Konjunkturen zu reiten verstehen, weithin sichtbar auf und werden als Konjunkturritter beschrieben. Schwankende Konjunkturen sind es, welche die Sozialisten dem Kapitalismus vorwerfen, und insofern schlechte, denn gute Konjunkturen pflegt man niemandem vorzuwerfen. Schlechte Konjunkturen fördern den Gedanken an eine Planwirtschaft, die keinen Konjunkturen unterworfen ist. Vielleicht trifft das zu, auch in Hinsicht auf die guten, denn das geschichtliche Risiko, das im Wirtschaften steckt, gleicht der Witterung, die auch die Südseiten in Mitleidenschaft zieht. Die Konjunkturen werden im technischen Bereich in dem Maße schwinden, in dem ein Minimum verteilbarer Güter vorhanden ist, die Preise festgelegt sind und jeder arbeitspflichtig ist. Je elender der Plan ist, desto weniger Konjunkturen werden sich in ihm bemerkbar machen, desto mehr in der schwarzen Wirtschaft, die um den Plan herum aufwuchert. Gewiß ist, daß dort, wo alles reichlich vorhanden ist, keine Pläne nötig sind, doch ist das nicht die Lage, in der wir uns befinden. Darauf werden wir zu sprechen kommen.

Was ist — denn um der Sache auf den Grund zu kommen, muß danach gefragt werden — der Reichtum? Die Vorstellungen, die sich mit ihm verbinden, haben etwas Verworrenes, das aus einer Verwirrung und Vermischung der Begriffe hervorgeht. Leute, welche alle Ontologie für Unfug halten, wollen auch nichts davon wissen, daß der Reichtum seinem Begriffe nach entweder ein Sein oder ein Haben ist. Damit aber ist zu beginnen. Wenn ich den Reichtum als ein Sein begreife, dann bin ich offenbar nicht deshalb reich, weil ich vieles habe, vielmehr hängt alles Haben von meinem reichen Sein ab. Der Reichtum ist dann nicht etwas, das den Menschen anfliegt und von ihm wegfliegt, er ist mitgegeben und unterliegt dem Willen und der Anstrengung kaum. Er ist ursprünglicher Reichtum, ist ein Mehr an Freiheit, das an gewissen Menschen aufschimmert. Reichtum und Freiheit sind untrennbar miteinander verbunden, so eng, daß ich jede Art von Reichtum nach dem Grade der Freiheit abzuschätzen vermag, der ihm innewohnt. In diesem Sinne kann der Reichtum identisch mit der Armut sein, das heißt ein reiches Sein ist vereinbar mit einem Nichthaben, mit Besitzlosigkeit. Homer denkt an nichts anderes, wenn er den Bettler einen König nennt. Und nur dieser Reichtum, der mir seinsmäßig zugeordnet ist, ist ein Reichtum, über den ich durchaus verfügen kann und den ich durchaus genießen kann. Denn solange der Reichtum in einem Haben besteht, ist die Fähigkeit zum Genusse dieses Habens noch nicht mitgesetzt, sie kann also fehlen, ein häufiger Fall. Dort, wo der Reichtum Rang ist, hat er auch jene Festigkeit, die dem Wechsel und Zufall nicht unterworfen ist. Er ist so haltbar, so stabil, wie es die Schätze sind, deren Kennzeichen ist, daß sie nicht angegriffen werden und dem Verzehr durch die Zeit nicht unterworfen sind. Wo er auf einem Haben beruht, kann er mir jederzeit genommen werden. Die meisten glauben, daß der Reichtum dadurch entstehe, daß man sich bereichere, ein Irrtum, den sie mit allem Pöbel dieser Welt gemein haben. Bereichern kann sich nur die Armut. Diese besteht, in Analogie zum Begriffe des Reichtums, entweder in einem Nichtsein oder Nichthaben. Wo sie in einem Nichtsein besteht, kann sie nicht als identisch mit dem Reichtum, der in einem Sein besteht, aufgefaßt werden. Wo sie ein Nichthaben ist, kann sie mit ihm identisch sein, dort wo das Nichthaben zusammentrifft mit einem reichen Sein.

In den indogermanischen Sprachen wird der Reichtum als ein Sein begriffen. In der deutschen Sprache haben „reich" und „Reich" den gleichen Ursprung. Reich bedeutet hier nichts anderes als mächtig, vornehm, königlich, wie aus dem lateinischen Worte „regius" zu ersehen ist. Das „Reich" aber ist eins mit dem lateinischen „rex", mit dem Sanskritwort „rajan", welches König bedeutet. Reichtum ist daher nichts anderes als die regierende, königliche Macht und Kraft der Menschen. Diese ursprüngliche Bedeutung ist zwar verschüttet worden und im Sprachgebrauch der Ökonomisten, die den Reichtum mit einem wirtschaftlichen Haben gleichsetzen, nicht mehr auffindbar, doch wird sich die vulgäre Auffassung niemand zu eigen machen, der in der tieferen den wahren Sachverhalt durchschimmern sieht. Der Geldbesitz, das Haben von Geld, ist und wird immer dort verächtlich, wo er in die Hände der Armut kommt, die als Nichtsein zu begreifen ist. Das untrügerische Kennzeichen des Reichtums ist, daß er Überfluß verschenkt wie der Nil. Es ist die königliche Art im Menschen, durch die sich goldene Adern ziehen. Von jenen Menschen, die nur für den Verzehr geboren sind, von den bloßen Konsumenten, kann niemals Reichtum geschaffen werden.

Lassen wir das alles als eine Rede, die nicht zu den Ohren dringt und die keinen Hungrigen sättigt, beiseite. An Hungrigen fehlt es auch heute nicht. Kann ich reich werden, sei es durch Arbeit, sei es durch irgend etwas anderes? Durch Arbeit reich zu werden ist schwierig, nicht aber, wenn einiges Glück hinzukommt, unmöglich. Reich werden kann ich, wenn ich den Reichtum als ein Haben auffasse. Was ich nicht habe, kann ich doch später einmal haben. Und was ich nicht habe, kann ich einmal gehabt haben. Die scharfsinnigste Definition des Reichtums, der in einem Haben besteht, ist die Aristotelische. Aristoteles bestimmt ihn als eine Fülle von Werkzeugen. Es ist bemerkenswert, daß er eine technische, nicht ökonomische Bestimmung des Reichtums gibt.

Ist die Technik, um auf unser Thema zurückzukommen, identisch mit einer Fülle von Werkzeugen? An Werkzeugen fehlt es ihr nicht, wenn auch in einem anderen Sinne als dem, den der Stagirit mit seiner Bestimmung verbindet, denn diese meint nicht die technische Apparatur und Maschinerie. Sie kommt vom Handwerk her und ist handwerklich gedacht. Doch bleibt sie brauchbar, da auch der zweckmäßigste Automat nicht ohne Hand denkbar ist. Ist die Technik etwas anderes als eine Rationalisierung von Arbeitsverfahren, zu denen früher Hände und Handwerkzeuge benötigt wurden? Wann aber ist je durch Rationalisierung Reichtum geschaffen worden? Ist sie ein Kennzeichen des Reichtums? Ist es ein Überfluß, aus dem sie hervorgeht, ein Überfluß, auf den sie hinarbeitet, oder ein Verfahren, das überall einsetzt, wo Mangel sich fühlbar macht, wo Not gelitten wird? Wann verfällt der arbeitende Mensch darauf, den Arbeitsvorgang zu rationalisieren? Dann, wenn er Arbeit einsparen will und einsparen muß, wenn er bemerkt, daß er auf kürzere, leichtere, billigere Weise zu dem Produkt seiner Arbeit gelangen kann. Wie aber kann aus dem Bestreben, etwas billiger zu machen, Reichtum hervorgehen? Dadurch, lautet die Antwort, daß die Arbeitsleistung gesteigert und ein Mehr an Gütern erzeugt wird. Wodurch aber wird das nötig? Wird es nötig, weil alles reichlich vorhanden ist oder weil zu wenig da ist? Wenn die Wirkung so sicher, so billig wäre, müßten wir dann nicht, da manche Generation uns vorgearbeitet hat, im Reichtum jeder Art schwimmen? Wenn wir durch Rationalisierung der Arbeitsverfahren, durch Steigerung der Produktion, durch Vermehrung der Arbeitsleistung reich werden könnten, wären wir längst reich geworden, denn das Quantum mechanischer und manueller Arbeit, das von uns bewältigt wird, ist seit langem im Wachsen begriffen. Dann würde man die Zeichen des Reichtums weithin wahrnehmen. Aber von alledem ist nicht die Rede. Und gewiß, das Gerede von Rationalisierung und Produktion bleibt nur ein bloßes Geschwätz, wenn der wachsende Konsum nicht in Rechnung gezogen wird, der den ganzen Vorgang steuert. Niemand bringt in der Wirtschaft etwas hervor, wenn er nicht die Vermutung hegt, daß es gebraucht wird. Tut er es doch, wird er für die Folgen einzustehen haben. Aus der Tatsache, daß der technische Fortschritt eine dünne und nicht immer erfreuliche Schicht von Industriellen, Unternehmern, Erfindern und Funktionären bereichert, kann nicht der Schluß gezogen werden, daß durch ihn Reichtum erzeugt wird. Wir würden fehlgehen, wenn wir uns zu der Annahme versteigen, daß eine fürstliche Art Mensch die Technik geschaffen hat, oder wenn wir den Wissenschaftler, den Gelehrten, den Erfinder zu den spendenden Naturen rechnen würden. Sie sind es nicht; ihr Wissen steht in keiner Beziehung zum Reichtum. Die Wissenschaft selbst bedarf ja einer neuen Prüfung, da zu erwägen ist, inwiefern ihre Disziplinen dem Vorgang einer fortschreitenden Arbeitsteilung nur folgen, inwiefern sie also selbst Ergebnis der Rationalisierung ist.

Durch Steigerung der Produktion und der Arbeitsleistung kann dort kein Reichtum erzeugt werden, wo sie die Folgen eines Mangels sind, der nach Abhilfe drängt, wo sie einen gesteigerten Konsum voraussetzen. Jeder Akt der Rationalisierung ist die Folge eines Mangels. Der Aufbau und die Durchbildung des technischen Apparats sind nicht nur das Ergebnis eines Machtstrebens der Technik, sie sind zugleich die Folge einer Notlage. Deshalb ist die unserer Technik zugeordnete menschliche Lage der Pauperismus. Dieser ist durch keine technische Anstrengung zu überwinden; er haftet an der Sache selbst, er begleitet das Zeitalter der Technik und wird es bis zu seinem Ende begleiten. Er geht in Gestalt des Proletariers neben ihm her, des Mannes ohne Halm und Ar, der über nichts verfügt als die nackte Arbeitskraft und der auf Gedeih und Verderb mit dem technischen Fortschritt verbunden ist. Es macht deshalb auch keinen Unterschied, ob der technische Apparat sich in den Händen des Kapitalisten oder des Proletariers befindet oder ob er vom Staate unmittelbar geleitet wird. Der Pauperismus bleibt, weil er der Sache gemäß ist, weil er dem technischen Denken, das rational ist, unweigerlich entspringt.

Gute Konjunkturen können ihn mildern, schlechte werden ihn drükkend machen. Armut hat es freilich immer gegeben und wird es immer geben, weil jene Armut, die ihrem Begriff nach ein Nichtsein ist, immer vorhanden und unaufhebbar ist. Aber die mit dem technischen Fortschritt verbundene Armut hat etwas Eigenes, das sie unterscheidbar macht. Es ist ihr durch die Entfaltung des rationalen Denkens nicht beizukommen, auch nicht durch die rationalste aller Arbeitsorganisationen.

4.

Der Glaube, daß durch die technische Organisation etwas geschaffen werden könne, was außerhalb ihrer technischen Bestimmung liegt und über sie hinausführt, bedarf einer Prüfung. Daß technische Bestimmungen auf den Menschen einwirken, ihn umformen, und zwar so, daß er für den Dienst dieser Bestimmungen geschult wird, sehen wir überall. Der Anteil aber, welcher der Illusion zukommt, muß bestimmt werden. Das Vertrauen in die wunderwirkende Kraft der technischen Organisation ist heute mehr als je verbreitet, deshalb fehlt es auch nicht an Lobrednern, welche sie als ein Arcanum arcanorum anpreisen. Indessen hat jeder Ordnungsvorgang zwei Seiten, und wer den Preis ermitteln will, der für ihn bezahlt wird, der muß diese Zweischneidigkeit begriffen haben. Man braucht über den Vorteil, den die Organisation verschafft, und den Machtzuwachs, den sie zur Folge hat, nicht zu streiten; es ist aber nützlich, die Grenzen zu erkennen, die ihrer Wirksamkeit gezogen sind. Wir bedienen uns des Begriffs der Organisation hier in einer bestimmten und eingeschränkten Bedeutung, der gleichen, die sie im Vokabular des technischen Fortschritts hat. Sie begreift hier alle Einwirkungen in sich, welche die Durchbildung der Mechanik auf den Menschen übt. Wenn wir einen großen Automaten betrachten, ein 30 000-t-Schiff etwa, das mit Dieselmotoren ausgerüstet ist, dann sehen wir, daß das Personal dieses Schiffes einer Organisation unterworfen ist, die in funktionaler Beziehung zur Schiffsmechanik steht, durch deren Umfang, Einrichtung und technische Ausrüstung sie bestimmt wird. Diese Entsprechung zwischen mechanischer Apparatur und Organisation der Arbeit des Menschen finden wir überall wieder, und wir werden bald auf sie zurückkommen.

Wer die Grenzen der Organisation zu bestimmen versucht, der muß danach fragen, welches ihr Gegenstand ist, und es genügt nicht, wenn man auf diese Frage antwortet: Der Mensch mit allen Hilfsmitteln, die ihm zur Verfügung stehen. Ein Unterschied muß zunächst gemacht werden zwischen dem Organisierten und dem Unorganisierten, das von der technischen Organisation noch nicht oder nur unzureichend erfaßt ist. Es leuchtet ein, daß der Gegenstand der Organisation nicht das Organisierte sein kann, daß sie sich vielmehr des Unorganisierten bemächtigen muß, denn nur dieses vermag ihr die Mittel zu liefern, welche sie erhalten. Wenn ich Nägel oder Schrauben herstellen will, dann verwende ich als Material dafür nicht fertige Nägel und Schrauben, sondern Eisen, das ich aus ungeformtem Erz gewonnen habe. Nehme ich alte Nägel und Schrauben, beginne ich den Abfall sorgsam zu sammeln, dann ist das ein Anzeichen des Mangels. Hier waltet ein eigentümliches und gesetzliches Verhältnis. Wo das Unorganisierte in Fülle vorhanden ist, dort ist die Organisation gering. Wo es schwindet und abnimmt, dort beginnt die Organisation zu wachsen und sich zu verschärfen. Es liegt nahe, daß man im Weltmeer das Fischen nicht verbieten kann, denn das Meer ist zu groß, und es gibt so viele Fische in ihm, daß eine Organisation, die den Fischfang gewissen Regeln unterwirft, wenig Sinn hat. Wo sich aber solche Regeln finden, wie in den internationalen Vereinbarungen über den Fang von Walen und Robben, dort liegt ihnen auch eine Vorstellung des Mangels zugrunde, die Befürchtung nämlich, daß eine rücksichtslose und übermäßig ausgeübte Jagd die Verminderung oder gar die Ausrottung des Tierbestandes zur Folge haben könnte. In unseren Forellenbächen darf niemand fischen außer dem Eigentümer oder Pächter, der die Sorge für die Forellen übernimmt, neue Fische einsetzt und den Bestand hegt. Wollte man jedem das Fischen gestatten, würde es bald keine Forellen mehr geben.

Der Zweck der Organisation ist leicht einzusehen. Ihr hervorstechendstes Merkmal aber ist nicht die Mehrung des Reichtums, sondern die Verteilung der Armut. Indem die Armut verteilt wird, geschieht etwas, das sich nicht verhindern läßt, sie breitet sich aus. Sie muß deshalb immer von neuem, sie muß kontinuierlich verteilt werden, und so wird sie auch immer von neuem und kontinuierlich ausgebreitet. In dem gleichen Verhältnis nimmt das Unorganisierte ab, bis zu jenem Punkte, an dem die Organisation zusammenbricht, weil nichts zu Verteilendes mehr vorhanden ist. Der Walfang hört auf, wenn die vorhandenen Wale infolge des Raubbaus der Walfänger so abgenommen haben, daß er keinen Nutzen mehr bringt. Es ist nicht gewiß, daß es zu einer solchen Ausrottung der Wale kommen wird. Wenn es aber nicht zu ihr kommt, so liegt darin kein Verdienst der Walfang-Organisation, deren technisch zur Vollkommenheit fortschreitende Ausrüstung in einem genauen Verhältnis zur Abnahme des Walbestandes steht. Dieses Verhältnis gilt für alle Organisationen, deren Zweck eine Ausbeutung zur Voraussetzung hat, sie möge betreffen, was sie wolle, Wale, Erze, Öl, Guano oder etwas anderes. Wir haben den Walfang nur deshalb als Beispiel gewählt, weil er einen besonders widrigen Fall darstellt. Denn es hat etwas Widriges, daß der Mensch die ungeheuren Meeressäugetiere, welche die Macht, den Überfluß und die Heiterkeit des Elements verkörpern, nur mit dem Gedanken verfolgt, sie zu Seife und Tran zu verkochen.

Niemand wird auf den Gedanken kommen, die Fülle und den Überfluß zu rationieren, dagegen rufen der Mangel und die Not sofort Maßnahmen hervor. Das Kennzeichen solcher Mangel-Organisationen ist, daß sie nichts erzeugen und vermehren. Sie bauen den vorhandenen Reichtum nur ab, und sie leisten diese Aufgabe um so vorzüglicher, je rationaler sie gedacht sind. Es gibt deshalb kein sichereres und untrüglicheres Kennzeichen der Armut als die fortschreitende Zweckmäßigkeit der Organisation, die durchgreifende Verwaltung und Bewirtschaftung des Menschen durch eine Bürokratie von Fachleuten, welche eigens zu diesem Zwecke geschult sind. Technisch gesehen, ist die rationalste Organisation die allerbeste, das heißt diejenige, die den größten Verzehr möglich macht, denn je rationaler sie ist, desto unerbittlicher räumt sie mit dem Vorhandenen auf. In einer Verlustwirtschaft ist die Organisation das letzte Intakte und Unversehrte; sie wird um so mächtiger, je mehr die Armut zunimmt. Das Verhältnis ist reziprok, denn je mehr das Unorganisierte dahinschwindet, desto weiter dehnt sich die Organisation aus. Der Zwang, den sie auf den Menschen ausübt, wird um so härter, je mehr die Armut um sich greift, je mehr es daher gilt, das Letzte aus dem Menschen herauszupressen. Ihre Unerbittlichkeit ist ein allgemeines Kennzeichen menschlicher Notlagen. Belagerte Städte, blockierte Länder,

Schiffe, denen Proviant und Trinkwasser ausgeht, der Krieg, so, wie er heute geführt wird, zeigen diese Verhältnisse in ihrer Zuspitzung.

Der technische Fortschritt ist — wir werden darauf zurückkommen — seinem Begriffe nach verbunden mit einer Vermehrung der Organisation, mit einem stets wachsenden Bürokratismus, der ein ungeheures Personal erfordert, ein Personal, das nichts hervorbringt, nichts erzeugt, und das an Kopfzahl um so mehr wächst, je weniger an Erzeugtem und Hervorgebrachtem vorhanden ist. Nicht die Bauern, Handwerker und Arbeiter sind es, die im Fortgang der Organisation zunehmen, sondern Funktionäre, Beamte und Angestellte.

5.

L'industrie est fille de la pauvreté. Rivarol
Ich liebe die Maschinen, sie sind wie Geschöpfe einer höheren Stufe. Intelligenz hat sie von allen Leiden und Freuden, die dem menschlichen Körper in seiner Tätigkeit und seiner Erschöpfung anhaften, entäußert! Die Maschinen auf ihren marmornen Sockeln handeln wie die Buddhas, die, auf ihrem ewigen Lotos kauernd, sinnen. Sie verschwinden, wenn schönere, vollkommenere geboren werden.
Henry van de Velde

Offenbar sind die Sätze von van de Velde einem Augenblick tiefer geistiger Verwirrung entsprungen. Wer Maschinen liebt, und nicht Menschen, der ist ein Ungeheuer. Lieben kann man nur ein Wesen, das Leiden und Freuden, Tätigkeit und Erschöpfung kennt. Die Maschinen gleichen den Buddhas schon deshalb nicht, weil sie fortwährend verschwinden und von vollkommeneren ersetzt werden. Und sie auf Marmorsockel zu stellen ist nicht zweckmäßig; Zement genügt.

Warum ist die Betrachtung der Maschine so genußreich? Weil die Urform menschlicher Intelligenz an ihr sichtbar wird und weil diese konstruktive, zusammensetzende Intelligenz sich vor unseren Augen Macht erzwingt und anhäuft, weil sie einen rastlosen Triumph über die Elemente erficht, die von ihr geschlagen, gepreßt und geschmiedet werden. Treten wir also in die Werkstätte ein, um zu sehen, was in ihr vorgeht.

Es ist keineswegs ein Gefühl des Überflusses, das wir haben, wenn wir irgendeinen technischen Vorgang betrachten. Der Überfluß, die Fülle stimmen, wo wir sie wahrnehmen, zur Heiterkeit; sie sind

Anzeichen der Fruchtbarkeit. Das Keimen, Sprießen, Knospen, Blühen, Reifen und Fruchten erfrischt und belebt uns selbst. Geist und Leib des Menschen haben eine spendende Kraft. Mann und Frau haben sie. Die Technik aber spendet nichts, sie organisiert den Bedarf. Der Anblick eines Weinbergs, eines Obsthains, einer blühenden Landschaft erheitert, nicht wegen des Nutzens, den sie abwerfen, sondern weil eine Empfindung der Fruchtbarkeit, des Überflusses, des zwecklosen Reichtums in uns hervorgerufen wird. Die Industrielandschaft hat diese Fruchtbarkeit verloren und ist der Sitz mechanischer Produktion geworden. Das schafft einen tiefen Unterschied. Es ist zunächst ein Gefühl des Hungers, das uns in ihr beschleicht, vor allem in den Industriestädten und Industrielandschaften, in denen nach der metaphorischen Sprache des technischen Fortschritts eine „blühende" Industrie zu Hause ist. Die Maschine macht einen hungrigen Eindruck; der Eindruck eines scharfen, wachsenden, unerträglich werdenden Hungers geht von unserem gesamten technischen Arsenal aus. Wenn wir in irgendeine Fabrik eintreten, in eine mechanische Weberei, eine Eisengießerei, eine Sägemühle, eine Papierfabrik oder ein Elektrizitätswerk, erhalten wir überall das gleiche Bild. Das Verzehrende, Verschlingende, Fressende der Bewegung, die rastlos und ungesättigt durch die Zeit läuft, zeigt den nie gestillten und nicht zu stillenden Hunger der Maschine. Er ist so offenbar, daß selbst der Eindruck konzentrierter Macht, den wir in den Zentren der Schwerindustrie empfangen, ihn nicht überwindet. Gerade hier ist er am stärksten, weil hier die Macht am hungrigsten ist. Und auch das rationale Denken, das hinter der Maschine steht und die motorische, mechanische Bewegung überwacht, ist hungrig und wird vom Hunger überallhin begleitet. Es kommt von ihm nicht los und kann sich nicht von ihm befreien, es kann nicht zur Sättigung gelangen, so sehr es sie auch anstrebt. Und wie wäre das auch möglich! Dieses Denken ist selbst konsumierend, verzehrend, es hat keinen Zugang zum Reichtum, es kann keinen Überfluß hervorzaubern. Alle Anstrengung des Scharfsinns, alle erfindende Kraft, die hier geltend gemacht wird, vermögen es nicht. Denn das Rationalisieren macht den Hunger nur schärfer, es macht auch den Verzehr größer. Der wachsende Verzehr aber ist nicht das Merkmal des Überflusses, sondern der Armut; er verbindet sich mit der Sorge, der Not und der mühsamen Arbeit. Gerade die methodische, disziplinierte Anstrengung, die zur Perfektion des technischen Arbeitsvorgangs führt, macht die Hoffnungen zunichte, die von gewissen Seiten auf ihn gesetzt werden. Der Fortschritt, die schnelle Bewegung, in der er begriffen ist, erzeugt optische Täuschungen und spiegelt dem Beobachter Dinge vor, die gar nicht vorhanden sind. Wir dürfen von der Technik die Lösung aller Fragen erwarten, die sich technisch bewältigen und beantworten lassen; wir dürfen von ihr nichts erhoffen, was außerhalb des technisch Möglichen liegt. Überfluß kann sie uns nicht in den Schoß werfen. Auch der kleinste technische Arbeitsvorgang verbraucht mehr an Kraft, als er hervorbringt. Wie sollte also durch die Summe dieser Vorgänge ein Überfluß geschaffen werden([1])?

Die Technik erzeugt keine Reichtümer; durch ihre Vermittlung aber werden uns Reichtümer zugeführt, verarbeitet und dem Verbrauch erschlossen. Es ist ein beständiger, stets wachsender, immer gewaltiger werdender Verzehr, der hier stattfindet. Es ist ein Raubbau, wie ihn die Erde noch nicht gesehen hat. Der rücksichtslose, immer gesteigerte Raubbau ist das Kennzeichen unserer Technik. Und nur dieser Raubbau ermöglicht sie und läßt sie zur Entfaltung kommen. Alle Theorien, die diese Tatsache außer acht lassen, haben etwas Schiefes, denn sie unterschlagen die Voraussetzung, unter der das Arbeiten und Wirtschaften jetzt stattfindet.

Zu den Kennzeichen jeder geordneten Wirtschaft gehört, daß die bewirtschaftete Substanz erhalten und geschont wird, daß aller Verzehr vor jener Grenze haltmacht, deren Überschreiten diese Substanz selbst gefährdet oder vernichtet. Unter dieser Voraussetzung ist bisher — Krieg, Raub und Raubbau ausgenommen — gewirtschaftet worden. Die Ausnahmen blieben Ausnahmen. Da die Technik den Raubbau überall voraussetzt, da ihre Entfaltung von ihm abhängt, ist es nicht möglich, sie in irgendein Wirtschaftssystem einzugliedern, sie unter wirtschaftlichen Gesichtspunkten zu betrachten. Der radikale Abbau von Erdöl, Kohle und Erzen kann nicht Wirtschaft genannt werden, so rational immer der Abbau betrieben werden

---

([1]) Der zweite Hauptsatz der Thermodynamik, der Entropiesatz, lehrt, daß Wärme immer nur in beschränktem Maße in Arbeit verwandelt werden kann. Der Maschinenkonstrukteur kommt also über den Wirkungsgrad des Carnotschen Kreis-Prozesses nicht hinaus.

mag. Diese strenge Rationalität der technischen Arbeitsverfahren hat zur Voraussetzung ein Denken, dem an einer Erhaltung und Schonung der Substanz nichts gelegen sein kann. Was hier Produktion genannt wird, ist in Wirklichkeit Konsum. Der riesenhafte technische Apparat, dieses Meisterwerk menschlicher Intelligenz, könnte nicht zur Perfektion gelangen, wenn das technische Denken in ein Wirtschaftsschema eingezwängt würde, wenn die zerstörende Kraft des technischen Fortschritts zum Stillstand gelangte. Je mächtiger die Bestände sind, die ihm zum Abbau überlassen werden, je kräftiger er mit ihnen aufräumt, desto stürmischer ist dieser Fortschritt, wie die Häufung von Menschen und Maschinen an den großen Fundstätten lehrt, an denen die Mechanisierung der Arbeit und die Organisation des Menschen am weitesten gediehen sind.

Wo der Raubbau einsetzt, dort beginnt die Verwüstung, und Bilder der Verwüstung sind es, die schon der Anfang unserer Technik darbietet, jene Zeit, in der sie eine Dampftechnik war. Diese Bilder überraschen durch ihre ungewöhnliche Häßlichkeit und durch die riesenhafte Macht, die ihnen eigentümlich ist. Verwüstend und umgestaltend dringt die Technik in die Landschaft ein, sie stampft Fabriken und Fabrikstädte aus dem Boden hervor, Städte von schauerlicher Häßlichkeit, in denen das menschliche Elend unverhüllt ans Licht tritt, Städte, die, wie Manchester, einen ganzen Abschnitt der Technik bezeichnen und zum Inbegriff alles Trostlosen und Dürftigen geworden sind. Doch auch diese Städte sind den in Wüsten gelegenen, mit Drahtsperren, photoelektrischen Zellen und Alarmanlagen gesicherten Atomstädten vorzuziehen. Diese haben zwar die Sauberkeit von Laboratorien, aber auch das Tote. Selbst Manchester war vergnüglicher als Los Alamos und ähnliche Städte. Durch Manchester konnte man ungefährdeter gehen als durch Richland, das bei den Hanford-Plutoniumwerken liegt. Solche Werke sind nicht verseucht durch Rauch und Ruß, sondern durch Alpha-Partikel, Beta-Partikel, Gammastrahlen und Neutronen. Dorthin, wo Uraniumerz in Plutonium umgewandelt wird, kann man nur mit Gummischuhen und -handschuhen, mit Masken, mit Ionenkammern und strahlenempfindlichen Filmen, mit Geigerzählern und Alphastrahlenzählern vordringen, und Mikrophone, Lautsprecher und Warnsignale müssen diesen Weg sichern. Die Radioaktivität verseucht alles, nicht für heute und morgen, sondern für Jahrtausende. Wo radioaktiver Abfall liegt, dort ist die Erde unbewohnbar für den Menschen geworden([2]).

Den Verfahren des Raubbaus sind Häßlichkeit und neue Gefahrenzonen unablösbar zugeordnet. Die Luft wird verräuchert, die Wasser werden verpestet, die Wälder, Tiere und Pflanzen vernichtet. Das alles führt einen Zustand herbei, in dem die Natur „geschützt" werden muß vor Ausbeutung und technischen Eingriffen, indem man große Teile der Landschaft befriedet, eingittert und mit einem musealen Tabu belegt. Die Bedeutung alles Musealen wird erst dort sichtbar, wo die rapide Zerstörung Vorstellungen von Schutzwürdigkeit hervorruft. Die Erweiterung des musealen Bestandes ist deshalb ein Kennzeichen dafür, daß zerstörende Vorgänge am Werk sind.

Die Mitte des organisierten Raubbaus sind vor allem die Fundstätten. Die Schätze der Erde werden ausgebeutet und verbraucht. Die Ausbeutung des Menschen nimmt ihren Anfang in der Proletarisierung der Massen, die zur Fabrikarbeit gezwungen und schlecht ernährt werden. Die Ausbeutung des technischen Arbeiters, über welche der Sozialismus — solange er Opposition treibt — sich entrüstet, ist eine Begleiterscheinung der universalen Ausbeutung, welcher der Techniker die Erde in ihrer ganzen Ausdehnung unterwirft. Nicht nur die Bodenschätze, auch der Mensch gehört zu den Beständen, welche dem technischen Verzehr unterworfen werden. Die Mittel, mit denen sich der Arbeiter dieser Ausbeutung zu entziehen versucht, Zusammenschluß, Bildung von Gewerkschaften und politischen Parteien, sind eben jene Mittel, durch welche er immer unlöslicher mit dem technischen Fortschritt verbunden, mechanischer Arbeit und technischer Organisation unterworfen wird. Denn die Arbeiterorganisationen entstehen im Zusammenhang mit der sich ausdehnenden Apparatur.

Der immer strenger durchgeführte Raubbau ist die Kehrseite der Technik und darf nicht außer acht gelassen werden, wenn von technischem Fortschritt gesprochen wird. Es ist ein technischer Fortschritt, wenn unser übermäßig ausgenütztes Acker- und Weideland durch künstliche Düngung dahin gebracht wird, ununterbrochene Ernten zu liefern. Dieser Fortschritt ist zugleich die Folge eines Man-

---

([2]) Vergleiche den guten Bericht von Robert Jungk in dessen Buch „Die Zukunft hat schon begonnen".

gels, einer Notlage, denn ohne künstliche Düngung würden wir uns nicht mehr ernähren können. Er ist Raubbau. Der technische Fortschritt hat uns die Ernährungsfreiheit genommen, über welche unsere Vorfahren verfügten. Eine Maschine, welche die dreifache Arbeit leistet wie ihre Vorgängerin, ist ein technischer Fortschritt, denn sie ist das Ergebnis einer rationaleren Konstruktion. Deshalb ist auch ihre verzehrende, verschlingende Kraft, ihr Hunger größer, sie verbraucht unvergleichlich mehr. So ist das ganze Maschinenwesen voll unruhiger, gefräßiger Kraft, die nicht befriedigt werden kann.

Im Zusammenhang damit steht die rasche Abnutzung, der schnelle Verschleiß, dem es unterworfen ist. Die Hinfälligkeit aller dieser Gebilde ergibt sich aus ihrem Zweck und ihrer Bestimmung. Ihre Dauer, Haltbarkeit und Brauchbarkeit wird in dem Maße begrenzter und kürzer, in dem die Technik sich ihren Grenzen nähert. Der Verbrauch, den sie treibt, erstreckt sich auf ihre eigene Apparatur. Es steckt ein ungeheures Quantum menschlicher Arbeit in den Reparaturen, Instandsetzungen und Säuberungen, welche die Apparatur beständig erfordert. Und schnell geraten die Maschinen in jenen wrackartigen Zustand, in dem sie sich in dieser Zeit überall dem Auge darbieten. Die fortschreitende Technik füllt die Erde nicht nur mit ihren Maschinen und Werken, sie füllt sie auch mit dem technischen Gerümpel und Abfall. Dieses rostende Blech und Gestänge, diese zerbrochenen und verbeulten Maschinenteile und Maschinenfabrikate erinnern den nachdenklichen Betrachter an die Vergänglichkeit und Flüchtigkeit des Vorgangs, dessen Zeuge er ist. Vielleicht bewahren sie ihn davor, diesen Vorgang zu überschätzen, und verhelfen ihm zu einer Erkenntnis dessen, was sich hier abspielt. Der Verschleiß ist eine der Formen des Konsums; er zeigt sich dort sichtbarer, wo Raubbau getrieben wird, deshalb finden wir ihn vor allem dort, wo die Technik am Werke ist. Wenn es — was wenig Wahrscheinlichkeit hat — in zweitausend Jahren noch Archäologen geben sollte und wenn diese noch Ausgrabungen betreiben sollten, etwa in Manchester oder Essen, dann würden sie sehr wenig finden. Es würden sich ihnen weder ägyptische Grabkammern noch antike Tempel erschließen. Das Material, mit dem das Fabrikwesen arbeitet, ist nicht Aere perennius. Vielleicht würden diese Archäologen über die Dürftigkeit der Funde erstaunt sein. Aber die erdumspannende Macht der Technik hat etwas

Fliehendes, das sich dem Auge des Beteiligten leicht entzieht. Sie ist überall vom Verfall bedroht und der Vernutzung preisgegeben, die ihr um so hartnäckiger und geschwinder folgt, je schneller sie ihr zu entkommen strebt.

Die Technik schafft keinen neuen Reichtum, sie baut den vorhandenen ab, und zwar durch Raubbau, das heißt auf eine Weise, die jeder Rationalität ermangelt, aber mit rationalen Arbeitsverfahren. Sie vertilgt, indem sie fortschreitet, den Bestand, auf den sie angewiesen ist. Sie trägt dazu bei, daß ein beständiger Verlust stattfindet, kommt deshalb immer wieder auf den Punkt, an dem sie gezwungen wird, ihre Arbeitsverfahren zu vereinfachen. Wer das bestreitet und behauptet, daß die Fülle neuer Erfindungen den alten Apparat hinfällig macht, der verwechselt die Zusammenhänge. Die Erfindungen setzen das Bedürfnis voraus, sonst würden sie nicht gemacht werden. Es geht auch nicht an, daß der Techniker die wachsenden Verluste des technischen Arbeitsvorgangs, durch die immer neue Krisen und Störungen hervorgerufen werden, der politischen Organisation zur Last legt, durch welche die streitenden politischen Mächte auf dieser Erde den Arbeitsvorgang mit Kosten beladen, die technisch nicht zu rechtfertigen sind. In der Tat ist das der Fall, da alle Konkurrenz auch Politik und Wirtschaft betrifft. Indessen würde die Technik auch dann, wenn es einen einzigen Staat gäbe, den Vorgang der Rationalisierung bis an seine äußersten Grenzen forttreiben müssen. Er würde in einer freien Wirtschaft ebenso hervortreten wie in jeder Art von Planwirtschaft, die mit der Technik zusammen besteht. Wo der Techniker die freie Wirtschaft — das heißt eine Wirtschaft, in der der Wirtschaftler bestimmt — beseitigt, dort zwingt er der Wirtschaft einen Arbeitsplan auf, der von Technikern entworfen ist. Von diesem Arbeitsplan aber gilt, was über die Organisation gesagt wurde.

Wo die Krisen der Wirtschaft nicht mehr durch wirtschaftliche Maßnahmen überwindbar scheinen, dort erhofft man von der strengeren Planung der Technik Hilfe, dort taucht der Gedanke an eine Technokratie auf. Indessen ist zunächst zu untersuchen, ob diese Krisen nicht durch die Technik selbst hervorgerufen werden, ob die Technik imstande ist, Ordnung in die Wirtschaft zu bringen, ob ein solches Geschäft überhaupt zu ihren Aufgaben gehört. Was heißt Technokratie? Wenn dieses Wort einen Sinn hat, dann kann es nur bedeuten, daß der Techniker herrscht, daß er die Leitung des Staates übernimmt. Aber der Techniker ist kein Staatsmann und hat keine Befähigung für politische Geschäfte gezeigt. Sein Wissen umfaßt den Ablauf mechanischer, funktionaler Zusammenhänge; es wird durch den Impersonalismus gekennzeichnet, der ihm unverlierbar anhaftet, durch die „strenge Sachlichkeit" der Erkenntnisse. Dieser Impersonalismus reicht hin, um den Zweifel zu begründen, ob der Techniker fähig ist, Staatsgeschäfte zu übernehmen und zu betreiben.

6.

Daß das technische Denken rational ist, daß die technischen Arbeitsverfahren durch rationale Erwägungen bestimmt und geleitet werden, ist nicht zu bestreiten. Rationalisierung ist eine Forderung, der jeder Arbeitsvorgang jetzt unterworfen wird und der er sich nicht entziehen kann. In dieser unaufhörlichen Anstrengung, die technischen Einrichtungen zu verbessern, zeigt sich das Bestreben nach Perfektion des Arbeitsvorgangs. Er muß von den Unvollkommenheiten, die ihm anhaften, befreit werden, um genau das zu leisten, was durch ihn bezweckt wird. Unvollkommen ist er nicht durch das, was ihn verteuert und kostspielig macht —, diese Unvollkommenheit ist eine wirtschaftliche —, unvollkommen ist er, weil er nach technischen Begriffen seinem Zwecke nicht gerecht wird, weil er noch nicht zu ausschließlicher Technizität gelangt ist. Diese ist es, die er anstrebt. Eine Maschine, die Wärme in Arbeit umwandelt, ist nicht deshalb unvollkommen, weil sie sehr teuer ist, sondern deshalb, weil ihre Leistung weit unter dem Wirkungsgrad des Carnotschen Prozesses bleibt, der das Maximum ihrer Leistungsfähigkeit bestimmt.

Es ist bisher kaum beachtet und gewürdigt worden, daß technische und wirtschaftliche Ratio sich nicht decken, daß sie ihren Zielen und Zwecken nach verschieden sind. Zweck und Ziel alles Wirtschaftens, sei es von einzelnen, sei es von einer Gesamtheit, ist der Gewinn, den es abwirft. Der Wirtschaftler befaßt sich mit der Rentabilität des Arbeitsvorgangs. Für den Techniker ist das Wirtschaften, ist alle Arbeit eine Tätigkeit, die dem technischen Denken unterworfen werden muß. Aus diesem verschiedenen Machtstreben geht der Streit hervor, der zwischen technischem und wirtschaftlichem Denken besteht. Das Wirtschaftsdenken, das für sich Autonomie verlangt, kann dem Technker nicht gleichgültig sein. Er kann sich nicht damit abfinden, daß der technische Fortschritt in den Dienst der Wirtschaft gestellt wird und von ihr abhängig bleibt. Der Kampf entbrennt hier überall, und die Überlegenheit des Technikers zeigt sich darin, daß er ihn nicht ideologisch, sondern durch Erfindungen führt. Der Wirtschaftler, der das Patent einer technischen Erfindung kauft, um es im Kassenschrank zu verwahren, befindet sich schon auf dem Rückzuge; er bedient sich eines verzögernden Mittels, das seine Unterlegenheit deutlich macht. Er wird gezwungen, der Technik neue Mittel zu liefern. Für den Techniker ist die Wirtschaftlichkeit einer Anlage kein Grund, sein Streben nach Perfektion aufzugeben. Er ruiniert auch die rentablen Betriebe, wenn sie sich weigern, seinen Vorstellungen und Forderungen nachzukommen. Er ruiniert den Fabrikanten durch Erfindungen, die nicht vorauszusehen sind. Und er ist es, durch den neue Industrien und technische Anlagen aus dem Boden gestampft werden. Der Vorgang der Mechanisierung beschäftigt ihn als solcher; ihm wendet er seine Aufmerksamkeit zu, nicht aber den Rückwirkungen, die er auf den Menschen hat. Das Wohl und Wehe des Kapitalisten ist ihm so gleichgültig wie das des Proletariers. Es geht ihm, insofern er als Techniker denkt, weder um Renten und Zinsen noch um die Lebenshaltung, die durch sie ermöglicht wird. Diese Gleichgültigkeit gegen den wirtschaftlichen Nutzen, die „ideal" genannt werden darf, ist ein Kennzeichen seiner Überlegenheit gegenüber dem Wirtschaftler, dessen Pläne er rücksichtslos über den Haufen wirft. Er war es, der durch seine Erfindungen den Handwerker von seinem Webstuhl vertrieb und ihn dazu zwang, als Proletarier den mechanischen Webstuhl in der Fabrik in Gang zu setzen. Er tat es nicht, um den Kapitalisten auf Kosten des Fabrikarbeiters zu bereichern, aber er nahm diese unvermeidliche Folge ohne Gewissensbisse in Kauf. Ihm lag daran, die technische Apparatur zu entwickeln, nicht daran, wer den Nutzen aus dieser Apparatur zog. Oft kam er, dem Kapitalisten gegenüber, dabei nicht auf seine Kosten. An hungrigen Erfindern war nie Mangel. Aber auch nicht an Beispielen der Selbstlosigkeit. Es ist bekannt, daß ein echter und strenger Wissenschaftler wie Röntgen sich weigerte, irgendeinen Nutzen aus seiner Entdeckung zu ziehen, nicht ohne Instinkt für Machtverhältnisse. Dort, wo der

Wissenschaftler und Techniker zuerst an den Nutzen denkt, gerät er in Abhängigkeit vom ökonomischen Denken.

Diese Abhängigkeit wird in dem Maße aufgehoben, in dem die Wirtschaft in den Dienst der technischen Rationalisierung tritt und sich dem Zwange fügen muß, der vom Techniker auf sie ausgeübt wird. Der Wirtschaftler kann sich den Plänen des Technikers nicht mehr entziehen, denn wo immer er es versucht, dort erliegt er dem zwingenden Zugriff, der gegen ihn geltend gemacht wird. Der Techniker bestimmt die Form, in welcher sich der Arbeitsvorgang vollzieht, und dadurch gewinnt er Einfluß auf den materiellen Arbeitsvorgang selbst. Die Überlegenheit, die er behauptet, ist wohl begründet. Er ist überlegen, weil sein Denken eine Rationalität erreicht hat, welcher der Wirtschaftler nicht mehr beikommt, weil er funktional denkt. Religiöse, politische, soziale, wirtschaftliche Erwägungen sind von diesem Denken ausgeschlossen und können von ihm ausgeschlossen werden, weil sie in keinem zwingenden Zusammenhang mit ihm stehen. Hier ist ein Machtstreben an der Arbeit, das wegen seiner Armut erfolgreich und folgenschwer ist.

Nicht Wirtschaftsgesetze sind es, denen die Technik dient; es ist ein wachsender Grad von Technizität, dem die Wirtschaft unterworfen wird. Wir steuern auf einen Zustand zu — und wir haben ihn schon hier und da erreicht —, wo die Technizität des Arbeitsvorgangs wichtiger ist als jeder Gewinn, den er abwirft. Das heißt, er muß auch dann durchgeführt werden, wenn er mit Verlusten betrieben wird. Dieses Kennzeichen einer wirtschaftlichen Notlage ist zugleich das Merkmal wachsender technischer Perfektion. Die Technik, als Ganzes genommen, besitzt keine Rentabilität und kann sie nicht besitzen. Sie entfaltet sich auf Kosten der Wirtschaft, sie verschärft die wirtschaftliche Notlage, sie führt zu einer Verlustwirtschaft, die um so augenfälliger wird, je erfolgreicher das Streben nach technischer Perfektion vorangeht.

7.

Wirtschaft setzt den Wirt voraus. Ökonomie ist, in einem Sinne, dem heute wenig Beachtung geschenkt wird, das Wirtschaftsgesetz des Hauses, ist Hauswirtschaft. Sie ist das Hausen des Menschen auf dieser Erde. Der Ökonom ist ein Hausvater, der sich gemäß dem

Nomos der Hauswirtschaft verhält. Tut er es nicht, so treibt er Mißwirtschaft, und die gröbste Form dieser Mißwirtschaft ist der Raubbau. Raubbau ist es, den der in technischer Organisation lebende Mensch an der Erde verübt. Daher mag er produzieren, was er will, und eine solche Fülle von Waren erzeugen, daß der Anschein des Überflusses entsteht, in Wahrheit braucht er die bewirtschaftete Substanz auf und unterhöhlt den Grund aller geordneten Wirtschaft. Deshalb muß er in Schwierigkeiten geraten, denen er zuletzt nicht mehr gewachsen ist, an denen sein Denken scheitert. Sein scharfsinniges Erfinden ist ein fortgesetztes Vernutzen und Verbrauchen im Rahmen der technisch organisierten Arbeit. Der Erfinder ist der rücksichtslose Erschließer von Verbrauchsmöglichkeiten; daraus versteht sich, warum er geehrt und gefeiert wird.

Es sind sehr einfache Gesetze, die hier außer acht gelassen werden; wir müssen sie in Erinnerung bringen. Der Mensch, der Pflanzen anbaut, zieht und züchtet, der Mensch, der sich mit Tieren befaßt, kann dieses Geschäft nur gedeihlich betreiben, wenn er auf das Gedeihen seiner Schutzbefohlenen achtet. Nur wenn er ein Mehrer und Pfleger ist, wird seine Tätigkeit einen ersprießlichen Fortgang nehmen. Er darf weder seine Wälder abholzen noch seine Herden abschlachten. Er darf nicht auf eine einseitige und gewaltsame Weise seinen Nutzen und Vorteil suchen, denn hier waltet eine Gegenseitigkeit, die tief und nicht ohne Innigkeit ist. Die Erde erträgt den Menschen nicht, der sie nur nutzt und verbraucht, und sehr bald verweigert sie ihm ihre Hilfe. Das ist eines der Mysterien der Demeter, die jedem rechtschaffenen Bauern vertraut sind. Es ist offenbar, daß der Mensch nicht nur Nutzen von seinen Pfleglingen ziehen darf, sondern daß er fortgesetzte Opfer bringen muß. Erst diese schaffen die Gewähr, daß seine Arbeit und Tätigkeit keine bloß verletzende ist und daß sie ihm beständig zugute kommt. Auf gewaltsame Eingriffe antwortet die Erde nicht anders als der Mensch, in dessen Leben gewaltsam eingegriffen wird. Holze ich den Wald zugunsten des Ackers ab, so wird auch der Ertrag der Äcker magerer. Entwalde ich die Gebirge, so wird die Erosion sie verkarsten. Entwässere ich die Moore, vermaure und begradige ich die Flüsse, dann wird die Wasserwirtschaft in Unordnung geraten. Pflüge ich die Steppe um, dann entstehen Wüsten. Vernichte ich die Wildnis ganz und gar, dann ist es nicht nur mit allem Wildwuchs und Wild zu Ende, auch das der Wildnis abgewonnene Nutzland wird leiden. Daß in der Natur alles in einer innigen Verbindung steht, ist bekannt und wird nicht beachtet. Daß diese Verbindung nicht mutwillig gestört werden darf, wird vergessen. Monokulturen von dem Ausmaße, wie sie das neunzehnte und zwanzigste Jahrhundert kennt, Traktorenwirtschaften, die mit diesen Monokulturen in unlösbarer Verbindung stehen, sind Formen einer Bodennutzung, wie sie dem in technischer Organisation lebenden Menschen gemäß sind. Sie stören das Gleichgewicht der Kräfte, und die Natur antwortet auf solche Anlagen damit, daß sie Schädlinge in Bewegung setzt und die Böden verkümmern läßt. Ein Irrtum des Homo faber ist, wenn er glaubt, daß die Natur auf seine ihr aufgezwungenen Arbeitsverfahren sich nur leidend verhält; sie beantwortet die Zerstörungen und trifft den Urheber mit derselben Kraft, welche die Verletzung hatte.

Da solche Verhältnisse einer Zeit wie der unseren nicht scharf, nicht deutlich genug eingeprägt werden können, soll an einem anderen Beispiel gezeigt werden, was es mit ihnen auf sich hat. An den großen Weidelandschaften, in denen die Kuh als wichtigstes Haustier gehalten wird, sehen wir, daß sie auch unter dem Lebensgesetz der Kuh stehen. Der Mensch, welcher die Kuh nutzt, kann sich diesem Gesetz nicht entziehen, weder in seiner Arbeit noch in seinem Denken noch in seiner täglichen Lebensweise, die ein Leben hindurch wiederkehrt. Die Kuh, die er sich unterworfen hat, unterwirft auch ihn, unterwirft ihn mit der Kraft der wiederkäuenden Sanftmut und Ruhe, die ihr eigen ist, sanft, aber unerbittlich. Er muß sie säubern, pflegen, melken, weiden, hüten; er ist der unzertrennliche Wärter und Begleiter des Tieres geworden. Wie sie von ihm nicht loskommt, so kann er sich von ihr nicht freimachen. Darin liegt ein Leiden, und aus diesem Leiden wächst vielleicht die Erkenntnis, daß es sich lohnt, ein Leben mit diesem Tier zu verbringen. Es lohnt sich, nicht weil das Tier vernutzt wird, sondern weil es in dem sorglichen und pflegsamen Umgange schöner, stärker und fruchtbarer wird und williger die Früchte gibt, die der Mensch kraft seiner Pflege und Wartung von ihm verlangen darf. Nutzung ohne Pflege ist Raub. Der Umgang mit der Kuh ist, um dieses Kapitel zu schließen, für den Menschen dann nicht nur ökonomisch ersprießlich, er ist auch ein Ursprung aller Gesittung.

Davon aber weiß der Techniker wenig. Vielleicht wendet er ein, daß er seine Maschinerie ebenso sorgsam pflegt und reinigt wie der Kuhhalter die Kuh. Das ist wahr, aber nur in dem Sinne, in dem man sich die Zähne putzt oder das Gebiß reparieren und erneuern läßt. Die Umwandlung des Bauernhofes in eine Fabrik muß, wo sie gelingt, dahin führen, daß das Verhältnis von Mensch und Tier ein rein mechanisches wird. Das Tier wird ganz unter den Gesichtspunkt des nützlichen und vernutzbaren Mechanismus gestellt. Verfahren wie die künstliche Befruchtung oder die Embryonen-Übertragung zeigen, wohin der Weg geht.

8.

Welches ist das Kennzeichen, an dem wir das Streben nach Perfektion, das der Technik eigentümlich ist, am deutlichsten bemerken können? An welcher Erscheinung läßt sich der technische Fortschritt, der aus rohen und ungewissen Anfängen hervorgeht, am besten abmessen? Ohne Zweifel liegt ein solcher Fortschritt in der Wendung von der Dampftechnik zur Elektrotechnik und Atomtechnik, ein anderer in der engen Arbeitsgemeinschaft, die zwischen Technik und Biologie begründet wird und zu einer Biotechnik führt, innerhalb deren die Gesetze der Mechanik auf das Leben Anwendung finden. Wenn wir den technischen Arbeitsvorgang betrachten, dann fällt eines vor allem an ihm auf, der wachsende Automatismus, dem er unterworfen wird. Technischer Fortschritt ist gleichbedeutend mit einer Vermehrung der Automaten aller Art. Die Fabrik selbst wird zum Automaten, wenn der gesamte Arbeitsvorgang, an dessen Ende das technische Produkt steht, durch einen selbsttätigen Mechanismus verrichtet und mit mechanischer Gleichförmigkeit wiederholt wird. Der Arbeiter greift mit der Hand nicht mehr in die Arbeit des Automaten ein, er kontrolliert als Mechaniker seine automatische Funktion. Wie hier der Arbeitsvorgang, durch den das technische Produkt geschaffen wird, durch einen Automaten besorgt wird, so wird dieses Produkt selbst zum Automaten, der einen mechanischen Arbeitsvorgang wiederholt. Diese Aufgabe ist es, welche den Automaten von allem Werkzeug, das der ununterbrochenen Handhabung bedarf, unterscheidet; seine Bestimmung ist die selbsttätige und ununterbrochene mechanische Funktion. Wir sind von einem stets fortschreitenden Automatismus, dem alle Gebiete der Technik zustreben, umgeben. Der größte Teil unserer Fabrikmechanik arbeitet automatisch. Verkehrsautomaten sind es, die in Gestalt von Eisenbahnen, Motorschiffen, Kraftwagen und Flugzeugen überall auftauchen. Unsere Licht-, Wasser- und Wärmeversorgung arbeitet automatisch. Geschütze und Gewehre tun es. Es gibt Waren- und Speiseautomaten, Rundfunk- und Lichtspielautomaten, deren Aufgabe insgesamt darin besteht, den von ihnen geforderten Arbeitsvorgang mit jener mechanischen Gleichförmigkeit zu wiederholen, mit der die Schallplatte immer das gleiche Stück hervorbringt. Erst durch diesen Automatismus erhält unsere Technik das ihr eigentümliche Gepräge, das sie von der Technik aller anderen Zeiten unterscheidet. Und erst durch ihn gelangt sie zu der Vollendung, die wir an ihr wahrzunehmen beginnen. Die selbständige, sich gleichförmig wiederholende Funktion ist das Hauptkennzeichen unserer Technik.

Die mechanischen Arbeitsvorgänge haben an Zahl und Umfang unermeßlich zugenommen. Können sie zunehmen, ohne daß etwas anderes zunimmt, die Abhängigkeit des Menschen von Automaten? Nein, es versteht sich, daß der Automatismus, der vom Menschen beherrscht und bedient wird, Rückwirkungen auf den Menschen ausübt. Die Macht, die er durch ihn gewinnt, gewinnt ihrerseits Macht über ihn. Er wird gezwungen, seine Bewegungen, seine Aufmerksamkeit, sein Denken ihm zuzuwenden. Seine Arbeit, die mit der Maschine verbunden ist, wird mechanisch und wiederholt sich mit mechanischer Gleichförmigkeit. Der Automatismus ergreift ihn nun selbst und gibt ihn nicht mehr frei. Auf die Folgen, die sich daraus ergeben, werden wir immer wieder zurückkommen.

Die Erfindung des Automaten gehört, wie die Taube des Archytas und der Android des Ptolemäos Philadelphos zeigen, der Antike an. Diese vielbewunderten Werke waren, wie die Automaten des Albertus Magnus, Bacons und Regiomontans, geistvolle Spielereien, die ohne Folgen blieben. Sie erweckten nicht nur Bewunderung, sondern auch Furcht. Der Android des Albertus Magnus, der die Tür öffnete und den Eintretenden begrüßte, ein Roboter also, der jahrzehntelange Arbeit gekostet hatte, wurde von dem erschreckten Thomas von Aquino durch einen Stockhieb zerstört. Mit der Teilnahme, die der geistige Mensch dem Maschinenwesen von seinen ersten Anfängen an entgegenbringt, verbindet sich eine Vorahnung des Unheimlichen, ein Grauen, über das sich schwer Rechenschaft geben läßt. Man spürt es in dem Ausspruch Goethes über das Vordringen der Fabrikmechanik, in dem Schauder Hoffmanns vor den Kunstautomaten und Spielfiguren des achtzehnten Jahrhunderts, unter denen der Flötenspieler, der Trommelschläger und die Ente Vaucansons eine große Rolle spielen. Es ist das gleiche Grauen, das den Menschen von jeher vor Uhren, Mühlen, Rädern, vor allem Gerät und allen Werken ergriffen hat, die sich regen und bewegen, ohne eigenes Leben zu besitzen. Der Betrachter begnügt sich hier nicht mit dem Studium der Mechanik und beruhigt sich nicht, wenn er ihre Tätigkeit verfolgt, denn gerade das mechanisch Wirksame ruft Unruhe in ihm hervor. Hier täuscht die Bewegung das Leben vor, und diese Täuschung erweckt, sobald sie durchschaut ist, ein Unbehagen. Etwas Totes dringt in das Leben ein und breitet sich in ihm aus. Deshalb ergreift den Betrachter ein Gefühl, das sich mit der Vorstellung des Alterns, der Kälte, des Todes verbindet, mit dem Bewußtsein der toten, sich mechanisch wiederholenden Zeit, wie sie durch das Uhrwerk gemessen wird. Es ist nicht zufällig, daß die Uhr der erste Automat ist, der einen durchschlagenden Erfolg gehabt hat. Die Tiere, die in dem System der Cartesianer als Automaten behandelt werden, sind Uhren, deren Bewegung mit mechanischer Gesetzlichkeit abläuft.

Es ist das Zeitproblem, auf das wir stoßen und das wir nicht umgehen können, wenn wir uns mit dem Automatismus der Bewegung beschäftigen. Hier ist der Ort, um einmal jene erkenntnistheoretischen Bestimmungen des Zeitbegriffs zu betrachten, die auf die Technik Einfluß geübt haben, sodann aber die Rolle zu prüfen, welche die Zeitmeßverfahren spielen.

9.

Zunächst ist zu bemerken, daß der cartesische Dualismus eine unüberbrückbare Kluft zwischen Geist und Körper aufriß und das alte Systema influxus physici beseitigte, welches eine Verbindung und Einheit zwischen ihnen annahm. Die Frage, wie die Res cogitans und die Res extensa zusammenwirken und sich verständigen, beantwortete Descartes für den Menschen und dessen geistige Bewegungen, indem er ein unmittelbares Eingreifen Gottes annahm, der eine der geistigen

Bewegung entsprechende im Körper bewirkt, wie er denn auch der Seele die Vorstellungen von körperlichen Dingen vermittelt. Ein Commercium animi et corporis gibt es für ihn ohne Vermittlung Gottes nicht. Da er nun die Tiere für Maschinen und Uhren hielt und den menschlichen Körper für eine ebenso künstliche Maschine und Uhr, ist leicht einzusehen, daß die Zahl und der Umfang automatischer Bewegungen bei ihm gewaltig wächst. Nicht nur steigert er den Anteil der sich selbst vollziehenden mechanischen Bewegungen, er modelliert auch jene anderen geistigen Bewegungen, bei denen Gott — man weiß nicht wie — als Vermittler zwischen Geist und Körper tätig wird, nach dem Muster mechanischer Vorgänge. Ein so eingreifender Gott kann nicht anders als ein Uhrmachergott bezeichnet werden, der die von ihm geschaffenen Werke auf jene künstliche Weise reguliert, die ihren Gang sicherstellt. Daß das nicht anders als durch okkasionelle Berührungen geschehen kann, hat sein Schüler Geulinx gezeigt, der den Okkasionalismus begründete. Denn Gott bewirkt nach ihm auf eine unbegreifliche Weise, daß leibliche und seelische Vorgänge wechselseitig korrespondieren, ein Vorgang, der den Menschen als untätigen und unvermögenden Zuschauer dessen läßt, was Gott in ihm bewirkt.

Schon in der Vermehrung automatischer Bewegungen zeigt sich etwas Dynamisches, und der mächtige Einfluß, den das cartesische Denken auf die Folgezeit hat, ist vor allem darin zu suchen, daß er die von der Scholastik gebändigte und im Schlummer liegende Dynamik befreit und entfesselt. Die Dynamik als Lehre von den Kräften und den von ihnen hervorgerufenen Bewegungen ist jener Teil der Mechanik, der jetzt durchgebildet wird und durchgebildet werden kann. Fragt man, welchen Anteil Descartes an diesen Vorgängen hat, so liegt die Antwort eben in der Fassung seiner Lehre, in welcher der Bereich des als tot Angenommenen sich mächtig ausdehnt. Denn die Res extensa ist tot; sie kann vollkommen beschrieben und bestimmt, das heißt auf mechanische Weise erklärt werden. Und da sie tot ist, braucht man Eingriffe in sie nicht zu scheuen und Widerstände, die nur leblose und ungeistige sein können, nicht zu berücksichtigen. Daß die Res cogitans sich zum alleinigen Herrn und Meister des Weltprozesses aufwirft, daß sie das scharf, rücksichtslos, ohne auf Einwürfe zu achten, tun wird, liegt in dem Denken von Descartes vorbereitet.

Denn die tote Natur, die sich nun weithin ausdehnt, die Natur als Automat, die automatisierte Landschaft fordern zu solchen Eingriffen heraus. In dem Denken von Descartes ist der Plan der exakten Naturwissenschaften schon entworfen, ein Plan von ungeheurer Reichweite, Ergiebigkeit und Einträglichkeit. Er hat diesen Plan schon weithin übersehen. Betrachtet man die im Jahre 1637 erschienene Erstausgabe des „Discours de la Methode", so findet man unter dem Haupttitel die Erläuterung: „Pour bien conduire sa raison, et chercher la vérité dans les sciences." Ein früherer, von ihm entworfener Gesamttitel aber lautet: „Projekt einer universellen Wissenschaft, die unsere Natur zum höchsten Grade der Vollkommenheit zu erheben vermag." In seinem Denken sind schon die künstlichen Unterscheidungen zwischen Geist und Körper, organischer und anorganischer Natur, Natur- und Geisteswissenschaften angelegt, denn sie führen samt und sonders auf seine Unterscheidung zwischen denkendem und ausgedehntem Ding zurück. Die Res cogitans kann jezt zu dem Denker, Forscher, Wissenschaftler, Techniker werden, der überall dort einsteigt und einfährt, wo die Natura naturata, als welche die Res extensa sich zu erkennen gibt, beginnt. Hier beginnt das Reich der Entdeckungen und sinnreichen Erfindungen, in welchem Naturmodelle nachgeahmt werden, um der Natur beizukommen. Hier liegt für Jahrhunderte Nahrung, Beute, Raub, welche dem scharfsinnigen Verstand sein Auskommen gewährleisten.

Merkwürdig ist nun, denn die unwiderstehliche Gewalt der Bewegung zeigt sich daran, wie der cartesische Rationalismus und die ganz empirische Betrachtungsweise Bacos zusammenwirken. Der Streit zwischen Thomisten und Scotisten, der über den Primat von Willen oder Vernunft geführt wurde, wird zunächst von England aus begonnen und dann auf den Kontinent getragen. Darin steckt, daß England in einer späteren Zeit der Vorort der Industrialisierung wird. Schon der Schüler von Duns Scotus, Wilhelm von Occam, beendet den Streit siegreich, denn seine „Summa totius logices" und sein „Tractatus logices in tres partes divisus" waren es, die den Realismus niederwarfen und dem Nominalismus zum Siege verhalfen, weshalb er mit Grund als Princeps Nominalium gefeiert wurde. Er also ist einer der Väter des Empirismus, wie er denn auch das ganz nominalistische Verfahren der Induktion vorbereitet. Ohne ihn ist ein Mann wie Baco nicht denkbar, der sich vom Syllogismus abwendet und jener Art der Induktion zuwendet, die durch Ausschließungen und Verneinungen die Tatsachen siebt und von partikulären Sätzen zu den Principiis generalissimis et evidentissimis aufsteigen will. Sieht man vom Ende her auf einen solchen Anfang hin, so erkennt man, daß in der Arbeit zweier Köpfe, die, einander unbekannt, in verschiedenen Ländern tätig sind, sich eine Arbeitsgemeinschaft vorbereitet, wie wir sie in allen wissenschaftlichen Verfahren und auch bei der Betrachtung einer beliebigen Maschine wiederfinden. Der Rationalismus von Descartes und der Empirismus Bacos gehen auf den Kausalismus hin, der mit jeder Erweiterung der Mechanik zunehmen muß. Beide wenden sich scharf gegen die Teleologie, die sie als unwissenschaftlich erklären und an deren Stelle sie die Erklärung aus wirkenden Ursachen setzen. Aber ihre wirkenden Ursachen können, auf den Zusammenhang und die Zusammenarbeit hin angesehen, so wenig frei von teleologischen Erwägungen bleiben, wie eine Maschine frei von mechanischer Zweckmäßigkeit bleiben kann.

Unter solchen Gesichtspunkten betrachtet, ist die Lehre Spinozas ein verzögerndes Moment. Genauer gesagt: in Hinsicht auf die Praxis, welche das cartesische Denken mit sich führt, ist sie einflußlos. Denn die Wucht der geschichtlichen Bewegung liegt dort, wo die Mechanik durchgebildet wird und der Dynamismus freie Bahn gewinnt. Daraus versteht sich, warum die Denker dieser Epoche zugleich treffliche Mathematiker und Physiker sind. Pascal ist dafür ein besonders eindrucksvoller Beleg. Nachhaltiger, intensiver ist über die Mechanik niemals nachgedacht worden. Die Wucht dieser Bewegung läßt sich an allem deutlich machen, so — um ein Beispiel vorwegzunehmen — an der Geldwirtschaft, die ganz unter den Einfluß der Dynamik gerät und von ihr beherrscht wird. Der Kapitalismus selbst bis in seine letzten Phasen ist nichts anderes als die Anwendung mechanischer Gesetzlichkeit auf die Geldwirtschaft. Wenn Klage darüber geführt wird, daß der Mensch bei solchen Verfahren zu kurz kommt, so hat diese Klage ihre Richtigkeit.

Widersinnig ist es aber, im Bereiche der zur Perfektion gelangenden Technik den Kapitalismus zu verneinen und die Technik zu bejahen. Der Kapitalismus wird die Technik bis zu ihrem Ende begleiten, als privater oder staatlicher, denn die von ihm entfaltete Mechanik des Geldwesens hängt von der Technik ab; im technischen Bereich kann nur eine mechanisch gleichlaufende Geldwirtschaft und Geldtechnik geduldet werden. Die sozialistische oder kollektivistische Geldwirtschaft, welche die Verteilung zu regulieren versucht, ist nicht weniger mechanisch als die privatkapitalistische; sie ist es vielmehr in höherem Maße, und das ist, vom Standort derer aus gesehen, welche an der Durchbildung der Technik mitarbeiten, ihre einzige Rechtfertigung. Das Wort Kapital kommt aus dem mittelalterlichen Latein, dem Capitale, welches das Hauptgeld im Gegensatz zu den Zinsen ist (capitalis pars debiti), der Hauptstamm des Geldes, die zinsgebende Geldsumme. Schon an dieser Bedeutung zeigt sich, daß Kapitalwirtschaft und Geldwirtschaft nicht schlechthin identisch sind, wie denn in einer Natural- oder Tauschwirtschaft mit geringem Geldverkehr beide sich nicht decken. Nimmt man nun jene späte Bestimmung an, nach welcher Kapital in einen Gegensatz zur Arbeit gestellt wird, so ist nicht schwierig, in dieser Trennung den Gegensatz wiederzufinden, der von Descartes Res extensa und Res cogitans genannt wird. Die Arbeit als Arbeitsvorgang, der im Gange ist, steht hier im Gegensatz zu allen Wirtschaftsgütern, welche Hilfsmittel der Produktion sind, in denen also der Arbeitsvorgang beendet wird. Der Zug, durch den die Geldwirtschaft ihr kapitalistisches Gepräge erhält, ist der gleiche, durch den sie einer dynamischen Gesetzlichkeit unterworfen wird. Das Verhältnis von stehendem und umlaufendem Kapital verschiebt sich zugunsten des letzteren, der Anteil des Anlagekapitals gegenüber dem Betriebskapital schwindet, das gebundene Kapital tritt gegenüber dem flüssigen zurück. Erinnert sei hieran den Wechsel (cambium), der in Italien als Distanzzahlung ausgebildet wurde, um Zahlungen in bestimmter Münze zu erleichtern und Transportgefahr zu vermeiden, der dann aber vom sechzehnten bis in die Mitte des neunzehnten Jahrhunderts insbesondere in Frankreich in einer Weise ausgebildet wurde, die vor allem auf die Transportfunktionen des Indossaments Bezug hatte. Mechanische Transportfunktionen sind es, welche den Weg des Geldes regulieren; das Streben nach Rationalisierung dieser Transportfunktionen ist es, welches die Clearinghäuser und den bargeldlosen Zahlungsverkehr hervorgerufen hat. Umlauf, Zirkulation werden zu Kennzeichen einer der automatisierten Technik unterworfenen Geldwirtschaft, weil in ihr alles Geld auf mechanische Weise mobil und disponibel werden muß. Alles muß in einer solchen Wirtschaft verfügbar werden, denn alle ökonomischen Machtmittel treten in den Dienst des technischen Gesamtvorgangs. Dessen Dynamismus bestimmt das Geldwesen, bestimmt die Kapitalwirtschaft, wie er die Kreditwirtschaft bestimmt, die ebenso dynamisch geworden ist.

Ein solches Beispiel reicht hin, um denen, die den abgezogenen Gedanken, das abstrakte Denken leblos finden, seine bis ins Mark des Lebens einschneidende Kraft zu zeigen. In der Kammer dieses Denkens, an einem Orte, den sie selbst nicht zu bestimmen vermögen, der aber der Camera vergleichbar ist, in welche der sizilische Fischer in seinem Netze die Thunfische treibt, sind auch sie eingefangen. Oder um es mit anderen Worten zu sagen: sie leben im Bereiche des Saturn und wissen nichts davon. Ein solches Beispiel vermag auch deutlich zu machen, daß die Lehre Spinozas im gesamten Zuge des abendländischen Denkens etwas Insuläres hat. In einer Zeit, in der jeder Denker von Rang sich mit den mathematischen und physikalischen Gesetzen auseinanderzusetzen hat, tat er das nicht. Er verhält sich innerhalb der geschichtlichen Bewegung still. Man hat seine Lehre nicht ohne Recht als Quietiv bezeichnet, denn in der Tat wirkt sie als solches. Indessen muß man den Spinoza mißverstehen, um sich bei ihm zu beruhigen, denn das Stationäre, ja eigentümliche Tote beginnt in ihm schon mit dem Substanzbegriff, mit seiner Bestimmung der Substanz als Id, quod cogitari non potest nisi existens, mit dem augenlosen, blind notwendigen Gott, den er als Causa sui setzt. Sind ihm Res cogitans und Res extensa, die er von Descartes übernimmt, eines, ist Gott für ihn selbst die Einheit von unendlichem Denken und unendlicher Ausdehnung, so schließt doch diese Einheit der Substanz, die er Descartes entgegenhält, alle Attribute und auch deren Dualismus von sich aus, und die Res extensa ist für ihn so tot wie für Descartes, ja die tote Welt erscheint bei ihm in noch größeren Ausmaßen. Descartes ist eine wahrhaft geschichtliche Persönlichkeit, ist überall der Mann des Schicksals, wo Spinoza der des Fatums ist. Auch läßt sich auf ihn der Satz anwenden, mit dem die Principia philosophiae naturalis mathematica Newtons enden: Deus sine dominio, providentia et causis finalibus nihil aliud est quam Fatum et Natura.

10.

Tempus absplutum, quod aequabiliter fluit. Newton

Die Galilei-Newtonsche Mechanik nimmt eine absolute Zeit an. Die Zeit, wie sie Newton beschreibt, ist eine allgemeine, universale Weltzeit. Nach Kant hat die Zeit keine absolute Realität, weder eine subsistierende noch eine inhärierende. Eine subsistierende Realität hat sie nur in der Mythe, wo Kronos mit der diamantenen Hippe seinem Vater Uranos die Schamteile abmäht, oder in den Köpfen von Leuten, die das Unding der Zeit zum Ding machen. Sie hat auch keine den Dingen inhärierende Realität, steckt also nicht in ihnen. Durch den Apriorismus des Zeitbegriffs wird der Zusammenhang zwischen Zeit und Ding abgeschnitten, der Zutritt der Erfahrung abgewehrt. Kant verwendet seine Prämisse, daß die Vorstellung der Zeit a priori gegeben sei, um ihre absolute Realität, sei sie subsistierend oder inhärierend gedacht, zu bestreiten([3]).

Diese Zeit, die weder etwas für sich selbst darstellt, wenn ich die Gegenstände von ihr abziehe, noch in den Dingen vorhanden ist, ist also eine Vorstellungsart, eine Form ohne Inhalt, ein Schema. Dieses

---

([3]) Kant stützte seine These, daß Raum und Zeit als reine Anschauungsformen gegeben seien, auf die Behauptung, daß die Sätze der Geometrie a priori und mit apodiktischer Gewißheit erkannt werden. Notwendigkeit und absolute Allgemeinheit ist nach ihm das Charakteristische aller Sätze der Geometrie. Diese apodiktische Gewißheit der Geometrie steht und fällt mit der Annahme, daß die euklidische Geometrie die einzig denkbare ist, was sie für Kant war, der die Möglichkeit einer nichteuklidischen Geometrie nicht in Betracht zog. Der ganze Bau seiner Erkenntnistheorie ruht ja auf euklidischer Geometrie und galileischer Kinematik, wie schon aus ihrem Grundstein, der transzendentalen Ästhetik, hervorgeht. Seit Bolyai, Lobatschefsky und Riemann wissen wir aber, daß es nichteuklidische Geometrien gibt und daß sie sich logisch und in sich widerspruchsfrei nach dem Modell der euklidischen begründen lassen. Insbesondere hat Riemann gezeigt, daß in einem dreidimensionalen Raume, der alle möglichen Räume umfaßt, die euklidische Geometrie nur noch im unendlich Kleinen Gültigkeit hat; sie gilt nur noch als Differenzialgesetz und läßt beliebig viele dreidimensionale Geometrien zu. Diese widerstreben allerdings unserer Anschauung. Die apodiktische Gewißheit der euklidischen Geometrie löst sich also auf, da erst auszumachen ist, welche Geometrie in einem gegebenen Falle gilt. Ihre Sätze gelten nicht synthetisch a priori, sondern auf Grund von Bestimmungen, und diese sind bei jeder möglichen Geometrie erst auszumachen.

Ordnungsschema gleicht nicht, wie gesagt wurde, einem leeren Kasten oder einer leeren Mietskaserne; es ist vergleichbar der Leere eines Kastens, zu der kein Kasten gegeben ist. Inhäriert die Zeit den Dingen nicht, dann ergibt sich, daß alles Wachsen, Blühen und Reifen, alles Altern, Welkwerden und Absterben im Grunde mit der Zeit nichts zu tun hat und daß die Sprache, die bei allen Völkern in zahllosen Worten, Wortverbindungen, Sätzen und Sprichwörtern dieses Inhärieren der Zeit bei den Gegenständen zum Ausdruck bringt, auf dem Abwege ist. Nach Kant liegen die Feste zwar in der Zeit, aber die Zeit liegt nicht in den Festen. Der Rhythmus ist zwar in der Zeit, aber die Zeit nicht im Rhythmus. Steckt in dem Werden, Vergehen, in aller Bewegung die Zeit nicht darin, ist sie nur eine Vorstellungsart, ein Schema, das mit den Dingen nichts zu schaffen hat, was hat dann dieses Werden, Vergehen und alle Bewegung mit der Zeit zu tun? Leugnet Kant die absolute Realität der Zeit, die von Newton behauptet wird, so stimmt er doch in anderen Bestimmungen der Zeit mit ihm überein. Auch bei ihm findet sich die Vorstellung einer einzigen, allgemeinen, unendlichen und unendlich teilbaren Zeit, die nicht umkehrbar ist und die nicht an sich selbst, sondern nur vermittelst der raumzeitlichen Bewegungen von Körpern gemessen werden kann. Zeit ist hier immer gleich Zeit. Die Relation der Zeitteile ist quantitativ meßbar, aber alle diese Teile sind qualitativ gleichartig und gleichförmig. Und diese Zeitteile fließen, insofern sie nicht gleichzeitig sind, in einem steten Nacheinander dahin, wie die Moleküle in einem Kanal, ohne doch eine molekulare Beschaffenheit zu haben. Oder sie bilden ein aus dem Unendlichen kommendes und ins Unendliche abrollendes Band, das mit einer unveränderten und gleichförmigen Geschwindigkeit abläuft. Die Bewegung von Körpern wirkt auf die Zeit nicht ein. Man erkennt an den kantischen Bestimmungen des Zeitbegriffes, daß sie durch die Galilei-Newtonsche Mechanik beeinflußt und geformt worden sind, daß sie etwas Mechanisches angenommen haben. Denn offenbar ist die Zeit hier etwas durchaus Starres und Totes.

Newton gesteht jener linearen, bandförmigen Bewegung, welche die Zeit unabänderlich vollzieht, absolute Realität zu; nach Kant ist sie nur eine Konstruktion unserer Vorstellungsart, in der allein sie begründet liegt. Diese Linearität der Zeit ist unvereinbar mit allen Vorstellungen, die eine zyklische Bewegung der Zeit annehmen. Die Zeit, bemerkt Kant, bestimmt „das Verhältnis der Vorstellungen in unserem inneren Zustande. Und eben weil diese innere Anschauung keine Gestalt gibt, suchen wir auch diesen Mangel durch Analogien zu ersetzen und stellen die Zeitfolge durch eine ins Unendliche fortgehende Linie vor, in welcher das Mannigfache eine Reihe ausmacht, die nur von einer Dimension ist, und schließen aus den Eigenschaften dieser Linie auf alle Eigenschaften der Zeit außer dem einigen, daß die Teile der ersteren zugleich, die der letzteren aber jederzeit nacheinander sind". Indessen hat diese lineare Vorstellung der Zeit noch einen anderen Grund. Sie hängt damit zusammen, daß Raum und Zeit hier ohne jede Beziehung zueinander gedacht sind, und zwar so, daß weder Raum-Zeiten noch Zeit-Räume bestehen. Die lineare Zeit geht durch den Raum hindurch, ohne daß eine Berührung stattfindet, und ebenso erstreckt sich der Raum durch die Zeit. Bei strenger Sonderung von Raum und Zeit bleibt die lineare Vorstellung der Zeit als die faßlichste zurück, da ihr gleichförmiger und unberührter Abfluß eben nur noch als Linie gedacht werden kann. Es sei das erwähnt in Hinsicht auf die neueren physikalischen Theorien, in denen an die Stelle der Trennung von Raum und Zeit eine unlösbare Verbindung tritt, die zu einer anderen Vorstellung des Weltgeschehens führt.

Daß es nur eine, unendliche und unendlich teilbare Zeit gibt, scheint den meisten einzuleuchten, vielleicht weil sie in Analogie zu dem einen, unendlichen und unendlich teilbaren Raume steht, vielleicht auch deshalb, weil diese Vorstellung alles auf die einfachste Formel bringt. Kann es denn zwei, kann es mehrere, kann es unendlich viele Zeiten geben? Wenn die Zeit den Dingen inhäriert, und zwar so, daß die Beschaffenheit des Dinges auf die Zeit Einfluß übt, oder die Beschaffenheit der Zeit auf das Ding, oder beides zugleich, muß es dann nicht unendlich viele Zeiten geben? Muß es nicht neben den Relationen, in denen die Dinge stehen, auch Relationen der Zeit geben, die sich nicht nur quantitativ, durch Messungen, unterscheiden, sondern auch qualitativ, ihrer Beschaffenheit nach? Solange ich die Erkenntnistheorie als einen Bestandteil der mathematisch-physikalischen Wissenschaften betrachte, solange mag die mechanische Bestimmung des Zeitbegriffes mir genügen. Wenn ich aber diesen

Standort verlasse, werde ich mich dann mit diesen mechanischen Bestimmungen noch begnügen können? Werden dann Sätze wie diese: daß die Zeit a priori und unter dem Bilde einer Linie anschaubar ist, oder daß die Geschwindigkeit, bei gleichem Raum, im umgekehrten Verhältnis der Zeit ist, mir genügen?

Hier erhebt sich zunächst die Frage, welche Rolle die Zeitmeßverfahren spielen. Wir regulieren ja nicht nur die Zeit durch Uhren, die Uhren regulieren auch unsere Zeit. Es sind das zwei verschiedene Meßvorgänge. Betrachten wir ihr Verhältnis zueinander, so leuchtet ein, daß jene Messung der Zeit und ihrer Teile durch Uhren, die den mechanischen Ablauf der Zeit aufzeigen, nicht um ihrer selbst willen da ist, sondern daß sie in engster Verbindung mit dem anderen Meßvorgang steht, durch den die Uhren unsere Zeit messen. Zeit und Zeit ist aber bei beiden Meßvorgängen nicht dasselbe.

Voraussetzung bei allen Messungen der Zeit durch Uhren ist die Annahme, daß es überhaupt gleiche Zeiten gibt. Ob es sie wirklich gibt, bleibt fragwürdig. Durch die Zeitmeßverfahren ist diese Frage nicht zu ermitteln. Denn wir messen mit Uhren, die nach der Erddrehung reguliert sind, und gehen dabei davon aus, daß die Erddrehung eine gleichförmige Bewegung ist. Wir messen also die Zeit durch eine als gleichförmig angenommene Bewegung, und diese wiederum durch die Uhren. Dieser Circulus vitiosus bleibt auch dann, wenn angenommen wird, daß der gleiche Naturvorgang bei Wiederholungen die gleiche Zeit benötigt. Wird die Wiederholung als Uhr benutzt, wie bei den Quarzuhren, dann lassen sich die Zeitmeßverfahren zwar von der Erddrehung unabhängig machen, deren Gleichförmigkeit wenig wahrscheinlich ist, die Frage bleibt aber, ob es gleichförmige Wiederholungen gibt, ob sich in der Natur zwei Vorgänge finden lassen, die genau gleich und nur der Zeit nach verschieden sind.

Wir wollen uns bei dieser Frage nicht aufhalten. Wir führen sie nur an, um zu zeigen, worauf es bei der Messung der Zeit durch Uhren ankommt: auf die mechanisch genaue Wiederholung des Vorganges, auf den das Meßverfahren abgestellt wird. Die Voraussetzung bleibt, daß Zeit gleich Zeit ist. Wird das angenommen, dann hängt die Ermittlung jener Relation, in der die Zeitteile stehen, von der Verfeinerung der Methoden ab, mit denen sich stets exaktere Messungen ausführen lassen. Das Verhältnis von absoluter und idealer Zeit hat bei diesen Meßverfahren nichts zu sagen. Aus der Annahme einer absoluten Zeit im Sinne der Galilei-Newtonschen Mechanik, insbesondere aber aus Newtons Bestimmungen der Zeit geht hervor, daß die Zeit zwar bewegt wird, nicht aber sich selbst bewegt und verändert. Sie bewegt sich wie eine Maschinerie und arbeitet wie ein Automat. Wenn die Zeit sich selbst bewegte und veränderte, dann könnte sie nicht, wie Newton bemerkt, äquabiliter fließen. Alle Zeitmeßverfahren beruhen auf der Annahme, daß die Zeit äquabiliter fließt. Und ohne diese Annahme könnte es Uhren, die auf dem Vorhandensein von gleichförmigen Wiederholungen beruhen, nicht geben.

Für die Praxis der Zeitmeßverfahren bleibt es sich vollkommen gleich, ob der Zeit absolute Realität oder transzendentale Idealität und empirische Realität zugestanden wird. Die Durchbildung der Zeitmeßverfahren geht ohne Rücksicht auf diesen Streit voran.

11.

Naturwissenschaft ist ohne Erkenntnis des Mechanischen in der Natur nicht zu denken, und „jenes Prinzip des Mechanismus der Natur, ohne daß", wie Kant bemerkt, „es ohnehin keine Naturwissenschaft geben kann", muß aufgefunden und bestimmt werden, wo sie zu arbeiten beginnt. Warum gibt es ohne diesen Mechanismus keine Naturwissenschaft? Weil es ohne ihn keine Determinationen gibt, die sich wiederholen und berechenbar sind, weil es ohne ihn nicht zu jener Exaktheit kommen kann, die selbst nichts anderes ist als eine mechanische Zuverlässigkeit in der Wiederkehr der gleichen Wirkung bei gleichen Ursachen. Wir gehen also nicht fehl, wenn wir den Naturwissenschaftler selbst einen Mechaniker nennen, der, er arbeite nun experimentell oder theoretisch, wissenschaftlich nur insoweit ernst zu nehmen ist, als er den Mechanismus der Natur in seinem Denken nachbildet. Was darüber hinausliegt, gehört nicht zur Naturwissenschaft, so alle jene Disziplinen, die sich auf einen Mechanismus nicht reinlich zurückführen lassen. Es kann daher eine wissenschaftliche Ästhetik oder Physiognomik nicht geben, und jeder Versuch, sie wissenschaftlich zu begründen, begegnet mit Recht dem Mißtrauen und der Ablehnung. Die Einwände Lichtenbergs gegen die Lavatersche Physiognomik sind unwiderleglich. Es gibt treffliche Physiognomiker, aber es gibt kein Verfahren, um die Physiognomik in ein wissenschaftliches System zu bringen.

Bei dem Naturwissenschaftler wird man immer ein Bestreben finden, die Grenzen seiner Wissenschaft so scharf und eng wie nur möglich zu ziehen, ein Bestreben, sie ganz methodisch zu machen und auf die Methode zurückzuführen. So wird die Naturwissenschaft auf den Anteil beschränkt, den die Mathematik an ihr hat, oder auf das Gesetz der Kausalität oder auf einen nackten Funktionalismus. Dieses oft angstvoll anmutende Mühen entspringt wie alle strenge Befestigung der Grenzen einem Sicherungsbedürfnis.

Ein mechanischer Zeitbegriff ist es, der die exakte Naturwissenschaft zu ihren Entdeckungen und Erfindungen befähigt, der alle exakte Naturwissenschaft erst möglich macht. Ihr Begriff Exaktheit steht in untrennbarer Beziehung zu der mechanischen Auffassung der Zeit, kann also von dieser auf keine Weise abgelöst werden. Ohne Uhren gibt es keine Automaten, aber auch keine Wissenschaft, denn was ist diese ohne Zeitmeßverfahren, auf denen sie ganz und gar beruht? Ihre Arbeitsmethoden sind ohne die beständige Kontrolle durch Zeitmeßverfahren gar nicht zu denken. Erst dort, wo diese an Zuverlässigkeit und Genauigkeit gewinnen, beginnen das Maschinenwesen, der Industrialismus, beginnt unsere Technik. Vorher wäre, um ein Beispiel zu geben, der Bau einer auf Schienen laufenden Eisenbahn gar nicht möglich gewesen, denn deren Betrieb und Instandhaltung setzen eine uhrenhafte Exaktheit voraus, eine genaue Berechnung der Zeit, die sich mit mechanischer Gleichförmigkeit wiederholt. Ist sie denn nicht selbst eine Uhr, von der man verlangt, daß sie pünktlich, also auf die Bruchteile der Zeit genau, läuft?

Wenn wir die Apparatur und die Organisation des Menschen betrachten, welche die Technik gleichzeitig hervorgerufen hat, erkennen wir auch, daß sie ohne den mechanischen Zeitbegriff gar nicht vorhanden sein könnten, daß erst dieser den technischen Fortschritt verbürgt. Wie uhrenhaft ist hier alles geordnet, und mit welcher Unerbittlichkeit läuft der technische Fortschritt darauf hinaus, alles dieser uhrenhaften Ordnung zu unterwerfen, die Arbeit, den Schlaf, die Ruhepausen und Vergnügungen des Menschen. Der Kausalismus wird — wir werden darauf zurückkommen — erst dort zum Tyrannen, wo sein zeitlicher Ablauf mechanisch berechenbar und wiederholbar wird, wo er in ein Nacheinander von Funktionen zerfällt. Wo er zur Herrschaft gelangt, dort führt er eine ebenso mechanische Ordnung herbei, in der das Uhrmacher-Denken herrschend wird. Wo liegen die Grenzen dieses Denkens? Denkt man sich die Erde als eine große Uhr und jede denkbare Bewegung, die zu ihr gehört, als mechanisch meßbar und berechenbar, dann wäre die Erkenntnis dieses zentralen Mechanismus das Ziel des wissenschaftlich-technischen Denkens, die Anwendung dieser Erkenntnis aber nichts anderes als die umfassende Mechanisierung des Menschen.

12.

Die Uhrzeit ist tote Zeit, ist Tempus mortuum, in der sich Sekunde um Sekunde gleichförmig wiederholt. Die tote, durch die Uhr gemessene Zeit läuft mit und neben der Lebenszeit des Menschen ab, ohne sich um sie zu bekümmern, ohne Anteil an den Hebungen und Senkungen der Lebenszeit, in der keine Sekunde der anderen gleich ist. Die Uhr erweckt in dem nachdenklichen Menschen leicht die Vorstellung des Todes. Von dem absterbenden Kaiser Karl V., der in seiner Uhrensammlung umherspaziert und die Schlagwerke zu regulieren versucht, geht die Kälte des Todes aus. Er kontrolliert und belauscht das Verstreichen der Zeit, die unweigerlich zum Tode führt. Wir sind durch den beständigen Anblick von Uhren daran gewöhnt, sie als bloße Zeitmesser zu betrachten, aber in einer Zeit, in der die öffentlichen, weithin sichtbaren Uhren rare Kunstwerke waren, verkündeten sie ein deutliches Memento mori. Wer die Darstellungen untersucht, in denen die Uhr als Todessymbol Verwendung findet, der wird einen reichen Stoff entdecken. Wie nahe dergleichen Beziehungen liegen, kann man daran erkennen, daß das Volk jene Käferlarven, die ein regelmäßig tickendes Geräusch im Holze hervorrufen, Totenuhren nennt.

Dem Beobachter, der die Uhr betrachtet, kommt die Zeit in ihrer leeren Qualität als Zeit ins Bewußtsein, und alle Zeit, die auf diese Weise ins Bewußtsein kommt, ist tote Zeit. Der Automat ruft eine gleiche Empfindung der toten, sich mechanisch wiederholenden Zeit wach, denn er ist nichts anderes als eine Zeituhr, deren Arbeit in der toten Uhrzeit gleichförmig abläuft. Ohne Uhren gibt es keine Automaten. Und deshalb besteht in der Tat ein Zusammenhang zwischen der Kalvinisierung Genfs und der Uhrenindustrie, die dort 1587 begründet wurde. Kalvin hat die Lehre von der Prädestination zu jener unerbittlichen Konsequenz gebracht, die sie in der katholischen Kirche weder durch Augustin, Gottschalk, Wiclif noch die Jansenisten erreichen konnte. Das Dogma von der Gnadenwahl Gottes, die von den strengeren Supralapsariern vor die Zeit des Sündenfalles zurückverlegt wird, hat bei seinen entschiedenen Verfechtern eine mechanische Härte. Bei der Lektüre kalvinistischer Theologen kann man sich des Eindruckes nie erwehren, daß sie Gott als den großen Uhrmacher auffassen, daß der Kalvinismus mehr noch als das Luthertum eine Ausgangsstellung des kausalen Denkens ist. Denn dem strengen Prädestinatianismus Luthers, der durch die Konkordienformel umgangen und abgeschwächt wird, fehlt jene uhrenhafte Exaktheit der kalvinistischen Theologie. Hier sei daran erinnert, daß Rousseau Kalvinist und Sohn eines Uhrmachers zugleich war. Er konvertierte zum Katholizismus, trat zum Kalvinismus zurück und widmete dem Großen Rat von Genf seine zweite Preisschrift „Discours sur l'inégalité."

Die Entstehungsgeschichte der Uhr, die Geschichte ihrer fortschreitenden Perfektion lehrt uns, wie die Meßverfahren, die den Zeitablauf kontrollieren, immer feiner und genauer werden. Diese Präzision der Zeitmeßinstrumente und der Zeitmeßverfahren zeigt uns die wachsende Bedeutung, die ihnen zugeschrieben wird. Erinnern wir uns hier der fast gleichzeitigen Erfindung der Pendeluhr durch Huyghens und Hevelius, die auf Galileis Forschungen über den freien Fall beruhte. Eine solche Konvergenz der Erfindungen gibt den besten Begriff für die Entschiedenheit des Denkens, das hier an der Arbeit ist. Wenn aber die kleinsten Zeiten, die Bruchteilchen der Zeit, jetzt eine exakte Messung erfahren, wenn der Mensch von einer technischen Zentrale her mit genauer Zeit versehen und ausgerüstet wird, wenn uhrenhafte Züge mehr und mehr in das Leben und die Arbeit des Menschen eindringen, dann liegt die Frage nahe, worauf dergleichen Erscheinungen hinzielen. Die Zeitmeßverfahren sind nicht Selbstzweck, sie dienen der Zeitorganisation, der Rationalisierung der Zeit, durch welche der Konsum an Zeit immer schärfer vermessen wird.

Nur die meßbare, exakt wiederholbare Zeit ist es, die den Erkenntnistheoretiker, den Wissenschaftler, den Techniker beschäftigt. Für sie und in sie hinein baut er seine Zeituhren, seine Automaten. Und mit dieser toten Zeit kann man manches beginnen. Man kann sie mit Hilfe der Meßverfahren nach Belieben aufteilen. Man kann Zeit an sie anstücken, wie man aus einzelnen Schnallen einen Gürtel bildet, oder aus Gliedern eine Kette, die über ein Zahnrad läuft([4]). Man kann sie auch beliebig stückeln und zerstückeln, was bei der Lebenszeit ebensowenig möglich ist wie bei den Organismen, die in ihr leben, Samen, Blüten, Pflanzen, Tieren, Menschen, organischen Gedanken. Deshalb arbeitet die Technik mit Stückzeiten, und wie es in ihr Einzelteil-Konstrukteure gibt, so gibt es auch Kalkulatoren für Stückzeitermittlung, Zeitstudien-Beamte, die über die rationale Verwendung der toten Zeit wachen. Die Arbeitsmethoden, die sie anwenden, sind ihrem Sinn und Begriff nach keine anderen als jene, die wir bei den Biologen finden, die sich mit der Spaltung des Seeigel-Eies oder dem Zerschnitzeln von Axolotln und Feuersalamandern beschäftigen, um festzustellen, welcher Teil noch ein Ganzes hervorbringt, und welche Arten von Verstümmelungen durch die Zerschnitzelung entstehen. Dieses alles nämlich sind Verfahren, durch welche der in der Lebenszeit wachsende Organismus einem mechanischen Zeitdenken, der toten Zeit unterworfen wird([5]).

Wir können überall beobachten, wie mit dem Vordringen von mechanischen Werken, die dort auftauchen, wo die tote Zeit auf sie wartet, die tote Zeit in die Lebenszeit eindringt. Wie die Technik das

---

([4]) Wir erinnern hier an den Reißverschluß als Beispiel für ein mechanisches Öffnungs- und Schließungsverfahren. Der Gewinnanteil, den der intelligente Erfinder an der Verwertung dieser Erfindung hat, wird zentimeterweise berechnet.

([5]) Man denke hier auch an die kettenförmigen Formeln, an die Formelbilder in der Chemie, so etwa an die Formelbilder für die Sexualhormone Progesteron, Oestron, Testosteron. Der Farbstoff der Azafranillo-Wurzel wird als „Spaltstück" eines Carotin-Farbstoffes aufgefaßt nach der Gleichung 40 C 27 C 13 C (A. Deutsch). Das „Bruchstück" der 13-C-Atome wird als identisch mit dem Ionon, dem Riechstoff der Veilchen, vermutet. Der Bixasamen-Farbstoff, das Bixin $C\ 24\ H\ 32\ O\ 4$, mit dem der Edamer Käse gefärbt wird, hat die gleiche Konstitution wie das „Mittelstück" des Lycopins (Richard Kuhn, „Wirkstoffe in der belebten Natur").

Raumbewußtsein geändert hat, indem sie uns vorspiegelt, daß der Raum knapper, die Erde kleiner geworden ist, so hat sie auch das Zeitbewußtsein geändert. Sie hat eine Lage geschaffen, in der der Mensch keine Zeit mehr hat, in der er arm an Zeit ist, in der er nach Zeit hungert. Ich habe dort Zeit, wo ich kein Bewußtsein jener Zeit habe, die mich in ihrer leeren Qualität als Zeit, als tote Zeit bedrängt. Wer Muße hat, verfügt damit auch über unbegrenzte Zeit, er lebt in der Fülle der Zeit, ob er nun tätig ist oder ruht. Dadurch unterscheidet er sich von einem Menschen, der nur Ferien oder Urlaub hat, also nur über eine begrenzte Zeit verfügt. Der technische Arbeitsvorgang gestattet keine Muße mehr und räumt dem erschöpften Arbeiter nur jenes magere Maß an Ferien und Freizeit ein, das zur Erhaltung der Arbeitskraft unbedingt erforderlich ist. Indem die tote Zeit mechanisch verwertbar wird, beginnt sie die Lebenszeit des Menschen überall zu bedrängen und einzuengen. Sie ist auf die exakteste Weise meßbar und teilbar, und durch ein präzises Meßverfahren zu ermitteln, mit dessen Hilfe jetzt die Lebenszeit mechanisch reguliert und einer neuen Zeitorganisation unterworfen wird. Der Mensch, der die Mechanik beherrscht, wird zugleich ihr Diener und muß sich ihren Gesetzen fügen. Der Automat zwingt ihn zu automatischer Tätigkeit. Wir bemerken das am deutlichsten am Verkehr, weil hier der Automatismus ein besonders fortgeschrittener ist. Der Verkehr nimmt einen automatischen Zug an, dem auch der Mensch sich zu fügen hat. Es zeigt sich das daran, daß er alle seine Qualitäten verliert, bis auf jene eine, in der er als Passant, als Objekt des Verkehrs noch wahrgenommen wird, und zwar entweder als Passant, der den Automatismus der Verkehrsvorschrift befolgt, oder als Passant, der ihm zuwiderhandelt, als Verkehrshindernis. In diesem zweiten Fall erweckt er eine Aufmerksamkeit, die human genannt werden darf, wenn man sie an der vollkommenen Kälte und Gleichgültigkeit abmißt, mit der die korrekten Passanten sich aus dem Wege gehen.

13.

Um das Prinzip einer mechanisch gleichförmigen Wiederkehr, die automatisch hervorgerufen wird, an einem anderen Beispiel deutlich zu machen, genügt die Betrachtung des Rades. Räder finden wir in einer frühen Zeit schon, und so verschieden sie ihrer Konstruktion nach sind, sie zeigen uns immer ein Gleiches. Eine Scheibe, die in Verbindung mit einer zu ihrer Ebene senkrechten Achse steht, festsitzend oder drehbar, ist ein Rad.

Auf die Wirkung hin betrachtet, ist es ein Transmissionsrad, wenn es zur Übertragung von Kraft dient, ein Antifriktionsrad, wenn es, eingeschaltet zwischen zwei gegeneinander unter Druck bewegte Körper, aus der gleitenden Bewegung ein rollende macht. Wir sehen diese Verschiedenheit der Wirkungsweise an den Seilscheiben, Riemenrädern, Zahnrädern, welche der Transmission dienen, und an den Wagenrädern und Leitrollen, welche die gleitende Reibung in eine rollende verwandeln. Wagenräder bestehen aus Nabe, Kranz und Speichen. Die Nabe dreht sich um die Achse oder ist mit der Achse fest verbunden, in welchem Falle diese drehbar in einem Lager angebracht wird. Überall sehen wir hier die Hebelgesetze wirksam. Beim Wellrad, dessen Prinzip wir bei allen Göpeln, Winden, Haspeln und Räderwerken wiederfinden, sehen wir eine um ihre Achse drehbar angebrachte Welle, auf der ein Rad von größerem Durchmesser befestigt ist. Um Rad und Welle sind Seile so gelegt, daß an ihnen wirkende Kräfte in entgegengesetzter Richtung drehen. Das Wellrad, eine der sogenannten einfachen Maschinen, ist ein erweiterter, kontinuierlich wirkender Hebel. Wir sehen es als Laufrad, bei dem im Innern einer Trommel ein Mann durch seinen Gang die Welle in Umdrehung versetzt, als Tretrad, wenn an seinem Umfang Tritte, als Sprossenrad, wenn daran Sprossen angebracht sind. Überall finden wir das Prinzip des Wellrades bei den Räderwerken oder Rädergetrieben wieder, welche Räder und Radwellen so verbinden, daß eine Übertragung der Bewegung von Welle zu Welle bewirkt wird. In allen Räderwerken sehen wir vorgelegte Wellen, treibende und getriebene Räder, bei denen die Kraftübertragung durch Zahnräderwerke oder Reibungsräderwerke geschieht. Die Radkränze reiben sich bald direkt gegeneinander, bald sind sie durch Seile, Riemen oder Bänder verbunden. Bei den Zahnrädern, welche die Arbeit des Rades zu einer präzisen Bewegung fortbilden, sehen wir die indirekte Übertragung der Kraft durch Kettenräder bewirkt, bei denen die Ketten als Zwischenglieder in die Zähne eingreifen. Wir finden diese Kettenräder bei Uhren und anderen präzis arbeitenden Maschinen, aber auch bei Winden und Kränen, wo die Übertragung großer Kräfte erfolgt.

Getriebe, wie sie zuerst aus Holz in den Mühlen verwendet wurden, sind Systeme von Wellen und Zahnrädern, die zusammenarbeiten. Kleine, metallene Getriebe finden wir in den Uhren. Differentialgetriebe bestehen aus verschieden gezähnten Rädern, in die ein drittes Rad oder eine Schraube ohne Ende gleichzeitig eingreift, so daß Differenzbewegungen entstehen, die man für Kraftübertragungen und Zählwerke verwendet. Die Planeten- oder Umlaufgetriebe, die mit Kegelrädern arbeiten, finden wir bei den Spindelbänken in der Spinnerei, bei Buchdruckschnellpressen, bei den Baret- und Andrewsschen Göpeln. Und wo, müssen wir fragen, finden wir das Rad nicht? Es begleitet mit seiner kreisenden, drehenden, sich wiederholenden Bewegung den technischen Fortschritt überall. Diese Bewegung, die sich in der Zeit vollzieht, aus der alle Uhren hervorgehen — denn die Uhr ist ein Räderwerk —, nimmt zu, breitet sich aus, gewinnt Zusammenhang und greift in das menschliche Leben, die menschliche Arbeit mehr und mehr ein. Wer vermag, wenn ihm diese Zusammenhänge bewußt werden, ohne Bewegung ein Rad zu betrachten, wen durchdringt nicht eine Empfindung der Kälte, wenn er es als Symbol der toten Zeit erkennt und sein Verhältnis zum Menschen erwägt? Seine Anfänge, in denen es an Wagen, Mühlen, Flaschenzügen, Uhren erscheint, muten bescheiden an, denn hier arbeitet es noch ohne zeitliche Präzision und strengen Zusammenhang, greift in die Organisation der menschlichen Arbeit noch in sparsamer Weise ein. Der Mensch vermag sich dieser kreisenden, drehenden, immer wiederholenden Bewegung noch zu entziehen. Der Philantrop aber, der im Zeitalter des technischen Fortschritts jene Sklaven beklagt, die das Rad der Tretmühlen bedienen, ist ein Narr, wenn er nicht erkennt, daß der technische Fortschritt an nichts anderem arbeitet als an der Herstellung einer Tretmühle von ungeheuren Dimensionen, die auf dem Prinzip des Rades aufgebaut ist. Wo immer wir die technische Apparatur betrachten, dort werden wir das Rad in ihr finden, denn diese Apparatur ist vor allem Räderwerk, ist Getriebe, enthält daher das Rad in tausend abweichenden Konstruktionen, nutzt es zu den verschiedensten Aufgaben. Ein Automatismus ohne Rad und Räderwerk ist nicht denkbar, denn die mechanische Gleichförmigkeit der Wiederkehr wird durch das Rad bewirkt, welches immer auch Zeitenrad und Uhr ist. Aber was in der technischen Apparatur so siegreich und mächtig hervortritt, das kehrt in der Organisation der menschlichen Arbeit wieder. Nicht ohne Sinn wird das Rad als Symbol dieser Arbeit verwendet, denn das Rad und nicht Axt, Sichel, Spaten, Pflugschar, Hammer und andere Werkzeuge ist das Symbol mechanisch verrichteter Arbeit. Wenn sich also Eisenbahner, Postleute und andere Arbeiter mit ihm schmücken, es wohl auch mit Flügeln versehen, um die Bewegung im Raume zu symbolisieren, dann tun sie ganz recht, vergessen vielleicht nur, daß das Rad kein Symbol des Lebens sondern des Todes ist, als solches auch immer angesehen wurde. Der Techniker, der von Symbolen nichts weiß, verkehrt seine Bedeutung, obwohl ihm ein Blick in die Strafjustiz zeigen würde, daß man Verbrecher schon in der Antike durch Drehung des Rades tötete, späterhin aber durch das Rad zerschlug und auf das Rad flocht. Rad und Kreis darf man, wie das oft in sinnloser Weise geschieht, nicht verwechseln. Das Rad ist nicht nur ein Bestandteil der Einzelmaschinerie, es ist, ob es sich auf Schienen oder ohne Schienen bewegt, das bewegende und verbindende Prinzip der gesamten Technik, die man daher auch als Räderwerk anspricht. Die mobile und mobilisierende Kraft der Technik hängt am Rade, wie der Mensch daran hängt, der ein kleineres oder größeres Rädchen in der Arbeitsorganisation ist, die seine Beziehung zur Maschinerie regelt.

14.

Die klassisch-mechanische Physik konnte noch die Hoffnung hegen, an einen Punkt zu gelangen, von dem aus sie allen Kausalismus ableiten und erklären konnte, durch das Universalgrundgesetz nämlich, dem sie sich mit ihren Methoden zu nähern versuchte. Am reinsten zeigt sich dieser mechanische Determinismus in der Laplaceschen Fiktion, die die Welt als ein System von Massenpunkten beschreibt, die in gesetzmäßigen Wirkungen zueinander stehen. Kennt man die Gesetze, kennt man Lage und Impuls der Massenpunkte für einen gegebenen Augenblick, dann kann man durch Integration der Differentialgleichungen nach vorwärts und rückwärts irgendeinen Weltzustand in der Zukunft oder Vergangenheit erkennen. Wenn wir also, um ein beliebiges Beispiel zu nennen, die Voraussetzungen der Laplaceschen Fiktion erfüllen, dann müßte es uns auch gelingen, die verlorengegangenen Werke des Praxiteles oder der griechischen Maler „wiederzufinden", wir müßten überhaupt jede beliebige Zukunft ermitteln, jede beliebige Vergangenheit wieder herstellen können. Dabei ist zu bedenken, daß die Massenpunkte selbst vollkommen starr und unabänderlich sein müssen, um eine Berechnung zu ermöglichen. Auch leuchtet ein, daß wir uns mit dieser Fiktion einem Anfangs- und Endzustande nur nähern, nicht aber ihn erreichen können, denn die Determinationen schreiten nach dem Anfang und Ende hin ins Unendliche fort. Die Frage nach den Grenzen, innerhalb deren sich physikalische Gesetze anwenden lassen, und die Frage, ob die Naturgesetze nicht zeitlichen Veränderungen unterworfen sind, wird nicht aufgeworfen.

Dieser strenge Determinismus ist heute in Auflösung begriffen, da die physikalischen Gesetze in der Theorie nur noch als bloße Ergebnisse der Statistik erscheinen. Die Lichtquanten-Hypothese und die Heisenbergsche Darstellung der Quantenmechanik lassen sich mit den älteren Vorstellungen nicht mehr vereinbaren. Insbesondere zeigt die letztere, daß bei den Meßverfahren eine absolute Messungsgenauigkeit überhaupt nicht zu erzielen ist, wenn sehr kleine Vorgänge gemessen werden. Jede Messung verändert den zu messenden Gegenstand selbst. Am Ende einer Physik, die den Naturgesetzen nur noch eine statistische Wahrscheinlichkeit zuerkennt, steht nichts anderes als das Gesetz der großen Zahlen. Die strenge Kausalität des Naturgeschehens löst sich jetzt in arithmetische Wahrscheinlichkeiten auf. Da nun die Exaktheit der von der Wahrscheinlichkeit errechneten Ergebnisse von der Häufigkeit der Wiederholung abhängt, so verliert sich diese Exaktheit gegen die Grenzen hin, an denen die Wiederholungen abzunehmen beginnen. Wenn aber die physikalischen Gesetze nur mit jener Genauigkeit auftreten, die ihnen wegen der Winzigkeit der Quanten zukommt, dann wird die Berechenbarkeit eines Weltzustandes, der von dem gegenwärtigen abliegt, um so unsicherer, je weiter beide voneinander entfernt liegen, je mehr Zeit zwischen ihnen ist. In diesen Annahmen der theoretischen Physik liegt eine Selbstbescheidung des physikalischen Denkens, es liegt darin ein Verzicht auf den Versuch der Grenzüberschreitung, denn der Geltungsbereich physikalischer Gesetze wird dadurch auf ein engeres Gebiet zurückgeführt. In der Welt der Historie, in der sich nichts wiederholt, ist auch nichts berechenbar; sie erhebt sich über den Bereich physikalischer Gesetze hinaus. Im Bereiche der Physik tritt an die Stelle der ketten- und bandförmigen Vorstellungen über die Kausalität eine Folge von Wahrscheinlichkeiten, die Vorstellung der Welt selbst wird elastischer. Die Arbeit im technischen Bereich wird dadurch nicht gehemmt, da Wiederholungen, die sich mit statistischer Wahrscheinlichkeit vollziehen, für ihn durchaus genügen.

Wie die Exaktheit der berechenbaren Determinationen im Gebiete des sehr Kleinen eine Grenze findet, so auch nach einer anderen Seite hin. Es zeigt sich jetzt, daß die molekulare Beschaffenheit der Stoffe, wenn wir von der anorganischen zur organischen Chemie übergehen, immer weniger „stabil" wird, daß bei den sogenannten Makromolekülen eine genaue Zahl der einzelnen Moleküle, aus denen sie zusammengesetzt sind, gar nicht mehr anzugeben ist, daß hier nur noch Größenordnungen oder Polymerisationsgrade festzustellen sind. Der Bau der Eiweißstoffe endlich wird immer schwieriger, und zwar in dem Maße, in dem ihre Gleichheit und damit die Häufigkeit der Wiederholungen abnimmt. Hier bewegt sich alles auf den Einzelfall zu, der nicht berechenbar ist, weil er keine Wiederholung zuläßt. Im Gebiete des sehr Kleinen wird die Grenze durch die Heisenberg-Relation bestimmt. Eine solche Relation, die an Stelle des exakten Kausalgeschehens die Wahrscheinlichkeit setzt, kann aber, wie leicht zu ermessen ist, für jene andere Seite, nach der die Häufigkeit gleicher Moleküle immer mehr abnimmt, nicht gegeben werden. Denn die Grenze wird hier nicht durch die quantitative Winzigkeit des beobachteten Vorgangs bestimmt, sondern durch die einzigartige Beschaffenheit des Moleküls.

Die Methoden der Physik bieten keine Handhabe, um Vorgängen beizukommen, die durch Messungen nicht zu ermitteln sind, und das gilt auch von den Methoden einer Biologie oder Chemie, die mit physiko-chemischen Verfahren Lebensvorgänge untersucht. Begreift man die Physik als eine Sonderdisziplin der Biologie, so ist damit nicht viel gewonnen. Es ist wahrscheinlich, daß die Anwendung einer biologischen Terminologie und biologischer Methoden der Physik nicht gut bekommen, daß sie jene Strenge und Feinheit einbüßen würde, die an ihr schätzenswert sind. Solche Vorschläge zeigen aber, daß die Einzelwissenschaften ein immer stärkeres Bedürfnis nach einer erkenntnistheoretischen Legitimierung spüren. Man erkennt das vor allem an der Physik, die, insbesondere durch die Beschäftigung mit dem Zeitbegriff, sich von neuem der Philosophie zuwendet. Ja unverkennbar nimmt sie eine Wendung auf die Theologie hin, und daran ist nichts Sonderbares. Es ist eine Selbsttäuschung, wenn der exakte Wissenschaftler glaubt, daß er sich von theologischen Fragestellungen befreit hat, daß er sich mit einer dogmenlosen Wahrheit und Wirklichkeit beschäftigt. Er mag das behaupten und vorgeben, daß ihn allein die Erkenntnis der Gesetzlichkeit des Naturvorgangs beschäftigt. Man kann das zugestehen. Indessen läß sich diese Erkenntnis nicht isolieren, und wer es versucht, der gewinnt keinen unabhängigen Standpunkt, es entgehen ihm nur die Zusammenhänge. Die Deszendenz-Theorie, das Faktoren-Problem, die Selektions-Lehre münden immer in die Schöpfungslehre ein; sie hängen unter anderem davon ab, ob man einen einmaligen Schöpfungsakt oder eine Creatio continua annimmt. Das Kausalitäts-Problem kann ohne Rücksicht auf das Problem der Freiheit und Unfreiheit des Willens nicht behandelt werden, und dieses steht in unlösbarem Zusammenhang mit den religiösen Prädestinations-Theorien. Das gleiche gilt von dem Formbestimmungsproblem und von der gesamten Vererbungslehre. Solche Zusammenhänge lassen sich bis in die Grundlagen der Mechanik hinein verfolgen, und wer glaubt, daß der Energiesatz in der Physik, die Wellen- und Quantenmechanik oder die kinetische Wärmetheorie von ihnen „gereinigt" sind, der verkennt, daß sie den Erkenntnisprozeß selbst begleiten und formen. Sie verschwinden nicht dadurch, daß man sie neutralisiert. Der exakte Wissenschaftler verschließt nur sein Auge gegen sie. Und nicht das allein. Er neigt zu der Annahme, daß nur die Mechanik Exaktheit besitze. So glaubt auch der Mathematiker, daß nur innerhalb der Mathematik Exaktheit zu finden sei. Er verkennt aber, daß der Begriff des Exakten so gut wie der Zweckbegriff ein Relationsbegriff ist und daß er nur unter zugestandenen Voraussetzungen seinen Sinn erhält. Eine absolute Messungsgenauigkeit etwa können wir nicht erzielen, aber unter gewissen Voraussetzungen können wir die Messung so exakt machen, wie das überhaupt möglich ist. Wie es keinen absoluten, allgemeinen Begriff des Vollkommenen gibt, sondern nur einen bestimmten, der aus der Erfüllung bestimmter Bedingungen resultiert, so gibt es auch nur einen bestimmten Begriff der Exaktheit, und einen solchen — nicht mehr — zeigt die mathematische und kausale Exaktheit. Kant glaubte, daß es Wissenschaft nur insofern gebe, als es Mathematik gebe. Der gleiche Irrtum findet sich bei vielen Mathematikern und Physikern, die allein exakt zu sein glauben. Sie sind es aber nur auf ihrem Gebiete. In den Bewegungen der Tiere, in den Empfindungen und Leidenschaften der Menschen ist auch Exaktheit. Ein homerischer Hexameter oder eine Ode von Pindar sind nicht weniger exakt als irgendein Kausalverhältnis oder eine mathematische Formel. Diese rhythmische, metrische Exaktheit ist nur eine andere, höhere. Wenn sie nicht berechenbar ist, so ist ist das noch kein Grund, sie für unzuverlässiger zu halten als das Ergebnis irgendeiner Quantenmessung.

15.

Wodurch unterscheidet sich die Lehre von der Unfreiheit des Willens, die in den theologischen Prädestinations-Lehren und den philosophischen Prädeterminations-Lehren ihren Ausdruck gefunden hat, von jener mechanisch arbeitenden Kausalität, wie sie der Wissenschaftler und Techniker unserer Tage annimmt? Ein Liberum arbitrium gibt es weder hier noch dort. Und es ist auch nicht gegeben. Denn wer ein Liberum arbitrium des Menschen annimmt, der ist gehalten, eine indeterminierte Determination zu behaupten. Diese aber setzt voraus, daß eine Indifferentia aequilibrii besteht, eine Gleichgültigkeit der Neigung, bei der es unerklärlich bleibt, wie es überhaupt zu einer Entscheidung kommt. Die vollkommene Indifferentia aequilibrii muß zu einem Stillstand des Willens führen, bei dem die Entscheidung aufhört, weil die Waagschalen, auf denen sie gewogen wird, in vollkommenem Gleichgewicht stehen, in jenem Gleichgewicht, in dem der Esel Buridans steht, der zwischen zwei Wiesen verhungert. Aber dieser Esel ist ein Phantom. Leibniz bemerkt, daß die Hälften der Welt, die man gewinnt, wenn man eine Vertikale mitten durch diesen Esel zieht, einander so wenig gleich sind wie die Hälften des Esels; er zeigt also, daß es keine Indifferentia aequilibrii geben kann, weil es kein Aequilibrium gibt. Wenn aber der Wille unfrei ist, so ist die Determination, der er unterworfen wird, nicht gleichbedeutend mit einer blinden Notwendigkeit, denn wo eine solche herrscht, dort bedarf es überhaupt keines Willens, weder eines freien noch eines unfreien, dort genügt der mechanische Zwang. Der Wille ist unfrei, aber die Notwendigkeit, kraft deren er agiert, ist eine bedungene, sie setzt den Willen voraus, sie bedarf seiner, und sie würde ohne ihn nicht eintreten. Die Lehre von der Unfreiheit des Willens ist nicht identisch mit einer Lehre, die alles Bestehende mechanischen Funktionen unterwirft und die kausale Funktion zu einem Deus ex machina erhebt. Wenn man sich ein Bild dieses Gottes machen würde, dann würde man erkennen, daß er ein bloßer Funktionär und Techniker, ein Maschinen-Baumeister und Maschinen-Inspektor ist. Seine Welt hätte das Ansehen einer Fabrik, deren Automatismus darauf abzielt, daß auch der Mensch in ihr als Automat auftritt. Denn darauf ist alles angelegt, wenn sich die Lehre von der Unfreiheit des Willens in eine Lehre der mechanischen Funktionen verwandelt, in die auch der Wille des Menschen einbezogen wird. Das Servum arbitrium würde hier zu einem willenlosen Funktionieren.

Quidquid fit necessario fit. Wir tun zwar nichts aus freiem Willen, wir tun es aber auch nicht gezwungen, der Wille wäre sonst nicht, wie das Volk zu sagen pflegt, des Menschen Himmelreich. Wir werden zu unserem Tun nicht gegen unseren Willen genötigt wie der Gefangene, der durch Zwang und Gewalt dazu angehalten wird, etwas zu tun, was seinem Willen widerstrebt, dessen Wille gebogen und gebrochen wird, der wider seinen Willen einem fremden Willen unterworfen wird. Die Willensentscheidung ist immer auch eine Gewissensentscheidung, und zwar in der Bedeutung des Wortes, wir tun etwas Gewisses, nicht aber etwas blind Notwendiges. Obwohl unser Wille unfrei ist, ist unser Tun willentlich, es geschieht mit dem Bewußtsein der Freiheit, der freien Entscheidung. Und wir haben dieses Bewußtsein zu Recht, es setzt sich deshalb durch, weil die Entscheidung unseres Willens bedarf, weil sie ohne ihn nicht eintreten würde. Das Bewußtsein der freien Entscheidung mag bei einem untätigen oder willensschwachen Menschen geringer sein als bei einem tätigen und willensstarken, aber so schwach es ist, es ist immer vorhanden. Es ist so ausgeprägt, daß der naive Verstand dadurch getäuscht wird und an ein Liberum arbitrium glaubt.

Da unser Wille determiniert ist, ist es auch unsere Freiheit. Wir müssen uns deshalb, wenn wir von Freiheit sprechen, im klaren darüber sein, was es mit dieser Freiheit auf sich hat. Wir können uns weder den Ort noch die Zeit, in der wir geboren werden, aussuchen, weder Eltern noch Verwandtschaft. Und wie unser Körper und alle unsere Organe nicht unser Werk sind, sondern aus einer Präformation und Präordination hervorgehen, auf die wir keinen Einfluß haben, so ist unser Verhältnis zu allen Dingen und jeder unserer Gedanken vorherbestimmt. Da aber über alles disponiert ist, kann unsere Freiheit nirgends anders stecken als in der Disposition selbst. Sie ist in der Anlage mitgegeben, die bei jedem Menschen verschieden ist. Wie es Adler und Lerchen, Löwen und Hasen gibt, so liegen in dem Menschen Signaturen der Größe und der Niedrigkeit. Er hat einen Charakter indelebilis, an dem sich abmessen läßt, welche Freiheit er besitzt. Es sind Signaturen der Freiheit, ob er vornehm, kühn, mißtrauisch, zaghaft oder feige denkt, ob er geistig und willenskräftig lebt oder dumpf vor sich hin vegetiert.

Wenn alles von einer mechanischen Notwendigkeit regiert würde, bedürfte es gar keines Willens, auch würde das Problem der Freiheit in einem solchen Zustande nicht einmal auftauchen können. Dort wäre alles Stoß, Druck und Schlag. Da aber eine Necessitas consequentiae besteht, eine Notwendigkeit, die den Willen voraussetzt und seiner bedarf, so wirkt unser Wille, obwohl er unfrei ist, unaufhörlich mit, und er wirkt in Verbindung mit der uns zuerkannten Freiheit. Diese Freiheit unterscheidet den Menschen vom Automaten, das freie und vernünftige Geschöpf von der Maschine, die weder einen freien noch einen unfreien Willen besitzt, sondern überhaupt keinen Willen. Wer also behauptet, daß die Präformation und Präordination der Welt und alles Geschehens, das sich in ihr abspielt, einem Mechanismus vergleichbar ist, bei dem alles auf mechanische Weise vor sich geht, das heißt mit mechanischer Notwendigkeit, der wählt ein schiefes und irreführendes Bild. Denn die Mechanik, die auf starre und einförmige Weise den gleichen Arbeitsvorgang wiederholt, ähnelt in nichts dem Universum, in dem wir nicht zwei Dinge aufzutreiben vermögen, die einander gleich sind, und deshalb auch nicht zwei Ursachen, die die gleiche Wirkung hervorzurufen vermöchten. Weil es nicht zwei Dinge gibt, die einander vollkommen gleich sind — denn wenn es sie gäbe, so wären sie, wie der Kusaner in seinem Globusspiel bemerkt, eins —, deshalb gibt es auch keine Ursache, die der anderen vollkommen gleich ist. Die Welt ist also keine Mühle, denn sie wird nicht von lauter Müllern bewohnt, und es ist nicht ihre einzige Bestimmung, daß Mehl in ihr gemahlen wird. Es gibt aber seit jeher Mühlen in ihr, und darunter Tretmühlen der schlimmsten Sorte. Es kann kein Zweifel darüber sein, daß die fortschreitende Technik die Zahl dieser Tretmühlen beständig vermehrt, und zwar vor allem durch ihr Drängen auf Arbeitsteilung, das den Funktionalismus der Arbeit steigert, indem es die Mechanik vervollkommnet. Vermittelst der Mechanik aber wird der Mensch auf zwanghafte Weise in seiner Freiheit geschädigt, denn mit ihr dringt jene Lehre von den mechanischen Funktionen vor und damit die Überzeugung von einer mechanischen Notwendigkeit, der auch der Mensch unterworfen ist.

Marx hat den indischen Weber mit einer Spinne verglichen, und in diesem Vergleich kommt die Verachtung der Handarbeit, die ihn erfüllte, zum Ausdruck, wie er ja auch dem Landleben, das zu seiner Zeit von der Handarbeit beherrscht war, eine gewisse Dumpfheit und Idiotie beimißt. Ist aber der Fabrikweber in einem geringeren Maße Spinne? Der Marxismus ist, auf seine Grundlagen hin betrachtet, ein abgewandelter Spinozismus, und er führt die Irrtümer mit sich, die das System des Spinoza aufweist. Die Vorstellung, daß die Handarbeit monoton ist und daß diese Monotonie, die man geistlos zu nennen beliebt, aus der Welt geschafft wird, wenn die Mechanik vordringt, ist irrig. Das Gegenteil ist der Fall. Und auch die schwere, schmutzige Arbeit, die der Mensch zu verrichten hat, nimmt nicht ab, schon deshalb nicht, weil die Abraumgruben und Kloaken dieser Welt nicht abnehmen. Die Handarbeit nimmt mit dem Vordringen der Mechanik überhaupt nicht ab, sie nimmt zu, aber sie wird auch, insofern sie im Dienste der Mechanik steht, ihrer Natur nach verändert([6]).

([6]) Man muß unterscheiden zwischen jener Arbeit, die mit Hilfe eines Mechanismus verrichtet wird, und jener, die durch einen Mechanismus automatisch verrichtet wird. Die erste setzt wie das Werkzeug eine teils ununterbrochene, teils zusätzliche Handhabung voraus, die zweite nur eine Kontrolle des Automaten durch die Hand. Der Unterschied wird uns deutlich, wenn wir den Radfahrer mit dem Automobilisten vergleichen. Das Fahrrad ist einer jener perfekt gewordenen und kaum noch zu verbessernden Mechanismen, die als

Von der Hand geht alles aus, und zu der Hand geht alles zurück. Das Mechanische hat in ihr seinen Ursprung und wird von ihr unter Kontrolle gehalten. Auch der künstlichste und durchdachteste Automat ist weit entfernt davon, unsere Hände zur Ruhe zu bringen oder gar sie zu ersetzen, denn er ist kein isolierter, für sich tätiger Apparat, sondern ein Bestandteil der ungeheuren technischen Maschinerie, deren fortschreitende Vervollkommnung mit einer Steigerung des Arbeitsquantums verbunden ist. Wer die Forderung erhebt, daß alle Arbeit, die mechanisch verrichtet werden kann, auch mechanisch verrichtet werden soll, der kann sie nicht darauf stützen, daß die Mechanisierung zu einer Entlastung des Arbeiters führt. Sie vermehrt nicht nur die mechanische Bewegung und den Konsum, der mit dieser Bewegung verbunden ist, sie steigert auch das Quantum der Arbeit.

Der Techniker ist immer bestrebt, den Bereich der Mechanik zu erweitern, und die Forderung einer Mechanisierung alles Mechanisierbaren dient diesem Ziele. Soll aber, um ein starkes Beispiel zu wählen, der Fußgänger(7) deshalb abgeschafft werden, weil mechanische Transportmittel vorhanden sind, die uns das Gehen abnehmen?

---

bloße mechanische Hilfsmittel eine ununterbrochene Handhabung verlangen. Wir sehen deshalb auch, daß es dem menschlichen Körper gut angepaßt ist, daß seine Lenkstangen den Armen und Händen, seine Pedale den Füßen entsprechen, daß es durch die Balance des Körpers genau zu regulieren ist. Das Motorrad, das ein Automat ist, bedient sich der Form des Fahrrades nur und wandelt sie mehr und mehr ab, weil es nicht durch ununterbrochene Handhabung fortbewegt wird, sondern durch einen Mechanismus, dessen automatische Arbeit kontrolliert wird. Beim Automobil beginnt die Entwicklung damit, daß der Motor in die bestehende Form des von Pferden gezogenen Wagens eingebaut wird, ehe man dazu übergeht, den Motor mit einer eigenen Karosserie zu versehen. Hier ist ein Zusammenhang der mechanisch bewältigten Arbeit mit dem Körper nicht mehr vorhanden, denn alle Anpassung des Wagens an den Körper, die vorhanden ist, steht nicht mehr in Beziehung zu dieser Arbeit.

(7) Warum ist der Gedanke an eine Organisation von Fußgängern, der doch nicht fernliegt, irgendwie komisch? Weil hier ein Mißverhältnis vorliegt, denn eine Tätigkeit wie das Fußgehen widerspricht den Bestrebungen, die es organisieren möchten. Der Kraftwagen als mechanisches Vehikel ist ohne weiteres organisierbar, desgleichen also der Kraftwagenbesitzer. Auch die Fahrradbesitzer lassen sich organisieren, aber nicht mit der gleichen Leichtigkeit, weil das Fahrrad kein Automat ist. Der Mensch wird in dem Grade organisierbar, in dem er automatische Verrichtungen betreibt.

16.

In den Anfängen der Technik, in jener Zeit, in der das Pensum der mechanisch bewältigten Arbeit gering ist, erkennt man noch nicht, daß die Mechanisierung zu einer neuen Arbeitsorganisation führt, zu einem Arbeitsplan, dem der Mensch zwangsläufig unterworfen wird. Mit dem Fortschritt der Technik aber tritt die Folge, welche die Vermehrung der mechanischen Arbeit hat, immer deutlicher hervor. Nicht nur werden immer mehr Menschen mechanisch beschäftigt, diese Arbeit spezialisiert sich zugleich immer mehr. Dem wissenschaftlichen Spezialismus tritt der technische zur Seite. Die materielle Verselbständigung der Einzeldisziplinen des Wissens, die künstliche Isolierungen und Abgrenzungen schafft, findet ihre Entsprechung in der Technik, in der die menschliche Arbeit zerlegt und zerstückelt wird.

Es gehört zu den Kennzeichen des mechanischen Werks, daß alle seine Teile ersetzbar und auswechselbar sind. Man kann es auseinandernehmen, in seine Teile zerfällen, und man kann es wieder zusammensetzen. Man kann es an den Stellen, an denen es sich abnutzt oder beschädigt wird, reparieren, die alten Teile fortnehmen und neue dafür einsetzen. Und es bedeutet einen Fortschritt in der Organisation der technischen Arbeit, daß diese ersetzbaren, auswechselbaren Teile einem rationalen Verfahren unterworfen werden, einer Standardisierung, Typisierung, Normung, die das gesamte Gebiet der Technik durchdringt. Die Vorzüge der Normung sind so einleuchtend, daß wir sie nicht zu erörtern brauchen. Sie gehört zu den Verfahren, welche die Apparatur vereinfachen, sie beweglicher machen und der Vervollkommnung der Technik dienen. Wie aber die Maschine teilbar und zerlegbar ist, so ist auch die Arbeit, die an ihr und durch sie verrichtet wird, teilbar und zerlegbar. Sie ist aufteilbar in Funktionen, die in einer Zeitfolge mechanisch ablaufen, und sie führt zu einer funktionalen Beschäftigung des Arbeiters. Die Arbeit verliert jenen körperlichen Zusammenhang, der bei allen manuellen Verrichtungen gewahrt bleibt. Wenn wir das der Handhabung dienende Werkzeug untersuchen, bemerken wir auch, daß es diesem Zusammenhang angepaßt ist. Der Spaten oder die Schaufel sind im Grunde nichts anderes als die grabende Hand und der grabende Arm, der Hammer ist die Faust, die Harke hat Finger. Auch zeigen diese Werk-

zeuge durch den Griff, die Größe, die Form ihre enge Verbindung mit
dem Körper, so daß zum Beispiel eine gute Sense und der Mäher, der
sie handhabt, vollkommen aufeinander eingespielt sind. Die Sorgfalt,
mit der der Billardspieler das Queue aussucht, mit dem er spielt,
bleibt unbegreiflich, wenn man nicht versteht, daß unter hundert
Stäben zum Stoßen gerade der eine, den er erwählt, durch sein Gewicht, seine Länge, seine Verjüngung und andere Eigenschaften in
genauer Entsprechung zu seinem Körper steht. Nur wenn wir die
Entsprechung begreifen, verstehen wir auch, warum alles Spiel,
warum alle Arbeit, die auf eine solche angemessene Übung des Körpers hinausläuft, wohltätig ist. Diese Entsprechungen werden in dem
Maße aufgehoben, in dem die Maschine vordringt und sich mechanisch
verselbständigt. Die Arbeit wird mechanisch gestückelt und bis in
die kleinsten Zeitabschnitte des Arbeitsvorgangs zerlegt. Von dieser
Spezialisierung des Arbeitsvorgangs erhalten wir sofort einen Begriff, wenn wir einen Blick auf die ,,Arbeitskräfte" werfen, die von
der Technik angefordert werden, und die Nomenklatur betrachten,
durch die ihre Tätigkeit bezeichnet wird. Es gibt hier Vorkalkula-
toren, Kontrollmeister, Fertigungs-Planer, Konstruktions- und Grup-
penleiter, Zeitnehmer, Maßkontrolleure[8] und Detail-Konstrukteure
aller Art. Was tun alle diese technischen Vorarbeiter? Sie schneiden
die Arbeit für den Arbeiter zu, sie zerlegen sie in kleine und kleinste
Stücke. Oft ist es nur eine einzige Bewegung, ein einziger gleichförmiger Handgriff, der Tag für Tag, Jahr für Jahr von dem gleichen
Arbeiter wiederholt wird. Ein solcher Arbeiter ist kein Handwerker
mehr, der seinen Namen eben davon erhält, daß er mit der Hand ein
selbständiges Werk anfertigt. Er hat nur noch eine Funktion, eine
funktionale Verrichtung, deren Ablauf mechanisch bestimmt ist. Je
mehr die Technik vordringt, je mehr sie sich spezialisiert, desto mehr
steigt auch das Quantum funktionaler Arbeit. Indem dieses geschieht,
löst sich zugleich die Arbeit weithin vom Arbeiter ab, sie trennt sich

---

[8] Das Stellenangebot für einen Maßkontrolleur lautet etwa: Maßkontrolleur
mit Erfahrungen in der Prüfung von Zeichnungen und Listen nach werkstatt-
gerechten, normgerechten, konstruktiven und funktionsmäßigen Gesichtspunkten gesucht. Genaue Kenntnis der Fertigungs-Richtlinien ist erforderlich. Von einem Zeitstudien-Ingenieur wird verlangt, daß er Erfahrung in der
Durchführung von Zeitaufnahmen nach Refa-Grundsätzen hat.

von seiner Person, sie verselbständigt sich. Er ist durch seine Person nicht mehr mit seiner Arbeit verbunden wie noch derjenige, der einen Beruf hat; er steht zu ihr nur noch in einer funktionalen Beziehung. Wie die Teile der Maschine auswechselbar sind, so ist auch diese Arbeit auswechselbar. Der Arbeiter kann irgendeine andere Arbeitsfunktion übernehmen. Es wird das um so leichter, je mehr der funktionale Charakter der Arbeit hervortritt, je spezieller also die Funktionen der Arbeit werden. Wie die Normierung der Maschinenteile eine höhere Verwendbarkeit zur Folge hat, so wird auch der normierte Arbeiter für beliebige Funktionen verwendbar. Indessen wäre es ein Irrtum, wenn man annehmen würde, daß mit dieser vermehrten Verwendbarkeit eine höhere Freiheit verbunden wäre. Das Gegenteil ist der Fall. Der Funktionalismus der Arbeit, der identisch ist mit ihrer mechanischen Verselbständigung, führt zur Abhängigkeit des Arbeiters von der Apparatur und von der Arbeitsorganisation; er verliert jetzt die Macht und das Recht der Selbstbestimmung über die von ihm zu leistende Arbeit. Er wird zwar beweglicher, aber eben deshalb leichter erfaßbar durch die Organisation. Weil seine Arbeit in keinem Zusammenhang mehr mit seiner Person steht, wird sie in einem höheren Maße organisierbar; er kann an einer beliebigen Stelle des Arbeitsplans eingesetzt werden. Er muß jetzt auch damit rechnen, daß er gegen seinen Willen eingesetzt wird, daß er Zwangsarbeit zu verrichten hat; denn je mehr die Mechanik ausgebaut wird, desto schärfer wird der Zwang, dem sie den Menschen unterwirft. Es gelingt ihm nicht, sich diesem Zwang zu entziehen. Er ist nicht einmal in der Lage, ihn zu mildern und abzuschwächen, und alle Anstrengungen, die er hierzu unternimmt, scheitern. Sie scheitern wie die Bemühungen eines Gefangenen, den man in eine mechanisch arbeitende Tretmühle gesteckt hat. Doch ist zwischen dem Arbeiter und dem Gefangenen ein Unterschied. Der Arbeiter bejaht in seinem Denken die fortschreitende Apparatur und Organisation; seine Bemühungen zielen darauf ab, die Verfügungsgewalt über sie selbst in die Hände zu bekommen, weil er in dem irrigen Glauben ist, seine Lage dadurch zu erleichtern. Mit anderen Worten: er denkt sozial, das heißt sozialer als andere. Sein Sozialismus aber, der mit dem technischen Fortschritt fortschreitet, ist nichts anderes als eine der technischen Arbeitsorganisation angemessene Denk-und Verhaltungsweise.

Die Arbeiter-Organisationen, die überall dort entstehen, wo der Arbeiter zum Bewußtsein und zur Einsicht gelangt, daß er in Abhängigkeit geraten ist und sich assoziieren muß, um einen gemeinsamen Widerstand zu leisten, kennzeichnen sich insgesamt durch den Haß, den sie dem unorganisierten Arbeiter entgegenbringen, das heißt jenem Arbeiter, der den Zwang der mechanischen Arbeit und die Notwendigkeit, seine Selbständigkeit der Organisation zu unterwerfen, noch nicht begriffen hat. Indem aber der Arbeiter sich organisiert, erfüllt er eine Forderung des technischen Fortschritts, der überall auf Organisation drängt. Er glaubt, es freiwillig zu tun, und tut es mit Enthusiasmus, aber sein Zusammenschluß in Gewerkschaften ist die Folge des mechanischen Zwanges, dem er unterworfen wird. Diese sich absondernden Gewerkschafts-Organisationen kommen wiederum in Verfall, wenn die Perfektion der Technik einen überall wirksamen Automatismus hervorruft, wenn also die Arbeitsorganisation umfassend wird, wenn Jeder Arbeiter wird.

17.

Dieser Vorgang wird uns durch den geschichtlichen Rückblick deutlicher. Die Arbeiterfrage, wie sie uns beschäftigt, entsteht erst zu Anfang des neunzehnten Jahrhunderts in England. Ihre Voraussetzung ist das Entstehen fabrikindustrieller Unternehmen, wie sie in England zuerst durchgebildet wurden. Das alte Zunftrecht, das jeder Art von Großbetrieb feindlich war, löst sich dort auf, wo mechanische Arbeitsverfahren zur Anwendung gelangen. Mit ihm löst sich die Haus- und Familienordnung auf, an die es gebunden war. Es löst sich die Eigentums- und Erwerbsordnung auf, die mit der Handarbeit zusammenhängt. Denn der Zunftzwang, die zünftige gewerbliche Unfreiheit, ist der Bestandteil einer stabilen, in sich geschlossenen Ordnung, die wie das Zunftwesen selbst auf der Handarbeit beruht. Die Zunftordnung war eine Meisterordnung, schloß den Kampf zwischen Meistern und Gesellen in sich ein, ruhte auf dem Prinzip sozialer Gleichheit zwischen allen Mitgliedern und verhinderte den Gegensatz zwischen Kapital und Arbeit ebenso wie die Bildung eines handwerklichen Proletariats. Mißstände, an denen es nie fehlte, wurden durch staatliche oder städtische Eingriffe reguliert. Der Angriff, den die Physiokraten gegen das Zunftwesen führten, zu einer Zeit, als es durch die Zulassung von Hausindustrien schon erschüttert war, stützte sich auf die Menschenrechte und wurde im Namen des freien, gewerblichen Fortschritts und zugunsten der Entwicklung von Großindustrien geführt. Die Gewerbefreiheit löst nicht nur die alten Herrschafts- und Dienstverhältnisse des Zunftwesens ab und setzt an ihre Stelle Vertragsverhältnisse, deren Kennzeichen die schuldrechtliche Einklagbarkeit ist, sie öffnet der industriellen Großarbeit die Tore, bringt die Arbeitsteilung, nimmt dem Arbeiter die Möglichkeit der Selbständigkeit und schafft ein Proletariat. Arbeitsteilung und Entstehung eines Proletariats stehen im Zusammenhang. Die technische Zerlegung wirtschaftlicher Verrichtungen, der in spezielle Funktionen aufgeteilte Großarbeitsvorgang führt dazu, daß dem Arbeiter die Produktionsmittel entwunden werden, die ihm Herrschaft über seine Arbeit, über den Arbeitsvorgang geben. Die Arbeitsteilung, wie sie bei mechanischen Arbeitsverfahren zur Anwendung kommt, bringt ihn in Abhängigkeit von der Mechanik. Volle wirtschaftliche Freiheit, wie sie die Manchester-Schule forderte, Sanktionierung der Freiheit des Arbeitsvertrages führt deshalb zur sklavischen Abhängigkeit des Arbeiters vom Unternehmer, ist also auf keine Weise aufrechtzuerhalten, ruft daher wegen ihrer Mißstände die Intervention des Staates herbei. Das Manchester-Stadium der Technik ist zugleich düster und verlogen. Die Manchester-Doktrin, welche jede Fabrikgesetzgebung verhindern wollte und den Chartismus bekämpfte, stellt den Versuch dar, die Lasten des technischen Fortschritts ganz auf den Arbeiter abzuwälzen, der in dieser Zeit mangelnder Organisation schutzlos ist.

Schutzbedürftig ist der Arbeiter von Anfang an, schutzbedürftig zunächst gegenüber dem industriellen Unternehmer und Kapitalisten, der über die Produktionsmittel verfügt. Die Arbeiterschutzgesetzgebung, wie sie jetzt entsteht, läuft daher zunächst darauf hinaus, ihn gegen diesen zu sichern, durch Einräumung des Koalitionsrechts, durch Regelung der Arbeit von Frauen und Kindern, überhaupt durch eine Arbeitsordnung und ein mit dieser zusammenhängendes Kassen- und Versicherungswesen. Diese Schutzgesetzgebung als Ganzes wird erst verständlich, wenn sie als Bestandteil der technischen Organisation aufgefaßt wird, in deren Dienst sie steht. Ihr Zweck ist es, den Arbeiter gegen den kapitalistischen Unternehmer so zu schützen, daß die Durchbildung mechanischer Arbeitsverfahren reibungslos weitergeht. Prüfen wir diesen Schutz im einzelnen, so erkennen wir, daß der jeweilige Zustand der technischen Apparatur die Organisation erzwingt. Schon darin kündet sich an, daß die Kapitalsordnung, wie sie sich in den Anfängen der neuen Technik ausbildet, in Hinsicht auf die technischen Arbeitsverfahren etwas Akzidentielles und Vorübergehendes ist. Was aber bleibt, ist die Schutzbedürftigkeit des Arbeiters. Sie besteht fort, weil sie mit den mechanischen Arbeitsverfahren selbst zusammenhängt. Sie bleibt, weil der Arbeiter abhängig geworden ist, weil er die Produktionsmittel, die man ihm entwand, nicht zurückerhält, nachdem der private Unternehmer verschwunden ist.

Die Abhängigkeit des Arbeiters wurde zunächst als eine ökonomische begriffen. Darin liegt ein Mißverständnis. Marx, der die ökonomische Seite des Vorgangs klar und erschöpfend beschrieb, hat in seine technischen Bedingungen keine genügende Einsicht. In Wahrheit ist die Abhängigkeit des Arbeiters von allem Anfang an eine arbeitsmäßige; abhängig ist er von der Fabrikmechanik. Daß er sparsam und oft kümmerlich bezahlt wurde, ist ein Schicksal, das er mit anderen teilt. Aber die Abhängigkeit von der Fabrikmechanik bestimmt sein Leben, formt es um und drückt ihm den Stempel auf. Daß der Arbeiter sich als zugehörig zu einer Klasse begriff, sich andere Klassen gegenüberstellte, sich diese gleichsam erschuf, geschah in dem Augenblick, in dem er seine Lage verstand, jene neue Abhängigkeit nämlich, in die er durch die Arbeit an der Maschine geraten war. Die Grenzen seines Klassenbewußtseins werden durch diese Abhängigkeit bestimmt. Der Aufstieg der Arbeiterbewegung ist untrennbar an die Erweiterung der Fabrikmechanik gebunden. Die Bewegung ist schwach, wo die mechanischen Arbeitsverfahren unentwickelt sind, stark, wo sie durchgebildet sind und sich häufen, am stärksten an den Orten, wo mechanische Arbeitsverfahren ganz überwiegend zur Anwendung gelangen. Von dort nimmt die Bewegung ihren Ausgang, dort wird ihre Theorie und Praxis entwickelt, wie es denn kein Zufall ist, daß ein Mann wie Marx in England lebte. Arbeiter in dem neuen Sinne, der sich mit dem Wort verbindet, kann man den nicht nennen, der in seiner Arbeit mechanischen Arbeitsverfahren auf keine

Weise unterworfen ist. Solange das bei dem Bauern, dem Handwerker, dem Händler der Fall ist, so lange sind sie nicht Arbeiter in diesem neuen Begriffe, der die mechanische Arbeit durchaus voraussetzt. Auf der anderen Seite wird jeder zum Arbeiter in diesem neuen Begriffe, der von mechanischen Arbeitsverfahren abhängig wird. Deshalb sind der Farmer und der Angehörige eines Kolchos, die mit Maschinen arbeiten, Arbeiter. Der Anteil der Arbeiter an der Bevölkerung nimmt in dem Maße zu, in dem mechanische Arbeitsverfahren vordringen.

Abhängigkeit von der Fabrikmechanik kennzeichnet den Arbeiter von Anfang an. Er ist keineswegs derjenige, von dem die Bewegung ausgeht, denn er wird gewaltsam in sie hineingestoßen und fügt sich in seine neue Lage nicht ohne Protest. Er ist noch gar nicht da, wenn die Bewegung beginnt, wird durch sie erst geschaffen. Er will nicht Arbeiter werden, er zerschlägt die Maschine. Vergeblich sucht er dem ihm drohenden Schicksal auszuweichen. Nicht er stiftet die Bewegung, sondern das wissenschaftliche Denken, aus dem Arbeitsverfahren hervorgehen, deren technische Verwertung die alte Arbeitsordnung auflöst. Der Arbeiter, er mag stehen, wo er will, findet sich immer schon in der Abhängigkeit vor; sein Denken und Handeln wird schon durch diese Abhängigkeit bestimmt, der er nicht entgeht, er müßte denn aufhören, Arbeiter zu sein. Die Arbeiterbewegung ist eine Protestbewegung. Von jener dynamischen Unruhe, drohenden Spannung und willensmäßigen Bewegung, die wir in den Industrielandschaften finden, ist zwar vor allem der Arbeiter durchdrungen, aber sie geht nicht von ihm aus, sondern von den großen Werken, von der Apparatur, die sich hier anhäuft und den Menschen unter ihre Gesetze bringt, ihm die Arbeitsordnung vorschreibt. Das Geschehen wird von dem Arbeiter nicht geistig geleitet und bestimmt; er folgt ihm nur, und jeder Schritt, den er hier nimmt, ist ihm diktiert. Er schafft die Welt nicht, die ihn umgibt; sie schafft ihn. Er wird gegen und mit seinem Willen von ihr geformt. Wacht er aus seinem Schlafe auf und kommt zum Bewußtsein seiner Abhängigkeit, dann ist seine erste wache Empfindung, daß er ein Unterdrückter und Ausgebeuteter ist, und an dieser Empfindung ist nicht zu deuteln, sie umschreibt genau seine Lage. Er begreift nun die Gefährdung, in der er mit seiner Familie lebt, begreift seine Schutzlosigkeit und beginnt aus der Empfindung dieser Schutzlosigkeit heraus zu handeln. Er entfaltet nun sein Klassenbewußtsein, er organisiert sich. Aber so wach er jetzt geworden ist, der ganzen Tiefe seiner Abhängigkeit ist er sich noch nicht bewußt geworden. Ökonomisch und politisch hat er sie zwar begriffen, aber was er nicht begreift, ist, daß er sich auch durch die straffste Organisation der Abhängigkeit von der Fabrikmechanik nicht entziehen kann, daß gerade die Organisation das Mittel ist, seine Abhängigkeit zu schärfen und ihn ganz an die Kette zu legen. Daran ist nichts Wunderbares. Denn wie immer er sich organisiert, sein Mühen auf dieser Seite ist von seiten der Apparatur her schon erzwungen; er folgt auch hier nur der Gesetzlichkeit, welche der Entfaltung der neuen Technik innewohnt. Wie weit er auf diesem Wege kommen mag, auch an dem Punkte, an dem diese Apparatur in seine Hände gerät, muß sich zeigen, daß durch einen solchen Akt der Übernahme nichts geändert wird. Er bleibt abhängig.

18.

In der Maschinerie, die den Arbeiter umgibt, liegt nichts Schützendes. Vielmehr entfaltet sie Zug um Zug eine Gesetzlichkeit, die den Menschen bedroht, ihm zusetzt und ihn anfällt. Die Maschine ist nicht der Freund des Arbeiters; er kann sich mit ihr nicht auf freundschaftlichem Fuße einrichten. Ohne die Nötigung mechanischer Naturkräfte läßt sich keine Maschine denken. Genötigt werden die Naturkräfte zu Wirkungen, und diese Wirkungen werden durch ein Prinzip erreicht, in dem sich Zwang und List verbinden. Bewegungen sind es, die von der Maschine gefordert werden, Bewegungen, wie sie von den Elementenpaaren hervorgebracht werden, durch die Verbindung von Zahnrädern, Schrauben, Zylindern, Prismen, welche die Bewegung der Maschine zweckmäßig einschränken. Es ist immer ein Gegeneinander, das hier gestiftet wird, und es liegt im Begriff der Maschine, daß ihre Arbeit auf die Überwindung von Widerständen eingerichtet und angelegt ist. Naturkräfte werden in ihr auf eine Weise wirksam, der eine gewaltsame Bewältigung vorhergeht. Die Nutzwiderstände, die sich der geforderten Arbeitsleistung widersetzen, durch Kohäsion, Luftwiderstand, Reibung usw., die Nebenwiderstände, die zusätzlich auftreten, sind, wie der ganze Bau der

Maschine, der Ausdruck des gewaltsamen Verfahrens und der Widerwilligkeit, welche die Naturkräfte in dem zusammengekoppelten Werk, das sie einfängt, zu erkennen geben. Diese Widerstände sind niemals auszuschalten und fortzuschaffen; sie sind der stets bleibende Protest, der das Arbeitsverfahren begleitet, es erschwert und kostspielig macht. Zusätzlich tritt die Nebenarbeit zur Nutzarbeit. Alle Nutzarbeit ist mit der Nebenarbeit belastet; niemals ist durch die Maschine ein Arbeitsgewinn, immer nur ein Arbeitsverlust herbeizuführen. Jede Maschine, gehöre sie zu den ortsverändernden oder den formverändernden, arbeitet unter ständigen Arbeitsverlusten, die im Verhältnis des Umfanges der Gesamtmaschinerie zunehmen. Wie die technische Apparatur der elementaren Natur aufliegt, wird an einer späteren Stelle untersucht werden. Eingeschlossen in das eiserne Zuchthaus der Konstruktionen beginnen die Naturkräfte sich wirksamer zu widersetzen und müssen ohne Unterlaß bewacht, kontrolliert, in ihrer Sklaverei erhalten werden. Schon diese nie endende, wachsame Prüfung erhöht die Unruhe des Menschen und unterminiert seine Sicherheit. Ein Zittern und Beben läuft durch den Boden, auf dem er steht. Es kommt leise und unwahrnehmbar, dann nimmt es an Wucht zu, und zuletzt gehen Wirkungen aus ihm hervor, die jedes Erdbeben an Gewalt übertreffen. Jede einzelne Maschine kann man als einen Isolator ansehen. Dieser der Elektrotechnik angehörende Begriff bezeichnet einen nicht leitenden Körper, der bei elektrischen Leitungen den Verlust an Elektrizität verhindert. In jeder Einzelmaschine werden Kräfte isoliert, und dieses gewaltsame Verfahren scheint zunächst hinreichend zu sein, um den elementaren Widerstand so zu steuern, daß er die ihm vorgeschriebenen Aufgaben und Zwecke erfüllt. Aber das scheint nur so zu sein, denn aus der Brechung dieser Widerstände, an der unablässig gearbeitet werden muß, geht die technische Organisation hervor. Wenn dort, wo die Isolatoren arbeiten, wo also die Apparatur an die Erde angesetzt wird, alles nach Wunsch geht, so zeigt sich innerhalb der Organisation der Arbeit, daß die Apparatur dem Menschen auf gewaltsame Weise zusetzt, vom Rücken her, wo er sie nicht erwartete. Die technischen Isolatoren können nicht verhindern, daß die Arbeitsordnung umgeformt wird, ja sie erzwingen diese Umformung. In den Begriffen, welchen die Arbeitsordnung untersteht, finden wir die Apparatur wieder. Was könnte beunruhigender und unheimlicher sein als dieser Vorgang? Es ist ein zähes und verlustreiches Ringen, das hier geführt wird. Der Fortschritt, den die mechanischen Arbeitsverfahren dem Techniker vorspiegeln, gleicht einem Feuer, das die Böden, über die es läuft, verbrannt und verheert zurückläßt. Was der Entropiesatz lehrt, das gilt für die Technik als Gesamtphänomen. Die Vergeudung an Wärme ist in ihr besonders groß, weil die technischen Arbeitsverfahren einen vermehrten Zwang voraussetzen, weil bei der Brechung von Widerständen der Verlust um so mehr zunimmt, als die Technik sich ausdehnt. Diesen Vorgang auf die Welt als Ganzes zu übertragen, wie es Thomsons Hypothese von der endlichen Temperaturausgleichung im Weltall tut, besteht kein Anlaß. Wir kennen das Weltall nicht, können es also auch nicht, was die Hypothese tut, als einen Mechanismus betrachten, der sich selbst vernutzt.

Der Arbeiter, der durch seine Arbeit mit der Apparatur verknüpft ist, muß sich organisieren, ob er will oder nicht; es bleibt ihm keine Wahl mehr übrig. Der Staat muß, wenn die Ausdehnung der technischen Apparatur fortschreitet, einen gesetzlichen Zwang zur Organisation ausüben. Organisation ist immer Arbeitsorganisation, ist jenes mechanische Verfahren, das den an Apparaturen tätigen Arbeiter in seinen Arbeitsbeziehungen erfaßt. Sie ist nicht Institution. Das technische Zeitalter ist zwar hervorragend befähigt, Organisationen hervorzubringen, aber außerstande, Institutionen zu begründen. Wohl aber versteht es sich darauf, vorhandene Institutionen organisatorisch umzuwandeln, Organisationen aus ihnen zu machen, das heißt, sie in Beziehungen zur technischen Apparatur zu bringen. Der technische Fortschritt duldet nur noch Organisationen, die insgesamt etwas Mobiles haben, der großen Mobilmachung dieses Zeitalters also durchaus entsprechen. Zum Begriff der Institution gehört aber, daß sie als unveränderlich gesetzt oder doch gedacht ist, als immobile Einrichtung, die daher etwas Ruhendes und die Angriffe der Zeit Überdauerndes hat. Organisationen liefern der Technik die Mittel für ihre Arbeitspläne, eine Bestimmung, die immer deutlicher hervortritt.

Weil dem allen so ist, deshalb beginnt das technische Zeitalter sogleich mit der Anklage des Arbeiters, daß er ausgebeutet wird. Er steht im Mittelpunkt des Vorgangs, weil er mit der Mechanik unmittelbar verkoppelt ist; er erfährt als erster die eigentümliche Abhängigkeit, in die er durch sie gerät. Er spürt, daß ihm Unrecht geschieht. Alle seine Klagen verdichten sich zu dem Vorwurfe, daß er ein Gegenstand der Ausbeutung geworden ist; die Organisation, die er sich gibt, zieht ihre Kraft aus der Tatsache, daß seine Arbeitskraft ausgebeutet wird, daß man Raubbau mit ihm treibt. Dieser Vorwurf trifft zunächst den Unternehmer und privaten Kapitalisten, der über die technischen und wirtschaftlichen Produktionsmittel verfügt. Es tritt nun eine neue Klasse von Heloten auf den Plan, der mit der Maschinenarbeit verknüpfte Proletarier, der ungenügend entlohnt, schlecht gekleidet und ernährt wird. Dieses neue, stets wachsende Helotenheer ist zwar sui juris, es hat keine Herren, denen Dominium und Potestas dominica an ihm zusteht, ihm wird jener dreifache Status libertatis, civitatis und familiae zuerkannt, den das römische Recht dem Sklaven absprach, es ist aber in eine Abhängigkeit geraten, die nicht weniger drückend ist, in Abhängigkeit von der technischen Apparatur, sodann aber, was mehr heißen will, in Abhängigkeit von dem Denken, welches die Apparatur hervorbringt und steuert.

Das Denken des Arbeiters hat etwas Gebrochenes. Es bricht sich an der Apparatur. Ein Ausdruck dieser Gebrochenheit des Denkens ist seine Empfänglichkeit für die Ideologie. Was den Sozialismus von einer Fata morgana unterscheidet, ist schwer zu bestimmen. Ein Ideogramm der chinesischen Schrift hat für den, der die chinesische Schrift beherrscht, auch dann einen Sinn, wenn er die chinesische Sprache nicht versteht. Was Sozialismus ist, läßt sich weit schwieriger entziffern, denn in diesem Wort liegt etwas allmächtig Einladendes und Wunschbeförderndes. Man muß daher jeden, der es gebraucht, auffordern, es zu definieren. Und man sollte sich nicht damit begnügen, daß er ein Bild des risikolosen Menschen, einer arithmetischen Gleichheit oder auch nur einer unfehlbaren Bürokratie gibt. Er muß vielmehr über den Stand der Apparatur Auskunft geben können und auf eindeutige Weise zu verstehen geben, wie er sich die Organisation der menschlichen Arbeit denkt und welche Veränderungen er in ihr plant. Denn man muß im Auge behalten, daß die ganze Genesis der sozialen Frage, wie sie im neunzehnten Jahrhundert auftritt, im Zusammenhang mit der Fortbildung der Technik steht. Einen Sozialismus außerhalb des technischen Fortschritts gibt es nicht. Die sozialen Theorien folgen der technischen Praxis und laufen immer genauer in deren Gleisen. Beide identifizieren sich zuletzt. Indem die Technik auf den Arbeiter zuläuft, kommt auch der Augenblick, in dem Sozialismus und Technik eins werden. Sozialismus ist dann nichts anderes als jenes kollektive Verhalten, das von dem Arbeiter in einer Welt mechanischer Arbeitsweisen verlangt wird. Sozialismus ist dann jene Denkweise, die dem auf Ausbeutung und Raubbau gerichteten Denken der Technik willig, vorbehaltlos und entschlossen zu Hilfe kommt, die dieses Denken auf allen Gebieten ermutigt und vorantreibt. Stützt sich die Forderung nach sozialer Gerechtigkeit auf den technischen Fortschritt, verbindet sie sich mit ihm, sucht sie mit seiner Hilfe sich zu verwirklichen, so arbeitet sie mit einem mächtigen Verbündeten. Aber dieses Bündnis ist eine Societas leonina, bei der die Technik alles gewinnt und bestimmt. Soziale Gerechtigkeit ist dann die Anpassung an die mechanische Gesetzlichkeit, welcher die Technik den Menschen unterwirft. Sie hat mächtige Armaturen geschaffen, durchdachtere, zusammenhängendere, als sie der Mensch jemals in seiner Gewalt hatte, materiell stärkere, als sie jemals vorhanden waren. Im Besitze dieser Armaturen träumt der Mensch davon, die Natur seinem Willen auf universale Weise zu unterwerfen. Das kann, wie der Bau und die Form der Maschine lehrt, nur auf feindliche, gewaltsame Weise geschehen. Nur durch Verwüstungen, die immer umfassender werden. Und die Zweischneidigkeit dieser Methoden liegt darin, daß sie am Menschen selbst erprobt werden. Er untergräbt sich mit ihnen, weil er selbst der Natur angehört, die er für seine Zwecke verbraucht. Der Gegenspieler ist schon da, der diesem Denken gewachsen und überlegen ist. Denn die Natura naturans antwortet diesem sterilen Denken, das zur Wüste in einer genauen Beziehung steht, indem sie den Menschen selbst verwüstet, ihn erniedrigt und ihm unauslöschliche Züge der Gemeinheit aufdrückt. Das Denken, das ganz in Ausbeutungsplänen aufgeht, ist physiognomisch gekennzeichnet.

19.

Betrachtet man die Anfänge des technischen Zeitalters, so kann man sich dem Eindruck nicht entziehen, daß in dem Abbruch einer alten, handwerklichen Tradition und dem Übergang zur mechanischen Arbeit etwas Mysteriöses liegt. Es ist leicht erkannbar, daß die wissenschaftlichen Voraussetzungen der neuen Technik durch die Durchbildung des dynamischen Teiles der Mechanik geschaffen werden. Die Antike hatte innerhalb der Mechanik die Statik ausgebildet, hatte sich mit der Dynamik kaum befaßt, diese als eine abzusondernde Disziplin nicht einmal erkannt. Galilei, Huygens, Newton und andere haben die Grundlagen der Dynamik entwickelt. Den theologischen Ansatz ihrer Bemühungen muß man zuerst in der Willenslehre suchen, die mit der Dynamik zusammenhängt. Es ist aber zu bemerken, daß in jener Zeit, in der sich Theologie und Mechanik verbanden, in der die Klassiker der Dynamik zugleich mit theologischen Fragen beschäftigt waren, sich an die Entfaltung der Dynamik utopische Erwartungen nicht knüpfen und nicht knüpfen konnten, weil jene Männer von ihrer universalen Nutzbarmachung, von ihrer technischen Auswertung keinen Begriff hatten. Männer wie Newton, Huygens, Stevin waren keine Propheten. Auch die französischen Enzyklopädisten, deren Eifer, die gesamte Natur physikalisch-mathematisch zu erklären, bis zur Wut ging, waren weit davon entfernt, sich über eine automatisierte Mechanik und deren Auswirkungen auf den Menschen irgendwelche genauen Vorstellungen machen zu können. Diese mußte erst bis zu einem gewissen Umfange entwickelt werden, um Erwartungen an sie knüpfen zu können, die selbst nicht wissenschaftlicher, technischer, mechanischer Art waren. Dann allerdings heftete sich dieses Denken breit, mächtig und vulgär an die Maschine. Die Technik verband sich nun mit allen utopischen Erwartungen; ihr Optimismus wurde in dem Maße ungezügelter und schrankenloser, in dem die Ausbeutungsverfahren ergiebig waren und die Vorstellung einer allgemeinen Komforttechnik sich entwickelte.

Von diesen Erwartungen blieb der Arbeiter nicht unberührt. Ihn kennzeichnete, daß er an sie glaubte, daß er sie sich gläubig und vertrauensvoll zu eigen machte. Von der bösartigen Tiefe des Vorgangs, der ihn als ersten in die Zange nahm, hatte er keine zureichende Vorstellung und war ihm seiner Substanz nach nicht gewachsen. Wenn er die Gegenwart ablehnte, so geschah es, weil er sich der Zukunft sicher fühlte. Als Kind des technischen Fortschritts brachte er ihm auch jenen Respekt entgegen, den man an guten Söhnen wahrnimmt. Sein Denken verband sich mit diesem Fortschritt, den er bejahte.

Was er ablehnte, war nicht die Ausbeutung, welche die Technik trieb, es war der Ausbeuter, der die Produktionsmittel in der Hand hatte, über sie verfügte und ihn als Esel in die Mühle gesetzt hatte, die das Korn mahlte. Sein Glaube war, daß alles sich ändern müsse, wenn die Apparatur auf ihn selbst übertragen würde. Der Arbeiter als Herr dieser Maschinerie, das war die Vorstellung, die ihn entzückte. Logisch an diesem Denken war, daß in der Tat der Tag kommen mußte, an dem der Arbeiter Herr der Maschinerie wurde, denn sie ist auf ihn angelegt, er ist durchaus vertraut, existentiell verkoppelt mit ihr, sie muß ihm mehr und mehr in die Hände wachsen. Sie brauchte sich nur auszuweiten, ihren Umfang zu vergrößern, um ihn seinem Ziele näher zu bringen, denn je mehr sie zunahm, desto mehr wuchs auch die Zahl der Arbeiter. Die Maschine duldet nur Arbeiter um sich. Der Mensch formt sich bei ihr zum Arbeiter um.

Was der Arbeiter nicht erkannte, war, daß die Methoden sich nicht änderten. Sie sind nicht auf eine bestimmte Schicht von Kapitalisten, Erfindern, Ingenieuren zugeschnitten, sondern lassen sich von diesen ohne Mühe ablösen, weil die Methoden dem technischen Denken eigentümlich sind. Der technische Fortschritt ist auf sie angewiesen und findet ohne sie kein Fortkommen. Die Methoden bleiben. Und wer sich offen oder stillschweigend zu ihnen bekennt, anerkennt das Prinzip des Raubbaus, der Ausbeutung und Unterdrückung. Wer gegen solche Prinzipien kämpft und nicht einmal weiß, aus welchem Denken sie erfließen, der schlägt sich mit Windmühlen herum. Gegen den Arbeiter, der zum Herrn der technischen Maschinerie geworden ist, wird sich der gleiche Vorwurf erheben, den er gegen die Kapitalisten erhob. Das ist das Heikle und Wunde seiner Lage. Auch dann, wenn er Herr der Maschine geworden ist, wird die Gebrochenheit seines Denkens fortbestehen. Festgeschmiedet an die starren und mächtigen Prothesen, die das Instrument seiner Arbeit sind, wird er überall auf sie angewiesen sein. Wenn wir die Gebrochenheit seines Denkens bis in ihre letzten Voraussetzungen untersuchen, in ihrer Verbindung mit existentieller Armut, Eigentumslosigkeit, Schutzbedürftigkeit, Sicherungsbedürftigkeit, dann zeigt sich, daß sie dem Umgang mit der Maschine entstammt. Der mit der technischen Apparatur verkoppelte Mensch macht seine Erfahrungen an ihr. Er wird zum Produkt jener Denkweisen, welche die Technik durchformen, wird einem mechanischen Zeitbegriff unterworfen. Die Maschine ist selbst eine Uhr. Die Zeit hat zwar nichts Kausales, da die Folge ihrer Teile so wenig in einem Verhältnis von Ursache und Wirkung steht wie die Zahlenreihe oder die Noten eines Musikstücks; kausale Vorgänge lassen sich aber durch einen Zeitbegriff, den man mechanisiert hat, mechanisch genau bemessen. Der mechanische Zeitbegriff kontrolliert den Arbeiter, nicht umgekehrt. Die Fülle der Zeit aber liegt außerhalb aller Mechanismen. Zeit und Raum werden jetzt in die Mechanik hineinverlegt und machen in jedem ihrer Lehrbücher ein Kapitel aus, an dem man ablesen kann, wie sie für die Zwecke der Mechanik umgedacht worden sind. Sie werden so umgedacht, daß sie in einem exakten Sinne disponibel sind. So hat sie schon Newton umgedacht.

Zeitlich gerät der Mensch in Bedrängnis, räumlich in die Enge. Es ist unvermeidlich, daß der Mensch, der einem mechanisch gewordenen Zeitbegriff folgt, Zeit zu gewinnen sucht, mechanisch vermessene Zeit nämlich, die ihm nicht unbegrenzt zur Verfügung steht, die er also zu sparen trachtet, indem er Mechanismen konstruiert, die immer geschwinder laufen. Wenn ich auf diese Weise Zeit spare, ist die unvermeidliche Folge, daß der Raum einschrumpft, dadurch, daß ich ihn schneller und schneller bewältige. Die Mechanisierung des Zeitbegriffs zieht die Raumvorstellung in Mitleidenschaft. Wer Augen hat zu sehen, der blicke sich in den Städten um, dann wird er den Nexus kausaler Beziehungen, der nichts anderes als das Gehen und Kommen des Menschen zwischen den Apparaturen ist, überall erkennen. Er wird das Gesetz erkennen, dem die Bewegung jetzt untersteht. Ihm untersteht nicht nur der Arbeiter an der Maschine, sondern auch jener andere, der in einem Café ein Getränk zu sich nimmt, sich in den Anlagen ausruht, Urlaub oder Ferien hat, denn alle freie Zeit, die sich hier denken läßt, liegt nicht außerhalb der technischen Apparatur. Die Sehnsucht nach freier Zeit ist zwar eine der Empfindungen, die dem in diese Apparatur eingespannten Menschen stark zusetzt; ihn kennzeichnet aber zugleich die Unfähigkeit, über solche Freizeit in einer Weise zu verfügen, die außerhalb des mechanischen Zeitbegriffs liegt.

Hier drängt sich dem sorgfältigen Beobachter noch eine andere Wahrnehmung auf. Der Gedanke, daß der Mangel an Sicherheit und das zunehmende Sicherheitsbedürfnis, das dem Menschen so zusetzt, mit der Exaktheit der Wissenschaften und den aus ihnen hervorgehenden Arbeitsmethoden in engem Zusammenhange stehen, mag den Hörer zunächst befremden. Mathematische, mechanische, kausale Exaktheit mehrt aber nur mein Wissen um Relationen, kann mir keine Sicherheit geben. Der Begriff des Exakten ist selbst ein von mechanischen Relationen abhängiger. Durch ihn gewinnt der Mensch weder Sicherheit (securitas) noch eine Gewißheit (certitudo), die über das mechanisch Bestimmbare hinausgeht. Die Vermehrung exakter mechanischer Relationen bewährt sich in der Durchbildung der Apparatur und der Organisation der menschlichen Arbeit, aber in dieser Verkoppelung liegt nichts Sicherndes, denn von ihr aus wird dem Menschen in bösartiger Weise zugesetzt. Wie sollte der Arbeiter, der in Abhängigkeit von der technischen Apparatur gekommen ist, durch seine Arbeit zu einer Empfindung der Sicherheit kommen? Das Gegenteil ist der Fall. In der Exaktheit des Arbeitsvorganges liegt begründet, daß er schutzlos wird.

Wie wird der Mensch sich aus dieser Verkoppelung wieder lösen? Die Schwierigkeit des Unternehmens liegt in den mächtigen Subordinationen, die seinem Gelingen vorausgehen müssen. Die Herrschaft des mechanischen Zeit- und Raumbegriffs muß wieder gebrochen werden. Die Technik muß als das riesenhafte Tretrad erkannt werden, in dem der Mensch sich fruchtlos abmüht, in einem Arbeitsgange, der um so sinnloser wird, je mehr er zweckmäßig, umfassend, allgemein wird. Die Subordination der technischen Mittel setzt ein neues Denken voraus, das gefeit gegen die Illusionen ist, mit denen der technische Fortschritt arbeitet, ein Denken, das mit den Methoden brutaler Ausbeutung ein Ende macht.

20.

„Mit Recht", sagt Kant in seiner kleinen Schrift „Über den Gebrauch teleologischer Prinzipien in der Philosophie", „ruft die Vernunft in aller Naturuntersuchung zuerst nach Theorie und nur später nach Zweckbestimmung. Den Mangel der erstern kann keine Teleologie noch praktische Zweckmäßigkeit ersetzen." Indessen räumt er ein, daß mit der Theorie nicht alles auszumachen ist und dann das teleologische Verfahren sich anbiete. Wie er sich dieses denkt, zeigt die Kritik der Urteilskraft. Zweck ist für ihn etwas, das in der Kausalität des Ursprungs und im Mechanismus der Natur nicht begründet liegt, Zweck liegt für ihn in einer Ursache, „deren Vermögen zu wirken durch Begriffe bestimmt wird". Demgemäß grenzt er Nexus effectivus und Nexus finalis gegeneinander ab. Er trennt, indem er die Kausalität der Natur in Hinsicht auf ihre Zweckähnlichkeit Technik nennt, die absichtliche Technik (technica intentionalis) von der unabsichtlichen (technica naturalis). Die erste ist ihm nur eine besondere Art der Kausalität, die zweite ganz einerlei mit dem Naturmechanismus. Er untersucht diese Begriffe und kommt zu dem Schluß, daß sie zu dogmatischen Bestimmungen nicht taugen. Nach ihm schließen sich mechanische und teleologische Erklärungsart aus; der Punkt, an dem sie eins werden, kann nicht im Empirischen, sondern nur im Übersinnlichen gesetzt werden. Der Mechanismus reicht zur Erklärung der Möglichkeit organischer Wesen in der Natur nicht aus. Mit Hilfe teleologischer Erklärungen aber kann man, wenn nicht zugleich ein Mechanismus der Natur vorhanden ist, nicht einmal beurteilen, ob ein Naturprodukt vorliegt. Die Verbindung mechanischer und teleologischer Erklärung ist daher für ihn eine erlaubte Hypothese. Das mechanistische Prinzip ist so weit zu treiben, wie das angängig ist, zuletzt aber sind die mechanischen Ursachen einer Kausalität nach Zwecken unterzuordnen. In diesem Sinne spricht er von einem teleologischen Prinzip der Erzeugung, das entweder okkasionalistisch oder prästabilisierend sein soll, spricht von einem letzten Zwecke der Natur, insofern diese als teleologisches System betrachtet wird, und von einem Endzweck der Schöpfung.

Wenn wir davon ausgehen, daß alle Technik Nachahmung der Natur ist — sie ist es schon für Aristoteles —, dann liegt der Gedanke nahe, daß auch die Natur sich einer Technik bedient, das heißt eines wiederkehrenden Verfahrens, durch das sie Wesen hervorbringt. Dieses Verfahren als eine Technik der Natur zu bezeichnen, hat nichts Bedenkliches, wenn wir das Verfahren selbst eingrenzen, also bei der Hervorbringung organischer Wesen nicht außer acht lassen, daß unsere Einsicht in dieses Verfahren auf die Wiederkehr des Mechanischen beschränkt bleibt. Die Unterscheidung einer Technica intentionalis und naturalis, einer absichtlichen und unabsichtlichen, sehenden und blinden zwingt Kant zu einer sehr künstlichen Systematik der Begriffe. Denn da beide Techniken sich ausschließen und unvereinbar sind, sind auch die beiden Systeme, die sich aus ihnen ableiten lassen, unvereinbar. Schelling weist mit Recht darauf hin („Darstellung des Naturprozesses"), daß Technica intentionalis und naturalis zusammen auftreten, daß eine die andere keineswegs ausschließt. Schon Kant vermerkt, daß organische Wesen dem Mechanismus gegenüber nur als zufällig beurteilt werden können. Denn hier ist eine unüberschreitbare, nicht einsehbare Differenz zwischen dem Naturzweck eines organisch Hervorgebrachten und der Notwendigkeit seiner Existenz, eine Differenz, die in jeder vom Menschen hervorgebrachten technischen Konstruktion aufgehoben und ausgelöscht ist. Da das Argument Schellings hierzu den Kern der Sache trifft, sei es hier angeführt. „Von Objekten, in deren Formen wir eine nothwendige Wirkungsweise der Natur sehen, können wir mit allem Recht sagen, daß wir das Daseyn derselben begreifen, denn wir kennen ihre Ursachen und die Gesetze, nach denen sie wirken, daher es auch nicht unmöglich ist zu denken, daß wir solche Dinge, wie z. B. den Diamant, auch selbst hervorbringen könnten. Der Grund aber, warum wir von organischen Wesen nicht ebenso die Nothwendigkeit ihrer Existenz einsehen können, liegt nicht darin, worin ihn Kant gesucht hat, weil nämlich der Verstand, als dessen Wirkungen sie beurtheilt werden, kein Gegenstand der Erfahrung seyn kann; er liegt vielmehr darin, daß diese Wesen wirklich nicht in dem Sinn nothwendig sind, in welchem es die andern sind, daß sie zwar immer noch als Erzeugniß der Natur, aber der freien und freiwillig hervorbringenden angesehen werden müssen." In der Tat, kein Verstand der Welt kann ausfindig machen, welchen Zweck eine Nachtigall oder eine Lilie hat. Und kein Verstand der Welt kann einsehen, inwiefern sie ihrer Existenz nach notwendig sein sollen. Auch muten teleologische Erklärungsversuche, wie sie Kant gibt, uns oft wunderlich an. Etwa der folgende. „So könnte man z. B. sagen: das Ungeziefer, welches die Menschen in ihren Kleidern, Haaren oder Bettstellen plagt, sei nach einer weisen Einrichtung ein Antrieb zur Reinlichkeit, die für sich schon ein wichtiges Mittel der Erhaltung der Gesundheit ist." Von einer solchen Reinlichkeit ist nicht viel zu halten. Auch fragt sich, ob die Erzeugung von Flöhen, Läusen, Wanzen und dergleichen nicht ein allzu künstliches und listiges Mittel der Natur zum Zwecke ist. Der Gedanke, so wie er vorgetragen wird, wirkt humoristisch. Doch erkennt man in solchen Spekulationen den Boden, auf dem Lamarkkismus und Selektionstheorie sich tummeln können.

21.

Die Mechanisten wollen die kausale und die teleologische Betrachtungsweise nicht als gleichberechtigt gelten lassen, und insofern sie genötigt sind, sich der Zweckvorstellungen zu bedienen, tun sie es unter dem Vorbehalt, daß alles Zweckmäßige nur auf interimistischen Annahmen beruhe und in Kausalverhältnisse aufgelöst werden müsse. Als Nominalisten, für welche die Universalien post rem sind, wollen sie von den Zwecken, die sich mit den Händen nicht betasten und abfassen lassen, nichts wissen; sie streiten ihnen jede Wirklichkeit ab, die sie in re oder ante rem haben könnten. Sie fürchten, wenn sie das induktive Verfahren aufgeben, zugleich jene Exaktheit zu verlieren, welche die klassisch-mechanistische Physik besitzt (oder zu besitzen glaubte), die Exaktheit berechenbarer Determinationen.

Die Vitalisten sind sehr im Unrecht, wenn sie ihren Gegnern Stellung um Stellung streitig machen, auch müssen sie diese Unvorsichtigkeit immer wieder büßen. Physiko-chemische Vorgänge zeigen sich nicht nur im Bau der Moleküle und Zellen, sie zeigen sich auch bei einer Aufführung der Zauberflöte oder bei einem Hoffest in den Gärten Montezumas. Eine andere Frage ist freilich, ob sie hier interessieren. Genauer gesprochen: Der Streit läuft darauf hinaus, ob jene Opern-Aufführung und das Hoffest sich aus den physiko-chemischen Vorgängen, die nicht zu leugnen sind, ableiten lassen, oder ob diese Musik und das Fest jene Summe mechanischer Vorgänge, die bei ihnen wirksam sind, zweckgemäß steuern. In der Fassung zeigt uns die Frage, daß hier der alte Streit zwischen Nominalisten und Realisten von neuem ausgetragen wird. Wir tun gut, wenn wir uns nicht an ihm beteiligen und von der Frage, ob das Ei oder die Henne eher da war, hier absehen.

Für den Bereich der Technik hat dieser Streit wenig Bedeutung. Kausales und teleologisches Denken sind bei der Durchbildung technischer Arbeitsverfahren gleichmäßig beteiligt. Sie zu sondern und gegeneinander auszuspielen, geht nicht wohl an. Betrachten wir eine beliebige Apparatur, dann erkennen wir, daß kausales und zweckmäßiges Funktionieren in ihr untrennbar vereinigt sind. Sie machen zwei Seiten eines und desselben Vorgangs aus, und diese innige Verbindung hat etwas so Bezeichnendes, daß sie keinem aufmerksamen Beobachter entgehen kann; sie gehört zu den Signaturen der Technik überhaupt. Wir tun daher gut, wenn wir diese so erfolgreiche Arbeitsgemeinschaft etwas genauer betrachten.

Wenn wir von einem Zwecke sprechen, dann bedienen wir uns, ohne daß es uns zum Bewußtsein kommt, einer metaphorischen Ausdrucksweise, denn Zweck in der eigentlichen Bedeutung des Worts ist nichts anderes als der Pflock in der Mitte der Schießscheibe, jener Punkt also, auf den der Schütze zielt und den er zu treffen beabsichtigt. Der Eindruck des Zweckmäßigen entsteht dort, wo die Mittel, die sich zu einem Ziele vereinen, ihm angemessen erscheinen; es liegt diesem Eindruck also eine Relation zugrunde. Wenn wir sagen, daß etwas zweckmäßig ist, dann sprechen wir ein Urteil aus, das von unserem Verstande gefällt wird, und ein solches Urteil setzt Kenntnis und Übersicht über die Mittel und den zu erreichenden Zweck voraus. Wir können daher den Begriff der Zweckmäßigkeit auf Menschen, Tiere, Pflanzen, auf ein Erschaffenes also, das nicht von uns erschaffen wurde, nur mit Einschränkung anwenden, denn welchem Zwecke Menschen, Tiere, Pflanzen zuletzt dienen, wissen wir nicht und vermögen es durch den Verstand nicht zu ermitteln. Was immer uns an ihnen zweckmäßig erscheinen mag, wir können aus der Anpassung ihrer Organisation an gewisse Verrichtungen nicht auf Grund- und Endzwecke schließen. Wenn wir aus den Wirkungen, die wir vor Augen haben, auf Zwecke schließen, dann liegt die Gefahr stets nahe, daß wir uns betrügen, vor allem dann, wenn wir die Relation verkennen, die dem Begriffe des Zweckes innewohnt.

Der Begriff der technischen Zweckmäßigkeit hat insofern einen guten Sinn, als die Mittel, die sich im Bereiche der Mechanik zu einem beabsichtigten Zwecke vereinen, übersehbar sind. Ihre Zweckmäßigkeit kann eingesehen und nachgeprüft werden. Indessen muß man verstehen, daß diese Zweckmäßigkeit immer und überall nur die Mittel betrifft, nicht den erreichten Zweck selbst. Erst dann, wenn ein erreichter Zweck wiederum als Mittel für einen neuen Zweck begriffen wird, wird er in seiner Eigenschaft als Mittel zweckmäßig. Wir können dieses Verhältnis auch anders ausdrücken, indem wir sagen, daß es im Bereiche der Technik nur eine technische Zweckmäßigkeit gibt.

Wir haben viel gewonnen, wenn wir erkennen, daß die fortschreitende Zweckmäßigkeit der technischen Mittel in genauem Zusammenhang mit der Entfaltung des kausalen Denkens steht. Eine Vervollkommnung der Mechanik wäre unmöglich, wenn dieses Denken nicht unablässig an der Arbeit wäre, denn die Technik ist das Gebiet, auf dem es Anwendung findet und erprobt wird. Das Verhältnis von Mitteln und Zwecken entspricht dem Verhältnis von Ursachen und Wirkungen. Beide sind zwar keineswegs identisch, aber sie wirken zusammen wie Kette und Rad. Jede Erweiterung des Kausalitätsgesetzes muß auch das Verhältnis von Mitteln und Zwecken beeinflussen. Deshalb unterliegt der Begriff der technischen Zweckmäßigkeit unmittelbaren Einwirkungen von seiten der Kausalität her. Weil dem so ist, deshalb greifen Mechanik und soziale Organisation unaufhörlich ineinander über, und keines ist ohne das andere zu denken. Sie arbeiten wie die Schneiden einer Schere oder wie die Backen einer Zange. Diese Bilder sind nicht willkürlich gewählt; sie entsprechen dem beschriebenen Vorgang, und sie deuten zugleich die Tiefe des Schmerzes an, den der Mensch hier erleiden muß.

Es mag merkwürdig erscheinen, daß aus einem zusammenhanglos erscheinenden Suchen und Tasten, aus Erfindungen, die weit verstreut liegen, aus geringen Anfängen jene große Mechanik und Organisation hervorgegangen ist, die heute alles zu umfassen strebt, und deren Macht jeder auf Schritt und Tritt zu spüren bekommt. Aber die Konvergenz dieser Erfindungen entspricht jener Konvergenz des Denkens, das, an welchem Orte immer es hervortreten mag, durchaus gleichförmig ist. Der geringste Akt, den es vollzieht, bildet die Weltmechanik nach.

22.

Es versteht sich, daß der Techniker alles, was seinen Begriffen von Sachlichkeit und Zweckmäßigkeit widerspricht, ablehnt. Daß das technisch Zweckmäßige wünschenswert und zu erstreben ist, wird er nicht in Zweifel ziehen. So wird ihm eine unzweckmäßig konstruierte Maschine Unbehagen und Widerwillen einflößen. Hier darf man sagen, geht es nicht nur um mechanische Regeln, hier kommen Berufsehre und Selbstachtung ins Spiel. Denn die liederliche Konstruktion ist nicht nur unzweckmäßig, sie stellt auch ihren Konstrukteur in ein schlechtes Licht, sie entlarvt ihn als einen Pfuscher.

Aber dieser Begriff des Zweckmäßigen bedarf einer Nachprüfung. Man muß die Grenzen prüfen, innerhalb deren er Sinn besitzt. Wir wollen das an einem Beispiel deutlich machen. Ein gut konstruierter Kraftwagen ist zweckmäßig, denn er erfüllt den Zweck, dem er dienen soll. Nehmen wir an, daß nach einer solchen gut konstruierten Type fünf Millionen Wagen hergestellt sind, die sich sämtlich im Betrieb befinden. An der Zweckmäßigkeit der Type ändert sich dadurch nichts; vielmehr kann man sagen, daß durch einen solchen Absatz der Nachweis für sie erbracht ist. Wir können noch weiter gehen und uns vorstellen, daß der Wagen, der von irgendeiner großen Fabrik hergestellt wird, einen solchen Erfolg hat, daß jeder Erwachsene eines großen Landes ihn benutzt. Seine Zweckmäßigkeit wird dadurch noch mehr erhärtet. Indessen dürfen wir nicht vergessen, daß diese Zweckmäßigkeit eine rein technische und konstruktive bleibt, und damit eine spezielle. Wenn wir nämlich fragen, ob es zweckmäßig ist, daß jeder Erwachsene dieses großen Landes einen Kraftwagen besitzt und benutzt, dann prüfen wir einen ganz neuen Sachverhalt. Diese Frage ist offenbar allgemeiner, und wenn man sie untersucht, wird man finden, daß sie über die Grenzen der Technik hinausführt. Deshalb hat sie auch der Techniker nie gestellt. Er hat einen unmittelbaren Nutzen davon, daß so viele Kraftwagen wie nur möglich im Betrieb sind, denn diese Technisierung des Verkehrs entspricht seinen Forderungen und Ansprüchen. Deshalb bringt er den Kraftwagen zu technischer Perfektion, ohne sich darum zu kümmern, zu welchen nicht-technischen Folgen die unablässige Vermehrung des Kraftwagenbestandes führen muß. Er fordert geradezu, daß jeder mindestens einen Kraftwagen besitzen soll, und wir alle haben gehört, wie freudig diese Forderung begrüßt worden ist.

Wer sie aber billigt, der gesteht damit jedem einzelnen einen zusätzlichen Bedarf und Verzehr an Metallen, Öl, Benzin, Kohle, Gummi und anderen Dingen zu, einen Verzehr, der, wenn wir ihn für die ganze Erde veranschlagen, den Raubbau aufs äußerste treibt. Zu diesem unmittelbaren Verzehr, den die Mechanisierung der Arbeit hervorruft, tritt jener andere, den die Organisation dieser Arbeit fordert. Hierher gehören alle jene Anlagen und Mittel, welche die industrielle Beschaffung der Rohstoffe voraussetzt, Fabriken, Bergwerke, Plantagen usw. Hierher gehört alle Arbeit an der Verkehrsorganisation, deren Erweiterung jede Ausweitung des Mechanismus sofort zur Folge hat. Man kann die Motorisierung als einen Sonderfall der technischen Organisation der Arbeit auffassen; man kann auch umgekehrt diese als Folge der Mechanisierung betrachten. Beide verhalten sich wie die Backen einer Zange, die mit gleicher Kraft wirken. Alles Organisieren technischer Art erweitert den Mechanismus, alles Mechanisieren erweitert die rationale Organisation. Solange die technische Organisation zunimmt, solange muß die Apparatur zunehmen, und dieses Verhältnis gilt auch, wenn man es umkehrt. Nehmen wir die technische Organisation insgesamt, die zu ihr gehörige Apparatur desgleichen, dann sehen wir die Zange in ihrem ganzen Umfange; wir sehen die riesenhafte Kraft, mit der sie arbeitet.

Es ist aber ein böser Irrtum, wenn man schlechtweg annimmt, daß hier ein Ordnungsvorgang am Werke ist, der über die Aufgabe hinaus, den Vorgang seiner eigenen Ausweitung zu regulieren, noch etwas leistet und abwirft. Der Anschein, daß dieses der Fall ist, ist oft täuschend. Wer dergleichen Annahmen verteidigt, der muß sie beweisen. Ein solcher Schluß kann aber nicht aus der Tatsache gezogen werden, daß irgendeine Apparatur die Organisation der Arbeit fördert, oder umgekehrt, denn das läuft auf eine Tautologie hinaus. Er darf auch aus den rationalen Arbeitsverfahren der Technik nicht gezogen werden, denn diese wirken auch in einer ganz anderen Richtung; sie fördern den Raubbau.

Der Unterschied zwischen Wissenschaft und Technik liegt nach Platon darin, daß die Technik ohne Einsicht ist in das, was von ihr angewendet wird, daß sie dessen Natur nicht kennt, also eine unverständige Sache und deshalb nicht Wissenschaft ist. Sie besitzt nicht das Vermögen, den Grund von einem jedem anzugeben. Daß es sich so mit ihr verhält, daß sie also, was die Erkenntnis anlangt, hinkt, hängt mit den Zwecken zusammen, die sie verfolgt. So fehlt es ihr denn an leitenden Köpfen, welche die Entwicklung, die durch die Mechanisierung und Organisation der menschlichen Arbeit hervorgerufen wird, zu überschauen vermögen. Hierzu gehört eine Unabhängigkeit des Geistes, die keinem Spezialisten zuzutrauen ist, denn dieser steht, möge er arbeiten, wo er wolle, im Dienste technischer Organisationen. Spezialisierung der Arbeit ist ja nichts anderes als einer der Grundsätze, auf denen die gesamte Organisation der Arbeit heute ruht, eine oft gepriesene Methode, die, wie man uns versichert, besonders zweckmäßig und ergiebig sein soll. Auch ist sie jenem Denken, das nur auf Funktionen seine Aufmerksamkeit richtet, durchaus angemessen, so wenig bekömmlich immer dieses Uhrmacher-Denken dem Menschen selbst sein mag. Es ist daher kein Mangel an Köpfen, welche die Zweckmäßigkeit der gewonnenen Apparatur und Organisation nachweisen und feiern, und denen dieser Nachweis Genüge tut, weil sie über die Relationen, die jeder Zweckbegriff einschließt, nicht nachdenken. Solche Beweisführungen aber dienen hier zu nichts. Die Mechanisierung und Organisation der Arbeit mögen so zweckmäßig sein, wie sie wollen, zweckmäßig bis zu den äußersten Grenzen, zu denen sich der Automatismus vorantreiben läßt, damit ist die Frage, die hier aufgeworfen wird, nicht einmal berührt, man hat sie umgangen. Wir müssen vielmehr prüfen, wohin diese Zweckmäßigkeit selbst führt und in welche Lage der Mensch durch sie gerät. Das aber geschieht nicht mit Mitteln des funktionalen Denkens, das immer nur auf die Willensmäßigkeit der Erscheinungen aus ist, ihrem Nacheinander in der toten Zeit nachrennt und es zerlegt. Es geschieht, indem man die Ordnungsprinzipien, die der Technik innewohnen, in ihrer Wirksamkeit auf den Menschen beschreibt, indem man den universalen Arbeitsplan selbst einer Kritik unterzieht.

23.

Wo immer der Mensch das Feld des technischen Fortschrittes betritt, dort erfolgt ein organisatorischer Zugriff gegen ihn. Die Technik deckt nicht nur den Bedarf, sie organisiert ihn zugleich. Und indem sie das tut, stellt sie den Menschen in ihren Dienst. Wie geschieht das? Der Vorgang hat etwas Zwingendes und zugleich Selbstverständliches. Wenn wir einen Terminus technicus wählen wollen, der ihn gut bezeichnet, können wir sagen: „Sie schaltet ihn ein." Sie tut es mit jener Leichtigkeit, mit der wir auf einen Knopf drücken oder einen kleinen Hebel umlegen, um Licht zu erzeugen. Dieser Vorgang ist umfassend; er betrifft nicht nur den Arbeiter an der Maschine, sondern jeden, der in technischer Organisation lebt. Wenn ich Gas, Wasser, Wärme, Elektrizität durch ein mechanisches Werk beziehe, werde ich zugleich einer Organisation unterworfen, die sich netzförmig, ringförmig, kreisförmig ausdehnt und durch eine technische Zentrale verwaltet wird. Wenn ich mir ein Telephon ins Haus einbauen lasse oder einen Rundfunkapparat darin aufstelle, erhalte ich nicht nur eine Sache, deren ich mich bedienen kann, ich werde zugleich an einen Stromkreis, an ein Empfangsnetz angeschlossen, ich trete einer großen Organisation bei, die von einer Zentrale her verwaltet wird. Dieser Zentralismus ist allem Technischen eigentümlich. Er hat nichts Hierarchisches; er bezeichnet nur die allgemeingültige Gesetzlichkeit des Kausalen und des Zweckmäßigen, wie wir sie an jedem einzelnen Apparat wahrnehmen können. Wenn hier von „Leitung" oder von „Führung" die Rede ist, dann geschieht das nie in jener Bedeutung, mit der ein Rangverhältnis verbunden ist. Solche Bezeichnungen haben nur eine technische Bedeutung; sie werden so verwandt wie der Substanzbegriff in der Physik, der uns, solange er aufrechterhalten wird, nur physikalische Aussagen über die Substanz macht.

Wenn wir uns ein Haus denken, das einen hohen Grad technischer Perfektion besitzt, eine Wohnmaschine, in der alle mechanischen Verrichtungen automatisch durchgeführt werden, so finden wir in ihm nicht nur eine große Anzahl von Anschlüssen und Schaltstellen, wir sehen auch, daß seine Bewohner in vollkommener Abhängigkeit von der technischen Organisation leben, technischen Funktionen unterworfen sind und durch alle Störungen in Mitleidenschaft gezogen werden, die dieser Funktionalismus aufweist. Und nicht allein das. Der Bewohner eines solchen Hauses lebt vielleicht in der angenehmen Vorstellung, mit allem Komfort der „Neuzeit" ausgerüstet zu sein; er wiegt sich in der Illusion, daß die Technik einen Komfort-Charakter besitzt und die Aufgabe erfüllt, seinen Komfort zu erhöhen. Wenn er den Knopf seines Rundfunk-Empfängers umdreht, erwartet er mit jener Äthermusik versorgt zu werden, die ihm die Langeweile seiner Freizeit vertreibt und jene Acedia verscheucht, der nach Cassian der Mönch der Wüste insbesondere um die sechste Stunde des Tages ausgesetzt ist. An solcher Musik wird es nicht fehlen. Doch könnten aus seinem Apparat auch ganz andere und rauhere Stimmen ertönen, Stimmen, die ihm befehlen aufzustehen, an die Arbeit zu gehen und Dinge zu treiben, die ihm weniger lieb sind. Wir können der Phantasie des Lesers die Möglichkeiten überlassen, die sich hier ergeben.

Die organisierende Kraft der Technik wächst in dem Maße, in dem die Technik fortschreitet, denn Mechanisierung der Arbeit und Organisation des Menschen sind untrennbar miteinander verbunden, sie hängen auf das engste zusammen. Der Automatismus, durch den das technische Produkt geschaffen wird, kann nur dann frei von Störungen arbeiten, wenn auch der Arbeiter durch die Organisation einem gleichen Automatismus unterworfen wird, in dem alle seine Bewegungen sich gleichförmig wiederholen. Der Arbeiter ist zwar kein Roboter wie die Maschine, die er bedient; er ist aber mit dieser Maschine wie mit einer starren Prothese verbunden, die auf seine Bewegungen Einfluß übt. Man verlangt von ihm, daß er nüchtern, pünktlich, genau und mit mechanischer Zuverlässigkeit arbeitet, daß er seine Arbeit ohne Widerspruch durch die tote Zeit regulieren läßt. Es gibt kluge Einrichtungen, die ihn zur Arbeit zwingen und diese Arbeit zugleich kontrollieren. Nicht nur das laufende Band, das zuerst in den Schlachthäusern von Chikago eingeführt wurde, nicht nur die Kontrollgeräte aller Art sind solche Einrichtungen. Der Arzt, der einem Kraftwagenführer Blut abzapft, um festzustellen, ob er Alkohol zu sich genommen hat, ist ein Beamter, der die Arbeitsorganisation überwacht und im Dienste des technischen Automatismus steht, dessen ungestörten Ablauf er beaufsichtigt, wie der Verkehrsschutzmann oder der Richter, der über einen Verkehrsunfall entscheidet. Die Eignungs- und Tauglichkeitsprüfungen, die innerhalb der Arbeitsorganisation stattfinden, prüfen nicht die Fähigkeit zum selbständigen Denken, sondern die Fähigkeit, auf mechanische Einwirkungen eine mechanische Reaktion folgen zu lassen. Dergleichen technische Verfahren dringen jetzt überall vor; wo immer aber sie auftauchen, dort führen sie jenes Nacheinander mechanischer Reihen, jene Kette von Determinationen ein, welche Abhängigkeit schaffen. Es kann nicht unsere Aufgabe sein, eine Aufzählung dieser Verfahren zu geben; es genügt, wenn wir den Modus bezeichnen, durch den sie erkennbar sind. Wenn die Methode, welche diese Darstellung beobachtet, irgendwie fruchtbar ist, dann muß sie dem denkenden Leser auch die Mittel in die Hand geben, selbst Entdeckungen zu machen.

Doch wollen wir an dieser Stelle noch auf eine Erscheinung hinweisen, die in enger Verbindung mit dem technischen Fortschritt steht. Es ist das der zunehmende Einfluß, den das statistische Denken gewinnt, und die immer schärfere Erfassung der Bestände, durch welche die Statistik der technischen Organisation Material liefert. Diese Genauigkeit der statistischen Arbeitsverfahren, in denen Begriffe wie Volumen, Index, Repräsentation, Substitution, Inklusion und Generalisierung die Hauptrolle spielen, steigert sich in dem Maße, in dem die Technik ihre kausale Mechanik ausdehnt. Das immer wiederholte, unruhige Nachzählen der Bestände, das bis ins kleinste geht, die Bedeutung, die den statistischen Ermittlungen beigelegt wird, sprechen eine deutliche Sprache. Das Mißtrauen, das noch Bismarck gegen die Statistik hatte, war das Mißtrauen des Staatsmannes gegen die mechanischen Determinationen, auf welchen diese Wissenschaft ganz und gar beruht; es war das Mißtrauen gegen die quantitativen Ergebnisse, die der mit quantitativen Zahlen arbeitende Statistiker liefert. Dieses Mißtrauen war nicht ungerechtfertigt, denn die Statistik hat von jeher eine Beziehung zum rationalen Humbug gehabt. Man tut deshalb gut, wenn man ihre Ergebnisse mit Vorsicht behandelt und niemals das Cui bono ? außer acht läßt. Wer fragt ? Und welchem Interesse dient die statistische Antwort ?

Überall können wir beobachten, daß die Organisation der Arbeit durch die Mechanisierung erzwungen wird. Das technische Denken, dem ein unbegrenztes Machtstreben innewohnt, tritt hier gebietend und rücksichtslos auf. Erfüllt von einem unerschütterlichen Glauben an die Organisation, treibt es diese überall vorwärts, breitet sie überall aus und verschlingt das unorganisierte Leben, wo immer sie es antrifft. Ein immer gewaltiger anschwellender Bürokratismus begleitet deshalb den technischen Fortschritt, weil die Ausdehnung der Organisation eine Vermehrung der Büros notwendig zu Folge hat und die Vermehrung der Schreiberkaste unvermeidlich macht.

24.

Der exakte Wissenschaftler ist nur in einer Hinsicht exakt, in seinem Kausalismus. Und nur insofern hat es einen Sinn, ihn exakt zu nennen. Denn jede andere Art von Genauigkeit ist ihm versagt. Seine Tätigkeit ist vor allem beschreibend und messend, und zwar eine durch Zahlen beschreibende und messende. Daher die kantische Behauptung, „daß in jeder Naturlehre nur soviel eigentliche Wissenschaft angetroffen werden könne, als darin Mathematik anzutreffen ist". Was aber heißt das anders, wenn man die Rolle erwägt, welche die Zahl hier hat, als daß alle Bemühung der Wissenschaft nachahmend ist, daß ihre Aufgabe in der genauen Imitation liegt, und daß es ihr nur durch Imitation gelingt, Gott oder der Natur die Kunstgriffe abzulauschen. Das Experiment etwa muß die Bedingungen herstellen, die eine genaue Imitation ermöglichen. Insofern also der Wissenschaftler Intuition besitzt, ist sie eine nachahmend entdeckende, im Bereich der Technik, wo es um Anwendung und Ausbeutung des Gesetzes, um Konstruktionen geht, eine nachahmend erfindende. Die Maschine ist eine nachahmende Erfindung. Es leuchtet ein, daß das, was an der Natur mechanisch erscheint, sich der Nachahmung am wenigsten entzieht, daß sich hier für das kausale Denken zuerst ein Feld des Erfolges eröffnet. Erst einem Denken, das die Welt als Maschine begreift, kann es gelingen, kleinere Maschinen herzustellen, in welchen der Ablauf mechanischer Kraft nachgeahmt wird. Und erst wenn hier Erfahrung gesammelt und Macht gewonnen ist, kann man dazu übergehen, das erworbene Wissen auf andere Gebiete anzuwenden und, wie es der Biologe tut, auch die belebte Natur der Mechanik zu unterwerfen.

Hierzu reicht die Kategorie der Kausalität, wie sie etwa in der klassischen Physik gehandhabt wird, nicht mehr aus. Ursachen und Wirkungen haben hier noch etwas Selbständiges, sich Abschließendes, einen Schein von Persönlichkeit gleichsam. Dieser verliert sich aber, indem das Kausalitätsgesetz sich in eine Lehre der Funktionen verwandelt, in einen umfassenden Funktionalismus, der auf jeden Arbeitsvorgang anwendbar ist und sich an jedem beobachten läßt([9]).

([9]) Funktionalistisch gedacht ist es, wenn man den Inhalt der Kausalurteile auf Funktionsbeziehungen einschränkt, oder wenn der Wissenschaftler den mathematischen Funktionsbegriff an die Stelle des physikalischen Kausalverhältnisses setzt, obwohl doch mathematische Funktionen beliebig umkehrbar sind, in den Kausalverhältnissen aber die Zeit, sukzessierend oder koexistierend, in Erscheinung tritt.

Wo alles Funktion geworden ist, dort läßt sich auch alles auf Funktionen zurückführen. Es bleibt zwar auch hier dunkel, was eigentlich eine Funktion ist, wie es zu ihr kommt, und was bei diesem Regressus in infinitum herauskommt, doch läßt sich einsehen, was mit einem solchen Denken Hand in Hand geht. Wir haben die Rolle, die der Funktionalismus in der Arbeitswelt spielt, und die Veränderung, von welcher der Arbeiter durch ihn betroffen wird, schon angedeutet. Wir erwähnten, daß die funktionale Beziehung des Arbeiters zu seiner Arbeit diese Arbeit von ihm ablöst, von seiner Person trennt. Eine Erfindung wie das laufende Band verrät in hohem Maße funktionales Denken, denn auf ihm sind alle Arbeitsfunktionen im Nacheinander der toten Zeit geordnet, und die Arbeiter sind längs des Bandes aufgestellt, als Funktionäre des Arbeitsvorgangs, der in Teile gestückt ist. Was ist die Folge? Der Arbeiter verliert hier sein Gesicht, er wird als Person unkenntlich und ist nur noch als Träger einer Funktion wahrnehmbar. Seine Gestalt verschwindet irgendwie, und in der Tat wäre es, vom Standpunkt des technischen Fortschritts aus gesehen, gut, wenn sie ganz verschwände, wenn das laufende Band sich automatisch und ohne Zutun der Hand bewegte, wie die Treibriemen, die Kette, die rollende Treppe oder der Gurt des Maschinengewehrs. Nichts ist für das funktionale Denken bezeichnender als seine vollkommene Gesichtslosigkeit. Es entfernt sich von der Physiognomik so weit, wie man sich nur entfernen kann, es ist das Kennzeichen einer gesichtslos und gestaltlos werdenden Welt, in der die Relation sich selbständig zu machen versucht, denn Funktionen sind nichts anderes als die Beziehungen von Bewegungsvorgängen, die in der toten Zeit vor sich gehen. In dem funktionalen Denken des Wissenschaftlers und Technikers liegt daher jene Kraft, welche den Automatismus am erfolgreichsten vorwärtstreibt und ausbreitet.

Was heißt es also, daß aller Stoß und Druck, daß der ganze Kettenzug der Kausalität als Funktion begriffen wird? Und wohin zielt dieser Begriff, durch den nie mehr beschrieben werden kann als eine Beziehung von Bewegungsvorgängen? In ihm steckt ein Zugriff, von dessen Erbarmungslosigkeit wenige eine deutliche Vorstellung haben. Er ist einer der kältesten Funde des rationalen Denkens, das den technischen Fortschritt leitet und ihm die Theorie der Erkenntnis zu unterwerfen sucht. Aller Funktionalismus ist Instrumentalismus, ein

Werkzeugdenken, das auf den Menschen angewendet wird. Denn funktional denken heißt nichts anderes, als den Menschen einem System von Funktionen zu unterwerfen, ihn selbst zu einem System von Funktionen zu machen. Ein solches Denken ist dem technischen Fortschritt durchaus angemessen, ja es deckt sich vollkommen mit ihm, denn wenn die Technik auf Organisation der Masse und Mechanisierung der Arbeit ausgeht, wenn sie einem perfekten Automatismus zustrebt, so ist sie auf dem gleichen Wege wie das funktionale Denken, das in diesem Ziel mit ihr übereinstimmt. Je vollkommener die technische Organisation ist, in welcher der Mensch steckt, desto mehr muß sie ein Ablauf bloßer Funktionen sein. Je mehr die Mechanisierung der Arbeit dem Automatismus zustrebt, desto sichtbarer wiederum wird die Rolle, welche die Funktion spielt, denn was ist der Automat anders als eine selbsttätig funktionierende Maschine? Im Grunde also muß dieses Denken immer hinauslaufen auf ein willenloses Funktionieren. In ihm denkt kein Theologe über Prädestination, kein Philosoph über Determination, in ihm denkt der Techniker über die Vollendung der großen Maschinerie nach, an deren Ausbau er tätig ist. Und insofern er Techniker ist, beschäftigt ihn die Lehre vom Willen gar nicht, ihn kann nur die Mechanik beschäftigen.

Denken wir uns diese Maschinerie in einem Zustande der Entfaltung, den sie noch nicht erreicht hat, ausgebreitet auf die ganze Erde, eine machtvolle und riesige Apparatur, in deren Arbeitsgang die Menschheit eingespannt ist, mechanisch beschäftigt, durchorganisiert bis in die letzte Zelle und auf das laufende Band der Funktionen einexerziert, dann könnten wir die Befürchtungen teilen, mit denen mancher einer solchen Entwicklung entgegensieht. Aber dieses Bild, das an den Turmbau zu Babel erinnert, hat wenig Wahrscheinlichkeit. Auch ist es nicht wahrscheinlich, daß wir Zuständen entgegengehen, die eine Ähnlichkeit mit der Organisation des Insektenreiches haben, daß ein großer Ameisen- und Termitenstaat am Ziel unserer Bemühungen steht. Es ist offenbar, daß sich solche Ähnlichkeiten bei einer Betrachtung der Technik dem Auge des Beobachters aufdrängen, daß in ihr Züge sind, ein blinder Arbeitstrieb etwa, die diese Ähnlichkeit zu rechtfertigen scheinen. Ein Kollektiv dieser Art läßt sich anstreben, aber es läßt sich nicht verwirklichen. Es trägt den Keim der Zerstörung in sich, und es muß aus Gründen, die wir andeuten werden, vor seiner Vollendung zerbrechen, und zwar durch die eigene Schwere, die ihm innewohnt. Der praktische Raubbau, den die Technik treibt, hat eine Entsprechung in dem Denken des Technikers selbst. Wenn dieses Denken funktional wird, so ist das schon die Folge einer weit fortgeschrittenen Zerstörung, einer Verwüstung, wie wir sie in den Industrielandschaften beobachten können. Es ist ein Denken, dem keine Anschauung mehr entspricht, das von dem ursprünglichen Reichtum an Bildern, der zu einer frischen Sprache gehört, hinabgestiegen ist in die Mechanik der Bewegung. Was ist dieser Funktionalismus, der aus dem kausalen Denken hervorgegangen ist, in seinen Mitteln und Zwecken? Wille zur Macht, zur Unterwerfung und Indienststellung des Naturgesetzes. Was ist er anders als ein Mittel, um die alten, mager gewordenen Bestände mit einer neuen Arbeitsmethode nach rationaler gewordenen Grundsätzen schonungslos auszuplündern. Was treibt er anders als schärferen Verzehr? Und was leistet er dafür, was bringt er hervor? Nichts, es sei denn die Grundsätze, mit denen ein solcher Konsum ausgebreitet wird. Ein solches Denken kann sich nicht lange behaupten, es muß zum Extrem fortschreiten und fallen, wenn es nutzlos geworden ist.

25.

Indessen müssen wir lernen, diese technische Organisation von anderen Organisationen zu unterscheiden. Ihr Kennzeichen ist die ausschließliche Herrschaft kausaler Determinationen und Deduktionen, deren strengem Mechanismus sie den Menschen unterwirft. Und so ist auch ihre Rationalität mechanisch. Sie unterscheidet sich dadurch von Organisationen anderer Art. insbesondere vom Staate. Ihr Verhältnis zum Staate, der als die Organisation par excellence zu begreifen ist, als jener Status, durch den alle anderen bestimmt und geordnet werden. als das Ganze, das allen Teilen ihre Aufgabe zuweist, wird um so weniger begriffen, als über die Ziele der Technik heute Unklarheit und Dunkel herrschen. Das Machtstreben des Technikers geht darauf aus, auch den Staat sich unterzuordnen und die staatliche Oragnisation durch eine technische zu ersetzen. Hierüber kann kein Zweifel bestehen; auch ist offenbar, daß die Verfechter und Vorkämpfer der Technokratie nichts anderes erstreben.

Wir können die Mittel, deren sich die Technik hierzu bedient, studieren, wenn wir ihr Verhalten gegenüber anderen Organisationen betrachten. Wir sahen, wie sie dazu überging, alle wirtschaftliche Ratio ihrer eigenen zu unterwerfen. In gleicher Weise verfährt sie mit der Rechtsorganisation. Wesen und Zweck des Rechtes werden durch sie verändert. Der Techniker ist notwendig ein Verfechter des Naturrechts und steht gegen die historische Schule, weil das technische Denken nur mit naturrechtlichen Vorstellungen vereinbar ist. Wiederum versucht er das naturrechtliche Recht technisch zu bestimmen, indem er die Rechtsnorm durch eine technische Norm ersetzt, ihre spezifisch juridische Qualität angreift und sowohl die Lex ferenda, die Rechtsentwicklung, wie die Lex lata, das geltende Recht, nach technisch normativen Gesichtspunkten umformt. Die Opinio necessitatis, die Rechtsüberzeugung, die derogatorische Kraft des Gewohnheitsrechtes, die aus dem Volksleben hervorgeht, die Lebenskraft des Rechtes wird durch ihn mechanisch vernichtet. Er begreift nicht, ,,ut leges non solum suffragio legislatoris, sed etiam tacito consensu omnium per desuitudinem abrogentur". L. 32 § 1 D. de leg. (1, 3) (Julian). Denn dieser stille Consensus omnium entzieht sich seinem Wissen. Aber auch das formelle Gesetzesrecht, das kraft Befehls der Staatsgewalt gilt, ist nicht nach seinem Sinn; er drängt die Gesetzesmaterie überall in den Vordergrund, er setzt an Stelle des Gesetzesrechtes technische Verordnungen. Im Zusammenhang damit steht das uferlose Anschwellen des Rechtsstoffes, die maschinell anmutende Produktion von Gesetzen und Verordnungen, deren Kennzeichen aber ihr technisch normativer Charakter ist. Der Techniker bekämpft gerade die eigentümliche begriffsbildende Kraft der Rechtswissenschaft, die durch ein logisches Verfahren die zügellos aufschießende Materie bändigt; er ist es deshalb, von dem die Angriffe gegen die ,,Begriffsjurisprudenz" vorzüglich ausgehen. Diese Angriffe sind um so erfolgreicher, als sie eine Unterstützung finden in jenen Bestrebungen die einen durchgreifenden Gegensatz zwischen dem formellen Gesetzesrecht und der Opinio necessitatis konstruieren, die also darauf abzielen, alles Gesetz und damit das Recht überhaupt aufzulösen und einem dynamischen Volkswillen zu unterwerfen, von dem prätendiert wird, daß er sich in einem nie ermattenden Widerspruch mit dem formellen Gesetzesrecht befindet. So sehen wir etwa, wie die sogenannten Generalklauseln, die Treu- und Glaubensbestimmungen, die Ermessens- und Billigkeitserwägungen eine zerstörende Tätigkeit zu entfalten beginnen, wie sie das formelle Gesetzesrecht entleeren und aufsaugen.

Das Recht des Einzelnen, der Einzelperson, wird hier zum Recht der technisch organisierten Einzelperson. Das Eigentum etwa, das die Juristen als die ausschließliche rechtliche Herrschaft einer Person über eine Sache bestimmen, wird dieser Bestimmung entfremdet und entzogen, wenn es der technischen Organisation verfällt. Es ist dann nicht mehr selbständig, nicht mehr ausschließlich der Herrschaft des Eigentümers unterworfen, es wird zum technisch organisierten Eigentum, über das von außen her, das heißt von einer Zone, die durch das Recht des Eigentümers nicht bestimmt wird, organisatorische Verfügungen getroffen werden können. Gesetz ist für den Techniker das, was einer technischen Bestimmung dient. Wo er in die Rechtsorganisation eindringt, in die Legislative, Justiz und Verwaltung, dort ersetzt er das Gesetz durch technische Bestimmungen und Verfügungen, oder paßt es durch Interpretation seinen Zwecken an[10]. Wo er als Gegner des Ius strictum, als Verfechter des Ius aequum auftritt, dort tut er es nicht, weil ihm an der Billigkeit in Rechtsdingen mehr gelegen ist als dem Juristen, er tut es, weil das Ius aequum ihm als Tür dient, um in die Organisation des Rechtes einzudringen. Überall bekämpft er den strengen Formalismus des Rechtes, bekämpft das Ius cogens, welches privatorum pactis mutari non potest, und begünstigt das Ius dispositivum, denn die technische Bestimmung ist

---

[10] Die Montesquieusche Lehre von der Séparation des pouvoirs, die einen eigenen Behördenapparat für Puissance législative, Puissance exécutrice und Puissance de juger verlangt und das Gesetz als bindend für Verwaltung und Justiz erklärt („De l'esprit des lois", 1748), hat in den Verfassungsurkunden des 19. Jahrhunderts ihre Anerkennung gefunden. Das Gerichtsverfassungsgesetz des Reiches vom 27. Januar 1877 erkennt sie in § 1 an: „Die richterliche Gewalt wird durch unabhängige, nur dem Gesetz unterworfene Gerichte ausgeübt." Dergleichen Bestimmungen haben, wie ungezählte andere, einen Sinn, der eher verloren geht als die Bestimmung selbst. Der Sinn einer solchen Bestimmung liegt bei Montesquieu darin, daß sie den Träger der Staatsgewalt, den absoluten Fürsten und seine Kabinettjustiz, zu beschränken sucht. Aber das ist nicht mehr die Zeit, in der wir leben, und heute geht es um ganz andere Dinge.

dispositiv und kausal zugleich. Er sucht das gesamte Recht der Personen und der Sachen durch seine Eingriffe zu verändern und umzuformen. Das Enteignungsrecht, das der Staat durch seine Rechtsgelehrten schonend, sparsam und abhängig von scharfen Klauseln festgesetzt hat, dehnt sich auf sein Drängen hin aus, und zwar in jener Richtung, in der jede Kollision technischer Organisationen mit dem Einzelnen einen Präzedenzfall für die Enteignung schafft. Der Techniker bekämpft das Eigentum nicht theoretisch wie der soziale Agitator, er formt es praktisch um, indem er es seiner allmächtigen Organisation unterwirft, die darüber nach rationalen Erwägungen frei schaltet und waltet. Er greift vor allem das Immobiliarrecht an, gegen das er jene Abneigung hegt, die ein dynamischer Verstand gegen alles Unbewegliche hat. Allgemein läßt sich von diesen Übergriffen auf das Gebiet des Rechts wie von den Übergriffen auf andere Gebiete sagen, daß der technische Fortschritt sich mit ihnen gegen alles wendet, was ruht, was Dauer und Stabilität besitzt, was sich gegen ihn abschließt und von ihm ausschließt. Er wendet sich gegen alles, was ihm die Reserven vorenthält, die er verzehren will, seien es Menschen oder Sachen. Und nicht nur die ruhenden Reserven, in denen wir jene Bestände zu achten und zu schonen haben, die Kindern und Enkeln mit der Sorgfalt eines rechtlichen Testators überantwortet werden, sind ihm ein Dorn im Auge. Er wendet sich auch gegen die Eigenbewegung nichttechnischer Organisationen und sucht sie in die Abhängigkeit des von ihm entfalteten Mechanismus zu zwingen.

26.

Das Verhältnis von Wissenschaft und Technik ändert sich im Zuge des technischen Fortschritts. Die Wissenschaft tritt in den Dienst der Technik. Ein Ausdruck dieser Machtverschiebung ist es, daß wir den Wissenschaftler jetzt als Angestellten in den Instituten und Laboratorien der Industrie finden, in denen sein Wissen technisch verwertet wird. Die wissenschaftlichen Disziplinen werden Hilfsdisziplinen der Technik, und sie fahren um so besser, je williger sie sich ihr unterordnen. Die „reine" Wissenschaft tritt zurück, weil es nicht mehr um die Erkenntnis der Gesetzmäßigkeit des Naturverlaufs geht, sondern vor allem um die Anwendung und Nutzbarmachung dieser Erkenntnisse, um ihre Ausbeutung. Das Entdecken und Erfinden steht heute im Dienste dieser Ausbeutung. Wenn also die Erfinder durch Aufrufe angespornt werden, neue Proben ihrer Intelligenz zu geben, ihre Arbeit zu beschleunigen und in schnellerem Tempo zu erfinden, dann geschieht das, weil die Ausbeute vermehrt werden soll, und zwar durch Rationalisierung der Ausbeutungsverfahren.

Die Biologie ist heute eine Wissenschaft, in der die Arbeit gut vorangeht. Der Grund dafür ist, daß sie sich mit dem technischen Fortschritt ganz identifiziert hat. Ohne ihn würden die biologischen Methoden weder einen Sinn haben, noch würden die Ergebnisse, die sie erzielen, von irgendwelchem Wert oder Nutzen sein. Ein Merkzeichen dafür ist eben die unmittelbare technische und industrielle Verwertbarkeit, sei es durch einen Konzern, der Tabletten-Medizinen herstellt, sei es durch eine andere technische Organisation.

Offenbar ist ja die Auffindung von Fermenten, Hormonen und Vitaminen nicht nur ein wissenschaftlicher, sondern auch ein technischer Fortschritt. Die Vorstellung, die man von der Wirksamkeit dieser Körper hat, ist eine mechanische und funktionale([11]); die An-

---

([11]) Diese „Wirkstoffe" kennzeichnen sich dadurch, daß die hochspezialisierten Fermente unmittelbare Katalysatoren und im Reagensglas darstellbar sind, im Unterschied zu den pflanzlichen Wuchshormonen, die einfacher gebaut sind und nur an lebenden Pflanzen beobachtet werden können, während die fett- und wasserlöslichen Vitamine Wirkstoffe des tierischen Lebens sind. Indessen kann die gleiche chemische Substanz an den verschiedenen biologischen Objekten bald als Vitamin, als Hormon, Biosfaktor oder Co-Ferment auftreten. Die biologische Wirksamkeit ist an die chemische Konstitution des Wirkstoffs gebunden, eine Erscheinung, die „Spezifität" genannt wird (Richard Kuhn, „Wirkstoffe in der belebten Natur", Die Naturwissenschaften, 25. Jahrgang, S. 225 ff).
Kögl (Utrecht) bezeichnet die Wirkstoffe geradezu als „Funktionäre des Zellenstaates". „Die Ursache der Spezifität eines Proteinmoleküls wird", wie er bemerkt, „in erster Instanz nicht im Gesamtmolekül zu suchen sein, sondern in einem Bezirk, dessen Ausdehnung nicht viel größer ist als die des Wirkstoffmoleküls." (Vortrag an der Universität Wien am 24. Mai 1937).
Die „Schlüsseltheorie" des Zellchemikers Emil Fischer nimmt einen Fermentschlüssel an, an dessen Grundmolekül die Vitamine gleichsam „Zacken am Bart" bilden; sie bauen an das Grundmolekül die aktive Atomgruppe an. Die Fermente sind kausal abhängig von den Vitaminen; fehlen diese, so können die Fermente nicht aktiviert werden, die Nahrung wird nicht sachgemäß verarbeitet, und es entstehen Stoffwechselkrankheiten und andere Phänomene.

wendung, die man von ihnen macht, ist eine entsprechende, denn teils werden sie dem Körper in der Form technischer Präparate zugeführt, die mechanische Wirkungen hervorrufen sollen, wie alle Drogen, die der Techniker herstellt, teils wird ein Appell an den Menschen gerichtet, vitaminreiche Nahrung zu sich zu nehmen. Es sind das Verfahren von technischen Spezialisten, die in Determinationen denken. Indessen sind es die Verfahren unserer Zeit. Es ist nicht schwer, sich über ihre Mängel klarzuwerden; aber es ist sehr schwierig, sich ihnen zu entziehen. Gewiß hindert nichts mich, anzunehmen, daß etwa in einem Apfel eine unbestimmte Anzahl von Stoffen ist, die dem Chemiker und Biologen bisher entgangen sind. Auch ist es gewiß, daß alle diese Stoffe, wenn man sie durch Analyse gewinnt, mir den Apfel nicht ersetzen können, der ein höheres Prinzip verkörpert als die Summe der Teile, aus denen er besteht, und der kein totes Präparat ist wie alle diese Teile, die man entzogen hat oder entziehen könnte, sondern eine Lebensform, die wächst, schwillt, reift und duftet. Gewiß tue ich gut, wenn ich nicht die Wirkstoffe des Apfels, sondern den Apfel selbst verzehre. Ich tue auch gut, wenn ich den Apfel nicht deshalb verzehre, weil er Wirkstoffe enthält, sondern weil er ein Apfel ist. Der

---

Wir finden in diesen und anderen Theorien die ganze Terminologie des technischen Fortschritts wieder, Begriffe wie „Einzelleistung", „Spezialisierung", „Betriebsstoffwechsel" usw. Der menschliche Körper wird hier als eine hochspezialisierte Fabrik aufgefaßt, in der Arbeitsfunktionen aller Art sich mit mechanischer Gleichförmigkeit wiederholen.
Max Hartmann („Wesen und Wege der biologischen Erkenntnis", Vortrag, gehalten bei der 94. Versammlung der Gesellschaft Deutscher Naturforscher und Ärzte in Dresden, September 1936) bemerkt sehr treffend, „daß schon durch das Wort ‚Funktion' der kausal-funktionale Charakter der analysierten Teile ohne weiteres zutage tritt". Nach ihm endet „jede morphologische Begriffsbildung in eine physiologisch-kausale Problemstellung". Er erklärt klipp und klar, daß der Fortschritt der biologischen Erkenntnis, ja überhaupt der menschlichen Erkenntnis, allein durch die Methode der generalisierenden und der exakten Induktion verbürgt werde, daß es überhaupt keine anderen Methoden für das menschliche Erkenntnisvermögen gebe. „Beide Methoden sind aber logisch begründet auf die Kategorie der Kausalität oder Gesetzlichkeit im weitesten Sinne als der Kategorie, die den funktionalen Zusammenhang der Erscheinungen herstellt und bedingt."
Eine solche Sprache ist bei einem Mathematiker nicht wohl denkbar, auch nicht bei einem Physiker. Hier sei daran erinnert, daß von der theoretischen Physik her ein Angriff auf das Kausalitätsgesetz erfolgt ist.

Unterschied dabei ist fundamental, denn im ersten Fall verhalte ich mich wie ein Kranker, im zweiten wie ein Gesunder. Ich bin, was die Ernährung anlangt, weise, wenn ich dem Techniker aus dem Wege gehe, wo immer das nur möglich ist. Wo mir aber der Apfel fehlt, hilft mir auch die gesunde Vernunft nicht. Und dieser fehlende Apfel ist ja nur ein Zeichen für die stets schwieriger werdende Ernährung der in technischer Organisation lebenden Massen. Es kann gar kein Zweifel darüber sein, daß die biologischen Ernährungs-Theorien und Ernährungs-Praktiken eben dort entstehen, wo die Ernährung die größten Schwierigkeiten bereitet, in den großen Städten also, in denen der technische Fortschritt am weitesten gediehen ist. Ihr spezifisches Kennzeichen ist es, daß sie mit dem Anspruch auftreten, vorhandene Störungen und Schäden zu beseitigen, nicht dadurch, daß sie frische, gute, kräftige Nahrung herbeischaffen, denn das liegt außerhalb ihrer Macht, sondern dadurch, daß sie den Invaliden der Arbeitsorganisation Surrogat-Stoffe zuführen.

Der gewissenhafte, humane Arzt hat heute einen schweren Stand. Läßt er seine Aufgabe zu heilen im Stich, dann ist er kein Arzt mehr. Aber wie problematisch ist diese Aufgabe für den Arzt, der Angestellter einer Organisation ist, deren Interessen oft diametral denen des Kranken gegenüberstehen. Welche Vorstellungen über den Begriff der Heilung müssen sich notwendig innerhalb der technischen Organisation Geltung verschaffen, für die ja schon der Begriff der Gesundheit nach den Erfordernissen der Arbeitsorganisation bestimmt wird. Und diese technische Organisation spannt ja immer schärfer alle ärztliche Tätigkeit ein, sie unterwirft sich den Arzt wie den Kranken, sie reguliert auch das Heilverfahren. Die medizinischen Theorien, soweit sie nicht von Außenseitern stammen, begünstigen diesen Vorgang und arbeiten auf ihn zu.

Das Wissen um die Ätiologie der Krankheiten liegt heute sehr im argen, und es kann kein Zweifel darüber sein, daß so bedeutende Ärzte, wie Virchow, Koch und Ehrlich, Zellular-Pathologen und Bakteriologen also, viel dazu beigetragen haben, um es zu verdunkeln. Die spezifischen Übel einer Zeit sind nicht ausschließlich physiologisch zu erklären. Auch verliert der Spezialist die Fähigkeit, sie dadurch zu heilen, daß er sie geistig einordnet. Wir leben nicht mehr im Zeitalter der großen, blühenden, fressenden Seuchen, sondern in der

Zeit des Krebses, der Zuckerkrankheit und der Neurosen, in denen Teil-Sphären des Körpers sich materiell selbständig machen und, wuchernd um sich greifend, die Form des Körpers zerstören. Man muß daher die Frage aufwerfen, ob die Krebs-Institute, die sich in allen Ländern finden, nicht mehr zur Ausbreitung als zur Heilung des Krebses beitragen, denn das Denken, das in ihnen anzutreffen ist, entspricht den physischen Phänomenen, die sich am Krebs studieren lassen. Wer dieses bestreitet, der sei daran erinnert, daß dieses Denken den Krebs künstlich erzeugt, so etwa mit Hilfe der aromatischen Kohlenwasserstoffe, die aus dem Steinkohlenteer isoliert werden.

27.

Wenn wir das Geld- und Währungswesen unserer Zeit betrachten, so berühren wir ein Gebiet, auf dem eine tiefgreifende Verwirrung eingerissen ist. Denn es kann kein Zweifel darüber sein, daß wir uns in einer Zeit des fortschreitenden Währungs- und Münzverfalles befinden. Hierüber belehrt uns der Rückzug der Edelmetalle aus dem Kreislauf der Währungen, die Wanderung des Goldes, das unaufhörlich aus den Gefahrenzonen abströmt, um die Zonen höherer valutarischer Sicherheit aufzusuchen. Die Währung wird durch inflatorische und deflatorische Bewegungen, durch Devalvationen und Außerkurssetzungen in allen Ländern in Mitleidenschaft gezogen. Sie muß durch komplizierte Devisen-Gesetzgebungen künstlich geschützt werden. Die Hortung von Edelmetallen und Devisen, die Verschleppung von Guthaben durch den Eigentümer und seine Beauftragten, die Einfuhr der eigenen Währung in das Staatsgebiet werden unter strenge Maßnahmen gestellt. Wir sehen endlich, wie der Staat, durch Devisenschwierigkeiten gezwungen, zu einer Art primitiven Warentauschverkehrs zurückkehrt, der eigentümliche wirtschaftliche und währungstechnische Folgen hat.

Alle diese rätselhaften, oft widerspruchsvoll anmutenden Erscheinungen werden uns deutlicher, wenn wir erkennen, daß die fortschreitende Technik kein Interesse an stabilen Währungen haben kann, und daß sie in die Organisation des Geldwesens mit der Absicht eingreift, die Stabilität der Währung zu erschüttern. Es ist eine kindliche Vorstellung, daß solche Vorgänge, durch die ganze Schichten der Bevölkerung ihrer Ersparnisse beraubt und der Proletarisierung anheimgegeben werden, durch eine Rotte schlauer Spekulanten verursacht werden. Sie bleiben auch dann unerklärlich, wenn man die übertriebenen Vorstellungen von der Macht jener Geschäftleute hegt, die heute unter dem Namen der Hochfinanz zusammengefaßt werden.

Die Fiktionen, auf denen der Geldverkehr beruht, sind sehr künstliche, und diese Untersuchung bietet keinen Platz, um auf sie einzugehen. Es gibt keine befriedigende Theorie des Geldes. Folgendes aber läßt sich zu unserem Thema sagen. Der Gesichtspunkt, unter dem die Technik das Geldwesen betrachtet, ist ein technischer. Sie betrachtet es unter dem Gesichtspunkte des Umlaufs, denn der Umlauf ist die wichtigste technische Bestimmung des Geldes. Der Fortschritt der Technik ist deshalb identisch mit der Erhöhung der Umlaufgeschwindigkeit des Geldes, das Geld beginnt jetzt rapider zu arbeiten. Wenn die Schätze und Horte ihrem Begriff nach stabil, unveränderlich und dem Verkehr entzogen sind — ein Kennzeichen, das den Unmut und den Widerwillen des Technikers gegen sie erweckt, der sie als steril, tot und nutzlos ansieht([12]) —, so bezeichnet das in den Währungen umlaufende Edelmetall das stabile Moment des Geldverkehrs. Es ist das schon daran zu erkennen, daß das Papiergeld in Gold einlösbar ist und sich, wenn diese staatliche Einlösungspflicht aufgehoben wird, auf Golddeckungen stützt, endlich, wenn die Golddeckung dahinschmilzt, der Staat sich mit allen Mitteln Gold oder in Gold einlösbare Devisen zu verschaffen sucht. Die Umlaufgeschwindigkeit reiner Papiergeldwährungen ist rapide, je rapider sie aber ist, desto besser erfüllt das Geld seine technische Funktion, die ja vor allem im Umlauf besteht. Das Sparen bankmäßiger Guthaben wird daher jetzt mit dem Argument empfohlen und geboten, daß alles bankmäßig gesparte Geld seine Umlaufs-Funktion am zweckmäßigsten erfüllt.

([12]) Bei der Niederschrift dieser Zeilen fällt mir ein Aufsatz über die Philippinen in die Hände, in dem von diesen und anderen Ländern im Stillen Ozean gesagt wird: „Fast alle diese Staaten und Besitzungen gehören zu den gottbegnadeten Teilen dieser Erde, in denen ein beinahe unvorstellbarer Reichtum an Rohstoffen dem modernen Menschen das Paradies verspricht, wenn er es nur richtig auszubeuten versteht." Der Gedanke an Ausbeutung ist der erste, der sich dem Verfasser mit dem Anblick eines Paradieses verbindet. Der Homo faber dieser Sorte bemerkt nicht, daß ein Paradies, das ausgebeutet wird, aufhört, ein Paradies zu sein.

Je schlechter das Geld ist, desto schneller läuft es. Wenn Gold da ist, läuft es zum Golde. Ist keines da, so läuft es zu den Waren. Man könnte sagen, das schlechte Geld läuft vor sich selbst davon. Eben dadurch aber erfüllt es in vorzüglicher Weise seine technische Bestimmung, indem es den Charakter eines Perpetuum mobile annimmt, das mit reißender Bewegung umläuft, sich umsetzt und dadurch bei manchem naiven Beobachter die Illusion erweckt, daß mehr gutes Geld vorhanden ist, oder gar, daß wir alle reicher geworden sind.

Der Währungsverfall ist weder eine lokale noch eine vorübergehende Erscheinung. Er wird in einer bestimmten Phase des technischen Fortschritts hervorgerufen, und zwar dann, wenn die Mittel, welche die Technik zur Finanzierung ihrer Organisation braucht, jenes Maß übersteigen, innerhalb dessen eine geordnete Finanzwirtschaft fortgeführt werden kann. Bei der Untersuchung des Verhältnisses von Maschine und Eigentum wird darüber gesprochen werden.

28.

Betrachten wir an einem neuen Beispiel das Verhältnis der Technik zu einem ganz anderen Gebiete, zur Universitäts- und Schulorganisation. In dem Maße, in dem der Techniker hier eingreift, verwandelt er die Institutionen in seinem Interesse, er vermehrt also das technische Wissen, das seiner Behauptung nach allein zeitgemäß, nützlich und praktisch ist. An diesem Maßstab abgemessen bedeutet etwa die Einführung der Realschule in Deutschland nichts anderes als den Sieg der im Manchester-Stadium befindlichen Technik über jenes geistigere Wissen, das die humanistische Schule vermittelt. Die Bedeutung derartiger Reformen darf nicht unterschätzt werden. Mit ihnen wird die ἐνκύκλιος παιδεία, die Encyclios disciplina, die für die Antike wie für das Mittelalter gültig war, unmittelbar angegriffen. Nun liegen die Folgen offenbar nicht darin, daß die Rolle der Grammatik im Unterricht eingeschränkt wird, daß Astronomie und Musik aus ihm weichen und Dialektik und Rhetorik ganz verschwinden, daß also von den sogenannten sieben freien Künsten Arithmetik und Geometrie allein erhalten bleiben. Das technische Wissen, das vordringt, ist empirisch und kausal zugleich; mit seinem Vordringen siegt daher die Wissensmaterie über die Wissensform. Die Beschäftigung mit den alten Sprachen wird jetzt in den Hintergrund gedrängt, damit aber auch die Möglichkeit, vollendete organische Bildungen in ihrem Zusammenhang zu erkennen. Die Logizität des Schülers, seine Fähigkeit, sich der Wissensform zu bemächtigen, wird geschwächt. Die Wissensmaterie, der Wissensstoff ist empirisch und seinem Begriffe nach unendlich wie die Kausalreihen, durch die er beschrieben wird. Man begegnet oft einem Stolz auf das unübersehbar gewordene Wissen, einem Stolz, der sich auf dem Meere der Erkenntnisse rüstig fortgetrieben sieht. Aber dieses Meer ist zugleich ein Mare tenebrosum, und ein Wissen, das unübersehbar wird, wird in dem gleichen Verhältnis formlos. Für ein Denken, dem alles gleich wissenswürdig ist, verliert das Wissen seinen Rang. Und so könnte man schließen, daß dieses Wissen sich zuletzt selbst vernichtet, durch die Masse seiner Fakten, die wie ein Sandsturm die besten unserer Kräfte verschütten. Es wäre möglich, daß wir dieses Wissens so überdrüssig würden, wie eines toten Gewichtes, das auf unserem Rücken liegt.

Wo das Schwergewicht auf die Wissensmaterie gelegt wird, dort führt der Unterricht zu einem Leitfadenwissen, das in Grundrissen und Abrissen dem Schüler vermittelt wird. Diese Art des Wissens und der Wissensvermittlung begreifen in sich, daß mit ihnen ein wirkliches παιδευειν unvereinbar wird, weil der rohe Empirismus, dem sie verfallen sind, nur die mechanische Anhäufung des Wissensstoffes befördert, weil sie kein Fundament bilden, kein formendes Prinzip enthalten, das diesen Stoff sich unterwirft. Jenes zweifelhafte Sprichwort, demzufolge Wissen gleich Macht ist, gilt heute weniger als je, denn dieses Wissen ist nichts weniger als geistige Macht, es ist geistig durchaus und vollständig entmachtet. In dem Maße nun, in dem es im Zuge des technischen Fortschritts von den Schulen her in die Universitäten eindringt, geraten diese in Verfall, das heißt, die Universität wird zum Technikum und dient damit dem technischen Fortschritt, der nicht verfehlt, sie mit Instituten und Dotationen zu bereichern und daran zu arbeiten, die universitas zu einem Sammelsurium spezialer Arbeitslaboratorien umzuwandeln.

Hier ist anzumerken, daß jene encyclios disciplina, jener geschlossene Bildungs- und Wissenskreis, im Gegensatz zu dem Gedanken einer Enzyklopädie der Wissenschaften steht, das heißt eines enzyklopädisch geordneten Wissens, das lexikalisch, alphabetisch geordnet ist.

Der Gedanke einer solchen Enzyklopädie der Wissenschaften gehört dem 18. Jahrhundert an. Dieses Wissen ist der Vorläufer alles technischen Wissens, das Wissen Diderots, D'Alemberts und Lamettries, der das philosophische Denken für leer und inhaltlos erklärt und in seinen Schriften ,,Histoire naturelle de l'âme" und ,,L'homme machine" einen Empirismus verficht, der alles durch die Wechselbeziehungen kausaler Reflexe zwischen Gehirn und Körper zu erklären versucht. Das Denken Humes, seines englischen Zeitgenossen, ist strenger und feiner, indessen läuft seine Lehre von den Assoziationen der Ideen, wie die von ihm angenommenen Prinzipien aller möglichen Assoziation (Ähnlichkeit, Kontiguität in Zeit und Raum und Ursache oder Wirkung) bezeugen, auf das gleiche hinaus (,,Philosophical essays concerning human understanding" und ,,An enquiry concerning human understanding"). Nach ihm bedürfen die Perzeptionen keiner Substanz, die sie trägt, denn alle Substanz ist nur ein Kompositum einfacher Vorstellungen und Gedanken. Die Theorien vom assoziativen Denken laufen immer darauf hinaus, die Assoziationen materiell selbständig zu machen. Aber assoziieren heißt noch nicht denken, und die besondere Fähigkeit zur Assoziation, die an manchen Köpfen bemerkbar ist, scheint geradezu ein Ersatz für das selbständige Denken zu sein. Man kann Hume als den geistigen Vater des ,,Ulysses" von Joyce betrachten, eines Buches, das die Assoziation selbständig macht und jedes geistige Schema so radikal vernichtet, daß nichts anderes als ein großer Kehrichthaufen von Assoziationen zurückbleibt.

29.

Wohin wir auch sehen und welches Gebiet wir immer betrachten, wir werden finden, daß der technische Fortschritt ihm seine Signatur zu geben versucht. Wenn wir — um eine letztes Beispiel für seine außerordentliche organisierende Kraft anzuführen — die Organisation der Ernährung betrachten, so erkennen wir, daß er auch hier am Werke ist. Wie er darauf ausgeht, auf dem Gebiete der Medizin alle Heilmittel in technische Präparate umzuwandeln und mechanische Theorien über den menschlichen Körper und die Behandlung der Krankheiten aufzustellen, so verfolgt er auf dem Gebiete der Ernährung das Ziel, die der menschlichen Ernährung dienenden tierischen, pflanzlichen und mineralischen Produkte in technische Produkte umzuwandeln, und, wo dieses nicht durchführbar scheint, ihnen durch Formung, Verpackung und Etikettieren das gleichförmige Aussehen von technischen Produkten, von Markenartikeln zu geben. In dem Maße nun, in dem das Nahrungsmittel zum gleichförmigen Markenartikel, das heißt aber zum technischen Produkt wird, verfällt es auch der technischen Organisation. Es büßt die ihm innewohnende Qualität ein; diese wird aus einer substantiellen zu einer akzidentiellen, muß ihm also durch eine ausdrückliche Versicherung propagandistisch zugeschrieben werden. Die ungeheure Entfaltung der Reklame und Propaganda im technischen Zeitalter hat Voraussetzungen, von denen die wenigsten sich einen deutlichen Begriff machen.

Es sei daran erinnert, daß wir in diesem Jahre (1939) das 70jährige Jubiläum der Erfindung der Margarine feiern, denn im Jahre 1869 beauftragte Napoleon III. den Chemiker Mège-Mouriès mit der Herstellung eines Butter-Ersatzmittels, das billiger als die Naturbutter sein sollte. Seit dieser Zeit hat der technische Fortschritt eine Unzahl von Surrogat-Stoffen, von synthetischen Verbindungen und künstlichen Produkten in die Ernährung eingeschoben, er hat auf legale und illegale Art Nahrungsmittel-Verfälschung großen Stils betrieben. Er verändert nicht nur durch die technischen Methoden der künstlichen Düngung([13]) und Viehfütterung das der Ernährung dienende Produkt, er organisiert nicht nur die Konserven-Industrien und entwickelt die Kühlverfahren, er bringt auch Theorien der Ernährung in Umlauf, die unter dem Kennzeichen der „wissenschaftlichen" und „biologischen" Ernährung auftreten und Geltung beanspruchen. Die Biologie ist aber, wie schon ihre Terminologie und ihre Arbeitsmethoden lehren, ein Annex des technischen Fortschrittes, sie ist eine seiner Disziplinen, die wie alle anderen dadurch gekennzeichnet sind, daß sie im Dienste einer mechanisch arbeitenden Kausalität und teleologischen Denkens steht. Der Mensch, der den Instinkt der

---

([13]) Liebigs berühmte Schrift „Die Chemie in ihrer Anwendung auf Agrikultur und Physiologie" erschien im Jahre 1840. Übersetzungen von ihr erschienen wenige Jahre darauf in fast allen Sprachen. Sie entwickelt die Forderung, dem Ackerboden jene mineralischen Nähsrtoffe, die ihm durch die Ernten entzogen wurden, wieder zuzuführen.

angemessenen Ernährung eingebüßt hat, der überdies die Möglichkeit verloren hat, das einleuchtende „Sanis omnia sana" des alten Celsus als Regel zu achten, weil er die Surrogate, die ihm zugeführt werden, nicht einmal mehr erkennt, muß allerdings der „wissenschaftlichen" oder „biologischen" Ernährung verfallen; selbst der Appetit, dieser untrügliche Lehrmeister, kann ihn nicht mehr belehren. Der Techniker als der eingefleischteste aller Rationalisten verfolgt hier noch ein anderes Ziel. Wo es ihm gelingt, die Produkte der Ernährung in technische Produkte umzuwandeln, dort normiert und standardisiert er sie, er unterwirft sie also dem gleichen Verfahren wie die Maschinenteile, er arbeitet eine Normal-Nahrung heraus. Dabei hat er das Bestreben, überall die Minimal-Portion auszurechnen, bei welcher der Mensch bestehen kann, wie alle jene Ernährungs-Tabellen und die Lehre von den Kalorien, die er ausgearbeitet hat, beweisen. Es wird das verständlich, wenn man bedenkt, daß der technische Fortschritt identisch ist mit einer Einschränkung der Ernährung, daß also die Ernährungsschwierigkeiten um so schärfer hervortreten, je mehr die Technik an Perfektion gewinnt. Jenem Gefühl eines metaphysischen Hungers, das uns beim Anblick der Maschine ergreift, entspricht der physische Hunger; die Nahrung wird knapper.

30.

Es ist ein Irrtum, wenn man annimmt, daß die fortschreitende Technik sich darauf beschränkt, den Bezirk der individuellen Freiheit, der manchem Rigoristen zu reichlich bemessen scheint, einzuschränken. Eine solche Formulierung wäre zu einfach, zu schnell; sie würde dem Vorgang, der sich hier vollzieht, nicht gerecht werden. Die Technik löst und bindet zu gleicher Zeit. Sie emanzipiert das Denken von allen Bestimmungen, die nicht rational faßlich sind, aber sie bindet es zugleich an alle jene, die zweckmäßig und mechanisch sind. Offenbar denkt sie kollektivistisch. Aber dieses kollektivistische Denken setzt das Individuum voraus, das, befreit und gereinigt von allen widersprechenden Bestimmungen, vorbehaltlos im Kollektiv aufgeht. Die Technik hegt keine Abneigung gegen das Individuum, wenn es sich nur der technischen Organisation bedingungslos unterwirft. Sie ist so gleichgültig gegen den Einzelnen, wie es der Briefträger gegenüber den religiösen, politischen, sittlichen Eigenschaften des Postempfängers ist und sein muß, denn wenn er es nicht wäre, würde die Technik des Postbetriebes rasch in Verfall geraten. Auf der anderen Seite greift sie nicht nur in die Sphäre individueller Freiheit ein, die sich ihrer Organisation entzieht. Sie wendet sich daher auf dem Gebiete des Rechtes nicht nur gegen die von ihrer Organisation unabhängigen Individualrechte, sondern auch gegen das Verbandsrecht, das Recht organisierter Gemeinschaften, das ihr widerstrebt. Sie macht auch vor dem öffentlichen Recht, dem Recht des Staates und dem Staate selbst nicht halt. Denn gerade hier sehen wir, wie sie mit ungeheuren Wucherungen in das Leben und Recht des Staates eingreift. Dieses wuchernde Vordringen geschieht so zwangsläufig, daß es den Eindruck der Notwendigkeit macht, daß die Festellung, ob wir uns an einer bestimmten Stelle der staatlichen oder technischen Organisation gegenüber befinden, Schwierigkeiten bereitet. Der Staat befindet sich hier in einer zweischneidigen Lage. Aus Gründen der Existenzsicherung und Existenzerhaltung muß er die Technik in ihrem Fortschritt fördern und ihr seinen Schutz angedeihen lassen. Indem er dies tut, dringt sie in die regierende und verwaltende Tätigkeit des Staates ein, sie formt die Heeres- und Beamten-Organisation um. Diese Technisierung scheint die Macht des Staates zu vergrößern, und sie vergrößert sie in der Tat, und zwar in einem Umfange, der alle Nachteile, die hier erwachsen, bedeutungslos erscheinen läßt. Gerade der ungeheure Umfang dieses Machtzuwachses aber muß dem Denkenden deutlich machen, daß hier Leistungen gewährt werden, die auf ebenso große Gegenleistungen hindeuten. In der Tat ist dieses der Fall. Denn mit jedem Akte der Technisierung schiebt die Technik ihren kausalen Mechanismus in den Staat hinein, jeder Zuwachs der Technik bedeutet eine Vermehrung der mechanischen Determinationen, die das Wesen des Staates von Grund auf verändern, und den Automatismus in ihm ausbreiten, dem alles Maschinenwesen zustrebt, damit aber der Erstarrung, die eins ist mit beschleunigter, vermehrter mechanischer Bewegung. Der Mensch wird nicht nur abhängig von dieser Organisation, er wird durch sie zugleich in Bewegung gebracht und mobilisiert. Er wird verwaltet, bewirtschaftet, verwertet und ausgenutzt, dem weitreichenden mechanischen Zwange unterworfen. Wo immer der Staat diesem Zwange erliegt, dort triumphiert die Technik über ihn, dort setzt sie an Stelle der staatlichen Organisation die technische.

Worauf beruht der überraschende Erfolg, den das technische Denken hat? Er beruht nicht zuletzt darauf, daß es keinen Rang besitzt, denn es erschöpft sich in der Erkenntnis einer mechanischen Gesetzlichkeit, die allgemeingültig und qualitätslos ist. Auch das technische Produkt hat keine Qualität, denn alle Qualität, die man ihm zuschreibt, ist okkasionell, sie gehört nicht zu den Merkmalen, durch welche dieses Produkt bestimmt wird. Das Kennzeichen des technischen Markenartikels ist nicht seine Güte, sondern seine mechanische Gleichförmigkeit.

31.

Nackt kann man jene Intelligenz nennen, bei der der Verstand sich als solcher faßt und keinerlei Bestimmungen zuläßt, die nicht vom Verstande gesetzt werden. Denn diese gelten nun als unverständig und werden durch den Verstand beseitigt. Das Wissen prüft sich darauf hin; es scheidet alles aus sich aus, was nicht durch den Verstand auflösbar und erklärbar ist, und eben durch dieses Bemühen, das methodisch vorwärts geht, wird es zur Wissenschaft. Denn das Wissen des Menschen über die Natur wird „rein" und wird „exakt", indem die Natur in eine ausschließliche Beziehung zum Verstande des Menschen gesetzt wird. In dieser Arbeit wird die Wissenschaft groß, denn ihre Methoden haben die Kraft, die Welt zu verwandeln und liefern dem Menschen Schlüssel, durch die er der Natur beikommt. Durch die gleiche Arbeit aber richtet sich die Wissenschaft wiederum zugrunde. Denn da der Verstand das Vermögen begreift, Unterscheidungen zu treffen, so ist der gerade Gang der Wissenschaft ein auflösender. Sie wird genötigt, sich in Disziplinen aufzuspalten, und der universale Herrschaftsanspruch, den sie stellt, wird zerstört durch das zunehmende Sichsondern des Wissens, das sich auf das kleinste wirft. An die Stelle der großen Konzeptionen, die am Anfang stehen, an dem die Intuition den Verstand regierte, tritt nun der mechanische emsige Fleiß, das Laboratoriumswesen und jene kahle Wendigkeit, die den Erscheinungen auflauert. Der Wissenschaftler, der sich im Besitz eines großen Instrumentariums befindet, beginnt nun die

Natur zu pressen und zu quälen und sich durch gewaltsame Verfahren zu nötigen, ihre Gesetzlichkeit zu enthüllen.

„Reine Mathematik und reine Naturwissenschaft" nennt Kant die Wissenschaft, die auf synthetischer Erkenntnis a priori ruht, auf Sätzen, „die teils apodiktisch gewiß durch bloße Vernunft, teils durch die allgemeine Einstimmung aus der Erfahrung, und dennoch als von Erfahrung unabhängig durchgängig anerkannt werden". Von dieser apriorischen Reinheit der Wissenschaft, die der Erfahrung nicht bedarf, können wir hier absehen, da sie auch eine empirische besitzt. „Rein" kann die Wissenschaft auch insofern genannt werden, als sie sich ausschließlich durch den Verstand in Beziehung zur Natur setzt. „Rein" ist sie aber nicht deshalb, weil sie ausschließlich der Erkenntnis dient und diese als Selbstzweck betreibt. Eine reine Wissenschaft in diesem Sinne gibt es nicht und kann es nicht geben. Das Streben nach Erkenntnis läßt sich nicht so absondern, daß es für sich und losgelöst von allem anderen bestände, und gerade dem Verstande, der in der Kategorie der Kausalität und in Zweckmäßigkeiten denkt, ist das nicht zuzutrauen. Er verharrt nicht in der Sphäre eines reinen Erkennens, sondern greift über sie hinaus. Er will die Welt verändern, und er verändert sie. Die Wissenschaft begnügt sich deshalb nie und nirgends mit der Erkenntnis der Gesetzlichkeit der Natur und läßt diese Gesetzlichkeit nicht auf sich beruhen. Alle ihre Erkenntnis ist von vornherein darauf angelegt, diese Gesetzlichkeit nachzuahmen und anwendbar zu machen, sie zu nutzen und auszubeuten, und in dem Maße, in dem das geschieht, geht die Wissenschaft in Technik über. Das Entstehen einer eigenen, auf den Ergebnissen der wissenschaftlichen Forschung beruhenden Technik ist der Beweis dafür, daß es eine „reine", im Streben nach Erkenntnis verharrende Wissenschaft nicht gibt.

„Positiv" ist die Wissenschaft, insofern sie sich auf ein bestimmt Darstellbares und der Abgrenzung Fähiges richtet. Der wissenschaftliche Positivismus hat auch seine optischen Bedingungen, und zu ihnen gehört ein Auge, das eine Art von künstlicher Sachlichkeit in die Welt hineinsieht und Reservationen schafft, die bei scharfer gegenseitiger Trennung ein Eigenleben zu entfalten suchen. „Positiv" ist auch nur das, was durch verstandesmäßige Erfahrung begründet und bewiesen werden kann, nicht also das, was auf dem Wege der

Vernunft „einleuchtet", denn dieses liegt noch nicht innerhalb der Schranken des positiven Wissens, das auf Unterscheidungen des Verstandes allein beruht. Der Beweis nun setzt, wo er genügen soll, voraus, daß er wiederholbar ist, denn für alles, was keiner Wiederholung fähig ist, kann auch kein Beweis erbracht werden. Deshalb gehört zum Experiment seine Wiederholbarkeit. Erfahrung aber ist es, durch welche die Unterscheidungen bemerkt werden. Der Begriff der Erfahrung ist doppeldeutig, denn er bezieht sich zunächst auf das zu Ermittelnde, sodann aber auf die Wiederholbarkeit und beständige Reproduzierbarkeit des Ermittelten. Die Frage nach der Erfahrbarkeit prüft zunächst, was alles Gegenstand einer Erfahrung werden kann, wie es zur Erfahrung überhaupt kommen kann; sie fragt also nach den Organen, nach den Gründen der Erfahrung. Sodann aber liegt im Begriff der Erfahrung auch der der Wiederholung, denn die einmal erworbene Erfahrung kann als ein mehr oder minder fertiges Material reproduziert und weitergegeben werden. Nicht alle Erfahrungen sind für die Wissenschaft brauchbar. Erinnerungen zum Beispiel sind auch Erfahrungen, aber nicht solche, die durch den Verstand allein geliefert werden. Auf solche aber kommt es der Wissenschaft an, und nur mit solchen kann sie arbeiten. Erfahrung ist für sie das fertige Material, ist das Wiederholbare, das starr genug ist, um immer von neuem reproduziert zu werden.

Mit Recht sagt man, daß der Verstand schneidend, scharf, spitz ist, denn in solchen Bezeichnungen kommt zum Ausdruck, daß er das Vermögen zu Unterscheidungen ist. Er sondert und trennt, und je besser ihm dieses Geschäft gelingt, desto mehr tritt auch die Beschaffenheit der Werkzeuge hervor. Schneidend und scharf wird er durch die fortschreitende Genauigkeit der Unterscheidungen, spitz, indem er genau den Punkt trifft, in dem Unterscheidungen sichtbar werden. Durchdringend ist er, insofern er die dunkle Mannigfaltigkeit der Erscheinungen zu zerlegen und zu subsumieren vermag. Seine Tauglichkeit zu wissenschaftlichen Untersuchungen erhält er, indem er methodisch wird. Alles Methodische ist seinem Begriffe nach abstrakter Verstand, Methodik das Wissen um die gesetzliche Verknüpfung des Verstandesmäßigen. Der methodisch arbeitende Verstand wird von einem praktischen, der sich nur an den Gelegenheiten erprobt, zum theoretischen, der sich in den Besitz eines Schemas gesetzt hat und das

Vermögen zur Subsumtion handhabt. Der praktische Verstand, wie er etwa zu Handels- und Geldgeschäften erfordert wird, hat nur eine unzureichende Vorstellung des Methodischen, auch fehlt es ihm, da er sich nur an der Gelegenheit erprobt, an Übersicht und Geistigkeit. Der theoretische Verstand, der methodisch vorgeht, darf Intellekt genannt werden. Bei ihm ist das Vermögen zu Unterscheidungen ein höheres, er zeigt deshalb auch Geistigkeit, er hat sich ein System von Unterscheidungen angeeignet.

Kalt ist der Verstand, der in seinem Vermögen verharrt und auf methodische Weise urteilt, ohne von dem Gang seiner Untersuchung abzuweichen. Er schreitet von Argument zu Argument fort und zeigt eine Schlüssigkeit, die nicht unterbrochen wird. Kahl endlich ist er, weil all seine Fähigkeit auf Unterscheidungen beruht, das heißt des durch Begriffe Trennbaren, Zerlegbaren und Auseinanderzunehmenden. Dem Ungetrennten, Unteilbaren vermag er nicht beizukommen, und wo er sich daran versucht, scheitert er. Das seinem Begriffe nach Zusammengehörige vermag er nur zu fassen, insofern es vorher unterschieden worden ist. Er kann nur Verbundenes trennen, nur Getrenntes verbinden. Das ist die kürzeste Formel, auf die sich seine Tätigkeit bringen läßt. Um aber tätig werden zu können, setzt er etwas voraus, an dem er seine Fähigkeit prüfen kann. Der Verstand ist nicht um seiner selbst willen da und erprobt sich nicht an sich selbst, auch nicht dort, wo er, wie in der Logik und Theorie der Erkenntnis, sich auf Regeln bringt und sich Grenzen ausmißt. Er bedarf eines Substrats, an dem er sich zeigen und erweisen kann, denn ohne dieses wäre er, wie in einem leeren Raume, der keine Handhaben bietet, ohnmächtig. Dieses Substrat ist für die exakten Wissenschaften die Natur, weshalb sie auch Naturwissenschaften schlechthin genannt werden. Das Feld, das der methodisch erstarkte Verstand hier bearbeitet, ist die Natur, und sein Geschäft ist es, Verstand in die Natur hineinzutragen, sie verstehbar zu machen. Diese Verstehbarkeit ist in der Natur nicht schon vorhanden, sondern muß in sie hineingearbeitet werden. Insofern in der Natur gesetzmäßig verfahren wird, insofern also sich etwas in ihr wiederholt, kann sie Gegenstand der wiederholten verstandesmäßigen Beobachtung und Erfahrung werden. Was sich nicht wiederholt, das kann nicht Gegenstand einer Wissenschaft werden. Naturwissenschaft ist Erkenntnis der sich wiederholenden

Naturvorgänge, denn was darüber hinausgeht, ist nicht ihr Geschäft und liegt jenseits ihrer Grenzen. Es ist daher der Mechanismus der Natur, das mechanisch in ihr Wiederkehrende, was durch den Gang der wissenschaftlichen Untersuchung ermittelt wird. Dieser kann nur dort fortschreiten, wo das Naturgesetz als dauernd und unverbrüchlich, als starr und unabänderlich aufgefaßt wird. Nur dort, wo die Gesetzlichkeit der Natur sich mit eherner Gleichförmigkeit wiederholt, schreitet der Verstand in der Erkenntnis dieser Gesetzlichkeit ungestört fort. Unruhe faßt ihn deshalb dort, wo ein Widerspruch auftaucht, wo er durch Widersprüche und Irregularitäten gestört und aufgehalten wird.

Es muß hervorgehoben werden, daß aller Fortschritt der wissenschaftlichen Arbeit dadurch verbürgt wird, daß die Natur sich gleichsam still verhält und keine Sprünge macht. Was ist daraus zu schließen? Zunächst dieses, daß aller Fortschritt des Verstandes eben nur im Verstande stattfindet, daß die Natur, die nicht zu einem Verständnis ihrer selbst kommt, daran keinen Anteil hat. Indessen liegt ein Widerspruch in dem Gedanken eines kontinuierlichen Fortschritts, einer unbegrenzten Bewegung, die sich mit Hilfe eines starren Substrats vollzieht. Dieser Widerspruch löst sich erst, wenn wir bedenken, daß die Arbeit des Verstandes etwas Aggressives hat, daß sie Aktivität besitzt, wogegen sich die Natur, nämlich die Natura naturata mit der es als einer gewordenen die Wissenschaft zu tun hat, leidend und passiv verhält. Wenn auch alle Arbeit des Verstandes an der Natur nur im Verstande, nicht aber in der unverständigen, zu eigener Verstehbarkeit nicht gelangenden Natur stattfindet, so ist doch eben die Natur das Feld, auf dem alle Arbeit des Verstandes sich vollzieht. Wenn sie also — wie es den Anschein hat — sich stumm verhält, so kann sie doch in Mitleidenschaft gezogen werden. Und das ist der Fall. Denn die ihr zugewiesene Bestimmung, als ein ewig starres Substrat den Fortschritt des Verstandes und der Wissenschaft zu ermöglichen, wird dann verständlich, wenn wir uns der Frage nähern, ob nicht durch diesen Fortschritt das Substrat in einer bestimmten Weise verändert wird. Wir müssen uns nämlich fragen, ob die Natur als ein durch den Verstand absolut Bestimmbares, das den Bestimmungen des Verstandes zu gehorchen hat, durch den sie bestimmenden Verstand nicht auf gewaltsame Weise angegriffen und beraubt wird.

Wir müssen nach den Zwecken fragen, die der Verstand sich selbst in der Natur setzt. Und wir müssen nicht nur das prüfen, was er in sie hineinträgt, sondern auch untersuchen, ob er ein Werkzeug ist, um aus ihr etwas hinauszutragen. Da der Verstand nicht für sich da ist, nicht Selbstzweck ist, sondern Zwecke verfolgt, müssen wir auf die konkrete Verständigkeit achten, welche den Verstand vorschickt, als einen Emissär, der auf Kundschaft, Ermittlungen und vielleicht auf Raub und Zerstörung ausgeht. Eine Antwort auf diese Fragen aber wollen wir bei der Technik suchen.

32.

Nicht außer acht gelassen werden darf, daß jene Exaktheit, welche die Naturwissenschaft besitzt und anstrebt, soweit sie immer getrieben werden mag, nur die mechanische Genauigkeit des Erkenntnisvorgangs und des Erkenntnisgegenstandes betrifft. Sicherheit, die über die Sicherheit von Kenntnissen, von wiederholten Erfahrungen hinausgeht, verschafft uns diese Genauigkeit nicht. In diesem Sinne ist Genauigkeit auch Richtigkeit, nicht aber Wahrheit, denn es hat keinen Sinn, von Wahrheit dort zu sprechen, wo nur ein mechanisch Wiederholbares festgestellt wird. Die Wahrheit ist nicht identisch mit Wiederholbarkeit, ist vielmehr das schlechthin Unwiederholbare, weshalb ihr Platz auch in keiner Art von Mechanik bestimmt werden kann. Der Begriff der „wissenschaftlichen Wahrheit" ist deshalb ein durchaus zweideutiger. Er stützt sich auf das Experiment und wird angewandt, wo ein mechanisch Exaktes beweisbar, nachprüfbar, wiederholbar geworden ist. Aber Beweisbarkeit, Nachprüfbarkeit, Wiederholbarkeit sind keine Merkmale der Wahrheit. Erklärt der Wissenschaftler diese Exaktheit für gleichbedeutend mit der Wahrheit schlechthin, mit einer höheren Wahrheit, dann zeigt sich, daß seine Terminologie selbst inexakt ist. Was hat es für einen Sinn, den Satz zweimal zwei sind vier, den die Schulkinder im ersten Jahre auswendig lernen, eine Wahrheit zu nennen? Das Wahre lernt man nicht, deshalb wird man auch nicht wahrhaftiger, wenn man vieles weiß und gelernt hat. Man wird es auch nicht durch exaktes Denken. Ein mathematisches Urteil wird nicht dadurch wahr, daß es einen Sachverhalt auf exakte Weise darstellt, und, wie sich versteht, auch dadurch nicht, daß es millionenfach wiederholt wird. Das apodiktisch Gewisse mathematischer Urteile liegt ganz auf dem Gebiete des Genauen und Richtigen; ihr Gehalt an Wahrheit aber ist gleich Null wie der aller Rechenexempel. Wissenschaftliche Wahrheiten sind keine „höheren" Wahrheiten, vielmehr, wo sie diesen Anspruch erheben, Erschleichungen von seiten des mechanisch Exakten her. Man täte besser, den Begriff der wissenschaftlichen Wahrheit ganz außer Kurs zu setzen, da er ein nur beschreibender ist.

Das der Naturwissenschaft eigene Streben nach Exaktheit muß hier anders bestimmt werden, nicht mit Hilfe des Instrumentariums, das für diese Zwecke erdacht worden ist, sondern von einem Standpunkt aus, der jenseits aller Wissenschaft und Wissenschaftlichkeit liegt. Die Notwendigkeit eines solchen Standpunktes und die Befugnis, ihn zu beziehen, wird niemand bestreiten, es sei denn, er machte die Wissenschaft zur Kirche und legte den Wall einer Dogmatik um sie oder einen Ring geheiligter Methoden, die alle Untersuchung und Nachprüfung zunichte machen. Wir gehen dabei von einer Beobachtung aus, die von keinem außer acht gelassen werden kann, der sie einmal gemacht hat. Die Frage ist: Steht nicht gerade die Zunahme des Wissens um mechanisch exakte Vorgänge im Zusammenhang damit, daß der Mensch auf eigentümliche Weise grenzen- und bodenlos, bedroht, gefährdet, in der ihm eigenen Sicherheit angegriffen wird? Diese Sicherheit ist freilich eine andere als die der Methoden, die zuletzt auf Meßbarkeit beruht, denn sie betrifft den Standort des Menschen selbst und gibt Auskunft über seine Freiheit. Keine Methodik des Wissens vermag dem Menschen Sicherheit zu schaffen, auch die am weitesten getriebene, die systematisch gewordene Exaktheit nicht. Der Gang unserer exakten Wissenschaft ist nicht parmenideisch, er ist dem Streben des Parmenides nach Erkenntnis schroff entgegengesetzt, analytisch, induktiv, isolierend. Deshalb drängen sich jetzt die Kausalität und der von ihr ausgehende Funktionalismus vor, und alle Identität wird unkenntlich. Deshalb tritt das Mechanische in den Vordergrund, und mit ihm zugleich der rohe Optimismus und jene zivilisatorische Überheblichkeit, die den Verlauf des technischen Zeitalters weithin kennzeichnet, bis zu dem Punkte, an dem der Mensch in seinem gedankenlosen Machtstreben gebrochen, niedergeworfen und zu neuem Nachdenken gezwungen wird.

„Wenn wir", bemerkt Niels Bohr, „dem üblichen Sprachgebrauch gemäß eine Maschine als tot bezeichnen, so bedeutet dies kaum etwas anderes, als daß wir eine für unsere Zwecke ausreichende Beschreibung ihres Funktionierens mit Hilfe der Begriffsbildungen der klassischen Mechanik geben können." In der Tat, dort, wo wir Funktionen mit Hilfe solcher Begriffsbildungen ausreichend beschreiben können, werden wir etwas Totes antreffen. Wenn es gelänge, mit ihrer Hilfe eine ausreichende Beschreibung vom Funktionieren eines Menschen zu geben, dann wäre er tot. Er wäre tot, obwohl alle seine Funktionen fortbestehen, wir also annehmen können, daß er gewisse Bewegungen weiter vollführen kann. Das klingt wunderlich, ist es aber keineswegs. Denn der Begriff des Toten ist hier ein eigentümlicher. Die Maschine ist tot, obwohl sie Bewegung besitzt. Und weil sie Bewegung hat, wie wir sie am Leben wahrnehmen, kommen wir darauf, sie tot zu nennen, wie wir den Leichnam eines Menschen oder eines Tieres tot nennen. Genaugenommen bewegt sich die Maschine nicht, sie wird bewegt. Der Unterschied ist fundamental. Alle Funktionen sind Bewegungsvorgänge, bei denen etwas bewegt wird; passive Bewegung, Bewegbarkeit muß bei allem Funktionieren vorhanden sein. Was sich selbst bewegt, was die Fähigkeit besitzt, seine Bewegung selbst zu dirigieren, ohne einem mechanisch erklärbaren Zwange unterworfen zu sein — und das vermag auch die Pflanze —, dessen Bewegung kann durch einen Ablauf, ein Nacheinander von Funktionen nicht ausreichend beschrieben werden. Wo die Lebendigkeit eines Lebenszusammenhanges sich zeigt, dort reicht die Beobachtung der Bewegbarkeit nicht hin, denn aller Funktionalismus kann nur an passiven, das heißt abhängigen Bewegungen studiert werden. Durch ihn können nur kausale Beziehungen beschrieben werden, nicht aber Identitäten, nur Determinationen, nicht aber das Präexistentielle, nicht das Koexistieren, das Zugleich- und Miteinandersein, Entsprechungen sowenig wie alle nichtkausalen Verhältnisse. Funktionen, die am Menschen, am Tier, an der Pflanze beschrieben werden, sagen deshalb über den Menschen, das Tier, die Pflanze gar nichts aus, so viele man immer auffinden mag, denn sie bezeichnen immer nur das passive Bewegliche, das heißt eine mechanische Abhängigkeit, etwas Totes also.

In demselben Sinne also, in dem eine Maschine tot genannt werden kann, mag man auch den Menschen tot nennen. Dieser Begriff des

Toten ist metaphorisch, denn er beschreibt ein Totes, das nie gelebt hat, dem also alle Polarität zum Lebendigen fehlt. Wo die Begriffe tot, lebendig Polarität besitzen, dort ist einer immer mit dem anderen mitgesetzt, hat keiner eine Selbständigkeit, bei der der andere in Wegfall kommen könnte. Eine Maschine ist tot, obwohl sie nie gelebt hat; sie ist tot, weil ihre Bewegung einem durchgehenden Funktionalismus unterworfen ist. Und so ist auch an dem lebenden Menschen etwas Totes, das nie Leben besessen hat, das deshalb auch nicht sterben, sondern nur zerfallen, verschwinden, verwittern kann. Es sind tote Stellen, tote Flecken, tote Partien an ihm, er gibt eine Leblosigkeit zu erkennen, die inmitten des Lebens wahrnehmbar ist. Seine Jugend ist ohne Frische, sein Alter künstlich, es fehlt an der Reife. Dem Auge des Physiognomen kann ein solcher Befund nicht entgehen. Wie es mechanische Bewegungen gibt, so gibt es auch mechanische Gesichter. Tot in diesem Sinne ist der Mensch in dem Maße, in dem in seinem Ausdruck, seinen Bewegungen ein bloßer Funktionalismus sich zu erkennen gibt, wie wir ihn an der Maschine studieren können. Das Masken- und Larvenhafte, das an den Gesichtern solcher Menschen beobachtet werden kann, zeigt nichts anderes, als daß hier das Leben nur imitiert wird, daß die Bewegungen Imitationen einer nicht vorhandenen Lebendigkeit sind. Am Gesichte des Schauspielers wird man dergleichen studieren können, doch nicht an ihm allein, denn unter den Lebenden wandeln viele Masken und Larven umher, und es ist kein Mangel an jenen lemurenhaften Wesen, die eine vorgetäuschte Lebendigkeit besitzen und als mechanische Kreaturen bezeichnet werden können. Ihr Einfluß wächst in dem gleichen Maße, in dem der Funktionalismus Macht gewinnt. Solche Menschen machen dem aufmerksamen Auge oft den Eindruck, daß sie nicht altern, daß sie nicht sterben können, während man der Lebendigkeit des Menschen sofort anmerkt, daß sie ein Ausdruck der Polarität ist und um so lebendiger ist, je mehr sie es ist.

33.

Wir wollen jetzt jene Seite der Technik betrachten, an der sie die elementare Natur berührt und auf ihr aufliegt. Dieser Zusammenhang ist unabdingbar und unlösbar, denn alle technische Arbeit bedarf eines

Substrats, mit dessen Hilfe sie sich entfaltet. Was sie an Kraft gewinnt, entnimmt sie, wie man einem Behälter, einem Reservoir Wasser entnimmt, so künstlich immer die Mittel sein mögen, die zu diesem Akt der Entnahme führen.

Der Techniker hat jene alte Scheu verloren, die den Menschen davor zurückhält, die Erde zu verwunden und die Gestalt ihrer Oberfläche zu verändern. Diese Scheu war in einer frühen Zeit sehr ausgeprägt, man findet ihre Spuren überall in der Geschichte des Ackerbaus, und sie ragt weit in die historische Zeit hinein. Bei den großen Kunstbauten, die einem profanen Zweck dienen, liegt der Gedanke an Hybris immer nahe, und gewisse Zeremonien beim Hausbau, die sich bis in unsere Tage erhalten haben, sind Versöhnungen und Weihen, die einen Akt der Entweihung voraussetzen. Der Techniker ist hier, wie schon aus seinen Arbeitsverfahren hervorgeht, ehrfurchtslos. Für ihn ist die Erde der Gegenstand der intelligenten und künstlichen Planung; sie ist eine tote Kugel, die der mechanischen Bewegung unterworfen ist und die vermittelst des Studiums dieser Bewegung durch den Menschen, der sie als Maschinist begreift, in Dienst gestellt werden kann. Er unterwirft sie rücksichtslos seinem Machtstreben, er zwingt die Elementarkräfte in eine Mechanik, in der sie gehorchen und Arbeit leisten müssen. Die elementare Natur und der Mechanismus, der von der Geistigkeit und dem Willen des Menschen gesteuert wird, stoßen aufeinander, und das Ergebnis ist ein Akt der Unterwerfung, durch den elementare Kräfte in Dienst gestellt werden. Ihrem freien Spiel wird auf eine gewaltsame Weise ein Ende gemacht.

Wir gewinnen eine deutliche Vorstellung von diesem Vorgang, wenn wir ihn als eine Anzapfung auffassen. Der Mensch zapft die elementare Natur an, er zapft ihre Kräfte ab. Die Bohrlöcher, die überall in die Erde getrieben werden, um den Bodenschätzen beizukommen, und jene Anlagen, durch welche der Stickstoff aus der Luft, das Radium aus der Pechblende, der Ziegel aus dem Ton gewonnen wird, sind Zapfstellen. Wir finden sie überall, wo technische Produkte gewonnen werden, und finden sie auch dort, wo das verarbeitete technische Produkt für den Verbrauch abgegeben wird. So entspricht der Entwicklung des Kraftwagenverkehrs der Ausbau jenes Netzes von Zapf- und Tankstellen, das immer größere Teile der Erdoberfläche überzieht. Die Mechanisierung führt zu einer Vermehrung und Verstärkung jener Werke, durch welche die Natur angezapft wird.

Mit fortschreitender Technik wird die Summe der Dienstleistungen, die hier erzwungen werden, immer größer. Die elementare Natur wird durch das mechanische Werk gebändigt, sie wird gewaltsam zusammengepreßt und überwunden, sie wird auf eine künstliche Weise ausgenutzt. Indessen würden wir nur eine halbe Einsicht in den Vorgang gewinnen, wenn wir ihn an dieser Stelle für beendet hielten. Wir würden nur eine einseitige Vorstellung von ihm erhalten. Dieser einseitig wirkende Druck und Zwang, diese Erpressung, welche durch die Maschine bewirkt wird, findet eine Entsprechung. Denn jetzt erfüllt das Elementare auch alles Mechanische mit seinen Kräften, es breitet und dehnt sich in dem Werke aus, von dem es bezwungen wurde. Das aber heißt: Mechanisierung und Elementarisierung sind nur zwei Seiten des gleichen Arbeitsvorgangs, sie bedingen einander. Die eine ist ohne die andere nicht zu denken. Diese Wechselwirkung tritt mit wachsender technischer Perfektion immer deutlicher hervor. Und aus ihr kommt die reißende dynamische Bewegung, die dem technischen Fortschritt eigentümlich ist, seine kreisende Geschwindigkeit, sein Vibrieren und Zittern, die explosive Wucht, die er zeigt. Es ist eine merkwürdige Erscheinung, daß das rationale Denken, das arm an elementaren Kräften ist, ungeheure elementare Kräfte in Bewegung setzt. Doch dürfen wir nie vergessen, daß es durch den Zwang, durch feindliche, gewaltsame Mittel geschieht. Wenn wir jetzt um uns sehen, haben wir den Eindruck, daß wir uns in einer großen Schmiede befinden, in der unermüdlich und mit einer Wut gearbeitet wird, die der Arbeit etwas Fieberisches, Exzessives gibt. Das Feuer wächst und schwillt, es vermehrt sich und breitet sich aus, die Glut bricht überall in Strömen hervor. Es ist die Werkstatt, in der die Kyklopen arbeiten. Die Industrielandschaft hat etwas Vulkanisches, und so finden wir in ihr alle jene Erscheinungen, die sich bei und nach Vulkanausbrüchen zeigen, Lava, Asche, Fumarolen, Rauch, Gase, vom Feuer bestrahlte Nachtwolken und weithin reichende Verwüstungen. Gewaltige elementare Kräfte erfüllen bis zum Bersten die sinnreich erdachten Maschinen, die automatisch ihren gleichförmigen Arbeitsvorgang verrichten. Sie treiben sich in den Röhren, Kesseln, Rädern, Zuleitungen, Öfen umher, sie jagen durch den

Kerker der Apparatur, die, wie alle Gefängnisse, von dem Eisen und Gitterwerk starrt, das die Gefangenen am Ausbruch verhindern soll. Wer aber hört nicht das Seufzen und Klagen dieser Gefangenen, ihr Rütteln und Toben, ihre sinnlose Wut, wenn er auf jene Fülle neuer und seltsamer Geräusche achtet, welche durch die Technik hervorgerufen werden? Das Kennzeichen dieser Geräusche ist die Verbindung des Mechanischen mit dem Elementaren, sie werden insgesamt hervorgerufen durch den Abfluß elementarer Kraft aus der zwingenden Macht der Mechanik. Wo sie rhythmisch geordnet auftreten, dort erkennt man, daß ihre Periodizität automatisch ist und von der toten Zeit reguliert wird. Alle diese Geräusche sind durchaus bösartig, gellend, kreischend, reißend, pfeifend, heulend, und es ist ganz offenbar, daß sie um so bösartiger werden, je mehr die Technik zur Perfektion fortschreitet, bösartig wie die optischen Eindrücke, welche uns die Technik vermittelt, wie das kranke, kalte Licht der Quecksilber-, Natrium- und Neonlampen, welche in die Nachtbeleuchtung unserer Städte einziehen. Hiermit steht im Zusammenhang, daß Licht- und Geräuschsignale mehr und mehr dazu verwendet werden, die drohende Gefahr anzukündigen und zu erkennen, wie es Leuchtkugeln, Scheinwerfer, Nebelhörner, Sirenen tun, die Sirenen, deren gewaltige mechanische Stimme das Nahen der Bombenflieger verkündet.

Der Automat setzt den Menschen immer voraus, denn wenn er es nicht täte, wäre er kein lebloser Apparat, sondern ein Dämon, dem ein eigener Wille innewohnt. Die Vorstellung, daß in die Apparatur ein dämonisches Leben einzieht, daß sie einen eigenen Willen entfaltet, und zwar einen rebellischen, auf Zerstörung gerichteten, ist aber nicht so abwegig, wie sie auf den ersten Blick scheinen könnte([14]).

([14]) Die Wahrnehmung und Darstellung dämonischer Züge in der Technik verdient eine eigene Untersuchung. Das Dämonische erfüllt den ganzen Arbeitsbereich der Technik und entfaltet sich in ihm mit einer stets wachsenden Kraft. Es ist nicht schwer, zu erkennen, wie es dazu kommt. Die technische Ratio selbst, die als ein Zusammenspiel des kausalen und des teleologischen Denkens erkannt werden muß, ist das Einfallstor des Dämonischen. Seine eigentliche Kraft entfaltet es in der Zwangsorganisation, der elementare Kräfte durch die Apparatur unterworfen werden, vor allem, also in dem Regreß, den diese Vergewaltigung zur Folge hat und der sich unmittelbar gegen den Menschen richtet. Beschrieben wird die Wirksamkeit des Dämonischen auf mannigfaltige Weise; es hängt das davon ab, welche Seite der Technik

Wenn diese Vorstellung durch die Form, in der sie vorgebracht wird, absurd erscheint, so liegt ihr doch etwas Richtiges zugrunde. Denn die Vis inertiae, der passive Widerstand, den die Materie leistet, wird durch den mechanischen Zwang, der auf sie ausgeübt wird, gesteigert, und indem sie sich diesem Zwange zu entziehen versucht, kommt es zu Kollisionen, die von Zerstörungen begleitet werden.

An einem gewissen Punkte des technischen Fortschrittes beginnt der Mensch zu begreifen, daß er in eine Zone der Gefahren eingetreten ist. Dann mischt sich in das Gefühl der Genugtuung, mit welcher den Beobachter die intelligent erdachte Mechanik erfüllt, ein Gefühl der Bedrohung, es schleicht sich in ihn die Angst ein. Jene Handweber, die in blindem, ungeistigem Hasse die mechanischen Webstühle zerstörten, durch die sie brotlos gemacht wurden, begriffen das noch nicht; sie suchten den technischen Fortschritt durch rohe Gewalt aufzuhalten, ein Unternehmen, das sie vor dem Schicksal der Proletarisierung nicht bewahren konnte. Der Gedanke, daß der Mensch für jenes Mehr an Kraft, das ihm die Mechanik in die Hände gibt, ein Entgelt gewähren muß, daß er Gegenleistungen zu entrichten hat, ist den Anfängen der Technik fremd. Hier herrscht ein unbegrenztes

---

sich dem Beobachter zuwendet. Der Vorgang als Ganzes wird oft als Entleerung oder Auszehrung, von christlicher Seite als Entseelung aufgefaßt. Der titanische Charakter der Technik ruft die Vorstellung an ungeheure Tiere wach, deren Bau insgesamt etwas Fremdartiges und Störendes hat. Die Betrachtung der Apparatur erweckt Erinnerungen an die Lebewesen des Tertiär, an eine Art Saurierwelt, die für die Empfindung sehr unvertraut ist. Die technische Organisation hat etwas Mammutartiges, zeigt also den gleichen titanischen Charakter. Ihre Vulkanität beunruhigt auf andere Weise. Wiederum hat die genaue Arbeitsorganisation etwas Insektenartiges, das an den Ameisen- und Termitenstaat erinnert. Ein einzelner Zug ist hier die Ähnlichkeit, welche die Flugzeuge mit Heuschrecken oder Libellen haben. Der Automatismus hat ganz submarine Züge; an ihm tritt eine traumhaft böse Bewußtlosigkeit und Willenslosigkeit hervor. E. Th. A. Hoffmann wurde durch diesen Automatismus, der ihm an den Spielfiguren des 18. Jahrhunderts auffiel, besonders erschreckt. Die Beziehungen des Menschen zu einer apparaturmäßigen Wirklichkeit zeigen sich in Darstellungen kentaurischer Art. Mir fallen hier Zeichnungen ein, die an den Körper des Menschen stählerne Prothesen setzen, in das Gesicht an Stelle der Augen Uhrwerke, oder an Stelle der Nase eiserne Schnäbel. Auch sei hier an das Traumleben des Menschen unserer Zeit erinnert, in dem alle diese Bilder störend und peinigend auftreten.

ökonomisches Vertrauen, ein unerschütterlicher Optimismus in bezug auf die Zukunft. Die Entfaltung der Technik ist nicht von ungefähr begleitet von Systemen, in denen der Fortschritt es unternimmt, sich selbst zu feiern, von Theorien, die bald evolutionär, bald gewaltsam auftreten. Das Zeitalter der Technik ist nicht nur in technischer Hinsicht ein Zeitalter der Revolutionen. Dieser Chorus von zukunftsfreudigen Stimmen wird um so leiser, je mehr die Technik an Perfektion gewinnt, denn erst die Erfahrung zeigt, welche Vorzüge und Nachteile mit der neugewonnenen Apparatur verbunden sind. Erst die Erfahrung führt zu der Erkenntnis, daß der Maschinerie eine eigene Gesetzlichkeit innewohnt und daß der Mensch sich hüten muß, mit ihr in Konflikt zu kommen. Hierüber belehrt ihn schon der Betriebsunfall, der mit fortschreitender Technisierung an Häufigkeit zunimmt, bis er endlich kriegsmäßige Ziffern erreicht. Er ist auch durch die geistreichste Erfindung nicht auszuschalten, und so beruht er offenbar auf einer Unstimmigkeit, die zwischen dem Mechaniker und dem von ihm kontrollierten Mechanismus vorhanden ist. Der Betriebsunfall tritt dort ein, wo der Mensch von seiner Bestimmung als Homme machine abweicht, wo er nicht mehr in Übereinstimmung mit dem kausalen Mechanismus, den er steuert, handelt, wo er sich ihm gegenüber selbständig zu machen versucht, durch Unaufmerksamkeit, Ermüdung, Schlaf, Beschäftigung mit nicht mechanischen Dingen. Dieses ist der Augenblick, in dem die unterdrückte elementare Kraft hervorbricht und sich befreit, in dem sie Vergeltung übt und den technischen Arbeiter wie seine Maschine zerstört. Die Justiz, die im Dienste der technischen Organisation steht, bestraft den fahrlässigen Arbeiter; sie bestraft ihn, weil er seinen Automaten nicht mit automatischer Zuverlässigkeit bedient hat.

Der Untergang der „Titanic", ein Vorgang, dessen symbolhafte Bedeutung noch in dem Namen des Schiffes hervortritt, war ein solcher Betriebsunfall. Die Erschütterung, die er hervorrief, wird verständlich, wenn man begreift, daß dieser Unfall für einen Augenblick das Zutrauen in den kausalen Mechanismus der Technik zerstörte und den Optimismus brach, der sich auf ihn stützte. Der stärkere und nachhaltigere Eindruck, den das Erdbeben von Lissabon im Denken der Zeitgenossen zurückließ, hängt dagegen mit einer Wandlung der religiösen Vorstellungen zusammen und bewirkte eine Erschütterung des Glaubens an die göttliche Vorsehung, eine Erschütterung, welche die Durchbildung einer von aller providentiellen Leitung unabhängigen Kausalität begünstigte.

Der Betriebsunfall ist ein spezieller und lokaler Akt der Zerstörung, und zwar ein unbeabsichtigter und unvermeidbarer, wenn er auch im Einzelfalle als vermeidbar begriffen wird(¹⁵). Er gibt daher nur einen schwachen Begriff von den Zerstörungen, die sich erzielen lassen, wenn man die sich der Perfektion nähernde Technik in den Dienst des Krieges stellt, wenn man sie planmäßig einsetzt, um Zerstörungen hervorzurufen. Sie versagt sich diesem Dienste nicht, sie ist willig, sich brauchen zu lassen, weil sie von Kräften der Zerstörung erfüllt ist. Der immer engere Zusammenhang, der die Technik und den vom Staat organisierten Krieg verbindet, ist leicht einzusehen für den, der die Entsprechung des Mechanischen und Elementaren begriffen hat. Die Technik häuft durch die Fortbildung der Mechanik nicht nur die Kräfte an, die dem rationalen Denken gehorchen und seine folgsamen Diener sind, sie schafft mit ihrer Hilfe nicht nur eine neue Organisation der Arbeit, durch welche Produktion und Konsum gelenkt werden, sie akkumuliert durch den gleichen Vorgang die Kräfte der Zerstörung, die sich mit elementarer Wucht gegen den Menschen selbst wenden, und zwar mit einem um so größeren Elan, als der technische Fortschritt der Vollendung zustrebt. Wenn wir die Wechselwirkung des Mechanischen und Elementaren studieren wollen, dann werden wir nirgends mehr Aufschlüsse erhalten als in jener Zone, in der die Materialschlacht durchgekämpft wird. Ich gestehe, daß es in der ersten Flandernschlacht (Juli 1917) nicht so sehr der

---

(¹⁵) Wo das Wirtschaftsdenken Autonomie beansprucht, dort sehen wir, wie es die theologische und philosophische Lehre vom unfreien Willen und alle Prädestinations- und Prädeterminations-Theorien in wirtschaftliche Milieutheorien verwandelt, wobei es flach genug denkt, das jeweilige Milieu, von dem es den Menschen abhängig setzt, ihm nicht zuzurechnen, ihm die Verantwortung dafür abzusprechen. Der Techniker nimmt eine strengere Kausalität an, eine pure Mechanik, der er auch das sich unabhängig setzende Wirtschaftsdenken unterwirft. An Stelle der buntscheckigen, ihrem Milieu nach verschiedenen Milieutheorien tritt bei ihm jene „strenge Sachlichkeit", die alles Geschehen in eine unendliche Kette von mechanischen Determinationen aneinanderreiht und auflöst. Der Techniker hält den Betriebsunfall für vermeidbar, weil er nur die falsche Funktion in ihm sieht.

Anblick von Tod und Verderben war, der mich bewegte, als die durch mechanische Mittel bewirkte Verwandlung der ganzen Landschaft. Ohne Zweifel lagen in früheren Schlachten, bei Cannae etwa, auf engerem Raume stattlichere Haufen toter Männer und Rosse. In Flandern war der Raum, auf dem gekämpft wurde, sehr groß; die Heere zerstreuten sich und verbargen sich in ihm so sehr, daß er menschenleer schien. Das Feuer, das wochenlang auf ihn niederging, hatte eine Art Mondkraterlandschaft geschaffen, über deren vulkanischen Ursprung man nicht im Zweifel sein konnte. Man hätte Mühe gehabt, einen Gegenstand aufzutreiben, der nicht auf die gewaltsamste Weise deformiert war. Phantastisch zerknäult oder aufgerissen lag die in Fetzen geschlagene Maschinerie umher, Flugzeuge, Automobile, Wagen, Küchen, deren Gestänge und Blech sich wild auftürmten. Diese Deformation der technischen Apparatur — und des menschlichen Körpers, der mit ihr verbunden war — entsprach einem Zustande der technischen Organisation, in dem ein bedeutendes Maß elementarer Kräfte apparatmäßig unterjocht war. Es fehlt nicht an Menschen, die eine solche Zerstörung für sinnlos oder unerklärlich halten, weil sie die Entsprechung nicht begreifen, die hier stattfindet. Und doch könnten sie bei jedem Betriebsunfall die gleichen Deformationen studieren. Es entgeht ihnen, daß mit fortschreitender Technik auch die deformierenden Kräfte zunehmen, daß die gewaltsamen, zerreißenden, explosiven Vorgänge sich häufen.

Wir erkennen jetzt, daß es Zonen der Gefahr gibt, die wir gegeneinander abzugrenzen vermögen, weil sie von einem verschiedenen Maße quantitativer Zerstörung bedroht sind. Dort nämlich, wo die Wechselwirkungen des Mechanischen und Elementaren am sichtbarsten sind, wo der technische Fortschritt am weitesten vorgedrungen ist, im Gebiete der großen Städte, der Industrieanlagen, der auf engem Raume zusammengedrängten technischen Werke, dort liegt auch die Zone, in der die Zerstörung quantitativ am wirksamsten durchgeführt werden kann. Sie liegt dort, wo die Organisation der Arbeit die dichtesten Siedlungen hervorgerufen hat, wo die künstliche Massenbildung am größten ist. Denn es ist vor allem die Masse, die von der Zerstörung bedroht wird. Wir erkennen das schon an den neuen Kampfmitteln, die in den Krieg eingeführt worden sind, Mitteln, die im Verhältnis ihrer technischen Fortschrittlichkeit massenwirksam werden. Diese Kampfmittel haben, wie das Giftgas, eine fatale Ähnlichkeit mit Wanzenvertilgungsmitteln. Ihr Merkmal ist die räumliche Wirksamkeit, die sie anstreben; sie werden erst wirksam, wenn sie auf jene Räume einzuwirken beginnen, in denen sie Massen vorfinden.

34.

Was heißt es, daß die Technik zur Perfektion gelangt? Was ist damit gesagt? Nichts anderes, als daß jenes Denken, welches sie hervorbringt und ausbreitet, zu einem Abschlusse gelangt und an Grenzen stößt, welche durch die Methoden selbst gesetzt sind. Daß es einen hohen Grad mechanischer Fertigkeit erreicht, wie wir ihn an den Arbeitsverfahren und an der Apparatur beobachten können. Wenn wir eine Kraftmaschine wie den Dieselmotor betrachten, von jenem ersten Modell an, das aus den Berechnungen des Erfinders hervorging, bis zum letzten, das soeben nagelneu die Fabrik verläßt, dann sehen wir, wie das technische Denken sich an dieser Maschine erprobt hat, umformend, verbessernd, Widerstände beseitigend. Diese Widerstände erscheinen dem Techniker als Schwierigkeiten, die kraft mechanischer Gesetze aufgelöst werden müssen und auch aufgelöst werden. Aber sie deuten noch auf etwas anderes. Solche Widerstände entstehen dort, wo ein gewaltsames Verfahren in Anwendung gebracht wird, und sie wachsen in dem Maße, in dem diese Verfahren zunehmen. Es ist irrig, wenn wir annehmen, daß der Widerstand durch die mechanische Lösung beseitigt wird; er bleibt, unterjocht zwar, aber doch wachsam, lauernd, zu Zerstörungen stets geneigt. In den Ländern mit einer hochorganisierten Technik herrscht deshalb ein Zustand der Spannung und Wachsamkeit, wie wir ihn in Ländern mit einer großen, unzufriedenen Sklavenbevölkerung finden, die nur fügsam scheint, in ihren Gedanken und Träumen aber auf Revolten, Empörungen und Zerstörungen sinnt. Doch finden wir in ihnen nicht wie noch in der Sklavenbevölkerung der Südstaaten patriarchalische Beziehungen, Schutzverhältnisse, den guten Massa und den anhänglichen Sklaven. Dies alles ist abgelöst, so sauber, wie man einem Baume die Rinde ablöst, und an seine Stelle treten mechanische Beziehungen, innerhalb deren die Machtverhältnisse nackt und pur werden wie das Verhältnis beim physikalischen Druck und Stoß, und damit, wie es scheint, unwiderlegbar, denn sie drücken das Gesetz selbst aus. Indessen kennzeichnet es den Menschen, daß er sich mit solchen Machtverhältnissen nie abfindet und nicht abfinden kann, nicht nur seines Ranges wegen, sondern weil er über sie kraft seiner Bestimmung hinausgreift, weil er mehr ist, als sie je zu umfassen vermögen. Es ist wahr, ein Widerstand geht oft fehl, geht nur bis zu jener Revolte, mit der leicht fertig zu werden ist und die immer ihren Meister findet. Mit dieser haben wir nichts zu schaffen, da sie genau dem rücksichtslosen Willen zur Ausbeutung entspricht, der die ganze Technik durchdringt. So wie dieser die weitreichende Verwüstung der Erde entspricht, in der Löcher und Risse entstehen, bösartige und schwer heilbare Verwundungen, die tief klaffen.

Ein Gleichgewicht besteht hier nicht mehr. Nicht zwischen der Arbeit und der Muße des Menschen, nicht zwischen dem Menschen und der Natur. Deshalb ist der größte Teil aller Naturliebe heute Sentimentalität, die man dem Geschwächten, Verwundeten, Schutzbedürftigen entgegenbringt. Sie flickt an den Wunden, die sie selbst aufreißt. Die Natura naturata gewinnt den Anschein eines Idylls, das von Stacheldraht umzäunt ist und das man nicht mehr betreten darf, weil der Mensch wie ein Räuber darin wüstet und alles zum Aussterben bringt. Dieses Schauspiel hat etwas Verletzendes, aber auch etwas Komisches, wenn man es von der anderen Seite her betrachtet, auf der die Natura naturans ihre Gegenzüge trifft und jeden Akt der Zerstörung dem Menschen voll anrechnet.

Dem kausalen und dem teleologischen Denken ist es eigentümlich, daß sie Entsprechungen nicht bemerken. Dergleichen läßt sich auch nicht lernen, sowenig wie das Rhythmische oder die Periodizität, aus der aller Rhythmus hervorgeht. Entsprechungen werden auch nur von Menschen wahrgenommen, welche die Welt ganz und heil lassen, also vor allem Raubbau und aller Ausbeutung haltmachen. Gibt es eine Entsprechung zu jenem klaffenden Eindringen der Apparatur, das immer eine Deformierung zur Folge hat? Sie ist dort zu bemerken, wo die Apparatur selbst klafft, aufklafft, in der Zerstörung sich ihrer mechanischen Form entäußert, wie auch der Mensch, der mit ihr verkoppelt ist, zerrissen wird, und zwar so, daß seine gewachsene Form, sein Wuchs, seine Gliederung mißachtet werden, auf mechanische Weise also. Er wird nicht einmal zerlegt, wie ein Tier, das der Schlachter herrichtet, oder wie ein Huhn, das man aus seinen Gelenken löst und tranchiert, sondern zerstückelt, zerstampft, zerfetzt.

Ein solcher Anblick, dem wir uns nicht entziehen dürfen, belehrt uns zugleich darüber, daß die Technik zwar Perfektion gewinnen kann, nie aber Reife. Wenn wir ihr diese zuschreiben, bedienen wir uns einer Metapher, die hinsichtlich der Maschinerie nicht am Platze ist, denn alles Maschinelle kann zwar den Eindruck der höchsten Fertigkeit machen, nie aber den der Reife. Diese hat niemals etwas Gewaltsames, kann auch nicht erzwungen werden. Wenn wir uns eine Welt vorstellen, die nur auf dem Willen und seinen Anstrengungen beruht, dann wäre das eine Welt, in der es Reife nicht gibt und nicht geben kann, eine Welt unreifer Dinge, die aber dabei etwas durchaus Fertiges haben könnten. Einer solchen Welt nähert sich die Welt des technischen Fortschrittes, und deshalb stoßen wir, wenn wir uns in ihr umblicken, zwar überall auf Willensakte, auf Abschnitte von Entwicklungen, auf Punkte des Fortschritts, kaum je aber auf etwas Reifes, denn dieses liegt außerhalb der Mechanik. Unser Begriff der Perfektion drückt deshalb nichts anderes aus als den letzten Zustand der Fertigkeit, der an den Mitteln abzumessen ist, die sich hier zum Zwecke vereinen. Ein solcher Begriff ist verwendbar, weil er etwas durchaus Rationales hat, sich also dem beschriebenen Sachverhalt als angemessen erweist.

35.

Wie kommt es zu der eigentümlichen, rauschhaften Lust, die den Menschen ergreift, der sich mit höchster Geschwindigkeit fortbewegt oder in nie erreichte Höhen aufsteigt? Was bedeutet jene Auto- und Fliegerseligkeit, in der die Wanderer- und Bergsteigerseligkeit ihre Fortsetzung findet? Und was hat es mit dem lauten Jubel auf sich, mit dem alle Arten von Rekorden im Zeitalter der Technik begleitet werden? Er bliebe unverständlich, wenn man nicht begriffe, daß hier ein rastloses, seiner Mittel und Zwecke durchaus bewußtes Streben nach Macht, Befriedigung und Erfüllung findet. Ein weiser, von konfuzianischen Harmonievorstellungen erfüllter Chinese — wir setzen voraus, daß es noch weise Chinesen gibt — mag über so barbarische Schauspiele lächeln und in der kultisch anmutenden Ergriffenheit, mit der die Massen ihnen beiwohnen, etwas Lächerliches oder auch Rohes finden. Es kann jedoch kein Zweifel darüber sein, was sie an ihnen bejahen. Es ist der Sieg der Dynamik, den sie als ihren eigenen Sieg feiern; es ist die motorische, mechanische Bewegung und die Überwindung elementarer Widerstände, die ihr Lebensgefühl steigern und ihre Begeisterung hervorrufen. Der Beifall, der jeden errungenen Rekord begleitet, gilt der Brechung dieser Widerstände, gilt dem Sieg, welchen die technische Apparatur über die elementare Natur erficht.

Um aber die Begeisterung zu verstehen, welche die Massen der Technik entgegenbringen, müssen wir erkennen, daß technischer Fortschritt und Massenbildung Hand in Hand gehen und einander bedingen. Die Begeisterung selbst ist schon ein Zeichen dafür. Der technische Fortschritt ist dort am kräftigsten, wo die Massenbildung am fortgeschrittensten ist. Diese Formel läßt sich auch umkehren. Indessen wäre es müßig, darüber zu streiten, ob die Massenbildung eine Folge des technischen Fortschritts, also einer bestimmten Planung und Lenkung des Menschen und seiner Arbeit ist, oder ob der technische Fortschritt durch die Massenbildung hervorgerufen wird. Wir müssen uns davor hüten, überall sogleich nach Ursachen und Wirkungen auszuspähen und unseren Verstand für befriedigt zu erklären, wenn er eine mechanische Kausalität zwischen den Dingen festgestellt hat. Es liegt darin eine rohe Vereinfachung des Denkens, deren sich vor allem die Wissenschaft schuldig macht, die aber zur Darstellung von Zusammenhängen, wie sie uns hier beschäftigen, nicht ausreicht. Das Verfahren dabei, die Methoden sind weder wissenschaftliche noch technische. Wir dürfen nicht vergessen, daß es Zuordnungen anderer Art gibt, Entsprechungen und Korrespondenzen, und daß die Gleichzeitigkeit der Erscheinungen selbst ein Phänomen ist, das unserer Aufmerksamkeit würdig ist, das sich allen kausalen Erklärungsversuchen entzieht. Technischer Fortschritt und Massenbildung sind gleichzeitig, sie stehen in der engsten Zuordnung zueinander. Sie lassen sich nicht trennen. Die Masse leistet dem Streben nach technischer Perfektion nicht Widerstand sondern Vorschub, sie kommt ihm entgegen, sie ordnet sich in den Automatismus der technischen Arbeit fügsam ein. Sie ist das brauchbarste, geschmeidigste Material für den Techniker, dessen Arbeitspläne ohne sie gar nicht durchzuführen wären. Sie ist Masse in dem Verhältnis, in dem sie mechanisch bewegbar, organisatorisch ergreifbar wird. Masse gibt es und hat es zu allen Zeiten nur in den großen Städten gegeben, denn in ihnen allein liegen die Bedingungen vor, welche zur Massenbildung führen, so weithin immer das Massendenken auf das Land hinausgreifen mag. Zu den Kennzeichen der Massenbildung gehört, daß sie künstlich, durch einen Zustrom von außen bewirkt wird, daß ihr Entstehen wie ihr Verfall durch von außen einwirkende Bedingungen künstlich gefördert wird, daß die Fähigkeit aufhört, Verluste aus der eigenen Lebenssubstanz zu ersetzen, und daß ein Konsum stattfindet, der um so zehrender wird, je mehr die Massenbildung fortschreitet.

Wir verbinden mit dem Begriff der Masse Vorstellungen der Schwere, des Druckes und der Abhängigkeit. Diese Vorstellungen sind sinnvoll, doch dürfen sie uns nicht darüber hinwegtäuschen, daß gerade die schnelle, fluktuierende Bewegung ein Merkmal fortgeschrittener Massenbildung ist, insbesondere aber der mechanische, automatische Zug, der dieser Bewegung innewohnt und der sich am besten in unseren großen Städten beobachten läßt. Die wachsende Abhängigkeit der Masse von rationalen Organisationen, durch die sie in allen ihren Funktionen verwaltet und bewirtschaftet wird, kommt auch in ihrer Bewegung zum Ausdruck. So zwingt die Mechanik des Verkehrs, die vom Techniker kontrolliert wird, auch den Menschen, sich mechanisch zu bewegen und sich dem Automatismus der Verkehrsvorschrift anzupassen. Für die Laune und Willkür der Bewegung ist hier sowenig Raum wie für den freien Gang. Wenn man sich an Stelle der unbeweglichen Straße ein laufendes Band denkt, auf dem die Menschen mechanisch befördert werden, wird der Vorgang noch deutlicher. Doch die rollende Treppe, der elektrische Aufzug, die Verkehrsautomaten überhaupt, mit deren Hilfe sich der Mensch mechanisch fortbewegt, geben uns einen vorzüglichen Begriff von der Sache. Beobachtet man auf einer einigermaßen verkehrsreichen Straße die Passanten, so erkennt man sogleich den mechanischen Zug und Trieb, der ihren Bewegungen innewohnt, der ihrem Gang und ihrer Haltung anhaftet und erkennen läßt, inwiefern ihr Leben maschinell geworden ist.

Die Vielfalt der Transportmittel belehrt uns zugleich darüber, daß auch der Mensch transportabel geworden ist, und zwar in einem Maße, das nicht vorauszusehen war. Das Verkehrs- und Transportwesen ist dafür der sichtbarste Ausdruck. Von welcher Bedeutung aber der Vorgang ist, das zeigt sich auf allen Gebieten. Wenn wir sagen, daß der Mensch transportabel geworden ist, dann bezeichnen wir damit zunächst etwas Passives, eine Bewegung, die Abhängigkeit voraussetzt, im Gegensatz zu anderen Bewegungen, die aktiv sind und Initiative anzeigen. Wir können den Vorgang so formulieren: Der Mensch wird transportabel in dem Maße, in dem die Technik zur Perfektion fortschreitet. Wenn er es nicht würde, könnte es keinen technischen Fortschritt geben.

Der Mensch ist mobil geworden, mobiler, als er es je war. Diese Mobilität ist ein Kennzeichen der fortschreitenden Massenbildung, die mit dem technischen Fortschritt eins ist. Ein Merkmal der Technik ist es ja, daß sie den Menschen von allen Verbindungen, die nicht rationaler Art sind, befreit, ihn aber dafür rationalen Beziehungen unterwirft. Die wachsende Mobilität des Menschen steht im Zusammenhang mit dem Vordringen von Organisation und Apparatur, denn in diesem Verhältnis erhöht sich seine Bewegbarkeit. In dem gleichen Verhältnis wird er auch geistig bewegbar, das heißt ideologischen Einwirkungen zugänglich.

Die Empfänglichkeit ganzer Schichten der Bevölkerung für Ideologien und die Macht des Ideologen, die daraus abzuleiten ist, ist ein Kennzeichen der Massenbildung. Ideologien sind Verallgemeinerungen, Vulgarisierungen des Glaubens und Wissens, und als solche in dem Maße ihrer Wirksamkeit transportabel. Der Techniker bedarf zwar zur Erreichung seiner Zwecke keiner Ideologie, da er über Machtmittel verfügt, die sie ihm entbehrlich machen. Eben deshalb aber, weil er sich mit nichts befaßt, das über seinen Bereich hinausgeht, zugleich aber einen universalen Machtanspruch stellt, verbindet sich die Ideologie mit der Technik, sie füllt gleichsam die leeren Räume aus, die entstehen. Und in dieser Verbindung mit der Technik saugt sie ungeheure Kräfte in sich, sie beginnt den ganzen Vorrat von Energie, der durch Organisation und Apparatur aufgespeichert wird, auf ein Ziel hinzusteuern. Nicht von ungefähr aber verbindet sie sich mit der Technik. Denn das Wissen des Technikers ist ebenso transportabel, so transportabel wie die Maschinen, die er in den Kupferminen von Katanga oder in den Goldbergwerken Brasiliens aufstellt. Dieses Wissen haftet so wenig an der Person wie die funktionale Arbeit am Arbeiter. Es ist nicht nur jedem zugänglich, der sich darum bemüht, es kann auch entwendet, gestohlen, ausspioniert werden, man kann es nach jedem beliebigen Punkte der Erde verfrachten, ohne daß es wie Wein und Tee durch den Transport eine Einbuße erleidet, denn es ist durchaus qualitätslos, es ist ein Wissen, das keinen Rang besitzt([16]).

Der Monopolcharakter, den die Technik in ihren Anfängen zeigt, beruht deshalb lediglich auf dem Vorsprung in der Technisierung. Dieser ist — obwohl es an Bemühungen nicht gefehlt hat — nicht zu bewahren, weil das Wissen, auf dem das Monopol beruht, sich selbst nicht zu schützen vermag. Wenn man also den Vorwurf erhebt, daß dieses Wissen preisgegeben worden ist, etwa an asiatische Völker, dann übersieht man, daß ein solches Wissen nicht gehütet werden kann, weil es qualitätslos ist. Technische Verfahren, die der Landesverteidigung dienen, müssen deshalb durch besondere, nicht-technische Verfahren geschützt werden([17]). Der Techniker als solcher endlich hat gar kein Interesse daran, technische Erfindungen zu sekretieren und ein Monopol auf sie zu gründen, denn mit solchen Bemühungen würde er den technischen Fortschritt nicht fördern und sich selbst im Wege stehen.

([16]) Die merkwürdige Leichtigkeit, mit welcher der von Technik nicht berührte Mensch, der Angehörige eines zentral-afrikanischen Negerstammes etwa, der sein Heimatdorf verläßt, sich in den Dienst einer hochorganisierten Technik einfügt, Maschinen bedient und mechanische Arbeit verrichtet, wird verständlich, wenn man bedenkt, daß ein ahistorischer, apolitischer Zug der Technik eigentümlich ist. Wenn die Möglichkeit bestände, einem Steinzeitmenschen das Autofahren beizubringen, würde er es ohne Zweifel rasch erlernen. Man mutete ihm dabei nichts zu, was seine Kräfte übersteigt. Er braucht nicht einmal den Mechanismus zu begreifen, denn wie die Erfahrung lehrt, kann man auch einem Schimpansen das Motorradfahren beibringen.
([17]) Merkwürdig ist die Sekretierung wissenschaftlicher Entdeckungen durch Anagramme, die wir im 16. und 17. Jahrhundert finden. Solche Anagramme sichern vor allem die Priorität der Entdeckung, und zwar durch eine Methode, die diese Entdeckung zunächst nur dem Entzifferer des Anagramms zugänglich macht. Bekannt ist das Anagramm Galileis über die von ihm vermutete Gestalt des Saturn, dessen Auflösung den Satz ergibt: Altissimam planetam

Weil das technische Wissen sich nicht selbst zu schützen vermag, bedarf es auch eines Rechtsschutzes, wie ihn das Patent gewährt, durch welches das technische Verfahren und seine Ausbeutung auf Zeit und Abruf geschützt werden. Es ist bezeichnend, daß die Literae patentes, das heißt Urkunden über die Erteilung von Privilegien, aus England stammen, und daß in England zuerst ein Patentrecht anerkannt wurde, das der Antike wie dem Mittelalter fremd war. Es besteht ein bemerkenswerter Unterschied zwischen dem Urheberrecht und dem Erfinderrecht, der von den Juristen herausgearbeitet worden ist. Die Voraussetzung des Urheber-Rechtsschutzes ist, daß das zu schützende Rechtsgut eine bestimmte Formgebung hat, während beim Erfinderrecht die Idee als solche, ohne besondere Formgebung, geschützt wird, vorausgesetzt, daß sie technisch verwertbar ist. Das Kennzeichen jedes Wissens von Rang aber ist, daß es sich selbst schützt, nicht nur potentiell, sondern auch aktuell, in jedem Hervorbringen.

36.

Der Techniker, sagten wir, bedarf keiner Ideologie, weil er über Machtmittel verfügt, die sie ihm entbehrlich machen. Sein Denken ist nicht ideologisch, denn auch die Apparatur, an der er arbeitet, ist es nicht. Aber diese Apparatur kann jederzeit in den Dienst einer Ideologie treten, und sie tut es, weil zwischen Ideologie und Apparatur eine Entsprechung besteht. Beide haben die gleiche Fertigkeit,

---

tergeminum observavi. Dergleichen Anagramme sind, wie sich versteht, um so schwieriger zu entziffern, je mehr Buchstaben sie enthalten. Huyghens deponierte seine Beobachtungen über die Gestalt des Saturn in einem Anagramm von 62 Buchstaben, das der Mathematiker Wallis schnell löste. Es ergibt den Satz: Annulo cingitur, tenui plano, nusquam cohaerente, ad eclipticam inclinato.

Der Prioritäts-Streit, der zwischen Wissenschaftlern geführt wird, ist deshalb so heftig und bitter, weil von der Anerkennung der Priorität einer Entdeckung der Ruhm und der wissenschaftliche Ruf des Gelehrten selbst abhängen. Das Aufblühen unserer Wissenschaften fällt ins kolumbische Zeitalter; es kommt darauf an, daß man Amerika oder die Saturnringe zuerst gesehen hat. Der wissenschaftliche Charakter eines Satzes läßt sich geradezu daran prüfen, ob ein Prioritäts-Streit über ihn möglich ist.

sie müssen daher aufeinandertreffen, wo es gilt, den Menschen selbst einer mechanischen Organisation zu unterwerfen. Diese Verbindung gelingt, weil alles Ideologische selbst schon eine Mechanisierung voraussetzt, eine apparaturhafte Fertigkeit des Denkens. Es ist nicht immer leicht, den Unterschied zwischen Volk und Masse begrifflich zu bestimmen. Daher wollen wir hier ein untrügliches Erkennungszeichen geben. Wo immer wir auf Volk stoßen, dort werden wir nie die Spur einer Ideologie finden. Und mit der gleichen Bestimmtheit läßt sich sagen, daß sie dort, wo Masse ist, gefunden werden muß. Die Masse bedarf ihrer, und je mehr die Technik zur Perfektion kommt, desto notwendiger wird sie. Sie wird es schon deshalb, weil Apparatur und Organisation nicht ausreichen, weil sie den Menschen nicht stärken, ihm nicht jenen Trost zu geben vermögen, dessen er immer bedarf. Es ist ja kein Zweifel, daß die Anstrengungen des Technikers den leeren Raum vergrößern, und zwar in dem gleichen Maße, in dem sie den Lebensraum einengen. Deshalb gehört auch der Horror vacui zu seiner Welt und dringt auf mannigfache Weise in das Bewußtsein des Menschen ein, als Depression, Langeweile, Empfindung des Sinnleeren und Sinnlosen, der Unruhe und des mechanischen Gehetztseins.

In dem gleichen Augenblick, in dem wir uns mit der Ideologie befassen, rühren wir an ein anderes und zugehöriges Problem, an das des Schauspielers. Wir können die Frage, wie sich die stets wachsende Rolle deuten läßt, die er spielt und die man ihm einräumt, nicht umgehen, denn sie gehört in den Rahmen dieser Untersuchung. Der Schauspieler gehört zur Apparatur, zu einer apparaturmäßig aufgefaßten Wirklichkeit, deshalb ist aller Fortschritt der Technik gleichbedeutend mit der Erweiterung seines Einflusses. Es wird das sofort deutlich, wenn man erkennt, daß der wachsende Einfluß der Reklame und Propaganda dem wachsenden Einflusse des Schauspielers entspricht. Eine solche Entsprechung liegt auch in der massenhaften Fabrikation von Photographien, und es ist kein Zufall, daß der Schauspieler der am meisten photographierte Mensch ist, derjenige, dessen Abbilde man überall begegnet, so daß man den Eindruck gewinnt, daß dieses Photographiertwerden sein wichtigstes Geschäft ist, daß er sich unaufhörlich preisgeben muß. Denn um Preisgabe, um einen Akt der Prostitution handelt es sich hier ja.

Immer, solange der Schauspieler einer Kaste, einem Stande, einer Ordnung angehörte, die andere Kasten, Stände, Ordnungen voraussetzte, hat man ihn mit Mißtrauen betrachtet. Nirgends war dieses Mißtrauen stärker als beim Volke, so stark, daß man sagen kann: Überall, wo Volk ist, findet sich auch ein unüberwindbarer Verdacht gegen den Schauspieler. Die Masse denkt darüber anders. Heute, da sich mit dem Begriffe des Schauspielers keine ständische Ordnung, ja nicht einmal eine Berufsordnung verbindet, da er überall anzutreffen ist, ist dieses Mißtrauen dem Einverständnis gewichen, es hat dem Kult Platz gemacht, den man mit ihm treibt. Wie sich in die Ernährung Surrogate einschieben, so auch in das Denken, die Empfindung. In einer Welt, die von Apparatur und Organisation weithin beherrscht wird, hat das Glück keinen Einschlupf mehr; es vermag darin ebensowenig einzudringen wie in eine Kausalkette oder in ein Verhältnis von Mitteln und Zwecken. Ein solcher Zustand aber ist für den Menschen, der in seinem Elend wie in einem Turm eingeschlossen ist, unerträglich. Dort, wo er keine Chance mehr hat — und die straffe Organisation macht Schluß mit ihnen —, muß man sie ihm vorspiegeln, durch die Utopie etwa. Deshalb ist auch jeder denkbare Sozialismus utopisch, er spiegelt ein Glück vor, das nicht zu verwirklichen ist. Denn da er die Chance nach seinen Begriffen von Gerechtigkeit verteilt, gleicht er sie aus und macht sie gleich Null. Niemand ist phantasieloser als der Utopist, der durch die Logik seinen Mangel an Einbildungskraft vergebens zu verschleiern sucht. Hätte der Herr und Schöpfer dieser Erde sie so angelegt, daß alles auf die Gerechtigkeit abgestellt wäre, dann gäbe es auf der Erde kein Glück mehr, weder den Glücklichen, noch den, der Glück hat. Sie wäre dann so hart und starr wie die Waage, die das Verdienst auswägt. So kann es auch in einer sozialen Organisation, die in sich widerspruchsfrei ist, kein Glück mehr geben, sondern nur noch Beförderungen nach einem bestimmten Modus und die wohlverdiente Pension nach Erreichen der Altersgrenze. Liebe, Gnade, Glück wären eben wegen der Pflichtmäßigkeit, die sie aufweist, von ihr ausgeschlossen und könnten sich nur außerhalb ihres Bereiches zeigen. Dergleichen aber erträgt der Mensch nicht, nicht einmal der in technischer Organisation lebende. Mag es sein, daß er nicht glücklich ist, er will doch nicht auf die Chance verzichten, Glück zu haben, sei es auch nur in der Lotterie. Ja, er klammert sich an diese Chance um so mehr, je weniger er Aussicht hat, sie zu verwirklichen. Und warum soll man sie ihm nicht geben? Nichts in dieser Welt ist leichter und billiger als die Austeilung von Chancen, weil diese ja nur im Verhältnis der Nieten ausgeteilt werden können. Glücklich kann man ihn zwar nicht machen, aber man kann ihm die Anwartschaft auf einen Glücksfall geben. Im Zustande fortgeschrittener Technik lassen sich die Verklärungen fabrikmäßig herstellen. Im Lichtspiel etwa, das dem müden Arbeiter Glück in der Liebe, Reichtum und Phantasiewelten des Wohllebens vorspiegelt. Ist der Schauspieler nicht ein Mensch der Chancen, ein Verteiler von Chancen, ein Vorspiegler von Chancen? Und muß der Zuschauer dem Schauspieler, der diese Rolle übernimmt, nicht dankbar sein? Mehr noch, er identifiziert sich mit ihm, mit Rollen und Chancen. Er bedarf eines Vorbilds, Ideals, Helden, und der Schauspieler, der alles dieses nicht ist, ist zugleich der einzige, der solche Rollen zu spielen vermag. In dem Begriffe der Rolle, die ja wechselt, ist eingeschlossen, daß der Schauspieler keine Größe besitzt. Auch der Mensch der bloßen Chance hat keine Größe. Indessen genügt es dem Zuschauer, daß die Rolle, seine eigene Rolle, gespielt wird.

Wir erwähnten, daß die Bedeutung der Reklame und Propaganda von den wenigsten begriffen wird. Man sieht nur ihre geschäftsmäßige Seite, man erklärt sie aus den Regeln des Wettbewerbs, des Wirtschaftskampfes, der als ein Teil des Kampfes ums Dasein begriffen wird. Woran liegt es aber, daß sie den technischen Fortschritt begleiten, daß sie mit ihm zu wuchern beginnen und mit ihm über die Erde sich hinziehen? Warum beginnen die Reklamefachleute und Propagandisten gar Psychologie zu treiben, um die eindringliche, bohrende, beschwörende Kraft ihrer Versicherungen zu erhöhen? Woran liegt das Hindernis für den Erfolg ihrer Arbeit? In nichts anderem als dem Mangel an Glaubwürdigkeit, den ihre Versicherungen besitzen, in der Schwierigkeit, den Anteil des Humbugs an ihnen zu verdecken. Daher das Aufgeklebte, Plakatmäßige dieser Versicherungen, die immer nur auf leeren Stellen, leeren Räumen erscheinen, und an denen wir deshalb gleichsam abzählen können, wie viele solcher leeren Stellen und Räume es gibt, wie weit alles Fassade geworden ist, die ohne Bedenken überklebt werden darf.

Wie weit reichen überhaupt Reklame und Propaganda? Wo liegen ihre Grenzen? Erfaßbar durch sie ist, wie wir schon erwähnten, nur das Fabrikatorische und Maschinelle, das technische Produkt, nur der Artikel, der mechanisch zu vervielfältigen ist. Mechanische Vervielfältigung gehört deshalb zu den Voraussetzungen der technisch wirksamen Reklame und Propaganda. Und was diese Bedingung nicht erfüllt, entzieht sich ihnen. Sie liefern nur die Abbilder samt den dazugehörigen Versicherungen und Beschwörungen, mit denen sie Magie treiben. Dem widerspricht es nicht, daß man auch für Menschen, für den Schauspieler etwa, Reklame und Propaganda treiben kann. Er eignet sich eben deswegen für sie, weil er eine Rolle spielt, und nur insofern er diese spielt, lassen sich mechanisch vervielfältigte Abbilder von ihm machen. Wir wollen damit nicht sagen, daß er außerhalb seiner Rolle nichts ist, obwohl der Anteil der Rolle an seinem Leben so groß sein kann, daß wenig übrigbleibt. Aber was er außerhalb seiner Rolle ist, beschäftigt uns hier nicht, weil es durch Reklame und Propaganda nicht erfaßbar ist, wie überhaupt der Mensch, von dem man halb mitleidig, halb verächtlich zu sagen pflegt, daß er „keine Rolle spielt". Die Rolle ist nicht nur etwas Angenommenes, sondern auch etwas Wiederholbares. Und insofern sie wiederholbar ist, gewinnt sie auch jene Fertigkeit, die das Leben nicht besitzt, die gleiche Fertigkeit, die das Gesicht des Schauspielers aufweist, ein Gesicht, das zugleich beweglich und starr ist, geschmeidig und angespannt, immer aber der Rolle bewußt, solange es sich beobachtet weiß. Betrachtet man es aber, wenn es sich selbst überlassen ist, dann findet man es hilflos, voll Qual, entspannt und leer. Gibt es denn ein kläglicheres Geschöpf als den Schauspieler, der keine Rolle spielt?

37.

In einer Welt des puren Seins könnte es keine Reklame geben, so wenig wie es in ihr einen Unterschied von Sein und Schein, von Wahrheit und Lüge geben könnte. In eine solche Welt könnte der Betrug gar nicht einschlüpfen, weil es in ihr keinerlei Löcher und Risse gibt, durch die er einzudringen vermöchte. Sie könnte nicht einmal einen Schatten werfen, wie ihn das platonische Denken wirft, in dem sich Risse bilden zwischen den Dingen und den Ideen, eine beunruhigende

Erscheinung, die vor allen anderen den Aristoteles zur Kritik aufrief. Wo immer der Idealismus Einfluß gewinnt, dort vollzieht sich ein Vorgang der Ablösung, in dem die Urbilder sich verflüchtigen, die Abbilder sich zu häufen beginnen. Ohne ihn könnte es zu keiner Wissenschaft kommen, denn erst wenn er eingesetzt hat, verlangt das Denken nach Erklärungen; ohne Ablösungen gibt es keine Erklärungen. Wir finden sie deshalb auch nicht in der Mythe, die aus der Anschauung hervorgeht und in der wir an keiner Stelle ein Bedürfnis spüren, über sich selbst Erklärungen abzugeben. Erst in der Welt der Ablösungen setzen die Versuche ein, sie zu erklären, so bei dem Kyrenaiker Euhemeros, der sie für eine Apotheose trefflicher Menschen erklärt, so bei denen, die sie symbolisch, allegorisch, als Historie oder als eine Beschreibung von Naturerscheinungen zu erklären versuchen.

Betrachten wir jetzt etwas ganz anderes, eine Photographie, an der wir den Begriff der Ablösung auf einem anderen Gebiete deutlich machen wollen. Wenn die Frage gestellt wird, wie sich diese Photographie, das heißt das photographische Verfahren, erklären lasse, dann gibt es auf sie nur eine Antwort: man erklärt den chemischen Prozeß, auf dem das photographische Verfahren beruht. Diese Erklärung ist hier ohne jedes Interesse. Wohl aber eine andere, die nämlich, wie es zur Photographie kommt, eine Deutung der Photographie. Woran liegt es, daß erst im Jahre 1802 Wedgewood und Davy eine Methode erfanden, mit Höllenstein getränktes Papier der schwärzenden Wirkung des Lichtes auszusetzen und dadurch Bilder zu erzeugen? Was bedeutet die Verwendung der Camera obscura, die Heliographie, die Daguerretypie, die mit Silberplatten und Quecksilberentwicklung arbeitet? Einen Fortschritt im Verfahren ohne Zweifel, das bis zum heutigen Tage unablässig vervollkommnet worden ist. Merkwürdig daran ist folgendes: Es gelang zuerst nicht, das Bild lichtfest zu machen, die Kopie zu fixieren. Die weiße Silhouette, die entstand, bräunte sich im Licht weiter und verschwand. Sodann ergaben sich Hindernisse, die der mechanischen Vervielfältigung entgegentraten. Daguerre konnte nur mit Hilfe langwieriger Kamera-Aufnahmen eine Kopie herstellen, und erst durch das Kollodium-Verfahren wurde das Problem der mechanischen Vervielfältigung gelöst. Betrachtet man die alten Daguerretypien, so hat man den Eindruck, daß hier das Abbild sich schwerer vom Bilde gelöst hat, daß es mehr von ihm abgelöst hat. Hiermit hängt zusammen, daß uns diese alten Photographien irgendwie bedeutsamer, getreuer oder auch überzeugender vorkommen. Es ist, als ob der Mensch damals schwerer photographierbar gewesen wäre, und zwar nicht nur deshalb, weil das Verfahren noch nicht durchgebildet war. Dieser Eindruck täuscht nicht. Denn es versteht sich, daß das photographische Verfahren erst dann erfunden werden konnte, als auch der Mensch photographierbar geworden war, und daß es in dem Maße entwickelt wurde, in dem er photographiert wurde. Jene Schwierigkeit, das Bild lichtbeständig zu machen, es mechanisch zu vervielfältigen, ist nicht nur eine technische. Um das Kopierverfahren zu jener automatischen Sicherheit und Leichtigkeit zu bringen, die es heute besitzt, mußten nicht nur technische Widerstände überwunden werden, sondern auch solche, die im Menschen selbst lagen. Und vielleicht waren es gerade diese Widerstände, die die Entwicklung des photographischen Verfahrens lohnend machten. Heute hat man nämlich oft das Empfinden, daß die Photographie als solche langweilig zu werden beginnt; man kann sich nicht ganz der Vermutung entziehen, daß in der beständigen Betrachtung von Kopien ein Akt der Selbsttäuschung liegt, dessen Reize hinfällig sind, eine immer dünnere und vagere Ablösung der Abbilder. Das Verfahren selbst bewährt sich mit mechanischer Zuverlässigkeit, aber der Mensch verwandelt sich, und so könnte er der Abbilder wieder müde werden, die ihm die Photographie zu liefern vermag.

38.

Wenn diese Darstellung Kritik übt an den rationalen Bemühungen der Technik, so ist sie doch, wie schon aus den Mitteln der Untersuchung hervorgeht, weit entfernt davon, der menschlichen Ratio selbst Feindschaft anzusagen. Nichts liegt ihr ferner als die romantische Negation der Technik, die, wenn wir unsere Lage ernsthaft in Betracht ziehen, nicht mehr als eine bloße Postkutschen-Träumerei ist. Auch leben wir weder auf Inseln noch im Urwald; wir befinden uns dort, wo uns technische Apparatur und Organisation jederzeit erreichen kann. Es gibt hier kein Zurück, es gibt nur ein Hindurch. Nicht nur der Fußgänger auf der Straße muß eine beständige Wachsamkeit üben, um von der Maschinerie nicht zerrissen zu werden. Diese Wachsamkeit, umfassender, durchdringender, wird heute von jedem geistigen Menschen gefordert, der das Empfinden bewahrt hat, mehr als ein bloßes Zahnrad oder eine Schraube innerhalb einer riesenhaften Maschinerie zu sein.

Nichts auch liegt dieser Darstellung ferner als die Verherrlichung des Irrationalen, das nur von denen gerühmt werden kann, die sich der Gefahren unserer Lage nicht bewußt sind. Wir werden sogleich sehen, inwiefern solche Bemühungen, die sich mit Mitteln des Bewußtseins gegen das Bewußtsein wenden, im Zusammenhang mit dem technischen Fortschritt stehen. Mit solchen Bestrebungen hat diese Untersuchung nichts zu schaffen und will sie nichts zu schaffen haben. Aber die Zeit ist gekommen, in der die Frage auftaucht, wohin die technische Ratio, die, wie gezeigt wurde, eine Mißachtung aller Ratio einschließt, den Menschen führt. Alles Rationale unterliegt den Begrenzungen und Einschränkungen, die unabdingbar sind. Es kann niemals Selbstzweck werden. Wenn es eine Rationalisierung um des Rationalisierens willen gäbe, dann würde nichts im Wege stehen, die Hilflosen, die Kranken und die alten Leute totzuschlagen, ja dergleichen Akte würden dann geradezu geboten erscheinen. Dann wäre es auch nützlich, die Rentner und die pensionierten Beamten zu beseitigen und jenen brutalen Grundsatz: Wer nicht arbeitet, der soll auch nicht essen, praktisch durchzuführen. Solche Beispiele belehren uns zugleich darüber, wohin eine bloße Philosophie des Nutzens führt. Raskolnikow, der eine alte Wucherin totschlägt, weil er sie im Bau und Plan dieser Welt für vollkommen unnütz hält und in ihr nicht mehr sieht als eine stinkende Wanze oder Schabe, wird durch ein Verbrechen des äußersten Hochmutes zum Mörder. Wenn er nicht so wirr und krank in seinen Gedanken gewesen wäre, hätte er sich sagen müssen, daß er vom Bau und Plan dieser Welt nichts versteht und daß seine Urteilskraft nicht ausreicht, um die Aufgabe einer alten Frau in ihr zu begreifen.

Der technische Beamte wiederum, der eine jener unzähligen Kartotheken verwaltet, eine jener Registraturen, deren — ihm vielleicht verborgener — Zweck die Rationalisierung des Konsums ist, kommt leicht auf den Gedanken, daß die Welt in bester Ordnung ist, weil sein Archiv genau geführt ist. Dieser weit verbreitete Schreiberglaube beruht auf einer Verwechslung, denn da sein Archiv die Welt ist, in der er lebt, nimmt er keinen Anstoß daran, die Welt für ein Archiv zu halten. Ein trefflicher Gedanke, wenn die Natur uns dazu eingerichtet hätte, Papier zu verschlingen.

Die technische Ratio führt zu eigentümlichen Erscheinungen. Der Techniker hat keinen Überblick über sie, er begreift sie nicht. Er behauptet von sich, daß er Realist ist, das heißt ein Mann der „harten Wirklichkeit". Aber wenn er Realist ist, dann ist er es auf einem Teilgebiete, er ist ein Spezialist des Wissens. Der Anschein von „strenger Sachlichkeit", den er sich zu geben weiß, täuscht über die Maßlosigkeit seines Machtstrebens hinweg, er verbirgt das vollkommen Exzentrische seiner Pläne und Konstruktionen, auf die dieses Machtstreben in seinem Endeffekt hinzielt. Der Apparat, den er aufgebaut hat, ist zwar bis in seine letzte Schraube durchdacht, aber auch nur bis in diese Schraube, denn über sie führt kein Gedanke hinaus. Es ist eine bloße Apparatur, aber eine Apparatur, die in einem Zustande fortgeschrittener Zentralisation ihrem Meister gestattet, auch den Menschen wie einen Apparat zu behandeln. Denn die Macht, die diese Apparatur verleiht, ist gigantisch groß. Einem fortgeschrittenen Zustande der Technik sind maschinelle Theorien über den Menschen eigentümlich. Wie man von einem Staatsapparat spricht, von einem Rechts- und Wirtschaftsapparat, so nimmt nach und nach alles den Charakter der Apparatur an, einer Wirklichkeit, die apparatmäßig aufgefaßt wird. Ein solches Denken kennzeichnet sich dadurch, daß ihm die Achtung vor freien Zuständen abhanden gekommen ist.

Gerade das Bestreben, den Menschen ganz einer technischen Ratio zu unterwerfen, einem zweckhaften Funktionalismus, dem sich nichts entzieht, baut den Widerstand ab, den er aus einer tieferen Ordnung heraus mit seiner Geistigkeit und seinem Willen leistet. Das Triebhafte, Dumpfe, willensmäßig Unklare und geistig Verwirrte wird in ihm nicht gebändigt, sondern verstärkt. In der Organisation, die alles zu umfassen versucht, liegen nicht die mindesten Hilfsmittel, um diesem dunklen Reiche beizukommen. Alle Ratio des Technikers kann nicht verhindern, daß ein blinder Elementarismus groß wird, ja, die technische Ratio ist gerade der Weg, auf dem er in das Leben eindringt und sich in ihm ausbreitet. Es sind dunkle und gefährliche Dinge, die hier heraufdrängen. Der Automatismus, in dem der Mensch tagaus, tagein gedrillt und exerziert wird, gewöhnt ihn nicht nur daran, willenlos zu funktionieren und mechanische Funktionen auszuüben, er bricht auch in ihm gewisse Widerstände, er beraubt ihn unter der Maske eines Ordnungsvorgangs jener Selbständigkeit, die ihn befähigt, chaotischen Vorgängen Widerstand zu leisten. Er treibt die Massenbildung gewaltsam vorwärts. Die gesamte organisierende Kraft der Technik reicht nicht weiter, als dieser Massenbildung Vorschub zu leisten. Man hat sich daran gewöhnt, den erfolgreichen Organisator als einen hohen Typus aufzufassen und ihn wie den Erfinder oder den Arzt, der ein Serum hergestellt hat, als Wohltäter der Menschheit anzupreisen. Solche Einschätzungen belustigen durch ihre Einseitigkeit, denn es fehlt ihnen an Kritik, und sie tragen dazu bei, die Galerie obskurer Persönlichkeiten, die als Vorbilder gelten, zu vermehren. Es entgeht ihnen, daß das „Verdienst" solcher Organisatoren oft in nichts anderem liegt als in der Zerstörung des unorganisierten Reichtums. Wie die Vis inertiae der Materie durch den mechanischen Zwang zu einem erhöhten Widerstande aufgerufen wird, der Zerstörungen zur Folge hat, so werden durch die technische Organisation im Menschen Veränderungen bewirkt, von denen der zum Psychotechniker avancierte Psychologe keine Ahnung hat. Jene Entsprechung des Mechanischen und des Elementaren, die das technische Werk aufzeigt, finden wir auch in der Masse wieder. Sie ist der Gegenstand mechanischer Einwirkungen seitens der Technik. In dem Maße aber, in dem sie es ist, in dem sie der rationalen Organisation unterworfen wird, wird sie von blinden elementaren Kräften durchdrungen, denen sie keinen geistigen Widerstand entgegenzusetzen hat. Sie rast bald in schrankenloser, wütender Begeisterung, bald erliegt sie den Stößen des panischen Schreckens, der sie mit der gleichen Kraft beherrscht wie die Rinderherden, die sich blind und toll in den Abgrund stürzen. Jene reißende Bewegung, welche durch die Technik hervorgebracht wird, ergreift auch den Menschen, der den technischen Fortschritt als seinen eigenen begreift. Die Technik ist eine Mobilmachung alles Immobilen. Und auch der Mensch ist mobil geworden, er folgt ohne Widerstand der automatischen Bewegung, ja er möchte sie beschleunigt sehen.

39.

Die Frage, über welche Hilfsquellen der Mensch verfügt, der in den großen Städten unserer Zeit lebt, welche Ressourcen ihm zur Verfügung stehen, ist eine der Fragen, denen die größte Wichtigkeit beizumessen ist. Wir sind daran gewöhnt, das alte Rom als ein Modell zu betrachten, das uns durch das Mittel des Vergleiches gewisse Anschauungen und Erkenntnisse liefert, mit deren Hilfe wir uns unsere eigene Lage deutlich zu machen versuchen. Auch ist es kein Zufall, daß die Historiker des 19. Jahrhunderts der römischen Geschichte eine vertiefte Aufmerksamkeit gewidmet haben. Mommsen, der eingeschworene Feind aller feudalen Restbestände, hat mit jener Sicherheit, die den Historiker von Rang kennzeichnet, das Gewicht bestimmt. welches die römische Geschichte für uns besitzt, den Schwerpunkt, durch den die Gegenwart sich in Beziehung zum Vergangenen setzt, das niemals als eine selbständige, unabhängige Dimension begriffen werden kann, sondern als eine Dimension der Zeit, die durch eine konkrete Gegenwart mitbestimmt wird. Der Weg, den die römische Geschichtsschreibung nach ihm beschreitet, zeigt deutlich, inwiefern sie Aktualität für uns besitzt. Sie besitzt Aktualität für uns nicht in jener frühesten und frühen Zeit, welche die Geschichte der Polis umfaßt — über welche sich Mommsen daher mit Grund karg und schweigsam äußert —, sondern in jener späteren, in der Rom die Kapitale des Imperiums geworden ist. Es sind die katilinarischen Zeiten der römischen Geschichte, es ist das Rom des Cäsar und Pompejus, das Rom der Kaiserzeit, das diese Teilnahme erweckt. Wenn wir die Massen betrachten, die in dieser Zeit die Stadt erfüllen, so finden wir, daß sich ihre Lage sehr unterscheidet von jener, in der unsere Massen sind. Die religiösen, politischen, sozialen Unterschiede sind groß, wir befinden uns einer anderen Welt gegenüber. Die technische Organisation kann nicht mit der unseren verglichen werden. Was aber an dieser Masse von Freien, Freigelassenen und Sklaven deutlich wird, an dieser Turba, die immer buntscheckiger, lärmender und tumultuöser Märkte und Straßen erfüllt, und die mit der gleichen Leidenschaft Partisanendienste für die Machthaber leistet, mit der sie die Menschen- und Tierhetzen im Zirkus beklatscht, ist nicht nur der rohe Parasitismus, dem große Teile von ihr immer mehr verfallen, es ist auch ihre wachsende Agilität, ihre zunehmende Beweglichkeit. Das System der Ausbeutung der Provinzen, das zum Ruin blühender Landschaften führt, die kolossalen Geldschneidereien der Beamten und Finanzpächter, der sinnlose Aufwand, der von den Reichen dieser Zeit getrieben wird, setzen insgesamt diese Masse voraus, das ungeheure Stadtvolk, das ernährt und belustigt sein will. Doch ist es offenbar eine primitive Vorstellung, wenn man sich diese Masse als eine Art Drohnenstamm oder als einen Haufen von Nichtstuern vorstellt. Rom war nicht nur die Stadt großartiger konstruktiver Planungen, es war wie alle großen Städte erfüllt von fleißigen Handwerkern und Arbeitern. Es war nicht nur die Stätte der Ausschweifungen, es war zu jeder Zeit auch der Ort der Arbeit. Es lebten dort nicht nur Leute, die in die Kornverteilungslisten eingetragen waren und numerierte Marken für Zirkusplätze empfingen, es gab dort immer eine Menge von rührigen Professionisten aller Gewerbe. Dieses alles nämlich, diese ganze fleißige Arbeitswelt, kann durchaus bestehen neben der Tatsache, daß die Stadt ihren Herrschaftsbereich auszehrte. Betrachten wir aber die Abhängigkeit, in welche diese Masse geraten ist. Das Kennzeichen aller Massenbildung ist, daß sie künstlich erfolgt, durch den Zustrom von außen. Im Zusammenhang damit steht, daß die Fähigkeit und damit auch das Recht zur politischen Selbstbestimmung verlorengeht. Die Masse hat auch — die Zeiten des ackerbürgerlichen Roms sind lange vergangen — die Fähigkeit verloren, sich selbst zu ernähren, sie muß ernährt werden, und ihre Versorgung wird zu einer Last, die nie endet. Der Verzehr, den die Stadt treibt, ist ungeheuer. Das Imperium ist nicht groß genug für ihn, es muß durch organisierte Kriegszüge erweitert werden. Es scheint, daß die Vernichtung des freien Bauernstandes eine unerläßliche Voraussetzung für die Bildung von Weltmonarchien ist. Denn erst, wenn dieses an seinen Boden verhaftete, ruhende und Veränderungen abgeneigte Bauerntum beseitigt worden ist, gewinnen die politischen Ideen jene raumfressende Kraft, die imperial genannt werden darf. Der Imperialismus geht mit der Massenbildung Hand in Hand, denn diese erst gibt ihm seine raumverschlingende Kraft, sie schärft ihm den Hunger und macht ihn fähig, die Macht zu verdauen. Rom als Stadt unter den Städten Latiums ist eine andere Stadt als das Rom, das die erste Stadt Italiens geworden ist. Und das Rom der karthagischen Kriege ist eine andere Stadt als jenes Rom, das zur Kapitale des Imperiums geworden ist. Es ist die schrittweise Selbstvernichtung der antiken Polis und ihre Umwandlung in eine Haupt- und Residenzstadt, die wir hier beobachten können. Es sind ungeheure Opfer an römischer Substanz, die hier gebracht worden sind, Opfer, gegen die das alte, strenge Römertum immer wieder leidenschaftlich und vergeblich protestiert hat. In diesen Opfern aber, und in ihnen allein liegt die Rechtfertigung der Macht und zugleich die Bedingung ihrer Dauer. Diese Opfer sind es, die den Römerstaat von der Bemannung des Piratenschiffes, von einem Unternehmen, das nur auf Raub und Beute gerichtet ist, unterscheiden. Man macht sich von der Macht immer eine einseitige Vorstellung, wenn man nicht erkennt, daß sie sich des Siegers zugleich bemächtigt, daß er in dem Maße, in dem er herrscht, von seiner Herrschaft beherrscht wird. Weil dem so ist, deshalb ziehen Asien, Afrika und alle Länder des Imperiums in das triumphierende Rom ein, zuerst als Schaustücke des Triumphes, zuletzt aber in jenen ihrer Kinder, die sie als Prätoren, Konsuln und Cäsaren schicken. Die künstliche Massenbildung schreitet mit dieser Entwicklung fort und erreicht ihren Gipfel unter den Kaisern. Die Struktur dieser Massen zeigt, daß das geborene Römertum unter ihnen eine immer kleinere Minderheit bildet. Die Spuren des alten Römertums verlieren sich in dieser latinisierten und hellenisierten Bevölkerung bis zur Unkenntlichkeit. Die Weltstadt konsumiert auch den Menschen. Sie ergänzt sich nicht aus sich selbst, sie füllt sich aus den Beständen des Imperiums auf, indem sie alle fähigen Köpfe an sich zieht und stets neue Massen von Sklaven aufnimmt, bis jene Ereignisse eintreten, welche die künstliche Massenbildung versiegen lassen und die Stadt entvölkern und bedeutungslos machen.

40.

In welcher Weise die Technik Einfluß auf den Menschen übt, wird uns nicht nur deutlich, wenn wir ihn bei seiner Arbeit betrachten, wir sehen es auch an den Vergnügungen, an den Sports, denen er huldigt. Der Sport setzt die technisch organisierte Großstadt voraus und ist ohne sie nicht zu denken. Die Termini technici des Sports sind zu einem großen Teil englischer Herkunft. Es hängt das mit dem Vorsprung in der Industrialisierung zusammen, den die Engländer insbesondere in der ersten Hälfte des 19. Jahrhunderts behaupten. Die Ingenieure und Maschinentechniker jener Zeit reisten nach England, um ihr technisches Wissen zu vervollständigen. Später, mit der Technisierung Amerikas, amerikanisiert sich auch der Sport, während er von technisch rückständigen Ländern wie Rußland oder Spanien wenig Förderung erfährt, gar keine aber von jenen weiten Gebieten, die abseits von aller technischen Entfaltung liegen. Der Sport ist also eine Reaktion auf die Bedingungen, in denen der Mensch in den großen Städten lebt. Und diese Reaktion ist abhängig von der zunehmenden Mechanik der Bewegung. Der „Wilde" treibt keinen Sport. Er übt seine körperlichen Fähigkeiten, er spielt, tanzt, singt, aber an dieser Beschäftigung ist nichts Sportmäßiges, selbst wenn sie virtuos geübt wird. Unsere besten Sportsleute kommen aus den Arbeitsgebieten, in denen die Mechanisierung am weitesten fortgeschritten ist, vor allem also aus den Städten. Bauern, Förster, Jäger, Fischer, deren Bewegung frei von mechanischem Zwang ist, treiben wenig Sport. Das Vordringen sportlicher Übungen auf dem Lande ist geradezu ein Maßstab für den Fortschritt der Mechanisierung, insbesondere also des Vordringens von Maschinen, die für die Ackerbestellung verwendet werden. Denn die Arbeit an diesen Maschinen verändert die Muskulatur des Körpers, welche durch das Überwiegen der Handarbeit entstanden ist, und damit die Bewegungen. Jene Schwere und Härte des bäuerlichen Körpers, die aus einer lebenslangen Handarbeit hervorgeht, jene Ungelenkheit, die ihn von dem technischen Arbeiter unterschied, beginnt jetzt zu weichen. Er wird leichter und beweglicher, weil die unmittelbare Arbeit am Boden ihm von der Maschine abgenommen wird. Der Führer eines Traktors oder einer Mähmaschine hat einen anderen Körper als der Pflüger und Mäher.

Es ist nicht leicht, die Grenze, an der sich Spiel und Sport scheiden, genau zu bestimmen, denn es gibt kaum ein Spiel, das nicht sportmäßig betrieben werden könnte. Offenbar sind die olympischen Spiele der Griechen keine Sports, sondern Feiern einer Sakralgemeinschaft, die mit Wettkämpfen verbunden sind. Man kann sie nicht Sport nennen, schon deshalb nicht, weil die zum Sport gehörende Industrielandschaft fehlt. Das aber, was wir in Erinnerung an die Antike olympische Spiele nennen, sind Sports, zu denen die Spezialisten aller Länder herbeiströmen. Man muß auch einen Unterschied machen zwischen einem Jäger, einem Schwimmer, einem Angler, einem Ruderer und einem Menschen, der das Jagen, Schwimmen, Angeln und Rudern sportmäßig betreibt. In diesem zweiten Falle haben wir offenbar einen Techniker vor uns, der die mechanische Seite seiner Beschäftigung zur Perfektion bringt. Schon seine Ausrüstung weist uns darauf hin. Betrachten wir auch die Gegenstände, die wir bei den Sports verwendet finden, die Stoppuhren, Kontrolluhren, Meßapparate, Startmaschinen usw., um von der fortschreitenden Mechanisierung einen Begriff zu bekommen. In diesem exakten Messen von Bruchteilchen und Stückchen der Zeit finden wir jene Kontrolle des Zeitkonsums, jene Zeitorganisation wieder, die der Technik eigentümlich ist.

Ist nicht der Argot der Sportsleute, der Jargon, den sie sprechen, eine Sprache, die von durchaus mechanischer Härte ist? Betrachten wir endlich den Sportbetrieb selbst, seine Organisation, seine Exerzitien, Tabellen, Listen, sein Rekord-Prinzip. Es ist unverkennbar, daß die Entfaltung des Sports im Zusammenhang mit der fortschreitenden Mechanisierung steht, und daß er selbst immer mechanischer geübt wird. Wir sehen das nicht nur bei den Automobilrennen, den Flugveranstaltungen, den Sechstagerennen, bei denen Maschinen auftreten, wir sehen es auch bei allen Sports, von denen die Maschinen ausgeschlossen bleiben, beim Boxen, Ringen, Schwimmen, Laufen, Springen, Werfen, Stoßen. Der Mensch selbst wird hier zu einer Art Maschine, seine Bewegung, die von Apparaten kontrolliert wird, wird maschinell. Im Zusammenhang damit steht, daß der Sportsmann zu einem Professionisten seines Sports wird, daß er seine spezielle Fähigkeit berufs- und erwerbsmäßig ausübt.

Ohne Zweifel ist der Sport eine Beschäftigung, die mit fortschreitender Technik dem Menschen immer unentbehrlicher und notwendiger wird. Auch sehen wir, daß durch die Disziplin, in die er den Körper nimmt, große Leistungen erzielt werden. Indessen haben alle Sports etwas Steriles, das mit ihrem mechanischen Betriebe, ihrer wachsenden technischen Organisation zusammenhängt, und um so mehr hervortritt, je länger man sie betrachtet. Es fehlt ihnen durchaus das Spontane der Bewegung, es fehlt ihnen an freier Improvisation. Der Mensch, der aus Lust am Laufen und Springen zu laufen und zu springen anfängt und damit aufhört, wenn diese Lust in ihm erlischt, ist ein ganz anderer als der Läufer und Springer, der sich zu einer Sportveranstaltung begibt und unter Wahrung technischer Regeln, unter Verwendung von Zeituhren und Meßapparaten einen Rekord zu erspringen und zu erlaufen versucht. Der hohe Genuß, den uns das Schwimmen und Tauchen verschafft, entspringt der Berührung mit dem Element, seiner kristallischen Frische, Kühle, Reinheit, Durchsichtigkeit und Nachgiebigkeit. Offenbar spielt dieser Genuß bei einer Sportsveranstaltung, in der Schwimmer auftreten, gar keine Rolle, denn der Zweck solcher Veranstaltungen liegt in der Feststellung, welcher der Schwimmer sich technisch richtig im Wasser bewegt und am schnellsten von allen ans Ziel kommt. Das Training, das diesem Zwecke dient, läuft auf eine Anspannung des Willens hinaus, dem sich der Körper auf mechanische Weise zu fügen hat. Eine solche Anspannung kann durchaus ersprießlich und fruchtbar sein. Das Training des Sportlers und seine sportliche Betätigung werden aber um so steriler, je mehr sie Selbstzweck werden. Der Körper des Sportlers verrät das einseitige Training, dem er unterworfen wird. Sein Körper ist zwar trainiert, er ist aber nichts weniger als schön. Die Leiblichkeit, die der Sport heranbildet, ist keineswegs schön, denn es fehlt ihr die Proportion, die der Körper, der einem speziellen Training dient, ebensowenig haben kann, wie der Geist der speziellen Beobachtung. Wenn der sportlich trainierte Körper als schön empfunden wird, so zeigt das nicht nur eine mangelnde Schulung des Auges und fehlendes Studium des Nackten, es kommt in einer solchen Wertschätzung auch zum Ausdruck, daß die Leiblichkeit nach mechanischen Kriterien beurteilt wird, insbesondere auf die willensmäßige Anspannung hin, die sie zum Ausdruck bringt. Ihr fehlt aber in diesem Falle die ruhige und überzeugende Fülle des Schönen, es fehlt ihr auch an Lässigkeit, an Anmut und Grazie. Es fehlt ihr sowohl an Geistigkeit wie an Sinnlichkeit. Am deutlichsten tritt das bei Frauen hervor, die Sport treiben; es zeigt sich in dem harten, sterilen Zuge, den der Körper und der Gesichtsausdruck annehmen. Der Sport ist mit jeder Art von musischem Leben und musischer Beschäftigung unvereinbar, er hat einen durchaus amusischen und ungeistigen Zug.

Es liegt nahe, den Sportsmann mit einem Asketen zu vergleichen, der ja auch ein Professionist ist, in einem ganz anderen Sinne allerdings. Das Training des Sportlers hat einen asketischen Zug, auch finden wir, daß ein eigentümlicher Puritanismus den Sport durchzieht, eine strenge Hygiene der Lebensgewohnheiten, die den Schlaf, die Ernährung, das Geschlechtsleben unter dem Gesichtspunkt der Zweckmäßigkeit betrachtet. Wir befinden uns hier nicht unter Leuten, die aus einem Überfluß an Lebenskraft zu kraftvollen Ausschweifungen neigen, sondern unter einem Schlage von Professionisten, die eine genaue Ökonomie ihrer Kräfte beobachten und auf die sparsamste Weise mit ihnen umgehen.

41.

Alle Vergnügungen, an denen das Mechanische einen Anteil hat, haben etwas Leeres; es fehlt ihnen an Heiterkeit. Man merkt ihnen an, daß sie unter einem Zwange stehen, der die freie menschliche Bewegung in Mitleidenschaft zieht. Der in technischer Organisation lebende Mensch ist nicht heiter, er kann es schon deshalb nicht sein, weil er überanstrengt wird, weil er keine Muße mehr besitzt. Auch aus der Arbeit ist die Heiterkeit gewichen. Ein Kennzeichen dafür ist, daß sie mit wachsendem ethischem Fanatismus gepriesen und verherrlicht wird. Das Bild, das die Industriestädte mit ihren mechanisch fluktuierenden Massen bieten, ist düster und freudlos. Die großen Festherren Apollon und Dionysos haben hier keine Heimstatt mehr.

Der Rhythmus des Mechanischen ist von einer automatischen Leblosigkeit und Härte. Wo er vordringt, dort verdrängt er die metrische und zyklische Bewegung des Menschen. Die Periodizität, auf der aller Rhythmus, alle metrische Bewegung beruht, wird mechanisch, sie wird durch die tote Zeit geordnet. Das Festjahr, das auf einer zyklisch geordneten Bewegung beruht, kommt deshalb um so mehr in Verfall, als die Technik zur Perfektion fortschreitet. Das Volksfest verändert seinen Charakter. Wenn wir eines jener Feste betrachten, die noch immer den Charakter eines Volksfestes bewahrt haben — das Kennzeichen eines solchen Festes ist, daß die Bauern der Landschaft zu ihm herbeiströmen, denn das Bauerntum ist jener Teil des Volkes, welcher der zyklischen Ordnung des Jahres und der Feste am sichersten folgt —, wenn wir also das Münchener Oktoberfest betrachten und einen Rundgang auf ihm machen, so fällt uns doch sogleich auf, wie sehr die technische Organisation in die Festorganisation eingedrungen ist. Überall finden wir hier mechanisch bewegte und von mechanischer Musik begleitete Schaukeln, Wagen, Rollen, Bänder und Apparate, die uns einladen, an einem Vergnügen teilzunehmen, das selbst mechanischer Art ist. Und wie wir beim Sport anmerkten, daß es ihm an Improvisation fehlt, so ist auch an den Vergnügungen zu beobachten, daß in dem Maße, in dem sie mechanisch werden, ihre freie Improvisation, ihre spontane Kraft dahinschwindet. Die Vergnügungen verfallen mehr und mehr der Organisation, durch die sie technisch geordnet werden. Es scheint auch, daß der Mensch an Fähigkeit verliert, sich selbst zu belustigen und zu unterhalten, daß man auf Einrichtungen sinnen muß, um ihn darin zu unterstützen, daß auch seine Freizeit einer automatischen Regulierung unterworfen wird. Der Sinn der Erholung ist jetzt die Entspannung, die der Anspannung durch mechanische Arbeit folgt. Man nimmt deshalb auch an den Bewegungen etwas Krampfhaftes wahr, eine Kontraktion, um deren Lösung sich vor allem die gymnastischen Schulen bemühen. Wenn man eine so freie Kunst wie den Tanz beobachtet und die Tänze der Geschlechter betrachtet, dann fällt an ihnen auf, welchen mechanischen Zug sie haben. Die Musik dazu wird teils durch einen Automaten geliefert, teils durch Musiker, die den Rhythmus mechanisiert haben. Der Rundfunk wie das Lichtspiel gehören zu den großen Automaten, welche an der Massenbelustigung einen stets wachsenden Anteil haben.

Wenn wir das Lichtspiel betrachten, dann bemerken wir, daß sich der Mensch auf der Leinwand in einem mechanischen Theater bewegt, eingefangen in einen optischen Mechanismus, von dem er sich nicht freizumachen vermag, da er die Voraussetzung des ganzen Schauspiels bleibt. Man mag das Lichtspiel, um die Illusion des Zuschauers zu erhöhen, vervollkommnen, wie man will, man mag es plastisch oder farbig machen, alle diese Vervollkommnung ist eine mechanische und hat dort ein Ende, wo der Mechanik selbst Grenzen gesetzt sind. Hier werden die Bewegungen, die Stimmen, die Musik, die zur Handlung ertönt, mechanisch wiedergegeben. Der Anteil, den die Illusion des Zuschauers an dem allen hat, ist ein großer. Denn er nimmt für wahr an, daß die Schattenbilder, die er vor sich vorüberhuschen sieht, wirkliche Menschen sind, und daß die Worte, die er hört, wirklich von ihnen gesprochen werden. Es stört seine Illusion nicht, daß es nicht Menschen von Fleisch und Blut sind, die er vor sich sieht, daß er nicht lebendige Stimmen hört, sondern mechanische Geräusche. Überhaupt stört ihn nicht das Mechanische des Schauspiels, sondern nur seine technische Unvollkommenheit.

Jedermann weiß, daß man einen Film nicht so oft sehen kann wie ein Bühnenstück, daß er sich in seinen Wirkungen viel rascher abnützt, daß vor allem die Zeit ihm rasch Abbruch tut. Mag man das gleiche Bühnenstück so oft aufführen, wie man will, jede dieser Aufführungen ist von der anderen verschieden; alle Aufführungen eines Films aber sind von vollkommener mechanischer Gleichheit. Das Bühnenstück wird durch die Arbeit des Schauspielers beständig verändert, der Film aber ist starr und unabänderlich. Weil er so starr ist, deshalb ist er auch ohne Musik nicht zu ertragen. Je öfter man ihn aber sieht, desto weniger gibt die Illusion her, desto mehr wird man auf seine starre Mechanik aufmerksam, und desto mehr entdeckt man auch das Komische an ihm, das unfreiwillig Komische, das allen jenen Melodramen und Schauerspielen aus den Anfängen des Lichtspiels anhaftet und sie lächerlich macht. Und nicht nur ihnen, denn jeder Film wird mit der Zeit komisch.

Man muß also, wird hier mancher einwenden, der Illusion des Zuschauers noch kräftiger zu Hilfe kommen, man muß den Mechanismus noch mehr verhüllen und verbergen, um eine apparaturfreie Wirklichkeit und Lebenswahrheit vorzutäuschen. Aber dieser Versuch hat seine Grenzen, da man den Mechanismus nicht fortschaffen kann. Ja, er greift in den Mitteln fehl, denn das Lichtspiel wird gerade dadurch technisch gefördert, daß man seinen Mechanismus perfekt macht, ohne ihn zu verhüllen. So etwa dadurch, daß auch der Mensch, der in ihm auftritt, Maschine wird, daß an seine Stelle Figuren treten, wie sie der Zeichner eigens für den Film entwirft, nicht Menschen, sondern kleine Automaten. Dieser Gedanke mag manchem paradox erscheinen. Indessen haben die Amerikaner, von denen hier noch immer zu lernen ist, längst dergleichen Filme eingeführt, die sich der größten Beliebtheit erfreuen. Es fehlt diesen Filmen zwar noch an Zusammenhang und Logik des Geschehens, weil es an Zeichnern fehlt, die dieses neue Fach mit genügender Intelligenz bearbeiten, das Vorhandene deutet aber an, was hier zu erwarten ist.

42.

Jeder Stillstand der Mechanik ruft in dem technisch organisierten Menschen das Gefühl einer unerträglichen Lebensleere wach, einer Lebensleere, der er sich nicht gewachsen fühlt, der er durch gesteigerte Bewegung zu entfliehen sucht. Er seufzt zwar über die unerbittliche Organisation der Zeit, der sein Tageslauf unterworfen wird, er verwünscht den Mechanismus der Arbeit, in den er eingespannt ist, aber zugleich ist er auf ihn angewiesen, und er kehrt in seinen Vergnügungen zu ihm zurück. Die Bewegung hat einen narkotischen Reiz, eine betäubende Kraft für ihn, vor allem in ihrer Eigenschaft als Geschwindigkeit, als rekordbrechende Beschleunigung. Er bedarf ihrer wie einer fortgesetzten Stimulierung, um aufgemuntert zu werden. Er muß stets das Gefühl haben, daß etwas vor sich geht, daß er teilhat an einer Aktion. Daher sein unersättliches Bedürfnis nach Neuigkeiten, das durch keine Rotationsmaschine befriedigt werden kann. Seine Vorstellung vom Leben ist eine dynamische. Er schätzt es nach der Vitalität ab, die ihm innewohnt, aber diese Wertschätzung der Vitalität ist ein Ausdruck des Lebenshungers, der die Masse scharf und quälend durchdringt. Das Leben wird jetzt durch den Hunger kommandiert, durch die zehrende Kraft. Der Mensch, der immer nach Erlebnissen hungert, der den hungrigen Wunsch hat, etwas zu erleben, ist zugleich ein Mensch, der belebt werden will. Das Gefühl der Schwäche, der Ermattung, der Erschöpfung und der Sinnlosigkeit des Lebens überwältigt den Einzelnen vor allem dort, wo der Impuls, den ihm die mechanische Bewegung verschafft, sich verlangsamt, wo er fühlt, daß die motorisch arbeitende Energie, die ihn vorwärts treibt, nachzulassen beginnt. Die depressiven Zustände bemächtigen sich seiner dort, wo die tote Zeit in sein Bewußtsein eindringt. Die Bewegung gehört zum Verzehr, und wo dieser Verzehr beschränkt wird, dort verstärkt sich der Hunger. Sogleich ergreift ihn auch die Langeweile und das Bedürfnis, sich eine Sensation zu verschaffen. Er fürchtet von der toten Zeit, die er verschlingen will, selbst verschlungen zu werden, und er sucht diesem zehrenden Gefühl zu entfliehen, indem er das Tempo der Bewegung beschleunigt. Das bloße Tempo ruft in ihm Vorstellungen eines stärkeren Lebens wach, es belebt ihn wie eine Intoxikation, die wunderbare Illusionen verschafft. Er verehrt das unbedenkliche, starke, pulsierende Leben, aber wie ein Schwächling, der eine Illusion genießt. Er wird von der toten Zeit geäfft. Denn er begreift nicht, daß die mechanische Bewegung, der er sich hingibt, selbst leer ist, daß sie um so leerer sein muß, je reißender sie ist; er leiht ihr einen eigenen Wert, da sein Wohlbefinden durch sie gesteigert wird. Vielleicht empfindet er es schon als Wohltat, daß sie ihn daran hindert, über sich selbst nachzudenken, denn das Denken, das nach Aristoteles ein Leiden ist, da es ohne die leidende Vernunft nicht stattfindet, ist schmerzhaft, und man kann ihm ausweichen, wenn man sich der mechanischen Bewegung gedankenlos überläßt. In der Tat kann man die narkotisierende Kraft der mechanischen Bewegung überall beobachten. Sie durchdringt die wache Atmosphäre unserer großen Städte in traumhafter Weise. Diese Atmosphäre ist eine Verbindung des angespanntesten Bewußtseins mit dem Traumleben. Das Bewußtsein eines Rennfahrers, eines Fliegers, eines Triebwagenführers ist wach, aber in einem schmalen Sektor, der von der Nacht und traumhaften Vorstellungen begrenzt wird. Es hat jene funktionale Wachheit, die auf die Funktionen der Apparatur gerichtet ist. Je mehr aber das Bewußtsein sich einseitig konzentriert, desto mehr verengt es sich auch. Es ist erstaunlich, wie wenig der Passant in einer großen Stadt sieht, vor allem an den Zentren des Verkehrs, an denen alle Aufmerksamkeit sich der Beobachtung der Verkehrsregeln zuwendet. Er ist wachsam, weil von der automatisch gleitenden Maschinerie eine ständige Bedrohung ausgeht. Aber zugleich schläfert ihn diese Bewegung ein, und er schreckt leicht auf, wenn ihr funktionaler Ablauf irgendwie unterbrochen wird.

Hiermit steht im Zusammenhang das Bewußtsein der Irrealität, der vollkommenen Unwirklichkeit und der künstlichen Wirklichkeit, das den Menschen blitzartig in den großen Städten überfällt. Es hängt damit zusammen jener submarine Zug, den die guten Beobachter an der Großstadt immer deutlicher wahrnehmen. Das Leben bewegt sich wie unter Taucherglocken, und wenn man durch die großen Glasscheiben der Cafés und Büros blickt, hat man die Vorstellung, in Aquarien zu sehen. Diese merkwürdige, keineswegs angenehme Empfindung knüpft sich an den Automatismus der Bewegung, an die Wahrnehmung mechanisch gleitender Reflexe, die in den Bewegungen amphibienhaft zum Ausdruck kommen. Diese Städte sind ebenso merkwürdig, ebenso befremdend wie die großen Städte der Vergangenheit, an die uns eine Erinnerung überliefert ist. Wenn der Mensch einer anderen Zeit, der Mensch, der von unserer Technik keinen Begriff hat, sie betreten und sich die Frage vorlegen würde, welche Mächte hier herrschen, würde er wohl antworten: Sehr starke, sehr bösartige Dämonen.

43.

Es gehört zu den Axiomen des naturwissenschaftlichen Denkens, daß das Naturgesetz stabil, unveränderlich und von ewiger mechanischer Gesetzmäßigkeit ist. Der Glaube an den wissenschaftlichen Fortschritt setzt voraus, daß Gesetze bestehen, die keiner Art von Fortschritt unterworfen sind, starre und zuverlässige Substrate, die von mechanischer Allgemeingültigkeit sind, wie etwa das Kausalitätsgesetz. Gleiche Ursachen müssen immer wieder die gleichen Wirkungen hervorbringen. Der Wissenschaftler, der einen Zweifel an der Gültigkeit des Kausalitätsgesetzes ausdrückt, greift offenbar die Grundlagen an, auf denen der babylonische Turm der Wissenschaft errichtet ist. An diesen Grundlagen rüttelt auch jeder, der die Frage nach der Wissenswürdigkeit alles Wissens aufwirft. Denn diese Frage ist keine wissenschaftliche mehr. Wer sich mit den augenscheinlichen und wundervollen Ergebnissen der Wissenschaft nicht begnügt, wer die Frage stellt, zu welcher Erkenntnis ihm denn die wissenschaftlichen Erkenntnisse verhelfen, was ihm mit diesen Erkenntnissen gedient ist, was damit erreicht ist, daß die Wissenschaft ihr Ziel erreicht, der durchbricht die Schranken des wissenschaftlichen Wissens. Hier kommen wir zu der letzten Illusion, die sich an den technischen Fortschritt knüpft. Es ist offenbar, daß das Streben nach Rationalisierung einmal ein Ende nehmen muß, daß es sein Ziel erreicht, dann nämlich, wenn jener Zustand der Perfektion verwirklicht ist, auf den es unermüdlich hinarbeitet. Denn der Gedanke eines unendlichen Fortschrittes ist absurd und leer, weil die unendliche Bewegung, die er voraussetzt, auf unendliche Weise aufgehoben wird. Gerade die reißende Kraft, mit der die technische Rationalisierung fortschreitet, deutet darauf hin, daß wir uns einem Abschlusse nähern, einem Endstadium der Technik, in dem alles Technische Perfektion erlangt, die gleiche Perfektion, die wir an dem der Handhabung dienenden Werkzeug seit langem wahrnehmen. Vielleicht liegt der Zeitpunkt, an dem dieses geschieht, nicht allzu fern, doch wäre es müßig, darüber Spekulationen anzustellen. Dieser Zeitpunkt ist es, der die Utopisten vor allem beschäftigt, und auf den sie ihre Hoffnungen setzen. Wir finden oft die Vorstellung, daß die Leiden und Opfer, die mit dem technischen Fortschritt in Kauf genommen werden müssen, am Schlusse vergütet werden. Doch dergleichen Satisfaktions-Theorien, wie sie sich für den Homo religiosus geziemen, haben mit der Technik nichts zu schaffen. Nicht der Anfang, das Ende trägt die Last. Es liegt näher, wenn man in diesen Leiden und Opfern den Preis sieht, den der Mensch für sein Streben nach Macht zu entrichten hat.

Es ist reine Phantasterei, wenn man mit einem Zustand mechanischer Perfektion Harmonievorstellungen verbindet, wenn man ein politisches und soziales Idyll dort annimmt, wo es niemals zu finden sein wird. Wie jene Vorstellungen von Muße, Freiheit, Reichtum, die der technische Fortschritt hervorruft, utopisch sind, so sind auch die Vorstellungen von Frieden, Wohlstand und Glück, die man in die Zukunft verlegt, utopisch, sie vereinbaren das Unvereinbare. Die Maschine ist kein glückspendender Gott, und das Zeitalter der Technik endet in keinem friedlichen und liebenswürdigen Idyll. Die Macht, die es uns anbietet, muß zu allen Zeiten teuer bezahlt werden mit dem Blute und der Nervenkraft von Hekatomben von Menschen, die auf irgendeine Weise in das Getriebe von Rädern und Schrauben geraten sind. Sie wird bezahlt durch den Stumpfsinn des Arbeits- und Erwerbslebens, der in dieser Zeit seinen Gipfel erreicht, in der mechanischen Arbeit um den Lohn, in dem Arbeitsautomatismus, von dem der Arbeiter abhängig wird. Sie wird bezahlt durch die Verödung des geistigen Lebens, die überall um sich greift, wo die Mechanik erweitert wird. Es ist gut, wenn man alle Illusionen über die Segnungen der Technik fahren läßt, vor allem aber die Illusionen des ruhigen Glückes, die man mit ihr verbindet. Sie verfügt über kein Füllhorn.

Etwas ganz anderes deutet sich an. Da die Technik den Raubbau voraussetzt, da ihr Fortschritt von einem zunehmenden Raubbau begleitet ist, so leuchtet ein, daß sie im Zustand ihrer Perfektion auf die umfassendste und intensivste Weise Raubbau treiben wird, einen Raubbau, der planetarisch organisiert ist und in der rationalsten

Weise ausgeübt wird. Die Verlustwirschaft muß einen Umfang annehmen, der den Schluß gestattet, daß wir sie nicht lange ertragen können. Es ist nicht sowohl die Erschöpfung der Fundstätten, das Versiegen der Zapfstellen, durch das ihr ein Ende bereitet wird, so groß die Verwüstungen, die der Raubbau anrichtet, auch sind, und so sehr durch die rücksichtslose Ausnützung der Böden — ein Beispiel dafür liefert Amerika — die Wüstenbildung gefördert wird. Die Verlustwirtschaft ist eine totale, sie erstreckt sich auch auf den in technischer Organisation lebenden Menschen. Es wird immer sichtbarer, daß die Aufwendungen, die im Gesamtbereiche der Technik gemacht werden, einen Umfang annehmen, unter dessen mechanischer Last der Mensch zusammenbricht, und daß die perfekte Technik zu einer Überbeanspruchung seiner Kräfte führt, der er nicht lange gewachsen ist. Ein Merkmal dieser Überbeanspruchung ist die krampfhafte geistige und physische Bewegung, deren Torsion zugleich den Druck verrät, der auf ihr lastet. Es sind forcierte Anstrengungen, die wir überall wahrnehmen. Und ihnen muß jene Reaktion folgen, welche die Exzesse des Willens und der Nervenkraft begleitet, Erschöpfung, Apathie und stumpfsinnige Niedergeschlagenheit.

Hier erhalten wir auch einen Schlüssel zum Verständnis jener Gedanken, die sich mit der totalen Mobilmachung, dem totalen Kriege beschäftigen. Diese Gedanken sind, was immer ihre Gegner gegen sie einzuwenden haben, durchaus sinnvoll, weil sie genau die Lage umschreiben, in der wir uns befinden. Sie verdienen daher auch jene Achtung und Aufmerksamkeit, die jede Erkenntnis beanspruchen darf, welche Ernst macht, so schmerzhaft und folgenschwer sie immer sein mag. Die Einwände, die gegen sie vorgebracht werden, kennzeichnen sich insgesamt dadurch, daß sie an der falschen Stelle erfolgen.

Was heißt es, daß die Mobilmachung total wird, daß die Forderung nach einer totalen Führung des Krieges auftaucht? Was unterscheidet den totalen Krieg von Kriegen anderer Art? Clausewitz, der Klassiker der Kriegstheorie im 19. Jahrhundert, hat einen solchen Krieg nicht beschrieben. Er sagt zwar in seiner Definition des Krieges, daß diesem eine Tendenz nach äußerster Anwendung der Gewalt innewohnt, daß es in der Anwendung derselben keine Grenzen gebe, und er führt drei Wechselwirkungen des Krieges an, die jede für sich zu einem Äußersten führen, er spricht aber alsbald von den Modifikationen, denen diese Tendenz nach äußerster Anwendung der Gewalt in der Wirklichkeit unterworfen ist, von den Wahrscheinlichkeiten des wirklichen Lebens, die an die Stelle des Äußersten und Absoluten der Begriffe trete. Sein Denken über den Krieg kennzeichnet sich dadurch, daß es einer Zeit angehört, die von der ungeheueren Entfaltung der technischen Organisation keine deutliche Vorstellung haben konnte. Eine solche Vorstellung konnte der napoleonische Krieg nicht geben. Hieraus schon ergibt sich, daß es begrenztere Mittel und begrenztere Zwecke sind, die Clausewitz für die Kriegsführung annimmt. Der totale Krieg ist ein Krieg, der eine totale technische Organisation voraussetzt. Er ist ein Krieg, der seinem Begriffe nach jede Grenze in den Mitteln und Zwecken der Kriegsführung verneint. Er ist ein Krieg, dessen Korrelat nichts anderes zu sein scheint als die totale Vernichtung, und als solcher wird er immer deutlicher von den Kriegstheoretikern der Gegenwart beschrieben. Er ist nicht nur total in seiner Vorbereitung, in seinen strategischen und taktischen Mitteln und Zwecken, er ist es auch durch den schonungslosen Gedanken der Vernichtung, der keinerlei Schranken mehr anerkennen will, und dem die Mittel der Vernichtung entsprechen, denen, wie wir bemerkten, im Verhältnis ihrer technischen Fortschrittlichkeit eine räumliche Wirkung eigentümlich ist, eine quantitative zerstörende Kraft, die sich unbeschränkt geltend macht.

Dennoch hat auch dieser Krieg seine Modifikationen, auch seine Tendenz nach äußerster Anwendung der Gewalt ist Einschränkungen und Ermäßigungen unterworfen. Eine solche Einschränkung liegt darin, daß ein Krieg, der alle Mittel in seinen Dienst stellt, auch eine Erschöpfung aller Bestände zur Folge haben muß, wenn er zwischen Gegnern geführt wird, bei denen ein gewisses Gleichgewicht der Kräfte stattfindet. Es liegt aber schon in dem Begriffe der totalen Mobilmachung und des totalen Krieges, daß es keine ruhenden, unberührten Reserven mehr gibt, die durch sie in ihrer Ruhe belassen werden. Es gibt keinen Fonds mehr, der unangetastet bliebe, nichts Immobiles, was sich der Bewegung entzieht, keine tote Hand, die vor dem Konsum Schutz gewährt. Wenn wir diesen Vorgang deutlich machen wollen, dann müssen wir die Lage betrachten, in welcher der Mensch sich heute befindet. Wodurch kennzeichnet sich die Lage des Industriearbeiters oder des Kämpfers in der Materialschlacht, der ja ein Arbeiter ist, wie überhaupt jeder, der in einem Zustand fortgeschrittener Technisierung lebt, denn in diesem erlangt das Arbeitsverhältnis eine entscheidende Bedeutung. Die Lage des Arbeiters wird bezeichnet durch die Abhängigkeit von Apparatur und Organisation. Sie wird dadurch bezeichnet, daß dem Arbeiter alle Reserven fehlen, auf die er zurückgreifen könnte; er ist angewiesen auf die nackte Arbeitskraft, die er unverdrossen einsetzen muß, wenn er sich erhalten will. Er verfügt über keinen Bestand, der ihm Ruhe, Muße oder auch nur eine weitreichende Erholung sichert. Und so finden wir jenes Maß von Einsatz, das er leisten muß, in den Gedanken über die totale Mobilmachung und den totalen Krieg wieder. Hier wird der gesamte Bestand zugleich aufgerufen, der Bewegung unterstellt, für die Aktion in Anspruch genommen. Es leuchtet ein, daß dieser Vorgang eine Kehrseite hat, daß dem totalen Kriege der totale Verzehr entspricht der durch ihn bewirkt wird. Dieser Krieg ist keineswegs eine freie Levée en masse, bei der die Begeisterung die technisch primitiven Mittel wettmacht; es ist ein Krieg zwischen technisch hoch entwickelten Organisationen, der jenen mechanischen, automatischen Zug aufweist, der der fortschreitenden Technik eigentümlich ist. Eine seiner wichtigsten Aufgaben ist es daher, die technische Apparatur des Gegners zu zerschlagen.

Technischer Fortschritt und Kriegsführung treten in eine immer engere Verbindung. Wir haben jenen Zustand erreicht, in dem das technische Potential des Staates bestimmend ist für seine Aktualität im Kriegsfalle. Dieses ist zugleich die kürzeste Formel, auf die sich eine bestimmte Phase des technischen Fortschritts bringen läßt. Der Staat mit geringerem technischem Potential entfaltet im Kriege eine geringere Aktualität als der mit höherem. Der Staat mit dem größten technischen Potential entfaltet die größte Aktualität im Kriegsfalle. Hierin liegt der Grund, der den Staat mit einer immer mechanischer anmutenden Notwendigkeit zwingt, das Streben nach technischer Perfektion zu unterstützen, es zu beschleunigen und voranzutreiben. Er muß den technischen Automatismus aus Selbsterhaltungsgründen überall fördern und ihm jeden Arbeitsvorgang unterwerfen, der sich ihm unterwerfen läßt. Da das technische Potential über die Aktualität im Kriegsfalle entscheidet, ist es seinem Begriffe nach nichts anderes als Rüstung. Der technische Fortschritt streift hier jene ökonomische Maske ab, die er in den Anfängen der technischen Organisation trug. Der technische Arbeitsvorgang wird zum Rüstungsvorgang, er richtet sich immer eindeutiger auf den Krieg aus. Es ist das durch kein Mittel zu verhindern. Man kann sich vorstellen, daß der Krieg in einem bestimmten Falle verhindert wird; es ist aber unvorstellbar, daß der Staat im Kriegsfalle darauf verzichtet, sein technisches Potential als Waffe zu verwenden. Der beständige Hinweis auf dieses Potential und das Bestreben, es als furchtbar und schreckenerregend hinzustellen, gehört zur politischen Taktik in Friedenszeiten. Man begreift auch, warum die Staaten von der alten völkerrechtlichen Praxis einer Kriegserklärung de jure mehr und mehr abkommen. Es geschieht das nicht sowohl, weil sie sich scheuen, als Aggressoren gekennzeichnet zu werden. Vielmehr wollen sie sich den Vorteil sichern, der in einem Zustande hoher Mobilität mit der plötzlichen und überraschenden Aktualisierung des technischen Potentials verbunden ist.

Wie die technisch organisierte Wirtschaft immer mehr zur Kriegswirtschaft wird, so wird die Technik immer mehr zur Kriegstechnik; sie enthüllt immer deutlicher ihren Rüstungscharakter. In dieser Zeit, in der sie sich energisch entfaltet, treibt sie einen verstärkten Raubbau, sie erhöht zugleich den Konsum und schränkt die Lebenshaltung des Menschen ein, sie befreit sich von aller Rücksicht auf wirtschaftliche Gesetze und finanziert ihre Organisation mit Mitteln, deren Beitreibung zu einer stets schärferen Beanspruchung des Arbeiters führt.

Die Frage, was durch den totalen Krieg gewonnen wird, beschäftigt nicht nur die Fachleute. Es liegt ihr die Erwägung zugrunde, daß jener totale Verzehr, der durch den totalen Krieg hervorgerufen wird, auch den Nutzen aufzehren kann, der aus einem gewonnenen Kriege resultiert, daß ein Zustand eintreten kann, in dem es weder Sieger noch Besiegte gibt, sondern nur einen Zustand allgemeiner Erschöpfung. Sind wir noch in der Lage, in der wir auf einen Gewinn rechnen können? Oder beweist die Forderung nach einem totalen Krieg, daß der Kampf um die nackte Existenz begonnen hat? Mit anderen Worten: Ist der Fortschritt der Technik an einem Punkte angelangt, an dem seine konsumierende Kraft so groß geworden ist, daß er auch die territoriale und politische Organisation der Staaten von Grund auf verändern muß?

44.

Wir erwähnten zu Anfang, daß jeder Ordnungsvorgang etwas Zweischneidiges hat, und daß man diese Zweischneidigkeit begriffen haben muß, wenn man den Preis ermitteln will, der für ihn gezahlt wird. Wir wollen diese Anmerkung an einem Beispiel deutlich machen. Indem die Technik fortschreitet, zeigt sich mehr und mehr die Schutzlosigkeit des Arbeiters, der mit ihr verbunden ist. Die Apparatur selbst kann ihm keinen Schutz gewähren, denn gerade mit ihrer Ausbreitung ist jene Empfindung der Schutzlosigkeit und das Sicherheitsbedürfnis, das den Arbeiter quält und beunruhigt, unauslöslich verbunden, genauer gesprochen mit dem rationalen Denken, das diese Apparatur steuert, und das deshalb in die Notwendigkeit versetzt wird, hier eine Abhilfe zu schaffen. Es geschieht das eben dadurch, daß der Mensch einer erweiterten technischen Organisation unterworfen wird, einer zusätzlichen Beanspruchung also, die erst mehr oder weniger freiwillig geleistet, dann aber zwangsmäßig gefordert und beigetrieben wird.

Man muß, wenn man diese Erscheinung begreifen will, erkennen, daß ein großer Unterschied zwischen Sicherheit und Sicherheitsbedürfnis besteht. Wir können davon ausgehen, daß dort, wo der Mensch ein Bewußtsein seiner Freiheit hat, auch Sicherheit herrscht, ohne die überhaupt eine Überlegenheit und vornehme Kraft des Menschen nicht zu denken ist. Wenn man, wie es heute beliebt, dem 19. Jahrhundert in Bausch und Bogen eine falsche Sekurität vorwirft, so hat diese Behauptung wenig Überzeugendes. Die falsche Sekurität finden wir überall, denn nichts ist dem Menschen eigentümlicher, als daß er sich auf sie zurückzieht. Aber nicht auf sie kommt es hier an. Ohne Zweifel gibt es im 19. Jahrhundert, wenn man die Zeit und den Ort aussucht, weite Landschaften, die idyllisch anmuten, es gibt auch Zustände, die uns heute wie Glashäuser vorkommen, in die kein rauher Frost und Wind einzudringen schien. Denken wir an den wachsenden Wohlstand, der auf der Ausbeutung technischer Konjunkturen beruhte, und den beträchtlichen Spielraum individueller Freiheit, dann wird uns auch die Wehmut verständlich, die der Rückblick auf solche Zustände heute bei vielen hervorruft, die Empfindung des Verlustes, die sie bei Betrachtung des Vergangenen ergreift.

Keine Empfindung aber ist im 19. Jahrhundert lebhafter als die der unterminierten Sicherheit, und diese können wir, so deutlich wie den Ausschlag des Seismographen, aus den Aufzeichnungen seiner geistigen Menschen ablesen. Wir sehen deshalb, daß das Sicherheitsbedürfnis in beständigem Wachstum begriffen ist, und da dieses in dem Maße zunimmt, in dem die tatsächlich vorhandene Sicherheit abnimmt, haben wir einen Maßstab, der uns nicht täuschen kann. Die ganze Kraft, mit der die soziale Frage jetzt das Denken beschäftigt, bleibt unverständlich, wenn wir nicht erkennen, daß an die Stelle der Sicherheit mehr und mehr ein scharfes und oft schmerzliches Sicherheitsbedürfnis tritt, daß die Empfindungen der Schutzlosigkeit, der Ungeborgenheit, des Schwebens im leeren Raume dem Menschen jetzt stärker zusetzen. Notwendig muß die soziale Frage zuerst dort den Menschen beschäftigen, wo diese Schutzlosigkeit sich am härtesten fühlbar macht; es ist deshalb der Fabrikarbeiter, der sie zu erörtern beginnt, es ist die Industrielandschaft, in der sie zuerst politische Bewegungen hervorruft. Der Vorwurf der Ausbeutung, den der Arbeiter dem Kapitalisten macht, der über die Mechanik verfügt, ist berechtigt, weil das technische Arbeitsverfahren auf Ausbeutung und Raubbau beruht. Der Arbeiter verkennt aber, daß er sich selbst als Mitarbeiter und Verteidiger des technischen Fortschritts der Ausbeutung schuldig macht, und hierin liegt der Grund dafür, daß alle seine Anstrengungen scheitern müssen, daß er selbst dort keine Erleichterung seiner Lage erlangt, wo er unter Regierungen lebt, denen er vertraut und mit denen er sich identifiziert. Wenn er die Kraft zeigt, den privaten Kapitalismus abzuschütteln, so fehlt ihm doch die Kraft, die Rationalität der Technik selbst zu meistern, und deshalb wird er durch Apparatur und Organisation unweigerlich in seiner Lage festgehalten. Er bleibt der Ausbeutung solange unterworfen, als er selbst die Ausbeutung rechtfertigt und bejaht.

Nicht die Sicherheit, das Sicherheitsbedürfnis ruft jene mächtigen Organisationen hervor, die wir stets zunehmen sehen, das private Versicherungswesen und die staatliche Fürsorge. Wer aber Sicherheit fordert, wer Schutz begehrt, der kann sich durch keine Maßnahme der Gegenleistung entziehen, die er zu entrichten hat. In dem Maße, in dem ihm Schutz gewährt wird, wird er abhängig von der Organisation, die ihn gewährt. In diesem Sicherheitsbedürfnis, das vor keinem Akte der Unterwerfung zurückscheut, das sich mit einer Art Gier in Abhängigkeit begibt, zeigt sich die ganze Schwäche des in technischer Organisation lebenden Menschen, seine eigentümliche Haltlosigkeit, sein Hilfsbedürfnis, seine Isoliertheit. Da aber das Sicherheitsbedürfnis in dem Maße zunimmt, in dem die vorhandene Sicherheit abnimmt, sehen wir hier einen eigentümlichen Circulus vitiosus an der Arbeit, bei dem sich technischer Fortschritt, Zunahme des Sicherheitsbedürfnisses, Anschwellen der Organisation, abnehmende Sicherheit wiederholen. Hier taucht die Frage auf, wie weit diese Organisation vorgetrieben werden kann, welche Grenzen ihr gesetzt sind. In der Theorie, an der Statistik und Wahrscheinlichkeitsrechnung beteiligt sind, bleibt alles eine Frage der Organisation, welche die Höhe der Rücklagen bestimmt und aus ihnen den Modus der Verteilung errechnet. Der Weg ist vorgeschrieben und läuft auf nichts anderes hinaus, als jeden der Organisation zwangsläufig zu unterwerfen.

Aber das Zeitalter der perfekt werdenden Mechanik, ist ein saturnisches, und dem Saturn gleich, der seine eigenen Kinder verschlingt, frißt es alle Sicherungen hinweg. Wie der totale Krieg durch die Ausdehnung, die er sich selbst gibt, seine Mittel und Zwecke aufzehrt, so sehen wir, daß in die Organisation des Sicherheitsbedürfnisses zerstörende Vorgänge von außen her einbrechen, aus den Zonen, die dem rationalen Denken nicht unterworfen sind. Warum nimmt mit fortschreitender Perfektion der Technik das Sicherheitsbedürfnis zu? Weil die Bedrohungen jetzt spürbarer werden, weil der Mensch des technischen Progresses jetzt mehr und mehr den Regreß zu fühlen bekommt, den er durch seine eigenen Anstrengungen hervorruft, weil die durch Apparaturen unterjochte elementare Kraft sich immer kraftvoller und zerstörender gegen ihn wendet.

Sozial denken heißt heute nicht anderes, als den Glauben an Apparatur und Organisation hochhalten. Es ist der Kotau, den der Mensch vor der Ideologie des technischen Fortschritts vollführt. Das Sicherheitsbedürfnis vermag zwar mächtige Organisationen hervorzurufen, aber es geht ganz über die Kraft dieser Organisationen, dem Menschen wirklich Sicherheit zu geben. Nicht allein deshalb, weil er diese selbst besitzen oder sich geben muß, weil er nicht erwarten kann, daß ein anderer für ihn aufkommt. Nicht allein deshalb, weil diese Organisationen die Armut nur verteilen, also ausbreiten. Sie sind selbst schon Zeichen der Armut, der Sorge und Not, und wie alle Mangelorganisationen wuchern sie in dem Maße, in dem der unorganisierte Reichtum abnimmt.

45.

Wenn wir uns hier zurückwenden, wenn wir das Denken des 17. Jahrhunderts mit dem des 19. vergleichen, dann wird sofort erkennbar, wie verschieden in beiden der Standort des philosophischen Betrachters und der Ausgangspunkt der Betrachtungen ist. In allen philosophischen Systemen des 17. Jahrhunderts stoßen wir auf Vorstellungen des Gleichgewichts, der Balance. Wir finden in ihnen Begriffe von Harmonie und Perfektibilität, die überall wiederkehren, in der Metaphysik, der Erkenntnistheorie, der Ethik und der Pädagogik. Das Denken von Leibniz und Wolff ist ganz von ihnen erfüllt. Man kann deshalb diese ganze Philosophie als ein System der Vermittlung und des Ausgleichs betrachten, wie denn auch der absolute Fürst jener Zeit und das Staatsdenken solchen Gedanken anhing. In der Monadologie von Leibniz erscheint das Gesetz der mechanisch arbeitenden Kausalität noch gebändigt, weil es Instanzen unterworfen wird, die nicht von ihm determiniert sind. Diese Gedanken haben eine weitreichende Kraft. Denn man darf sagen, daß noch der kantischen Philosophie, die sich gegen die leibniz-wolffische feindlich zeigt, ein solcher Begriff des harmonischen Zusammenwirkens aller menschlichen Kräfte zugrunde liegt, die Vorstellung einer prästabilisierten Harmonie der Vernunft. Und diese ist es, von der ein gewisser Glanz auf die Kälte, Kargheit und wissenschaftliche Ruhe seines Denkens fällt. Vernunft, Verstand, Urteilskraft sind es, von denen er ausgeht, deren Umfang und Grenzen seine erkenntnistheoretischen Untersuchungen gelten. Die Philosophie des 19. Jahrhunderts aber nimmt mehr und mehr den Charakter einer Willensphilosophie an.

Jene harte, jene unbefriedigende, weil unversöhnte Gewalt, die uns im Denken Fichtes entgegentritt, der Mangel an platonischer Sanftmut und die Feindschaft, mit der er die Natur behandelt, kehrt bei Hegel wieder. Das System Hegels ist noch zwingender, noch zwanghafter und vergewaltigender. Wenn Schelling gegen das Fundament des hegelschen Systems einwendet, daß es vom reinen Sein, vom bloßen Werden ausgeht, daß dieses Sein, dieses Werden „ein völlig leerer Gedanke, d. h. ein Gedanke, in dem nichts gedacht wird", ist, so liegt in diesem Einwand der Vorwurf der Willkür des Ansatzes. „Das Prinzip der Bewegung mußte er beibehalten, denn ohne ein solches war nicht von der Stelle zu kommen, aber er verändert das Subjekt derselben. Dieses Subjekt war, wie gesagt, der logische Begriff. Weil also dieser es war, der sich angeblich bewegte, nannte er die Bewegung eine dialektische, und weil im frühern System die Fortschreitung allerdings in diesem Sinn keine dialektische war, so hatte dieses System, dem er das Prinzip der Methode, d. h. die Möglichkeit ein System auf seine Weise zu machen, ganz allein verdankte, nach ihm gar keine Methode; die einfachste Art, die eigenthümlichste Erfindung desselben sich anzumaßen. Indeß die logische Selbstbewegung (und welches Begriffs!) hielt, wie vorauszusehen, so lang vor, als das System innerhalb des bloß Logischen fortging; sowie es den schweren Schritt in die Wirklichkeit zu thun hat, reißt der Faden der dialektischen Bewegung gänzlich ab; eine zweite Hypothese wird nöthig, nämlich daß es der Idee, man weiß nicht, warum? wenn es nicht ist, um die Langeweile ihres bloß logischen Seyns zu unterbrechen, beigeht oder einfällt, sich in ihre Momente auseinander fallen zu lassen, womit die Natur entstehen soll." (Schelling, Vorrede zu einer philosophischen Schrift des Herrn Victor Cousin, 1834). An dieser und anderen Stellen sehen wir den Zusammenstoß der schellingschen Potenzlehre mit der hegelschen Dialektik. Die Kritik Schellings an dem System Hegels, die auch in seinen Münchener Vorlesungen „Zur Geschichte der neueren Philosophie" einzusehen ist, zeigt zwar, daß Schelling die hegelsche Dialektik als etwas Neues empfand, macht aber den ungeheuren Einfluß nicht verständlich, den das System Hegels gewann, einen Einfluß, der eben aus dem hegelschen, von Schelling als erschlichen zurückgewiesenen Begriff der Bewegung hervorging. Aus diesem Begriff der Bewegung resultiert seine Macht, in ihm liegen die Hebel, um alles in Bewegung zu bringen, wie es denn den entgegengesetzten und feindlichen Denkweisen mit gleicher Billigkeit und Unparteilichkeit die Waffen lieferte. Die Methode des sich selbst bewegenden Begriffs, die universal anwendbar ist, bleibt freilich so lange dunkel, solange man sie nicht in ihrer Geschichtlichkeit und in ihrer Anwendbarkeit auf Geschichte erkannt hat, dann aber zeigt sich ihr radikal Wirksames, dann zeigt sich auch, daß diese Methode selbst schon bedingt durch einen im Gange befindlichen geschichtlichen Prozeß ist. Das ,,Geheimnis der Hegelschen Dialektik" ist ein geschichtliches, die Übertragbarkeit der Methode auf religiöses, politisches, soziales, ökonomisches Gebiet erhellt ihre spezifische Geschichtlichkeit. Ist die Wissenschaft nach Hegel ,,die begriffene Geschichte, die Erinnerung und Schädelstätte des absoluten Geistes, dem nur aus dem Kelch dieser Geisterwelt seine Unsterblichkeit schäumt", so enthüllt dieses barbarische Bild, das merkwürdig dem Bild des indischen Gottes gleicht, der mit Schädelketten behangen ist und aus Schädelkelchen trinkt, welchen Gang das menschliche Bewußtsein geht. In ihm spricht sich aus, ,,daß das Innere der Natur der Gedanke sei, der nur im menschlichen Bewußtsein seine Existenz hat."

Wie aber kommt es zu diesem Gedanken und seiner Bewegung, die nichts als Knochen zurückläßt? Dadurch, daß aus dem ,,Inventar der reinen Vernunft", welches Kant aufgezeichnet hatte, das Ding an sich eliminiert wurde? Das hatte schon Fichte besorgt, aber die Heraussetzung aller Erkenntnis aus dem Erkenntnisvermögen, das jetzt zur reinen Vernunft geworden ist, deren notwendige Fortbewegung in Idee, Natur, Geist, ist das Unternehmen Hegels. Die Vernunft als einzige Substanz, der Panlogismus, welcher Substanz ist, wird nun zum Subjekt entfaltet, wird Geist, und zwar absoluter Geist. Die Logik muß sich nun ungemein erweitern, denn da in der Vernunft sich alles Seiende faßt, da es außerhalb ihrer nichts Seiendes gibt, muß alles, was sonst als Metaphysik und Ontologie abgehandelt wurde, in die Logik hineinverlegt werden. Die steinerne Tafel der Kategorien und Urteilsformen sinkt nun in sich zusammen, denn diese Kategorien und Urteilsformen sind nur noch Methoden der gleichen notwendigen Bewegung, in welcher die Idee sich entfaltet. Die dialektische Methode mit ihren Umschlägen ins Gegenteil, dem Kettenlauf der Antithesen, die beim leeren Sein, das gleich Nichts ist, beginnen, der Rücklauf der Methoden nach vollbrachter Arbeit in ihren Anfang läßt den Prozeß als Ganzes, als einen Kreislauf erscheinen. Für den, der in Zusammenhängen denkt, ist nicht schwierig zu erkennen, daß hier eine Vorform jener ewigen Wiederkehr vorliegt, in der Nietzsches Denken gipfelt, wie denn die Wendung von Schopenhauer zu Hegel für den späten Nietzsche kennzeichnend ist. Indessen ist der Prozeß für Hegel ein einmaliger, „nur die Oberfläche, nicht das wahrhafte Wesen der Welt" wird durch ihn aufgehoben. Dieses wahrhafte Wesen der Welt aber „ist der an und für sich seiende Begriff, und die Welt ist so selbst die Idee". Diese Allmacht der Idee aber wird gewonnen durch die äußerste Verdünnung des Substanzbegriffes. Der willkürliche Anfang, den Schelling dem hegelschen System vorwirft, kehrt in dem willkürlichen Ende wieder, denn in dem Denker, der den ganzen Prozeß begriffen und durchdacht hat, ist er auch beendet, der Punkt des absoluten Wissens ist in ihm erreicht, und darüber hinaus gibt es keine Entwicklung mehr. Das darzutun ist die Aufgabe der Phänomenologie.

Das radikale Wirksame dieses Systems liegt darin, daß es die Dynamik, welche als ein Teil der Mechanik sich entfaltet hat, auf den geschichtlichen Prozeß überträgt. Das Gegenstück zu dieser mechanischen Dynamik ist nichts anderes als die hegelsche Dialektik. Das Instrumentarium eines solchen Denkens, worunter das zu verstehen ist, was ablösbar ist und auf einem neuen Felde, zu neuem Einsatz verwendet werden kann, ist seine Methode. Es ist verständlich, daß die exakten Wissenschaftler des neunzehnten Jahrhunderts sich gegen das hegelsche Denken von vornherein kalt und ablehnend verhielten, daß sie ihm gegenüber an ihren empirischen, induktiven Verfahren festhielten. Ihre Bemerkungen über dieses System sind insgesamt von einer unintelligenten Oberflächlichkeit. Hegels Aufgabe war es gar nicht mehr, die exakten Wissenschaften als solche zu fördern, denn er strebt über jeden wissenschaftlichen Ansatz und über die Wissenschaft selbst hinaus. Ist die Wissenschaft „begriffene Geschichte", dann hat es keinen Sinn mehr, sich mit ihr zu beschäftigen, denn für den, der sie begriffen hat, ist sie etwas Vergangenes, ist „Schädelstätte" geworden. Hegel wirkt nicht mehr unmittelbar auf die exakten Wissenschaften, denn er wirkt mächtiger auf andere Fundamente, indem er auf den geschichtlichen Prozeß wirkt, dessen Träger Staat und Gesellschaft sind. Seine Dialektik hellt diesen Prozeß nicht nur auf, sie greift in der bestimmten geschichtlichen Situation auch in ihn ein und wird zu einem Mittel, ihn voranzutreiben.

Nicht jeder freilich wird sich mit der dialektischen Methode befreunden. Die Sophisten bildeten sie zu einer Kunst des logischen Scheins aus, als Versteckspiel verborgener Fehlschlüsse und täuschender logischer Formen, mit denen man den Partner im Gespräch betrügen konnte. Weder für Platon noch für Aristoteles aber ist sie Vehikel einer notwendigen geschichtlichen Fortbewegung, denn beide schätzen sie als die Kunst, den Gegenstand begrifflich durchsichtig zu machen, ihn durch umfassendes Denken zu verdeutlichen. Für Hegel aber ist sie die Methode, die dem Gegenstand der Erkenntnis immanent ist, ist sie Prinzip der Bewegung. Ihre geschichtliche Wirksamkeit hängt von der Kraft des mechanischen Prozesses ab, der sie begleitet, zeigt sich daher im Verlauf der perfektwerdenden Technik. Sie wird daher von jedem Rückschlag betroffen, der die technische Apparatur und die Organisation der Arbeit trifft. Einen so mächtigen Kopf wie Hegel darf man nicht an seiner Schule und seinen Schülern abmessen. Sie haben die dialektische Methode überall vorgetrieben, aber sie haben sie auch verändert. Sollte noch niemandem aufgefallen sein, daß sie so, wie sie heute geübt wird, in fataler Weise dem Kauvorgang ähnelt? Sie ahmt den mechanischen Kauvorgang, das Kauen und Zerkauen der Nahrung nur nach, indem sie jeden Bissen, der logisch gesetzt ist, dialektisch aufhebt und „bewältigt". Diese Vulgärform der Dialektik ist unter die Verbraucher gegangen und begnügt sich damit, das Vorhandene zu konsumieren.

46.

In dem Denken Kants nimmt die Beschäftigung mit dem Willen nur einen bescheidenen Raum ein, einen geringeren als in dem Denken Luthers, dessen Schrift „De servo arbitrio" zu den Fundamentalschriften des Protestantimus gehört. Schopenhauer aber erklärt den Willen für das Ding an sich, eine Identifizierung, die für Kant unverständlich gewesen wäre, denn dieser erklärte es für eine Unmöglichkeit, die Qualität des Dinges an sich zu erkennen und zu bestimmen. In Nietzsche erreicht die Willensphilosophie ihren Gipfel, in jener Konzeption des Willens zur Macht, der von ihm ebenso leidenschaftlich bejaht wird, wie er von Schopenhauer verneint wird. Die Art, in der er zugunsten des Willens polemisiert, erinnert an die des Kallikles im platonischen „Gorgias".

Die Willenphilosophie hat eigentümliche Voraussetzungen und Folgen. Es leuchtet zunächst ein, daß mit ihr jene älteren Vorstellungen von Perfektibilität, Harmonie und Balance unvereinbar sind. Denn dort, wo von dem Willen ausgegangen wird, gerät alles in Bewegung. Das Denken wird dynamisch, es wird von der Bewegung mitgerissen. Doch wohin, auf welches Ziel zu? Es muß ja bemerkt werden, daß dem reinen Wollen gewisse Schranken gesetzt sind. A posse ad esse non valet consequentia. Das Gelingen etwa hängt nicht ausschließlich von meinem Willen ab, ich kann es auch durch die stärkste Anspannung des Willen nicht erzwingen. Es ist vielmehr ein Kennzeichen der vollendeten und vollkommenen Bewegung, daß ihre Willensmäßigkeit zurücktritt, wie in einem trefflichen Bilde, in der Marmorfigur des Künstlers die technische Arbeit, das handwerksmäßige Mühen ausgetilgt scheint. Das Wollen und das Gelingen sind nicht identisch, deshalb realisiert der bloße Wille zur Macht noch nichts. Er kann scheitern, zugrunde gehen, und es widerfährt ihm das besonders dann, wenn er in einem Mißverhältnis zu dem Sein steht, dem er entspringt. Vielleicht führt er nur zu einer Karikatur der Macht, zu einem Zerrbild, dem man anmerkt, daß aus aller Anspannung des Willens wenig oder nichts herausgesprungen ist. Er gleicht dann der Statue eines Künstlers, der, um einen Eindruck außerordentlicher Kraft zu erwecken, alle Muskeln und Proportionen vergrößert, nur jene Grundproportionen nicht, aus der die Kraft der ganzen Gestalt mühelos hervorgeht. Die Darstellung eines überall wirksamen Willens zur Macht bleibt einseitig, solange nicht die Ermächtigung geprüft ist, die diesen Willen zur Macht erst glaubwürdig, wirksam und erfolgreich macht. Schon in der Überbewertung des Willens aber liegt etwas Zerstörendes. Nicht nur schließt sie eine Überschätzung der Bewegung in sich, der direkten Aktion, des blind und instinktiv handelnden Menschen und der nackten Vitalität, die dem Leben innewohnt, diese Bewegung nimmt auch etwas Mechanisches und Zwangsläufiges an, weil sie unter allen Umständen etwas erzwingen will, auch dort, wo ihr das Gelingen nicht gewährt ist. Aber dieses energische Denken deutet so wenig auf einen Überfluß an leiblicher, physischer Kraft, wie es auf Ruhe, Fülle und reiches Sein hinweist. Es liegt ein guter Sinn darin, daß wir uns die höchste Kraft in einem Zustand vollkommener Ruhe denken und daß wir den höchsten Begriff des Erhabenen nicht mit der Bewegung, sondern mit majestätisch ruhender Kraft denken. Der Wille zur Macht aber ist darauf aus, sich Macht zu verschaffen; er will Macht, weil er arm an Macht, weil er hungrig nach Macht ist.

Das Auftauchen der Willensphilosophie ist immer an bestimmte Zustände des menschlichen Geistes gebunden, an Akte der Zerstörung, wie sie durch Luthers Schrift „De servo arbitrio", durch die Nietzschesche „Umwertung aller Werte" beschrieben werden. Ihre Berechtigung liegt in der Erkenntnis eines Zustandes der Zerstörung. An diese Erkenntnis knüpfen sich heute entscheidende Fragen. Denn wer zerstört? Und was wird zerstört? Wie groß ist der Bestand, welcher der Zerstörung verfällt? Und welche Rangordnung ist hier festzustellen? Wo sind Elemente einer neuen Ordnung, durch welche jene alte dem Untergang preisgegeben wird? Endlich — und das betrifft unser Thema —, in welchen Beziehungen steht die Technik zu alledem?

Die Technik ist — jede Beobachtung bestätigt es — ein durchaus intakter Bestand unserer Zeit. Sie hat eine neue, rationale Organisation der Arbeit geschaffen. Sie entfaltet diese Organisation mit Hilfe jenes mechanischen Automatismus, der ein Kennzeichen ihrer wachsenden Perfektion ist. Sie ist eine verändernde, eine umwandelnde, eine zerstörende Macht. Sie ist intakt, nicht weil sie die Elemente einer neuen Ordnung enthält, sondern weil sie das kräftigste Element ist, um den Abbau einer alten Ordnung zu betreiben, die Gefälle einzuebnen, eine grundlegende Nivellierung herbeizuführen. Denn so wirkt sie, durch das Streben nach arithmetischer, das heißt mechanischer Gleichheit, um einen Ausdruck Platons zu gebrauchen.

Da alles Mechanische elementare Kraft bindet, ist nichts gewisser als die Erkenntnis, daß in einem Zustande, in dem die Technik Perfektion erlangt, der Mensch über ein Höchstmaß elementarer Kräfte verfügen wird. Hiermit rühren wir an die Grenzen des technischen Fortschritts; wir erkennen die Schranken, die ihm gezogen sind. Denn nichts ist sicherer als der Schluß, daß der Mensch in dem Machtkampfe, den er führt, von diesen gewaltsam gebändigten Kräften einen entschlossenen Gebrauch machen wird. Das Mehr an elementarer Kraft, das er durch zerstörenden Raubbau an der Natur gewonnen hat, wendet sich damit gegen ihn selbst und bedroht ihn mit

Zerstörung. Es ist die Rache der Elementargeister, die er heraufbeschworen hat. Es ist die Anhäufung elementarer, durch die Mechanik gelenkter Kraft, die sich mit unverhüllter Feindseligkeit gegen ihn kehrt; es ist jener Regreß, dessen Umfang sich genau nach dem Verhältnis technischer Progression bestimmen läßt. Indem die von der Zerstörung bedrohten Zonen für unser Auge erkennbar und unterscheidbar werden, die Zonen gedrängtester Massensiedlung und fortgeschrittenster Technisierung, erkennen wir auch die Richtung des Regresses, den die Zerstörung nimmt, ihren Zusammenhang. Und hier erst wird uns das Dämonische des Vorgangs ganz deutlich. Die tote Zeit, über die der Mensch nach Belieben zu verfügen glaubte, die er überall in Dienst stellte, sie bindet und knebelt ihn nun vermittels der Mechanik, über die sie gebietet und herrscht. Sie verhöhnt den Arbeiter und sperrt ihn in den gleichen Käfig ein, den er ihr gebaut hat. In der Theorie erschien sie unendlich, unermeßlich, aber als sie in Konflikt geriet mit der Lebenszeit, als diese dem mechanischen Zeitbegriff unterworfen wurde, da ging es mit aller Muße, aller Zeit zu Ende. Da schrumpfte auch der Raum ein, und die Erde wurde für den Menschen klein und eng, für den sie einst unübersehbar war. Das mechanische Denken ist stets gewaltsam gegen die Toten, gegen das, was es für tot hält. Wäre das Universum wirklich von jener leblosen Unterwürfigkeit, die man ihm unterstellt, dann wäre das Unternehmen, die Technik zur Perfektion zu bringen, ein gefahrloses Unterfangen. Aber da überall dort, wo etwas Lebloses sich findet, auch das Belebte ist, da Tod ohne Leben nirgends angetroffen werden kann, weil eines ohne das andere keinen Sinn hat und nicht gedacht werden kann, schneidet alles Mechanische tief in das Leben ein. Mag es seine Apparatur und Organisation ansetzen, wo es will, es organisiert damit zugleich den Widerstand, der sich gegen seine Zwangsgewalt erhebt, und dieser Widerstand trifft den Menschen mit der Kraft und Genauigkeit eines Regulativs, mit der Präzision jener Uhrwerke, welche die tote Zeit abmessen. Gemeinhin, so heißt es, schlummern die Dämonen, sie müssen erst geweckt werden, man muß erst in ihre Sphäre eindringen, um sie regsam zu machen. Heute kann kein Zweifel mehr darüber bestehen, daß sie vollkommen wach sind.

Weil dem so ist, deshalb verdunkelt die Angst vor der Zerstörung heute den Geist des Menschen. Er spürt sie in seinen Nerven, denn diese sind empfindlicher geworden, ein Umstand, der mit der Perfektion gewisser Bezirke der Technik in engem Zusammenhang steht. Er erschrickt vor jedem Geräusch, er lebt im Vorgefühl der Katastrophe. Denn wenn das Denken hilflos wird, dann beginnt es mehr und mehr um die Katastrophe zu kreisen. Die Katastrophe ist das Ereignis, das den menschlichen Geist beschäftigt, wenn er keinen Ausweg sieht, und wenn er, anstatt von seinen Gaben Gebrauch zu machen, sich der Angst überläßt. Deshalb treten jetzt überall Vertreter von Katastrophen-Theorien auf. Sie verstecken sich hinter der Lehre von den Weltaltern und Weltzeiten, sie entwickeln Theorien von Kataklysmen und lassen den Mond auf die Erde stürzen, sie verkünden den Untergang der Kultur und weisen darauf hin, daß mit dem nächsten Kriege alles zu Ende ist. In Wirklichkeit aber ist nichts zu Ende, sie sind nur mit ihrem Denken zu Ende und springen in die Angst hinein. Die Katastrophe ist ein imaginäres Geschehen, das der hilflos gewordene Geist in die Zukunft projiziert. Nun ist es gewiß, daß wir alle sterben müssen, und man braucht kein Prophet zu sein, wenn man für die Zukunft große Unglücksfälle und Veränderungen voraussieht. Indessen beweist sich die Macht des Todes nur am Leben, und es ist zu allen Zeiten ein genaues Verhältnis zwischen der Zerstörung und dem Bestande, der reif geworden ist, ihr anheimzufallen. Dieser aber ist zu keiner Zeit und durch keine menschliche Anstrengung zu retten.

Wir erwähnten, daß ein festes, gesichertes Wissen, ein Fortschritt der wissenschaftlichen Erkenntnis für den exakten Naturwissenschaftler nur denkbar ist, wenn die Gesetzmäßigkeit, von der er ausgeht, eine unverbrüchliche ist. Das Experiment würde für ihn allen Kredit verlieren, wenn es nicht unendlich oft wiederholt werden könnte, wenn nicht auf die gleiche Frage immer die gleiche Antwort folgen würde. Die Erkenntnis schreitet fort, vermittels eines toten und starren Mediums, und die Wissenschaft altert zugleich mit dieser Erkenntnis; sie bewegt sich auf die starre Mechanik zu, die alle Bewegung gleichförmig wiederholt. Die Welt ist eine Maschine, der Mensch ein Automat. Die Maschine, die der Techniker konstruiert, ist ein Abbild dieser universalen Maschinerie, die als Machina machinarum alle jene Kolben, Räder, Ketten, Riemen und Drehscheiben in Bewegung bringt, die das technische Werk besitzt. Das Wissen, das der Technik zugeordnet ist, ist kausal, es entspringt der Einsicht, die sich der Mensch in den kausal arbeitenden Mechanismus des Naturvorgangs zu verschaffen weiß. Indem dieses Wissen sich ausbreitet und Werke hervorbringt, wird die mechanische Zwangsläufigkeit, von der es ausgeht, immer deutlicher, denn der technische Fortschritt endet seinem Begriff nach in der vollkommenen Mechanik, die den Menschen dieser Zwangsläufigkeit unterwirft. Die tote Zeit dringt vor. Das Leben tritt in den Dienst eines überall wirksamen Automatismus, durch den es reguliert wird.

Man kann die Wissenschaft einem großen Kloster vergleichen, einem Monasterium, dessen zahllose Arbeitszellen von Männern bewohnt werden. Es ist das zwar kein Konvent von Religiösen, die sich für den Himmel tüchtig machen. Und sie sind durch kein Zölibat gebunden. Dennoch läßt sich nicht verkennen, daß in der Leidenschaft des echten Wissenschaftlers etwas Mönchisches, Asketisches, Unfruchtbares im Fleische liegt. Es ist eine Welt geistiger Paternität, unverletzlicher Männlichkeit, in welcher der Wissenschaftler lebt. Alles rationale Denken ist, auf seine Herkunft angesehen, paternitär, nicht nur das wissenschaftliche, technische. Auch leben wir in einer Welt, deren geistige Paternität wir gewahrt und gefestigt sehen wollen. Die Rationalität der Wissenschaft ist zugleich, welches Gebiet sie immer aufsuchen mag, eine kausale. Wer nicht rational und kausal zu denken vermag, der ist kein exakter Wissenschaftler. Deshalb sind die Frauen von der Wissenschaft ausgeschlossen, sie haben nichts in ihr zu suchen. Nur in Gestalt des Blaustrumpfes und der geschlechtslosen Arbeitsbiene dringen sie in die wissenschaftlichen Arbeitszellen ein. Oder im Gefolge des Mannes. Die Arbeitsbiene ist hier aber nicht, wie im Bienenstock, die Regel, sie ist eine Ausnahme. Das Mulier taceat in ecclesia gilt auch für die Wissenschaft. Alles Matriarchale liegt weitab von ihr und muß von ihr ferngehalten werden, denn wenn es Macht gewänne, würde es die Wissenschaft selbst zerstören, es würde die Kraft des rationalen Denkens brechen. Die Frauen begründen keine Wissenschaft, sie sind keine Erfinder, sie haben die Technik nicht geschaffen. Sie sind nicht vom Schlage des Homo faber, zu dem der Techniker gehört. Sie sind auch keine Mechaniker, kein geeignetes Bedienungspersonal für Maschinen. Der technische Fortschritt, der die Emanzipation der Frau begünstigt, um sie als Arbeiterin seiner

Organisation einzuverleiben, entmachtet die Frau nicht nur, er schädigt sie auch in ihrer Bestimmung. Der Anblick von Frauen, die mit technischen Verrichtungen beschäftigt sind, hat immer etwas Befremdendes. Lawrence bemerkt mit Recht, daß man die Frauen verläßt, wenn man sich zu den Maschinen begibt. Und was sollten sie hier auch zu suchen haben? Ihre Macht liegt auf anderem Gebiete. Ein Blick auf die Maschinen lehrt uns, daß wir hier einer Todesseite des Daseins gegenüberstehen, der sterilen, geschlechtslosen Mechanik, einer Welt lebloser Automaten. Die Maschine ist kein tönerner Golem der durch magische Zaubersprüche belebt wird, kein geistig reger Homunkulus. Sie ist ein toter Automat, ein Roboter, der unermüdlich und gleichförmig denselben Arbeitsvorgang wiederholt. Sie ist so rational, wie es ein Mechanismus nur sein kann, und die mechanische Präzision, mit der sie arbeitet, setzt einen mit mechanischer Exaktheit arbeitenden Verstand voraus, wie er in einem Verse Baudelaires beschrieben wird, einem bitteren Verse, der auf den Techniker gut anwendbar ist:

> Cette crapule invulnérable
> Comme les machines de fer
> Jamais, ni l'été ni l'hiver,
> N'a connu l'amour véritable.

Am Schlusse dieser Untersuchung sei daran erinnert, daß der Mythus dem Homo faber, der heute veloziferisch auftritt und zu einem Homo crepitans geworden ist, nicht günstig gesinnt ist. Dem Prometheus, der als geistigster aller Titanen sich zu seinem Schutzherrn aufwirft, mißlingt die Empörung. Es ist ein Zug von wunderbarer Tiefe, daß er das Feuer den Göttern stehlen muß, und daß es gerade dieser Diebstahl ist, der ihren Zorn gegen die Titanen und die Menschen wachruft. Welcher Art ist dieses Feuer, das er in einem Zunderrohr, in dem Markstengel einer Sonnenblume auf die Erde bringt? Die Mythe läßt den Ort, von dem er es entwendet, unbestimmt, aber das Mittel, dessen er sich bedient, deutet darauf hin, daß es nicht aus der Schmiede des Hephästos stammt, sondern solarischer Herkunft ist, daß es ein Teil des großen Sonnenfeuers ist, das er geraubt hat. Was aber hat es mit diesem Raube auf sich? Ohne das Sonnenfeuer ist kein Leben denkbar, deshalb kann der Zorn der Götter nicht darauf beruhen, daß es als lebenspendendes Element dem Menschen zugute kommt, denn als solches wirkte es von jeher. Es ist die Indienststellung des Feuers, die sie erzürnt, die der Mythus festhält. Es ist ein Akt der Entweihung, der mit Gefahr verbunden ist, und der lange das Bewußtsein beschäftigt hat, wie die Vorstellungen von der weihenden, heiligenden, reinigenden und entsühnenden Kraft des Feuers zeigen.

Die Technik verwendet nicht unmittelbar solarische Wärme. Und vielleicht ist es nicht ohne Bedeutung, daß es ihr nicht gelingen will, diese für ihre Organisation nutzbar zu machen. Sie plündert jene Speicher, in denen sie umgewandelt schlummert, die tellurischen Substanzen, die von ihr gesättigt sind. Das Feuer der Schmiede ist zunächst tellurischer Herkunft, es ist jenes Feuer, als dessen Elementargeist später der Salamander erscheint. Tellurisches Feuer ist es, von dem die Technik ihren Ausgang nimmt. Sie beginnt damit, dieses Feuer in Dienst zu stellen, indem sie Apparaturen schafft, die auf irgendeine Weise vom Feuer in Bewegung gesetzt werden. Unser gesamtes technisches Personal ist aus den Schmieden hervorgegangen. Von ihnen haben sich die Schlosser abgezweigt, sodann, im Zeitalter der technischen Spezialisierung, alle jene technischen Arbeiter, deren Zahl heute Legion ist.

> Jetzt lebt ein eisern Geschlecht,
> und nimmer ruht es am Tage
> Von der Arbeit Gewicht und vom Leid,
> es ruht in der Nacht nicht. (Hesiod.)

Auch Hephästos gehört zu den Schutzherren des Homo faber. Er ist so rußig, verschwitzt und blaß, wie es alle Schmiede sind, deren Haut von der Ausstrahlung des Feuers farblos wird. Warum hinkt er, warum hinkt Wieland? Und was bedeutet es, daß die Schmiedekunst von Zwergen, von Verwachsenen und Krüppeln gelehrt wird? Sie stehen in einer unrechtmäßigen Beziehung zu den Schätzen, in einer Beziehung zu den Schächten, den Höhlen und dem Inneren der Berge, in denen die Metalle ruhen. Warum wird das Wissen um die Verarbeitung der Erze von einer alten Scheu begleitet, und warum ist dieses Handwerk seit des Dädalus Zeiten von Unheil und Unglücksfällen begleitet? Es ist offenbar, daß die Götter den Homo faber nicht lieben, daß sie ihn bald gewaltsam bekämpfen, bald nur, wie den Hephästos, als eine halb burleske Figur neben sich dulden. Der Trotz und die

Anmaßung des Titanen werden von ihnen bekämpft. Alle Technik aber ist titanischen Ursprungs, der Homo faber gehört immer zu den Titaniden. Daher sind es die vulkanischen Landschaften, in denen wir ihm zuerst begegnen. Und daher stammt seine Vorliebe für das Ungeheure, Riesenhafte, Kolossale, seine Lust an Werken, die durch ihre quantitative Masse, durch das Wuchern der Materie hervorstechen. Daher sein mangelndes Verständnis für die Maßordnung des Schönen und jener unkünstlerische Zug, der ihm eigen ist. In der Titanomachie, in der Prometheus-Mythe wird uns überliefert, wie das künstlerischste aller Völker, das mit der Maßordnung des Schönen vertrauteste, die Versuchung besiegt hat, sich mit dem titanenhaften Wesen zu verbinden. Und es kann kein Zweifel sein, daß die bescheidene Rolle, welche — abgemessen an der unseren — die antike Technik spielt, hier ein für allemal festgelegt und vorgezeichnet ist. Der Homo faber ist durch seinen Eifer, seine unruhige Betriebsamkeit, seine rastlose Geschäftigkeit, sein exzentrisches Machtstreben den Göttern verhaßt. Die Majestät des Zeus ist die Fülle des ruhenden Seins, die Kraft des Prometheus aber besteht im Aufruhr, in der Empörung, in dem Bestreben, den Zeus von seinem goldenen Thronsessel herabzuwerfen, die Welt zu entgöttern, sich selbst zu ihrem Herrn zu machen.

Der Techniker ist auch in seinem geistigen Wissen ein Hinkender. Er ist einäugig wie alle Kyklopen. Sein Empirismus schon deutet darauf hin. Ihm bereitet die Frage, wohin seine Bemühungen führen, kein Kopfzerbrechen. Seine Sachlichkeit besteht eben darin, daß er dieser Frage ausweicht, denn sie liegt außerhalb der Grenzen, die seiner Arbeit gezogen sind. Man darf von ihm nur technische Erkenntnisse erwarten, wie sie ein Spezialist des Wissens liefern kann, nicht aber Erkenntnisse, die außerhalb alles technischen Wissens liegen. Seine Sachlichkeit hindert ihn nicht nur daran, über sich selbst nachzudenken, sie verlegt ihm auch den Weg zu jenem geistigeren Wissen, das keiner Mechanik unterworfen werden kann.

Indessen hat sein Machtstreben Grenzen, die uns erkennbar werden weil wir den Bereich, das Wirkungsfeld einer sich der Perfektion nähernden Technik zu überschauen vermögen. Der Raubbau, ohne den sie nicht zu denken ist, der rücksichtslose und brutale Verzehr von Menschen und Mitteln kann nicht auf lange Sicht hin fortgesetzt werden; er endet mit der Erschöpfung der Bestände, auf deren Konsum der technische Fortschritt angewiesen ist. Wir finden oft das Bestreben, diese Bestände als unerschöpflich hinzustellen, doch steht schon die wachsende Rationalität der Ausbeutungsverfahren im Widerspruch zu dieser Versicherung, denn diese Rationalität ist der Maßstab dafür, in welchem Umfange der Reichtum abnimmt([18]). Alle die Berechnungen über das Vorhalten der Fundstätten haben etwas Fragwürdiges, und sie verlieren diese Fragwürdigkeit auch dort nicht, wo die Zuverlässigkeit der Zahlenangaben keinem Zweifel unterworfen ist. Denn sie alle übersehen, daß zu den Beständen, welche der technische Fortschritt konsumiert, auch der Mensch gehört. Sie erwägen nicht, daß die Entfaltung der Mechanik Grenzen hat, weil mit ihr eine Vermehrung elementarer Kraft verbunden ist, die sich zerstörend gegen den Menschen und das mechanische Werk richtet. Sie vergessen endlich, daß die Organisation des Menschen abhängig ist von dem unorganisierten Reichtum, den sie ausschöpft, und daß sie krankhaft zu wuchern und zu schmarotzen beginnt, wo sie Selbstzweck wird und das Unorganisierte vernichtet.

Es gibt keine Erfindung, welche die Entsprechung von mechanischer Progression und elementarem Regreß aufzuheben imstande wäre. Wenn wir diese Entsprechung beachten, dann erhalten wir zugleich einen Maßstab zur Beurteilung jener Hoffnungen, die auf neue und unerhörte technische Erfindungen gesetzt werden. Hierher gehören alle Versicherungen, daß der technische Fortschritt dem Menschen — durch die Atomzertrümmerung etwa — Energien von unvorstellbarem Ausmaß erschließen werde, daß ihm also eine Anzapfung elementarer Bestände gelingt, die alles übertrifft, was auf diesem Gebiete erreicht worden ist. Dergleichen Hoffnungen sind —

([18]) „Es ist in jedem Zeitpunkt die Aufgabe der reinen Naturwissenschaft, den Boden urbar zu machen, auf dem die Technik wachsen soll; und da der bebaute Boden bald verbraucht wird, ist es wichtig, daß stets neuer hinzugewonnen werde." (Heisenberg.) Die Bedeutung dieses Satzes liegt darin, daß er den konsumierenden Charakter der Technik erkennt. Man darf davon ausgehen, daß die Terra incognita unbegrenzt ist, daß ihre Reichtümer unerschöpflich sind. Aber diese Reichtümer stehen nicht jedem zur Verfügung, denn zu jeder Schatzhöhle gehört auch ein Ali Baba, der im Besitze des Kennworts ist. Das rationale Denken hat keinen Zugang zur Terra incognita, es arbeitet immer auf bebauten Böden.

wenn auch nicht utopisch — so doch sehr unwahrscheinlich. Utopisch ist aber der naive Optimismus, der solchen Spekulationen zugrunde liegt, und die Einfalt, mit der sie vorgetragen werden. Wenn derartige Entdeckungen und Erfindungen gelängen, was hätte der Mensch mehr zu fürchten als sie, und was könnte ihm fürchterlicher werden? Welche Möglichkeiten der Zerstörung erschließen sich dort, wo solche Entdeckungen gemacht werden! Der utopische Roman, der sie behandelt, liebt es, ihre Nutzbarmachung zum Wohle der Menschheit durch einen edlen Menschen darzustellen. Muß man aber nicht vor der Vorstellung zurückscheuen, daß die Verwendung einer solchen Entdeckung, von dem Willen eines einzelnen abhängt, den wir, so edel er immer sein mag, mehr zu scheuen hätten als den bösartigsten und inhumansten Verbrecher? Dergleichen Mittel in die Hand eines Menschen zu legen, ist ein Gedanke, der inhumaner ist als jedes Verbrechen.

Das Machtstreben der Technik ist ungebrochen. Wir sehen, wie sie zu immer neuen Vorstößen ansetzt und immer neue Erweiterungen ihrer Organisation durchzusetzen vermag. Indem dieses geschieht, verändert sich ihr Verhältnis zum Staate. Der Staat selbst wird von ihr als eine Organisation begriffen, die als solche zur Perfektion gebracht werden muß, die einem vollendeten Automatismus gehorcht. Der Staat wird, wie der Techniker versichert, erst dort seinen Aufgaben gerecht, wo er zu vollkommener Technizität gebracht ist, wo ein zentraler Funktionalismus, der nichts mehr übersieht, eine Organisation, der nichts mehr entgeht, seinen Begriff und Zweck kennzeichnen. Eben diese Bestimmung aber ist es, die den Staat seinem Begriffe nach aufhebt. Denn er setzt etwas voraus, was nicht Staat ist, was nie Staat werden kann, was ihm die Möglichkeit gibt, Staat zu sein, das Volk nämlich, das wohl als Staatsvolk begriffen werden kann, nicht aber selbst als Staat. Der Staat wird seinem Begriffe nach aufgehoben, wenn man seine Voraussetzung aufhebt, wenn man ihn als eine technische Organisation begreift, der nichts Unorganisiertes mehr zur Verfügung steht.

Anhang

Die Weltkriege

Zwei große Kriege beherrschen die erste Hälfte des zwanzigsten Jahrhunderts. Sie greifen auf alle Staaten über, durchbrechen alle Schranken, innerhalb deren sich Völker, Länder und Kontinente absondern und erstrecken sich als erste in der Geschichte der Menschheit über die ganze Ausdehnung der Erdkugel, umfassen den Globus mit seinem Festland, seinen Inseln und Meeren und dem Luftraum darüber. Wenn sie die Polarzonen, die großen Wüsten, überhaupt die menschenleeren, schwer zugänglichen und deshalb entlegenen Gebiete nur berühren, so ist doch ihr Schauplatz der ganze Planet, ihr Ausmaß ist ein planetarisches, und ihre Wirkungen treffen unmittelbar oder mittelbar die ganze Erdbevölkerung. Nennt man sie also Weltkriege, so geschieht das zunächst in Hinsicht auf ihre räumliche Ausdehnung und zum Unterschiede von früheren Kriegen, die nur einen Teil der Erdoberfläche betrafen, und oft einen so kleinen, daß man weithin nichts von ihnen erfuhr. Denn das „was hinten in der Türkei" vor sich geht, beschäftigt nur die Anlieger und bleibt als entlegenes Geschehen den Unbeteiligten halb oder ganz verborgen. Ein Weltkrieg kann niemandem verborgen bleiben. Schon sein Entstehen setzt voraus, daß die Erde nicht mehr Carte blanche ist, daß keine weißen Flecken mehr auf ihr sind, zwischen denen man nichts voneinander weiß. Vielmehr ist das Zeitalter der Entdeckungen abgeschlossen, die Erde ist bekannt, verteilt und vermessen, sie steht dem Zugriffe des Menschen in ihrer ganzen Ausdehnung offen, und jeder Punkt auf ihr liegt im Netze des Verkehrs oder ist doch zu erreichen. Abgeschlossen war das Zeitalter der Entdeckungen, als man auf symbolische Weise von den Polen Besitz ergriffen hatte. Damit war das Werk des Kolumbus beendet. Entdecker gibt es seitdem nicht mehr, nur noch Reisende, die der Wissenschaft, der Neugier, des Geschäftes und Vergnügens wegen umherziehen. Eine Terra incognita im geographischen oder politischen Sinne, in die man eindringen könnte, ist nicht mehr vorhanden; alle Grenzen, die überschritten werden, sind politische Grenzen.

Kenntnis der Erde und Herrschaft über sie, ein Besitzstand, jenseits dessen keine leeren oder doch unbeanspruchten Räume mehr liegen, sind die Voraussetzungen der Weltkriege. Schon hierin liegt ein Unterschied zu den Kriegen früherer Zeit. Doch hat sich der Krieg nicht nur räumlich ausgedehnt, er hat sich auch in seinen Formen verändert. Die napoleonischen Kriege umfassen als Kontinentalkriege nicht nur einen engeren Raum, sie liegen auch vor der Zeit der Industrialisierung, vor der Zeit, in der die Ergebnisse der exakten Naturwissenschaften in großem Umfange nutzbar gemacht werden, in der sich der Automatismus unserer Technik entwickelt. Das Heer des Kaisers wurde, wie es im Liede heißt, „mit Mann und Roß und Wagen" geschlagen; es hatte keine Maschinen, von denen es gezogen wurde. Der Krieg ernährte damals den Krieg auf eine Weise, die uns heute bescheiden anmutet; die Mittel dazu kamen aus einer bäuerlich-handwerklichen Wirtschaft. Für den rückblickenden Betrachter haben die napoleonischen Kriege noch etwas Idyllisches, denn ihnen fehlt der strenge Arbeitscharakter der Weltkriege. Damit hängt zusammen, daß sie noch einen mageren Lorbeer abwerfen. Aus ihnen geht noch einmal ein Schwertadel hervor, der allerdings, an dem alten Adel abgemessen, wenig Dauer hat. Es zeigt sich noch ein gewisser Überfluß. Das sind nicht mehr die Reichtümer Asiens, die Schätze eines neuerschlossenen Erdteils, die Alexander auf seine Makedonen niederströmen ließ, aber doch ein nahrhafter Grummet, der dem Sieger zufiel. Im Kriege steckte noch ein überschüssiges Feuer geistiger Art, dazu eine plastische Kraft, die in den Ereignissen sichtbar wird. Insbesondere trifft das für die Zeit der italienischen Feldzüge zu, die als Brio Napoleons und der französischen Armee gelten können. Das spätere Dickwerden Napoleons bezeichnet den Zeitpunkt, in dem auch das Jugendfeuer der Nation erlosch, in dem das Gewicht spürbarer wurde, mit dem sie auf anderen Nationen lastete. Sieg, Ruhm, Beute sind die Stadien, die das erste französische Kaiserreich durchlief. Seine Kriege gehören wie der Zustand, aus dem heraus sie geführt wurden, der Vergangenheit an. Die Betrachtung der Weltkriege läßt uns erkennen, wie weit wir uns von dem Kaiser und seiner Kriegführung entfernt haben.

Was sich in hundert Jahren geändert hat, ist die technische Ausrüstung. In und mit dieser Ausrüstung hat der Mensch sich verändert. Technische Apparatur und Organisation haben eine so einschneidende Wirksamkeit erreicht, daß sie dem ersten großen Kriege des zwanzigsten Jahrhunderts ein unverkennbares Gepräge geben. Die Kriegsführung ist maschinell geworden, und die Rückwirkungen auf den Menschen zeigen sich überall. Das ungeheure Quantum mechanischer Arbeit, das in den Krieg hineingesteckt wird, formt ihn um. Ein neuer Zustand kündet sich an, und die Ablösung geschieht in schroffer Weise. So gleicht das Jahr 1914 einem Abschied, den man von der Vergangenheit nimmt, und die Tiefe und Schwere dieses Abschieds wird auf lange Zeit hin fühlbar sein. Die Zäsur ist ein Graben, den der Schmerz zieht. Der Mensch spürt in diesem Schmerze, was er an Substanz verloren hat und weiß noch nicht, was er an neuer Substanz gewann.

Was diesen Krieg von anderen unterscheidet, was ihn bezeichnet, ist der neue Arbeitscharakter, den er besitzt. Nicht nur steckt in diesem Kriege ein hohes Maß harter, schmutziger und entbehrungsreicher Arbeit, der Krieg selbst wird Arbeit, und diese Arbeit bestimmt ihn. Die Soldaten wandeln sich zu Arbeitern um, ein Vorgang, der unvermeidlich war, als die Mittel, mit denen der Krieg geführt wurde, sich mechanisierten. Die Schlachtfelder gleichen nun Industrielandschaften, die von einer großen Explosion betroffen wurden; sie gleichen Werkstätten, in denen sich die zerstörte Maschinerie wirr und unübersehbar anhäuft. Jetzt verschwinden Pracht und Glanz der Uniformen, verschwinden die von metallischen Beschlägen funkelnden Reiterregimenter samt der Musik von Kesseln, Trommeln, Pauken und Hörnern, die sie in die Schlacht begleitet hatten. Jetzt ist die Fahne nicht mehr das Symbol der kämpfenden Truppe und der Degen nicht mehr die symbolische Waffe des Offiziers. Man trägt sie im Anfang noch mit, doch werden sie als unhandliche Gegenstände beim Gepäck abgestellt. Überhaupt schwindet das Symbolische aus dem Kriegswesen und zugleich der Schmuck, der dem Kriege wie dem Krieger als Überfluß des Lebens sich anheftet. Uniformen und Waffen, die am laufenden Band hergestellt werden, haben nichts Schmückendes mehr. Der Soldat schlüpft jetzt in seine farblose Arbeitsuniform und Arbeitsmontur. Er versteckt sich in ihr so sorgfältig, tarnt sich ihn ihr so sorgsam, wie die Soldaten früherer Kriege sorgsam waren, den Blick auf sich zu ziehen und sich dem Feinde sichtbar zu machen. Der graue, sparsame, monotone Zug, der dem Geschehen und dem Menschen anhaftet, steht in Verbindung mit dem neuen Arbeitscharakter des Krieges, der etwas durchaus Mageres und Rationales hat. Ungeachtet aller Leiden, aller stummen Aufopferung, aller pflichtmäßig ertragenen Mühsal ist dieser Krieg durchaus ruhmlos, was seine Härte unermeßlich erhöht. Der Ruhm vermag sich von ihm nicht mehr frei abzulösen, die Ruhmlosigkeit des Geschehens ist zum Kennzeichen des Krieges geworden. Der Mut, der hier gefordert wird, hat wenig Glänzendes; er ist zunächst vor allem ein Mut des Aushaltens, ein Mut, der sich darin bewährt, daß der Mensch den übermächtigen Ansturm der Maschinerie schweigend über sich ergehen läßt, ein Mut, der zu warten und zu leiden versteht. Dieser Mut steht zur Armut in einer genauen Beziehung. Die Armut des Soldaten ist groß und nicht zu beheben, denn aller Erwerb ist ihm untersagt, alle Chancen sind ihm genommen. Er hat nichts auf dem Leibe, was ihm gehört, und wenig in den Taschen, was ihn kenntlich macht. Er ist so namenlos, so unbekannt, daß man ihm eine blecherne Marke umhängt, an der man seinen Namen feststellt, wenn er gefallen ist oder das Gedächtnis verloren hat. Der Tod selbst hat nichts Feierliches mehr; er kommt als Mechaniker, der die Massengräber füllt. Er zerfetzt, zerreißt, atomisiert den Menschen, sendet Gaswolken über ihn hinweg und verschüttet ihn in der Erde. Inmitten der kahlen, leblosen, zerstörten Landschaft, die keinen Trost mehr zu bieten vermag, findet sich der Soldat isoliert, schutzlos, ungetröstet. Was Form um ihn hat, wird zerbeult und zerschlagen, wird auf gewaltsame Weise deformiert. Da ist kein Verlaß mehr auf die heilenden Kräfte der Umwelt. Die Notlage des Menschen, der Notstand, in dem er lebt, tritt nackt hervor. Es ist das nackte Existieren, in dem er sich einzuüben hat. Ihm ist auferlegt, daß er sich in der Ungeborgenheit selbst eingewöhnt. Der Arbeitscharakter des Krieges tritt gebietend hervor und setzt sich mit rationaler Kälte und Härte in das Geschehen um. Was nicht zu ihm gehört, das fällt ab oder wird leer und geschwätzig. Alles Auszeichnende wird unsichtbar, alle Begeisterung wird in der mechanischen Verkoppelung von Apparatur und Organisation erstickt. Das Geschehen nimmt einen fabrikmäßigen Zug an und bekommt etwas Anonymes, einen kollektiven Zug, der an den Entscheidungen sichtbar wird. Dieser Krieg ist immer Alltag, an den Tagen des Sieges wie der Niederlage. Was an Amor fati an seinem Anfang noch aufleuchtete, zu Beginn, da man ihn noch an dem Bilde früherer Kriege abmaß, das verlischt wie die Leuchtkugel in der Winternacht.

Das Rühmliche, das Ehrenhafte, das Begeisternde sind dem Soldaten der Materialschlacht, dem Posten im Trommelfeuer, den der Kampf in seiner erbarmungslosen Wirklichkeit umgibt, sehr fern. Auch der kältere Begriff der Pflicht würde noch nicht verständlich machen, wie er das Trommelfeuer zu ertragen vermag. Das Trommelfeuer dauert Tage, Wochen, einen Monat; er aber sitzt als Wartender unter dieser Glocke, mit sich und seinen Gedanken beschäftigt, sehr nahe mit dem Tode zusammen, im gleichen Loch mit ihm. Kann das Pflichtgefühl allein ihn hier festhalten? Was ihn hält, ist eben jene Notlage, in der er sich befindet, ist die zwanghafte und mechanische Verflechtung des Geschehens mit seinem Leben, aus der ihm kein Ausweg gegeben ist. Denn das Desertieren ist kein Ausweg, und auch der Selbstmord ist keiner. Der Tiefe dieser Notlage, dieser zwanghaften Verflechtung wird sich gerade der Furchtlose bewußt. Wer Furcht hat, den erschreckt mehr die Ausweglosigkeit des Geschehens. Der Einzelne fühlt es wohl, daß an dem Geschehen sich nichts ändert, wenn er sich davon zurückzieht und sich salviert. Seine Notlage gehört zu einer allgemeinen, umfassenden Notlage, die zwischen Freund und Feind etwas Gemeinsames stiftet und den Kampf im Gange hält. In dieser Notlage ist eingeschlossen, daß der Soldat sich nicht mehr als Held fühlt. Er kann tapfer, geduldig, aufopfernd sein, und doch fühlt er, daß er kein Held im Sinne des Worts mehr ist, das einen unverletzten Menschen in unverletzter Umgebung voraussetzt. Er hat nichts von der heilenden Kraft mehr, die am Helden wahrzunehmen ist. Ihm ist selbst die bescheidene ordnende Kraft genommen. Er hat überhaupt keine Umwelt mehr, denn was ihn umgibt, ist der Zerstörung verfallen, er selbst aber trotz allen Mutes und aller Ausdauer ein Gebrochener, in dem Zustande der Gebrochenheit, der daraus hervorgeht, daß er eines unverletzten Ganzen nicht mehr habhaft werden kann. Er ist es ja, der die Hauptbeute des Geschehens wird, an dem alle Zerstörung sich erprobt. An dem mutigsten und beharrlichsten Kämpfer erprobt sie sich am tiefsten. Die Materialschlacht in ihrer ganzen Ideenlosigkeit und Planmäßigkeit bietet ein Bild des Menschen, der sich in die Netze seines eigenen kausalen Denkens verfangen hat und von seiner eigenen Maschinerie vernichtet wird. Die Unfruchtbarkeit dieses Strebens, das gleichbedeutend mit einem Gange in die Armut ist, ist dem Menschen noch verborgen. Die Bilder, die vor ihm auftauchen, die ihn in der Landschaft der Materialschlacht einförmig umgeben, vermag er noch nicht in Beziehung zu setzen zu seinem eigenen Willen, dessen Kehrseite hier vor ihm erscheint. Darum kommt ihm manches fremd und beziehungslos vor. Der Krieg selbst kommt ihm oft sinnlos vor, obwohl er doch nichts anderes ist als die Antwort auf seinen eigenen Willen, der die Mechanik durchbildet und den technischen Fortschritt vorwärts treibt. In der Materialschlacht kommt zum Ausdruck, was die Verkoppelung von Apparatur und Organisation zu leisten vermag. Das ist ein Krieg, der unvergleichlich mehr konsumiert, als in jeder Berechnung lag, ein Krieg, der nicht nur dem Besiegten, sondern auch dem Sieger die Luft wegnimmt, für den daher das spanische Sprichwort gilt:

El vencido vencido, y el vencidor perdido.

Doch darf man dem Krieg nicht vorwerfen, was doch nur im Denken des Menschen anzutreffen ist. Was in diesem Denken geplant und ausgesonnen wurde, das ist die Zerstörung, die nach außen hin in Erscheinung tritt und den Menschen als Flammenring umgibt. Was er in die Welt hineintat, hineindachte, hineinwünschte und hineinträumte, das kommt ihm aus der Welt entgegen. Nicht wie das Bild im Spiegel, das eine täuschende Ähnlichkeit hat, sondern verwandelt und in der Verwandlung wahrhaftig und wahrheitsgetreu. Diese Larven und Masken des Schreckens waren in ihm, ehe sie ihm gegenübertraten. Der Dämon bedient sich des Menschen, um ein Gesicht zu bekommen, und dieses Gesicht ist immer verzerrt. Es ist ein Wahn des Menschen, daß er auf der gleichen Erde in Freiheit, Frieden und Wohlstand leben zu können glaubt, die er schonungslos ausplündert und devastiert. Ein solcher Zustand wäre weit unerträglicher als der furchtbarste Krieg. Und daß er nicht sein kann, nicht sein darf, dafür ist der Krieg in seinen neuen Formen ein untrüglicher Beleg. Das Jahr 1914 ist ein Wendepunkt im Leben der Völker wie des Einzelnen. Der Krieg ist ein Prüfstein steigender und sinkender Kräfte; in seinem Bereich wird ermittelt, was für die Zerstörung reif geworden ist. Wie tief diesmal die Zerstörung gehen würde, war keinem der Beteiligten bewußt, wenn es auch an einem dunklen Empfinden für das Ausmaß der Verrechnung nicht fehlte. Das Unheil trat Schritt für Schritt hervor. Zu Anfang knüpften Bild und Begriff des Krieges noch an das Vergangene an; man erkennt das an allen Vorstellungen, die den Krieg begleiten. Man begrenzte die Vorstellung des Krieges selbst, indem man ihm Pläne, Mittel, Ziele unterschob, die der Einbildungskraft einen Halt gaben und überall ein Ende absehen ließen. Den Anfang des Krieges kennzeichnen die Selbsttäuschungen, die man in ihn hineinsteckte. Indem aber das Geschehen über diese ihm vorgesteckten Grenzen hinausging, begann der Krieg das Denken zu verändern. Offenbar ist, daß die Materialschlachten diese Veränderung des Denkens bewirkten. Der Soldat, der aus ihnen zurückkehrte, hatte die neue Werkstatt gesehen, in der gearbeitet wurde. Er trug ein Wissen von diesem Kriege davon, das sich in seinem Gesicht ausprägte; dieses Gesicht aber war das eines aufmerksamen, sachlichen, nüchternen Arbeiters, nicht ohne Härte, aber auch nicht ohne einen Zug der Mühsal und des Leidens. Werkstatt war die Materialschlacht in einem genauen Sinne, insofern sie die Industriewerkstatt voraussetzte, sich an deren mechanische Fertigungsverfahren anschloß und ihre Produkte konsumierte. Der Begriff der Materialschlacht ist der einer mit mechanischen Mitteln geführten Schlacht, denn Material in diesem Sinne ist mechanisches Gerät, sind die Automaten, mit denen die Kriegsführung betrieben wird. Der Krieg selbst gleicht nun einer mechanisch geschlagenen Trommel. Der Elan, mit dem er beginnt, reicht nicht zu; er kommt in den festen, netzartig verzweigten, tief in die Erde eingegrabenen Grabensystemen zum Stocken. Und lange Zeit stockt, verrottet und fault er in diesen Grabensystemen, an deren Stelle endlich die Trichterlandschaft tritt, eine Mondkraterlandschaft voll Leichen und zerschlagener Maschinerie. Wie der Graben, so kennzeichnet auch der Trichter, der ein Loch in der Erde ist, die von einer Explosion aufgerissen wurde, die Lage des Menschen. In diesen Gräben, Trichtern, Stollen, Bunkern, Kellern und Erdlöchern schützt und verkriecht sich der isolierte, schutzlos gewordene Mensch, dem die Zerstörung zusetzt. Je maschineller der Krieg geführt wird, desto ideenärmer wird er. Die weiträumigen operativen Bewegungen wollen nicht mehr gelingen. Seine Strategie verkümmert. Ein Beleg dafür ist, daß die Vorstellungen von der abnutzenden Kraft des Krieges zu dominieren beginnen. Der Begriff der Materialschlacht ist der einer Abnutzungsschlacht. Man sucht den Gegner langsam zu zerbröckeln und zu zermürben. Man will ihn in der letzten Faser abnutzen und erschöpfen, bis der Zusammenbruch erfolgt.

Zeitlich und räumlich gesehen gewann der Krieg dabei an Ausdehnung, verwickelte sich und wurde unübersehbar. Er entglitt den Plänen und Berechnungen. Eine ungeheure und neuartige Organisation wuchs mit ihm hervor. Die Organisation, die dem Verzehr der Schlacht diente, war auf rationale Weise in den Krieg eingebaut, gab ihm seinen Arbeitscharakter, war aber ohne eigene Macht über den Krieg und vermochte ihm weder Direktiven noch Grenzen zu geben. Sie weitete sich in unvorhergesehenem Maße aus, zehrte um so mehr, je rationaler sie durchgebildet wurde und leitete wie eine riesige Saugpumpe dem Krieg seine Mittel zu. In dem Maße, in dem diese Organisation sich ausweitete, entglitt der Krieg den Politikern und Generalen. Er verlor mehr als frühere Kriege die Ähnlichkeit mit einem politisch und strategisch durchgeformten Kunstwerk, denn mit ihm brach eine elementare Gesetzlichkeit verwüstend auf den Menschen herein. Auch darin bewies sich sein neuer, mit der Bewältigung mechanischer Kräfte verbundener Arbeitscharakter. Frühere Kriege, insbesondere die des achtzehnten Jahrhunderts, erwecken den Eindruck, daß die Führung mehr in der Hand hält, daß Gesetze bestehen, denen der Krieg selbst sich fügt. Die Staatspolitik meistert den Krieg wie Marlborough, Prinz Eugen oder Turenne die Schlachten; sie verliert nicht den Spielraum, in dem sie ihn beginnen oder enden lassen kann. Doch Kriege, die einen festen Kriegsschatz voraussetzen und aufhören, wenn er verbraucht ist, Kriege, die mit gemieteten Berufssoldaten geführt werden, während das Volk weiterhin seiner Arbeit nachgeht, Kriege, die ein ausgewogenes europäisches Staatensystem voraussetzen und unerschlossene Kontinente, um die man sich nicht zu kümmern braucht, lassen sich mit dem ersten Weltkriege mit Vorteil nur vergleichen, wenn man Unterschiede festzustellen versucht. Der Krieg, dessen Führung in den Händen einer Aristokratie liegt, für die ein Kodex der Kourtoisie gilt, und der Krieg der Völker lassen sich nicht verwechseln. Technische Apparatur und Organisation endlich geben dem Kriege einen Charakter, der unverkennbar ist. Clausewitz, dessen Erkenntnisse von denen der Kriegstheoretiker des achtzehnten Jahrhunderts sehr abweichen, bemerkt, daß der Krieg weder Kunst noch Wissenschaft ist, obwohl beide in ihm zu finden sind. Nicht zu verkennen ist, daß die Kriegsführung im neunzehnten Jahrhundert wissenschaftlicher wird, wofür Moltke und der preußische Generalstab Belege abgeben. Diese wissenschaftliche Durchdringung des Krieges geht in eine technische über. Technische Spezialisten dringen in die führenden Stellen der Heere in dem Maße ein, in welchem die Kriegsführung mechanisch wird. Sie sind es, denen das Nachrichtenwesen, die Luftwaffe, die Panzerarmeen, der Gaskrieg unterstehen.

Im Jahre 1914 konnte man noch glauben, dem Kriege gewisse Gesetze, die sich aus dem Studium der Vergangenheit ergaben, vorzuschreiben. Dieser Glaube mußte abnehmen, als man bemerkte, daß der Krieg sich in unvorhergesehener Weise Gebiete zu erschließen begann, die man ihm bisher entzogen hatte. Räumlich ließ er sich nicht mehr lokalisieren und zog Staaten in seinen Bereich, die der Meinung waren, sich ihm fernhalten zu können. Bedeutender noch war, daß er das Gefüge der Staaten und Völker von innen her zu verändern begann, daß die Organisation des Krieges tief in diese Gefüge eindrang und sie konsumierte. Mobilgemacht und aufgezehrt wurden zunächst alle Reserven, die vorhanden waren. Mobilgemacht wurden alle festen Besitzstände; die Eigentumsordnung wurde zerrüttet. Die Mittel, die der Krieg benötigte, waren so groß, daß die Methoden ihrer Beitreibung sich mit der Autonomie des Eigentums nicht mehr vereinbaren ließen. Was an Reserven da war, mußte in den Krieg ziehen. Dann aber, da das alles nicht ausreichte, folgte der Zugriff auf die Substanz. Der Krieg begann auch jene Mittel zu verbrauchen, die zur Sicherung, zur Erhaltung, zur Regeneration zukünftiger Bestände Schonung beanspruchten. Er unterhöhlte den Boden noch, auf dem er geführt wurde; er verfügte über die Zukunft in einer Weise, die den Frieden fragwürdig machte. Deshalb ging er, zunächst im Lager der Besiegten, überall in Bürgerkrieg über. Einer oberflächlichen Betrachtung mochte die Feststellung genügen, daß diese neuen Verwicklungen auf eine Demokratisierung hinausliefen. In der Tat war das der Fall, aber der Abbau alter Einrichtungen, die Nivellierung, wie sie eine mechanisch verstandene Gleichheit zur Folge hat, die Armut und der unermüdliche Fortschritt der Technik schaffen keine stabilen politischen Systeme, sind vielmehr Anzeichen der Revolution in Permanenz, die aus Kriegen in Bürgerkriege umschlägt und aus dem Bürgerkrieg wieder in den Krieg hineingezogen wird. Die Sieger mochten sich zuerst in der Hoffnung wiegen, vor destruktiven Vorgängen geschützt zu sein. Sie täuschten sich darin, denn der mit der Waffe errungene Sieg feite sie nicht vor den Krisen, die sie insgesamt ergriffen und der Nachkriegszeit ihr Gepräge gaben. Der Begriff des Nachkrieges drückt gut aus, was hier vor sich ging. Auch der Sieg war unterhöhlt. Die Mittel, die auf den Krieg verwendet worden waren, standen in keinem Verhältnis zu dem Errungenen. Der Verzehr war zu stark gewesen, er erschütterte die Arbeitsordnung so nachhaltig, daß sie unheilbar zu kränkeln begann. Aber die eigentümlichen und schneidenden Mißverhältnisse, die sich nach dem Kriege zeigten, haben einen verständlichen Zusammenhang nur für den, der sie in Verbindung mit dem technischen Fortschritt bringt und einsieht, daß dieser einen beständigen Substanzverlust zur Folge hat. Alles Produzieren, in das der Mensch jetzt flüchtet, hilft nicht, weil es unter wachsenden Verlusten geschieht. Der Krieg, der selbst ein Arbeitsgebiet der Technik geworden ist und ihre Perfektion fördert, löst diese Probleme nicht, sondern verschärft sie. Er zeigt, wie die gewaltsamen Methoden, mit denen der Techniker die Erde ausbeutet, auf den Menschen angewandt werden. Er verrechnet das Geschehen am Menschen. Vielleicht öffnet er ihm auch die Augen darüber, daß er umzulernen hat.

Der Krieg gewann an Ausdehnung, verwickelte sich und wurde unübersehbar. Mit dieser Erkenntnis verband sich die Vorstellung, daß ihm eine eigene Gesetzlichkeit innewohnte. Er war kein Krieg mehr wie andere Kriege, denn er überschritt die Begriffe, die man vom Krieg gehabt hatte. Er glich einem Erdbeben, einer Katastrophe. Das Kennzeichen der Katastrophe ist, daß sie über historisch Bedungenes hinausgreift, daß die geschichtlichen Maßstäbe nicht mehr hinreichen, sie verständlich zu machen. Es sind elementare Bedingungen, die ihr zugrunde liegen, die unberechenbar auf den Menschen hereinbrechen. Der Krieg nimmt apokalyptische Züge an. Wie die Technik in allen ihren Arbeitsverfahren etwas Rationales hat, als Gesamterscheinung aber nicht nur der Rationalität ermangelt, sondern sie auch mißachtet, so stützt sich auch der Krieg auf rationale Arbeitsverfahren, ohne eine erkennbare Rationalität zu befolgen. Die Berechnung, der sorgfältige Kalkül kommen überall zu dem Punkte, an dem sie versagen. Der Krieg hat kein Budget mehr, an das er sich hält; er frißt einfach alles auf, was in seinem Bereiche liegt. Und dieser Bereich ist nicht mehr abzustecken; ihm unterliegt alles. Genauer gesprochen, ihm unterliegt, was durch die technische Organisation beizutreiben ist. Aber im Zustand der perfekt werdenden Technik gibt es sehr wenig, was sich solchen Zugriffen entziehen kann. Ihnen unterliegt nicht nur der Soldat und der Rüstungsarbeiter, sondern jeder, und weder die Suppe des alten Mannes, aus der das Fett verschwindet, noch die Milch des Säuglings, die dünner und blauer wird, entgeht ihnen. Die Zeichen der Verarmung und des Hungers graben sich in die Körper ein.

Vergleicht man den ersten Weltkrieg mit dem zweiten, dann wird der Zusammenhang zwischen Krieg und fortschreitender Technik noch deutlicher. In den zwei Jahrzehnten, welche beide Kriege voneinander trennen, wird die technische Ausrüstung in allen Ländern weiter durchgebildet. Der Automatismus der Technik erfährt eine starke Steigerung. Der Krieg profitiert davon im Nachrichtenwesen, in den Luftflotten, in der Konstruktion beweglicher Panzer. Er wird auf Räder gesetzt und rollt in mechanischer Weise an, was ihn sichtbar vom ersten Weltkrieg unterscheidet, in dem der Infanterist vor allem mit den Beinen kämpfte. Der zweite Weltkrieg beginnt mit Panzerschlachten und Luftangriffen. Das technische Potential der Staaten setzt sich unmittelbar in Kriegsleistungen um. Krieg und Technik verzahnen sich immer genauer. Der Krieg bringt die Technik zur Perfektion, die Technik liefert ihm die Mittel, mit denen er geführt wird. Der schnelle Verschleiß dieser Mittel schwächt nicht das rationale Denken, welches die Technik steuert. Es wird angeregt und bewährt sich erfinderisch in dem Ausbau ungeheurer Apparaturen. Die Technik wird zur Waffentechnik im größten Umfange, der Krieg technisiert sich mehr und mehr. Die Fortschritte, welche die Kriegsapparatur zeigt, finden sich in der Organisation der Arbeit wieder. Die Arbeitsorganisation nimmt ganz mechanische, gewaltsame Züge an. Da alles Sache der Organisation wird, nimmt es mit aller Freiwilligkeit ein Ende. Die Lage, in welcher sich der Soldat und der Arbeiter des zweiten Weltkrieges befinden, ist eine gleiche, denn beide stehen in Abhängigkeit von technischer Apparatur und Organisation, beide sind den Zugriffen ausgesetzt, die von der Mechanik aus gegen sie erfolgen. Beide sind Arbeiter; darin liegt eines der Kennzeichen des zur Perfektion strebenden technischen Fortschrittes. Der Krieg wird total, indem er alle Arbeitsverhältnisse sowohl umfaßt wie normiert.

Er wird total, indem er technisch perfekt wird. Der Rüstungsarbeiter und der Frontsoldat unterscheiden sich zwar durch ihre Arbeitsbestimmung, insofern der eine mit der Herstellung des Kriegsmaterials, der andere mit seiner Anwendung beschäftigt ist. Solche und andere Unterschiede sind aber nebensächlich. Wir erhalten den rechten Begriff, wenn wir uns den Krieg als laufendes Band vorstellen, oder ihn doch in Abhängigkeit von diesem Bande uns denken, auf dem zunächst die Beischaffung und Fertigung des Kriegsmaterials stattfindet, sodann sein Transport, endlich die Verwendung gegen den Feind. In unlöslicher Verbindung mit diesem laufenden Band rollt der ganze Krieg auf mechanische Weise ab, wodurch er den ihm eigentümlichen Arbeitscharakter erhält, der ihn von früheren Kriegen unterscheidet. Dieser Arbeitscharakter entspringt dem Automatismus der Technik, der, indem er ungestört arbeitet, der Kriegsführung ihr Gepräge gibt. Zum „Blitzkrieg" kommt es dort, wo eine mächtige Kriegsapparatur die schwache stoßartig überwältigt. Bei einiger Gleichheit der Kräfte entfaltet sich der Krieg in seiner konsumierenden und auszehrenden Kraft, die bis zur Erschöpfung alle Bestände heranzieht. Am laufenden Band aufgestellt sind der Arbeiter und der Soldat; auf dieses laufende Band erfolgen die Angriffe, die seit der Durchbildung des Luftkrieges den Arbeiter in seinen Rüstungswerken und Wohnstätten so unbarmherzig treffen wie den Soldaten auf dem Schlachtfelde. Die bäuerliche Wirtschaft, die noch weithin auf Handarbeit beruht, läßt sich mechanischen Arbeitsverfahren noch nicht ganz unterwerfen, doch wird nichts unversucht gelassen, um sie der technischen Organisation einzuverleiben oder doch anzunähern. Die mobile und mobilisierende Kraft der Technik findet ihren Ausdruck in der zunehmenden Bedeutung des Transportwesens, das in dem Verhältnis sich durchbildet, in dem die Technik zur Perfektion gelangt. Hier ist der Ressort der Transportarbeiter, ohne die ein Weltkrieg nicht denkbar wäre. Wir führen es an, weil das zunehmende Defizit der technischen Organisation zu einem großen Teil durch das Transportwesen verursacht wird.

Die Erfahrungen des ersten Weltkrieges, die technischen nämlich, sind im zweiten Weltkrieg verwertet worden. Für den denkenden Beobachter lag es von vornherein nahe, daß dieser zweite Krieg länger, verlustreicher und zerstörender sein würde als der erste, denn dieser

Schluß mußte schon aus den Fortschritten der Technik gezogen werden. Alle Veränderungen politischer Art, von welchen die Staaten zwischen den beiden Kriegen betroffen wurden, stehen im Zusammenhang mit der Ausweitung von Apparatur und Organisation. Die Vorstellungen vom Staate wie vom Menschen sind mechanischer geworden, technische Begriffe überall in die politischen Vorstellungen eingedrungen. Der Staat erscheint in den Köpfen immer mehr als technische Zentrale, vergleichbar einem Schaltwerk, in dem man nur auf die Knöpfe und Hebel zu drücken braucht, um Wirkungen hervorzubringen. Die politische Meinungsbildung wird auf mechanische Weise gesteuert, wird, wie alle Propaganda, zur Massenbeeinflussung mit mechanischen Mitteln. Das Sehen und Denken wird durch den beständigen Umgang mit der Apparatur kinetisch. Überall zeigt sich die Abhängigkeit von mechanischen Arbeitsverfahren.

Deutlicher noch zeigt der zweite Weltkrieg, wie durch den Krieg alle Pläne, Ziele, Mittel und Zwecke aufgezehrt werden. Seine Dauer, sein Ausmaß können durch Abmachungen nicht begrenzt werden. Der Weg, den er nimmt, ist in seinen Wendungen auch von den feinsten Köpfen nicht vorauszusehen, und Prahlerei und Anmaßung liegt in der Behauptung, ihn durch Berechnungen lenken zu können. Er rollt mit elementarer Wucht auf seiner Bahn, deren Ende nur durch die vollkommene Erschöpfung bezeichnet wird. Es gibt keinen Politiker oder Schlachtenmeister, der dieses Geschehen zu meistern oder überblicken vermöchte. Es gibt nur noch technische Spezialisten, die in Ausschnitten denken und Ausschnitte zu beurteilen vermögen. Der Gesichtskreis solcher Fachmänner überrascht allenfalls durch die Enge und Schärfe des Blicks, durch den Mangel an jedem freien Überblick über die Phänomene und ihren Zusammenhang. Der Krieg ist total geworden; er stützt sich auf eine totale Apparatur, auf eine totale Organisation. Und der Bestand in seiner Totalität ist ihm unterworfen. Alles und auch das letzte wird jetzt verlangt, die Substanz immer gewaltsamer verbraucht. Die Umwandlung der Staaten in riesenhafte, automatisierte Rüstungsfabriken schreitet fort. Die Organisation wird noch einschneidender, sie muß überall sich auf die Zwangsarbeit stützen und Heere von Zwangsarbeitern in ihr Gefüge einreihen. Die Mangelerscheinungen erreichen einen unerträglichen Grad, denn das System der Rationierung wird auf alle Gebiete ausgedehnt. Zugleich nehmen die Zerstörungen ein bisher unvorstellbares Ausmaß an. Sie beschränken sich nicht mehr auf die Schlachtfelder, von ihnen werden jetzt auch die Zentren der mechanischen Fertigung, die großen Werkstätten und Werkstädte betroffen. Kranzförmig erstreckt sich von ihnen die Zerstörung auf das Land hinaus. Die Unterschiede zwischen kriegführender und nichtkriegführender Bevölkerung verwischen sich, denn diese wie alle anderen Unterschiede liegen nicht im Begriffe des totalen Krieges, der sich über alle solche Differenzierungen hinwegsetzt. Der Weg der Zerstörung gleicht einer Via triumphalis, die von zertrümmerten Städten, Häusern, Wohnungen eingesäumt ist und auf welche die Habe des Menschen in ihrer Vielfalt ausgestreut ist. Brennender Schutt und geschwärztes Mauerwerk liegen umher, und die Leichen der Erschlagenen sind über die ganze Weite der Länder zerstreut. Ganze Städte, an denen Jahrhunderte gearbeitet haben, gehen nun in einer Nacht, im Bruchteil einer Stunde in Flammen auf, und die Erinnerungszeichen vergangener Zeiten werden dem Auge des Menschen für immer entrückt. Niemand ist mehr da, um ihnen Schutz zu gewähren; der schutzlos gewordene Mensch vermag nichts mehr für sie zu tun. Das technische Zeitalter, das keine Verbindung mehr zu ihnen unterhält, räumt auf mit ihnen. Man muß diese Zerstörungen als Modell nehmen, nach dem die Zukunft verfährt, darum liegt wenig Trost für die Völker und Länder darin, daß sie für diesmal von ihnen verschont blieben. Diese Schonung ist eine zufällige, notwendig aber sind die Zerstörungen, die sich in der Zukunft mit dem weiteren Ausbau der Technik verbinden.

Jetzt zeigt sich auch jene mobilisierende Kraft, die aus der Verbindung von Apparatur und Organisation hervorgeht und den Menschen hart und rücksichtslos trifft. Er wird in allen seinen Wurzeln aus der Erde gerissen. Nicht nur die Heere, auch die Bevölkerungen werden mobilisiert. Durch die Evakuierungen werden Millionen von Menschen aus den Städten abgeschoben. Und das Ende des Krieges wird dadurch bezeichnet, daß ganze Völker aus ihren alten Wohngebieten gerissen und auf dem Schienenwege wie Schlachtvieh abtransportiert werden. Diese Dislozierungen mit mechanischen Transportmitteln zerreißen wirksamer als jede Granate die geschichtlichen Strukturen. Auch diese Maßnahmen müssen als Modelle, als Einführungen neuartiger technischer Methoden angesehen werden, die das

Unheil ohne Ende mehren, denn aus ihnen gehen Wirkungen wie aus Sprengstoffen hervor.

Der Krieg ist ganz und gar eine Angelegenheit der Massen geworden, die ihn mit ihrem Blute nähren. Worauf hin strebt er zu? Woraus zieht die wachsende Erbitterung, Härte und Unversöhnlichkeit, die er zu erkennen gibt, ihre Nahrung? Was bewegt den Menschen in solchem Maße zu Angst und Haß, diesen unzertrennlichen Gefährten? Auch diese Fragen können nur beantwortet werden, wenn man ihren Zusammenhang mit technischer Apparatur und Organisation begreift und die wachsende Schutzlosigkeit erkennt, in welche der Mensch gerät. Er befindet sich in einem Notstande, der durch den technischen Raubbau und die durch ihn herbeigeführten Verluste immer zunimmt. Er lebt in einer Gefährdung, die er nicht zu beseitigen vermag, die sich immer mehr verschärft und um so heilloser wird, je tiefer er in die Abhängigkeit der von ihm ersonnenen Mechanik gerät, deren Gesetzlichkeit an ihm erprobt wird.

Wer in den Zusammenhang von Krieg und Technik Einsicht gewonnen hat, für den haben die Formen, in denen der Krieg geführt wird, nichts Unverständliches mehr. Er begreift den kausalen Zusammenhang und die Zweckmäßigkeit des Geschehens, begreift auch die Notwendigkeit der Zerstörung. Er sieht, daß das Ausmaß dieser Zerstörung in genauer Weise bestimmt wird durch den jeweiligen Zustand, in dem die Technik sich befindet. Erkennt er aber, daß diese massiven Zerstörungen im Denken des Technikers präformiert sind, daß dieses Denken sie hervorruft und aus sich entläßt, daß die Welt von Ruinen und Leichen und das gewaltige Trümmerfeld, das den Menschen umgibt, ein Korrelat, eine Entsprechung dieses Denkens ist, dann hat er manches gewonnen. Es ist eine tote Welt, in welche uns die Mechanik hineinsteuert, und je geschwinder die Automaten sind, auf denen wir vorankommen, desto schneller breitet sich der Tod in ihr aus. Dieser Tod aber ist kein griechischer Hades, aus dem Blumen, Früchte und Leben alljährlich entsprießen und wieder hervorgehen. Er ist ein Tod, der dem kausalen Denken und seinem mechanisierten Zeitbegriff entspricht.

Indem die technischen Arbeitsverfahren sich über die ganze Erde erstrecken, nimmt auch der Krieg planetarische Ausdehnung an. Er wird überall mit den gleichen Mitteln geführt, in Europa, Afrika,

Asien, auf den Inseln der Südsee und in tropischen Urwäldern. Er kann überall dort geführt werden, wo die raumüberbrückenden Automaten Menschen und Waffen hinschaffen. Mechanische Kommunikationen herzustellen ist eines der Hauptanliegen der Technik, die keine, auch die entlegenste Fundstelle nicht, die ausbeutungswürdig ist, aus dem Auge verliert. Der Krieg bewegt sich in den Gleisen des technischen Denkens, das alle Tankstellen dieser Erde in ein Netz von Verkehrsstraßen eingesponnen hat. Tanken ist die unerläßliche Vorbedingung für die Arbeit aller Automaten, und ohne Tankstellen ist kein automatisch geführter Krieg denkbar. Der Automatismus aber gibt dem Krieg sein Gepräge. Er ist es, der Schutzmaßnahmen hervorruft, wie wir sie in der nächtlichen Abdunkelung ganzer Länder und dem Bunker- und Kellerleben ganzer Völker sehen. Er ist es, der den Krieg der Fronten und Heere zu einem Kriege umwandelt, der alles Hinterland in seinen Bereich zieht. Er schafft die umfangreichsten Zerstörungen und bedroht den Menschen am unerbittlichsten. Von der Erfindung des Pulvers bis zur Erfindung der Atombombe ist unsere Technik eine Explosivtechnik. Die automatisierte Technik aber eröffnet dem Krieg Bereiche, in die er bisher nicht einzudringen vermochte. Wenn der Krieg sich jetzt mit Mitteln der Technik gegen die technische Apparatur und Organisation selbst wendet, so dürfen daraus keine falschen Schlüsse gezogen werden. Diese Zerstörungen bezeugen die Überlegenheit mechanischer Arbeitsverfahren und lassen erkennen, wie ein starkes technisches Potential sich gegenüber einem schwächeren durchsetzt. Die Werkstatt des technischen Denkens bleibt von diesen Zerstörungen unberührt; sie wird belehrt dadurch und zu Ausarbeitungen neuer Erfindungen und Methoden angeregt. Die zerstörende Kraft des technischen Denkens bleibt gegenüber den Zerstörungen intakt. Das aber verbürgt den Fortschritt der Technik und beweist, daß sie sich dem Zustande der Perfektion nähert.

Erwägt man, was Clausewitz über den Charakter des Krieges und der Schlacht ausführt, was er über die Kriegskunst und die Theorie des Krieges vorbringt, so wird überall deutlich, daß der Krieg sich verändert hat. In der Verbindung mit einer neuartigen Technik gerät der Krieg in eine eigentümliche Abhängigkeit. Der Genius des Krieges leidet darunter. Wird der Krieg zum Arbeitsgebiet technischer Spezialisten, richtet er sich auf langwierige mechanische Abnutzungsverfahren ein, folgt er dem laufenden Bande mechanischer Fertigung, so kommt notwendig etwas Geistloses in ihn, eine tötende Monotonie und jenes Grau, das ihn kennzeichnet. Das Tyrtäische weicht bis auf die letzten Spuren aus ihm, und die Verbindung mit dem Tanze, dem Gesange und der Musik, die ihn ehemals belebten und adelten, sind ganz und gar aufgehoben. Die kriegerischen Entscheidungen scheinen an entscheidender Kraft einzubüßen und an Rang zu verlieren. Alle diese Schlachten und Gefechte, die im Gedächtnis nicht aufzubewahren sind, verhüllen den Sinn des Geschehens mehr, als daß sie ihn erhellen. Ein amorpher Zug geht durch dieses Geschehen, eine dekompositorische Kraft. In dem erbarmungslosen und zähen Hin und Her der Kämpfe ist etwas Unwirkliches, das den Beteiligten oft mit Staunen erfüllt. Mit einem Bilde der Mythe gesprochen: es ist, als ob Hephaistos den Ares in seinem Netze fängt. Die Kraft der Technik ist so groß, daß sie den Krieg ganz in ihren Dienst stellt, ihm die Mittel und Zwecke vorschreibt. Endet der Krieg, so endet doch die Einwirkung der Mechanik nicht, von welcher der Mensch abhängt.

Der Aufwand, den die Weltkriege fordern, wird für Sieger und Besiegte ruinös, weil ihr totaler Arbeitscharakter auf totale Abnutzung hinausläuft. Der Verzehr wird so stark, daß er den Sieg mitverzehrt. Das Ende des Krieges ist so schlimm wie der Krieg selbst. Die Arbeitsordnung wird zerrüttet. Den Krisen, die sich daraus ergeben, sind auch die stärksten Staaten nicht gewachsen. Der Krieg schlägt in Bürgerkrieg um. Wenn das Zeitalter der Technik revolutionär, wenn es revolutionär in Permanenz ist, so heißt das mit anderen Worten, daß ein stabiler Zustand in seinem Verlauf nicht denkbar ist. Diese rollende, dynamische Bewegung hat etwas Eindrucksvolles, doch versteht sich, daß sie nur mit den schwersten Opfern vorwärts getrieben werden kann und daß alles liegen bleibt, was nicht auf Räder gesetzt und mechanisch fortbewegt werden kann. Die Vorstellung der Revolution in Permanenz ist selbst eine mechanische Vorstellung und erinnert an das fließende Band, das sich gleitend oder ruckweise in der toten Zeit fortbewegt. Die Revolution in Permanenz setzt voraus, daß es keinen Zustand mehr gibt, der wert ist, erhalten und aufbewahrt zu werden, daß vielmehr eine beständige Anpassung an die Ergebnisse des technischen Fortschritts vorgenommen werden muß und daß das me kinein eu keimenon keine Gültigkeit mehr hat. Die Vorstellung der Revolution in Permanenz erklärt auch, daß der technische Fortschritt sich selbst immer wieder auffrißt, seine eigene Apparatur und Organisation unermüdlich wieder in sich hineinschlingt. Deutlich wird das erst, wenn aus den geringen Anfängen der Koloß entstanden ist, der die ganze Erde zu seiner Ernährung verlangt und dem diese Erde nicht mehr genügt. Die Weltkriege fallen in das Zeitalter des Kolossalstadiums der Technik, in dem sie bei scharfem Hunger ihren eigenen Abfall zu verschlingen beginnt und ihre Fäkalien nicht mehr außer acht läßt.

Die Frage ist, wie man einen dritten Weltkrieg verhindern will, genauer gesprochen, wer ihn verhindern will. Kein Staat, auch die stärkste Großmacht nicht, verfügt allein über die Mittel, ihn zu verhindern, denn auch die stärkste ist einer Koalition nicht gewachsen. Eine Weltorganisation zur Erhaltung des Friedens ist aber ein zweischneidiges Mittel. Das Kennzeichen einer solchen Organisation ist, daß sie ein Monopol der Kriegsführung für sich in Anspruch nimmt und daß sie kraft dieses Monopols darüber entscheidet, wer als Friedensstörer anzusehen und anzugreifen ist. Eine Koalition, die so stark wird, daß sie ein Monopol des Krieges hat, bestimmt auch alle Definitionen des Krieges, alle Definitionen des Angriffes, der Verteidigung, der zulässigen Mittel. Es liegt aber ein Widerspruch in der Vorstellung, daß in einer Zeit des stärksten technischen Fortschritts, der das Kriegspotential der Staaten unaufhörlich erhöht, ein stabiler Ausschuß zur Erhaltung des Friedens nach Art eines Perpetuum mobile fortbestehen könnte. Die Mittel, die ein solcher Ausschuß bringen kann, können nur der technischen Organisation entnommen werden. Die Ohnmacht der Staaten gegenüber den explosiven Vorgängen, welche die Durchbildung der Technik zur Folge hat, ist offensichtlich. Es gibt keinen Staat, der diese Vorgänge meistert, denn in alle staatliche Organisation hat sich die technische hineingeschoben; sie höhlt den Staat von innen her aus. Der Mensch meistert die mechanische Gesetzlichkeit nicht mehr, die er selbst in Gang gebracht hat. Diese Gesetzlichkeit meistert ihn.

ZWEITES BUCH:

MASCHINE UND EIGENTUM

1.

Wenn wir zugestehen, daß wir uns in einer geschichtlichen Bewegung befinden, über deren Dauer, Umfang und Ziel wir nur Vermutungen aufstellen können, müssen wir uns zunächst unsere eigene Unwissenheit eingestehen. Nicht trotz dieser Unwissenheit, sondern wegen ihr handeln wir. Wenn wir alles wüßten, würden wir nicht mehr handeln und brauchten wir nicht mehr zu handeln. Die Unwissenheit ist da, und in ihr bewegt sich unser Wissen wie ein winziges Fahrzeug im Weltmeere. Unser Wissen vermehrt sich nicht in der Art, daß die Unwissenheit verschwindet; es vermehrt oder vermindert sich nur in einer Beziehung zu ihr, die nicht aufgehoben werden kann, das heißt unser Wissen setzt die Unwissenheit immer voraus und bleibt an sie gebunden. Wir dürfen uns nicht einreden, daß wir eine geschichtliche Bewegung verstehen, ihr durch unser Verstehen auf den Grund kommen. Könnten wir das, dann könnten wir auch die Bewegung zum Stillstand bringen. Unser Wissen wächst in dem Maße, in dem die Bewegung sich entfaltet; so ist es in der ersten Hälfte dieses Jahrhunderts gewachsen. Eine Bewegung, sagt schon Nietzsche im „Willen zur Macht", ist da, eine „extreme Bewegung in Hinsicht auf Tempo und Mittel". Und er fügt hinzu: „das Schwergewicht des Menschen" verlegt sich. Der Graf Yorck schreibt in der gleichen Zeit an Dilthey: „Das Zeitalter des Nominalismus geht zu Ende und es ist Zeit." In einem anderen Brief bemerkt er: „Der ‚moderne Mensch', d. h. der Mensch seit der Renaissance ist fertig zum Begraben werden." Er setzt die Bezeichnung moderner Mensch in Anführungsstriche, mit Recht, denn was ist ein moderner Mensch? Das Epitheton kam im neunzehnten Jahrhundert auf und steht mit dem Historizismus dieses Jahrhunderts im Zusammenhang. Es sagt wenig aus, denn der Mensch ist nie modern, oder was dasselbe heißt, er ist immer modern. Wir können das anders ausdrücken und sagen, daß er immer in Bewegung ist, denn diese Bewegung gehört zu ihm. Er ist als Werdender nie fertig, und weil er nie fertig ist, deshalb sagen alle Aussagen über ihn nichts Abschließendes aus. Die Anthropologie, als Wissenschaft genommen, enthält einen Widerspruch; sie schließt ein Paradoxon ein, das nicht aufzulösen ist. Denn der Mensch als Werdender, als ein Wesen, das nie fertig ist, geht über alle Anthropologie hinaus. Die Wissenschaft vermag ihn nicht in ein Gehäuse einzuschließen; er geht, sie einschließend, über alle Wissenschaft hinaus. Wenn eine abgeschlossene Anthropologie möglich wäre — was wäre sie dann? Nichts anderes als der Sarg, in dem der fertige Mensch eingeschlossen und begraben wird.

Die Bewegung, von der Nietzsche vor über siebzig Jahren sagte, daß sie „eine extreme Bewegung in Hinsicht auf Tempo und Mittel" ist, ist da. Sie wird wahrgenommen in ihrer Wirksamkeit, und sie bleibt verschlossen, insofern sie auf unsere eigene, uns verschlossene Zukunft angelegt ist. Wir wissen um diese Bewegung, denn unser Leben, unsere Lebenserfahrung ist ganz von ihr durchdrungen. Wir wissen jetzt, daß sie reißend, tiefgründig und weithin wirksam ist, und wir ahnen, daß sie, am Leben des Menschen abgemessen, nicht kurzfristig und vorübergehend ist. Sie ist weder von heute noch von gestern, und sie wird Spuren im Menschen hinterlassen, auch in den Menschen, die ihr nicht mehr angehören.

Nahe liegt, daß wir in die Bewegung Bestimmungen hineindenken, die ihr fremd sind. Wir nehmen sie vielleicht dort am wenigsten wahr, wo sie ihren Tiefgang hat. Und leicht verwechseln wir ihren Grund mit den Erscheinungen, die sie mit sich führt. Das Unbewegte in dieser Bewegung entzieht sich dem Blick; die Veränderungen aber beschäftigen das Auge, das sie, vergleichend, wahrnimmt. Mißlich bleibt, eine geschichtliche Bewegung auf ihre Kausalität hin zu untersuchen. Nicht als ob diese nicht vorhanden wäre; sie ist überall und eben deshalb verwirrend. Wir befinden uns hier nicht in dem vereinfachten Bereich der Mechanik. Und schon in diesem ist alle Kausalität etwas Umstrittenes. Ich kann von ihr ausgehen und die Zwecke leugnen, doch lehrt die Erfahrung, am merklichsten im Bereich alles Maschinenwesens, daß ich ohne Zwecke nicht auskomme. In die Ziele und Zwecke der Maschinerie ist die Kausalität eingebaut. Verfahre ich aber teleologisch, dann verwickle ich mich in arge Schwierigkeiten, denn was berechtigt mich, eine Finalität innerhalb von Natur und Geschichte anzunehmen? Für die Mechanisten sind die Zweckvorstellungen interimistisch, mit Recht, denn im Begriff des Zwecks liegt, daß er ein Interim ist. Für Kant sind sie nicht mehr als erlaubte Hypothesen. Mechanische und teleologische Urteile schließen sich aus, und in aller Erfahrung gibt es keinen Punkt, an dem sie eins werden. Bemerkt wurde schon, daß Kant den Nexus effectivus und den Nexus finalis trennt, daß er eine absichtliche Technik (technica intentionalis) von einer unabsichtlichen (technica naturalis) absondert. Die unabsichtliche ist eins mit dem Naturmechanismus, die absichtliche nur eine besondere Art der Kausalität. Das ist, da beide nicht zu trennen sind, eine künstliche Unterscheidung.

Eine geschichtliche Bewegung darf nicht gleichgesetzt werden mit den Techniken, die zu ihr gehören. Wer so verfährt, der kommt zu unhaltbaren Schlüssen, etwa zu dem, daß die Technik die Ursache der geschichtlichen Bewegung ist, oder zu dem anderen, daß die zweckmäßig arbeitende Maschinerie ihr Prinzip ist. Die Bewegung wird, indem Kausalität und Finalität in sie hineingedacht werden, auf eine vorschnelle Weise abgegrenzt. Eine solche Begrenzung entsteht vielleicht aus einem Ruhebedürfnis, aus dem Wunsch, einen Halt zu finden, nicht aber ist sie der Bewegung selbst zu entnehmen. In solchen Gleichsetzungen steckt die Verwechslung von causa und occasio, die dem Betrachter oft unterläuft und wohl unterlaufen muß, denn die Bestimmung und Einordnung von Erscheinungen ist ein schwieriges Unternehmen. So wird causa und occasio von denen verwechselt, die in den Schüssen von Serajewo die Ursache des ersten Weltkrieges erblicken.

Nicht das, was wir Technik nennen, mit welcher Abkürzung fast immer unsere Technik bezeichnet wird, ist der Ursprung der geschichtlichen Bewegung. Von einem Ursprung wissen wir so wenig wie vom Ende. Der Ursprung bleibt für uns dunkel; was wir wahrnehmen, sind Bewegungen, sind Veränderungen, die ein neuartiger Kraftbegriff in uns und unserer Umwelt hervorruft. Dieser Kraftbegriff taucht zunächst, das heißt am sichtbarsten für uns, in wenigen wissenschaftlichen Köpfen auf, die inmitten einer scholastischen Umwelt damit beginnen, den dynamischen Teil der Mechanik zu überdenken. Mit den Ergebnissen dieses Denkens sind wir beschäftigt. In einem Bereich, der erst seit dem Anfang dieses Jahrhunderts zugänglich wird, tritt die Technizität der geschichtlichen Bewegung hervor, sichtbar vor allem in dem von Menschen gesteuerten Automatismus, über dessen unlöslichen Zusammenhang mit der Organisation der Arbeit im ersten Buche gesprochen wurde. Erst dort, wo diese Verkoppelung stark genug ist, wird es möglich, sie von einem Ort aus zu betrachten, der dem Bereich der Mechanik nicht angehört, und Fragen zu stellen, nicht wissenschaftlich und technisch exakte Fragen, denn diese kreisen um den Mechanismus, sondern solche, die sich mit dem in der Verkoppelung verkoppelten Arbeiter beschäftigen.

2.

Die neue Apparatur ruft eine neue Organisation der Arbeit hervor. Die Organisation der Arbeit wiederum ruft Apparaturen hervor. Eine Fabrik, welche Kraftwagen herstellt, kann diese Apparaturen aus sich heraus nur entlassen, weil eine Organisation der Arbeit schon vorhanden ist, denn für diese allein sind die zum Gebrauch fertigen Kraftwagen bestimmt. Wiederum ist die Organisation der Arbeit auf die Kraftwagen angewiesen, die ihr von der Fabrik geliefert werden. Störungen dieses Verhältnisses würden sofort spürbar werden. Auch hier also besteht Wechselwirkung, besteht ein Mutuum commercium.

Die Geschichte der Apparatur ist bekannt; auf sie kann verwiesen werden. Die Durchbildung des heute wirksamen Automatismus steckt in dem Denken, das den Mechanismus konstruiert. In diesem Denken vollzieht sich der folgenschwere Vorgang der Ablösung. Ablösung wovon? Dunkel bleibt zunächst die Frage, wie es zu solchen Ablösungen kommen kann. Es ist wahrscheinlich, daß es in der gleichen Zeit zu ihnen kommt, in der die Frage nach Sein und Bedeutung zu einem Streit führt, der nicht geschlichtet wird. Erinnert sei hier an das Marburger Religionsgespräch, bei dem dieser Streit, der die Lehre vom Abendmahl betraf, hervorbrach. Er betrifft jedes Denken, denn Bedeutungen sind, ihrem weitesten Begriff nach, Ablösungen. Auch die Mechanik wird von diesem Streit betroffen. In ihr stellt sich der Begriff der Ablösung anders dar. Ihn zu bezeichnen, genügt das folgende, der Statik entnommene Beispiel. Das Prinzip des Hebels erschien den Griechen, wie wir aus einer kleinen, einst dem Aristoteles zugeschriebenen Schrift entnehmen können, als eine für den Verstand unauflösbare Aporie, denn die Tatsache, daß große Lasten durch kleine bewältigt werden können, setzte sie in währendes Erstaunen. Archimedes hat in der Schrift „De Aequiponderantibus" seine Sätze über den Hebel mitgeteilt. Leonardo da Vinci, Guido Ubaldo dal Monte, Huyghens und andere haben die archimedischen

Sätze geprüft und abgeändert. Die Herausarbeitung solcher Sätze ist eine schwierige Leistung des Verstandes, denn die Naturvorgänge, die zahllos und mannigfaltig sind, verbergen ihre mechanischen Gesetze. Der Hebel als solcher kommt nirgends vor; zu seiner Auffindung gehört ein Blick, der dem okularen Sehen entfremdet ist, gehört Fähigkeit zur Abstraktion. Mechanische Erfahrungen hat der Mensch zwar immer gemacht, und Hebel hat er vor aller Aufstellung von Hebelgesetzen angewandt; die wissenschaftliche Bewältigung dieser Erfahrungen schafft etwas Neues. Die Erkenntnis der Hebelgesetze ist eins mit der Herauslösung des Hebels aus allen Naturvorgängen, zu denen er mitwirkt. Dieses Denken des Hebels, das ihn durch den Gedanken herausstellt und herauslöst, ist eine Ablösung, und zwar eine mechanische. Der Hebel als solcher wird von den Naturvorgängen abgelöst, wird als solcher konstruiert. In dieser konstruierenden Ablösung steckt zugleich eine Nachahmung. Die Gesetzlichkeit der Natur wird durch eine Konstruktion nachgeahmt. Der Hebel wird zu einem nachahmenden Modell dieser Gesetzlichkeit.

In einer statischen Mechanik steckt nicht das Vermögen zu weitreichenden Ablösungen und Nachahmungen, und da die Griechen die Mechanik als Lehre vom Gleichgewicht faßten und sich mit ihr als solcher begnügten, kamen sie zu keiner Technik wie der unseren, wollten sie wohl auch nicht. Aristoteles ist nur ein Hemmschuh der Dynamik gewesen, und die Abneigung Galileis gegen ihn hat ihren Grund.

Der Mechanismus, welcher der Technica intentionalis angehört, löst sich aus der Technica naturalis, durch deren Nachahmung er entsteht, heraus. Dieser Vorgang ist Ablösung, und an ihn knüpfen sich unvermeidliche Folgen. Indem mechanische Gesetzlichkeit sich aus dem Naturvorgang ablöst, strebt sie schon nach Modellen, in denen sich die mechanische Bewegung verselbständigt, sie drängt von vornherein auf den Automatismus zu. Würden die zahllosen Modelle, in denen sich die mechanische Bewegung immer selbständiger, das heißt mit der Richtung auf den Automatismus hin, von den Naturvorgängen ablöst, nebeneinander gestellt, dann hätten wir lückenlose Ketten von Ablösungen vor uns. Wir kommen zu immer perfekteren Mechanismen, das heißt zu solchen, bei denen sich der Vorgang der Ablösung immer müheloser vollzieht, so mühelos, wie sich heute Kraftwagen vom laufenden Band, Photographien vom Film ablösen.

Da der Vorgang der Ablösung nur in Raum und Zeit denkbar ist, wird er erst dort möglich, wo Raum und Zeit selbst als Mechanismen konstruiert werden, aus denen Ablösungen hervorgehen. Das ist, wie schon ausgeführt wurde, geschehen, und der Beleg dafür sind die Definitionen, die von Raum, Zeit und Bewegung gegeben wurden.

Mechanik gibt es nur im Bereich exakter mechanischer Wiederholungen, denn aus dem, was sich nicht wahrnehmbar wiederholt, ist keine mechanische Gesetzlichkeit abzuleiten. Auf Wiederholungen stützt sich alle Berechenbarkeit, Meßbarkeit und Teilbarkeit. So sichert Newtons Zeitbegriff die Bestimmungen, ohne die ein exaktes Arbeiten von Mechanismen nicht zu denken ist. Seine Begriffe von Zeit, Raum und Bewegung sind nicht mehr die unseren, doch muß innerhalb der Mechanik immer von der mechanischen Bestimmbarkeit dieser Begriffe ausgegangen werden; ohne diese Bestimmbarkeit ist unsere Technik nicht möglich.

3.

Über neue Formen des menschlichen Zusammenlebens würde niemand nachsinnen, wenn nicht ein Bedürfnis vorläge. Warum sollen wir eine Lage verändern, in der wir gut liegen? Es ist zwar ein altes Sprichwort, daß der Esel, dem es zu wohl wird, aufs Eis geht. Und die Erfahrung lehrt, daß der Mensch, der diesem Esel gleicht, übermütig wird, und zu Sprüngen neigt, die ihm zusetzen. Aus diesen Sprüngen aber formt sich keine Theorie. An Beispielen, daß der Überfluß Beschwerden macht, ist kein Mangel, denn der Mensch ist dem Überfluß nicht gewachsen; er ist nicht stark genug, um ihn lange zu ertragen. Er erträgt die Notlagen besser, denn ihre Dürftigkeit ist es, die ihn erfinderisch macht. Jede Frage setzt schon ein Bedürfnis voraus; die Frage ist nichts anderes als das formulierte und ausgesprochene Bedürfnis. Ohne ein solches Bedürfnis würde — damit beginnen wir — keine soziale Theorie entstehen. Doch sind es nicht die sozialen Theorien, welche die Oberfläche der Erde und das Leben der Menschen verändert haben. Diese Theorien, an denen im neunzehnten Jahrhundert kein Mangel war, sind nicht der Anfang, nicht das Entscheidende. Sie sind nicht das, was die ptolemäischen Astronomen das Primum mobile nannten, die Haupttriebfeder, jene erste Kristallsphäre des Eudoxos, aus deren Rotation der Wechsel von Tag und Nacht und die tägliche Bewegung der Sterne hergeleitet wurde. Die sozialen Theorien fußen auf einem anderen Vorgang, auf einer anderen Bewegung, deren unwiderstehliche Kraft sie hervorbringt und fortbildet. Ohne diese ihnen vorausgehende Bewegung kommen sie keinen Fuß voran; mit ihr aber formieren sie sich, mit ihr rücken sie vor und organisieren sie sich. Die Apparatur wirkt auf die Organisation der Arbeit ein, und die Theorie richtet die Arbeitsorganisation an der Apparatur aus. Die Maschine ist es, welche die sozialen Theorien hervorbringt; der Sozialismus des neunzehnten Jahrhunderts, soweit er Einfluß gewinnt, ist ein Maschinensozialismus. Oder um es genauer zu sagen, er ist ein Sozialismus, hinter dem die Maschine steht, der von der Maschinerie her seine Impulse, seine Willensbildung erhält. Die Veränderungen, welche die Maschine im Leben des Menschen hervorbringt, die Folgen einer maschinell fortschreitenden Arbeitsteilung sind der Ausgang der sozialen Theorie. Wir können das auf jeder Stufe nachprüfen, welche die Durchbildung der Theorie erreicht. In den Anfängen des Jahrhunderts, welche zugleich die Frühzeit der Maschinenindustrie sind, konnte darüber kein deutliches Bewußtsein herrschen. In dem Denken eines Saint-Simon liegt viel Versuchendes und Tastendes, für uns aber auch Wirres. Im Jahre 1814 erschien seine Schrift „Réorganisation de la société européenne", die erste Schrift, in welcher der Gegensatz von Kapital und Arbeit, von Arbeitgebern und Arbeitern hervorgehoben wurde. Die Eigentumsordnung wird einer Kritik unterzogen, die Arbeiterfrage rückt in den Mittelpunkt, ein christlicher Sozialismus, der auf Reform der Gesellschaft abzielt, wird empfohlen. Saint-Simon liegt noch im Kampf mit dem Feudalismus und strebt einer industriellen Organisation des Staates entgegen, in der die maschinellen Kräfte gering gedacht sind. Seine Vorschläge sind daher widerspruchsvoll, unklar und nicht durchgreifend, sind einem Zustand angemessen, der vor einer durchgreifenden Industrialisierung und einer automatisierten Mechanik liegt. Schon bei ihm aber läßt sich der Zusammenhang von Apparatur und Organisation studieren, denn seine Theorie ist die Vorform der technischen Organisation. Auch Fourier ist, obwohl entschlossener Kollektivist, ganz phantastisch. Das Phantastische an ihm ist so stark, weil er seine Gesellschaftsordnung bis ins kleinste durchkonstruiert, sie also fixieren will, und das zu einem Zeitpunkt, in dem die Bewegung anläuft, die Maschine durchgebildet wird und neue Arbeitsverfahren auftauchen. Was ihm vorschwebt, ist ein idyllischer Kommunismus, also ein Zustand, der ganz und gar unvereinbar mit der Entfaltung der Dynamik ist. Doch verlangen wir zuviel, wenn wir ein klares, durchdachtes Konzept dort verlangen, wo es noch nicht sein kann. Ein Beleg dafür sind die Schriften von Proudhon, vor allem sein, von Marx angegriffenes Hauptwerk, das „Systéme des contradictions économiques, ou Philosophie de la misére". Proudhon ist, als Anarchist, folgerichtig, wenn er jeden Staat bekämpft, insbesondere den sozialistischen und kommunistischen, in dem die Allmacht der Zentrale am drückendsten wird. Er hat aber von der Bewegung gar keinen Begriff, was deutlich wird in seinem Unternehmen einer Volksbank, die einen Kredit auf Gegenseitigkeit unter Streichung des Zinses organisierte. Dieses Unternehmen ruinierte ihn, und der autoritäre Sozialismus hatte gegen ihn leichtes Spiel, ein zu leichtes vielleicht, denn die Streitschrift von Marx ist zu billig. Die Gedanken von Louis Blanc sind genauer und enger. Er will den Staat zum herrschenden Kapitalisten machen und sieht in der Organisation, die sich bei ihm schon als Verteilung faßt, das Mittel, um den sozialen Schwierigkeiten abzuhelfen. Sein Plan, alle Industrieunternehmungen in Staatsunternehmungen und Produktivgenossenschaften umzuwandeln, die wiederum in eine einzige, riesenhafte, alles umfassende Produktivgenossenschaft münden, hat etwas durchaus Mechanisches und zeigt die zunehmende Einwirkung der Maschine. Denn die Maschinerie wächst jetzt von Jahrzehnt zu Jahrzehnt, und die Theorie richtet sich an ihr aus. Owen, der selbst Maschinenkapitalist ist, besitzt eine Praxis und Kenntnis, welche den Franzosen abgeht. Er brachte seine Spinnerei voran, war ein erfolgreicher Unternehmer und sorgte für seine Arbeiter. Die Schwierigkeiten, in die er geriet, begannen erst dann, als er sich mit Erziehungsplänen und der Gründung kleiner kommunistischer Kollektive zu beschäftigen begann. Die Siedlung New Harmony in Indiana, die er von dem schwäbischen Sektierer Rapp in trefflichem Zustand erworben hatte, ruinierte er in zwei Jahren durch sieben Regierungsformen, mit denen er nacheinander experimentierte. Die Frage, wie der Mensch sich zu assoziieren hat, in welcher Art von Gemeinschaft er leben soll, beschäftigt alle Sozialisten. Auf diese Frage gibt es eine eindeutige Antwort: er muß sich jetzt mit der Maschine einrichten. Denn seine Arbeit steht unter Bedingungen, die ihm von der Maschine aufgezwungen werden. Mit der Maschine müssen Erfahrungen gemacht werden, lange, einschneidende Erfahrungen, Lebenserfahrungen. Und nicht nur mit einer einzelnen Maschine, sondern mit einer Maschinenwelt, mit einer Welt von Maschinen. Die Maschine muß ernstgenommen werden, viel ernster, als die sozialen Theoretiker sie nahmen, die in ihr bald ein Spielzeug, bald ein Mittel zur Beförderung des allgemeinen Wohlstandes, bald eine Art Zeitmaschine sahen, die Zeit einspart, für den nämlich, der sie in Gang setzt. Eine Zeitmaschine ist allerdings jede Maschine, nicht eine, mit der ich in der Zeit reisen kann, sondern eine, welche mechanische Zeit verbraucht und dafür, denn beides ist nicht zu trennen, dem Menschen eigene Zeit abzieht. Der Beleg dafür, daß die Maschine im neunzehnten Jahrhundert nicht ernst genommen wurde, liegt darin, daß die sozialen Theorien des neunzehnten Jahrhunderts ökonomische Theorien sind. Auch die einflußreichste unter ihnen, die von Marx, ist ökonomisch durch und durch. Weil sie es war, deshalb heißt das Hauptwerk von Marx „Das Kapital, Kritik der politischen Ökonomie" und nicht „Die Maschine". Und Titel dieser Art tragen auch die Fortsetzungen des Werks, die Engels nach dem Tode von Marx herausgab. Die Gedanken von Marx kreisen um das Kapital und seine Bewegungen. Aber alle Kapitalbewegung ist nur ein Kapitel der Mechanik, nicht umgekehrt. Wer die Bewegungen des Kapitals studieren will, der findet den Schlüssel dazu in der Mechanik. Die vermehrte, neuartige Bewegung des Kapitals steht in unlöslichem Zusammenhang mit der Dynamik, jenem Teile der Mechanik also, dessen Entwicklung das gesamte Maschinenwesen hervorgebracht hat und hervorbringt.

4.

„Es ist doch sehr merkwürdig", schreibt der Graf Yorck am 4. Dezember 1887 an Dilthey, „— und die Einheitlichkeit aller Lebendigkeit dokumentierend — daß Capital als isolierter Faktor, als reine Kraft auftritt, als der Kraftgedanke Weltgedanke wird." In der Tat ist das merkwürdig für den, der es zuerst bemerkt. Aber auch nicht merkwürdig, denn Geldwirtschaft, insofern sie Geldbewegung ist, hat immer einen Bezug zur Mechanik und steht im Zusammenhang mit deren Gesetzlichkeit, weshalb auch in der gleichen Zeit, in welcher der dynamische Teil der Mechanik durchgebildet wurde, die Kapitalbewegungen sich veränderten. Unter Kapital müssen wir seitdem etwas anderes verstehen. Kapital wird „isolierter Faktor", indem es begrifflich selbständig wird und die Fähigkeit erlangt, als selbständige Macht aufzutreten. Das geschieht vermittelst einer Reihe von Ablösungen, durch welche die Grundlagen der alten Geldwirtschaft preisgegeben werden. Die Zusammenhänge zwischen der Durchbildung der Mechanik und den Kapitalbewegungen sind niemals ernstlich untersucht worden, liegen aber bereit für den, der ein Auge für sie hat. Auch können wir aus diesen Zusammenhängen sogleich den Schluß ziehen, daß die Kapitalbewegungen der Zukunft von der Fortentwicklung oder Rückbildung der Mechanik abhängig sein werden.

Die Belege dafür liefert die Geschichte des Bankwesens. Unternehmungen, die den Geld- und Kreditverkehr vermitteln, haben mannigfache Aufgaben und werden unter bestimmten geschichtlichen Bedingungen durch ein zwingendes Bedürfnis hervorgerufen. Man kann das Prinzip der Vermittlung, des mittelbar betriebenen Geschäfts, als ihr oberstes ansehen, insofern das Geld, wie Aristoteles sagt, ein „Drittes" ist, ein Mittel zur Beseitigung des unmittelbaren Tausches. Unmittelbarkeit ist das Kennzeichen des Tausches; er ist ein Vertrag zur wechselseitigen Hingabe von Sachen. Und er schließt in sich ein, daß die bei ihm vollzogenen Leistungen zugleich den Charakter des Preises und der Ware haben. Ihm fehlt das Prinzip der Vermittlung, welches das Geldgeschäft besitzt. Dieses ist, wie das Bankwesen zeigt, sehr unterschiedlich, wenn wir es auf seinen Zweck hin betrachten. Zu der vermittelnden Tätigkeit der Banken gehört zunächst die Regelung und Vereinfachung des Zahlungsverkehrs, also Aufbewahrung von Wertsachen und Geld, Münzenwechsel, Inkasso, Kontokorrent, Banknotenausgabe und anderes. Sodann ist das Geschäft der Banken der Kreditverkehr. Ihr Gedeihen knüpft sich überall an die Zunahme der abstrakten Geldbewegungen. Deshalb sind die Anfänge des antiken Geldwesens, die rein metallisch waren, sehr einfache, was insbesondere für die Zeiten gilt, die noch keine Ausprägung von Münzen kannten. Und da das antike Geldwesen bei der

Münze beharrte, gelangte es nicht zu dem Grade von Abstraktion, den unser Geldwesen angenommen hat.

Was hat denn der griechische Bankier, der Trapezit, und der römische Bankier, der Argentarius, zu tun? In den alten Zeiten mit ihrem schweren Geldwesen sind sie vor allem mit dem Geldwechsel, mit dem Umtausch harter Münzsorten beschäftigt. Die römischen Geldwechsler hatten auf dem Forum ihre Septem tabernae, ihre sieben Wechselstände, die ihnen vom Zensor gegen einen Jahreszins verpachtet wurden. Diese Stände brannten im Jahre 536 ab, worauf fünf neue Stände errichtet wurden. Eine selbständigere Kraft konnte der Geldverkehr erst dann erlangen, als der Übergang von der Naturalwirtschaft zur Geldwirtschaft vollzogen wurde. Das geschah schon vor Appius Claudius, der 442 die Umrechnung der Zensussätze in Geld durchführte. Aber erst, als Geld in genügender Masse da war und einen hinreichenden Grad von Bewegung erreichte, konnten die römischen Geldbesitzer eine Machtstellung erlangen. Wie sahen nun die Geschäfte der Bankiers aus? Für Geldanlagen bestanden weniger Möglichkeiten als heute. Es gab keine Banknoten und Bankzettel, keine Staats- und Industriepapiere, keine Inhaberpapiere, keine Börse, keine öffentlichen Kreditanstalten und Sparkassen. Wertpapiere gab es nur in Form von auf Namen lautenden, durch Umschreibung übertragbaren Anteilscheinen. Mit solchen Papieren ist einem Bankier wenig gedient; sie sind als Geldanlage wenig geeignet, da ihr Besitz Zugehörigkeit zu einer Genossenschaft und Wahl durch die Genossenschaft voraussetzte. Da der Staat nur harte Münze prägt, wurde das Thesaurieren und Horten eifrig betrieben; die Geldanlage geschah vornehmlich in Grundstücken. Das Geschäft der Bankiers entwickelte sich zunächst aus dem Geldwechselgeschäft, dann aus dem Depositengeschäft und dem Leihgeschäft. Das war ihre fette Weide. Zur Buchführung und Rechnungslegung waren sie verpflichtet; auch stand das Geschäft mit dem Bankier, das Receptum argentarii, unter besonderem prätorischen Rechtsschutz. Es gehörte, wie schon im griechischen Recht, zu den formlosen Rechtsgeschäften; durch die bloße Garantieverpflichtung verpflichtete es auf abstrakte Weise, das heißt, wenn eine Vereinbarung vorlag, dann mußte bezahlt werden, gleichgültig ob die übernommene, garantierte Schuld bestand oder nicht bestand.

Das Leihgeschäft war der Hebel, mit dem überall eingegriffen werden konnte, mit dem sich der verzweigteste Geldhandel und ein System weitreichender Beteiligungen betreiben ließ. Der ungeheure Umfang, den die römischen Bankgeschäfte annahmen, resultierte aus der wachsenden Masse und Bewegung des Geldes, aus der Masse der Zahlungen und Zahlungsabwicklungen, die vom Staat und den Privaten den Bankiers übertragen wurden. Das Inkassogeschäft, das Vorschußwesen, die Steuererhebung, die Kontrakterfüllung, die Geldvermittlung, die Ausbeutung Italiens und der Provinzen — das alles ging in die Hände von Bankiers über, die über das ganze Imperium hin ihre von Sklaven und Freigelassenen betriebenen Kontore gründeten. Ohne Bankier ist kein Römer von einigem Vermögen und Einfluß mehr denkbar. Dennoch behält diese ganze Geldwirtschaft etwas Statisches und ist ebenso statisch wie die antike Mechanik. Um auf die Worte des Grafen Yorck zurückzukommen — „Capital als isolierter Faktor, als reine Kraft" ist hier nicht vorhanden.

Die einfache Aufbewahrung, das Depositum regulare, ist ein Ausgangspunkt des Bankwesens, weshalb auch die Hinterlege- oder Girobanken sich mit der Aufbewahrung von Barguthaben entwickeln. Die Gründung solcher Banken ist zugleich ein Zeichen dafür, daß das Geldwesen in Bewegung gerät. Die Girobanken entfalten sich mit dem Entstehen großer Handelsunternehmungen; der Kreis ihrer Geschäfte wird bald ein mannigfaltiger. Der Banco di Rialto, die älteste staatliche Girobank in Venedig, gegründet 1587, entsteht nicht von ungefähr an diesem Orte; der wachsende Orienthandel verlangt eine bankmäßige Vertretung an seinem Hauptsitz. Die zweite venezianische Girobank, der Banco giro, entsteht im Jahre 1619. Dann folgen San Giorgio in Genua, die Amsterdamer, Rotterdamer, Hamburger, Nürnberger Girobank. Alle diese Banken sind Kommerzbanken, die auf der Steigerung des Handelsverkehrs beruhen. Die Regelung der Kapitalbewegungen, die durch sie vollzogen werden, knüpft sich an einen maschinenlosen Zustand, an eine Wirtschaft, die auf manueller Arbeit beruht. Die Kapitalbewegungen erreichen schon einen gewissen Grad abstrakter Selbständigkeit; das Geldwesen wird in der gleichen Zeit dynamisch, in der die Prinzipien der Dynamik entwickelt werden.

Das Vorherrschen des bloßen Aufbewahrungsvertrages kennzeichnet einen ruhigen Zustand des Geldwesens. Die Ausbreitung des Bankwesens und bankmäßig betriebener Geschäfte steht im Zusammenhang damit, daß an die Stelle des Depositum regulare mehr und mehr das Depositum irregulare tritt, das heißt, die Nutzung der Depositen durch den Bankier, mit welcher sich ein starker Giro- und Kontokorrentverkehr verbindet. Aus den Girobanken zweigen sich nach und nach alle anderen Banken ab. Zunächst die Zettel- und Notenbanken, welche unverzinsliche Bankzettel ausgeben, Inhaberpapiere, die dem jeweiligen Inhaber in Höhe der ausgestellten Summe jederzeit ausgezahlt werden. Dann die Diskontobanken, welche Wechsel ankaufen und Zinsvergütungen in Gestalt von Diskont und Provision daraus ziehen; die Lombardbanken, welche gegen Verpfändung von Edelmetall, Effekten oder Waren Darlehen gewähren; die Hypothekenbanken, welche Darlehen gegen Verpfändung von Immobilien geben; endlich der Crédit mobilier mit seinen Mobiliarbanken, die sehr beweglich gewordenen Geldverhältnissen angepaßt sind. Die Mobilität des Geldes nimmt in dem Verhältnis zu, in dem die Mechanik entwickelt wird, nimmt daher im neunzehnten Jahrhundert stark zu. Indem der Maschinenkapitalismus und der Finanzkapitalismus zusammenarbeiten, entfaltet das Bankwesen eine Energie, die über die alten Kommerzbanken des sechzehnten und siebzehnten Jahrhunderts weit hinausgeht. Und in dem Maße, in dem die Technik sich zu automatisieren beginnt, folgen auch die Kapitalbewegungen diesem wachsenden Automatismus. Darauf werden wir zurückkommen.

Man kann sagen, daß das Geld aus festen Aggregatzuständen in flüssige übergeht. Der Gedanke liegt nahe, es an Hand der Hydromechanik zu betrachten und auf seine hydraulichen Gesetzlichkeit hin zu untersuchen. Unter allen Funktionen des Geldes wird die Zirkulation immer wichtiger, werden die abstrakten Gesetze des Zirkulierens immer bedeutender. Alles Depositen- und Leihgeschäft, alles Kontokorrent-, Verrechnungs- und Notenwesen kann unter diesem Gesichtspunkt begriffen werden. Das Geld folgt einer mechanischen Beschleunigung; seine Umlaufsfunktionen treten immer schärfer und gebietender hervor. Diese Beschleunigung erreicht in den Zeiten der automatisierten Mechanik einen Höhepunkt; das Geld selbst kreist automatisch. Aus einem wachsenden Geldvolumen allein wäre diese beschleunigte Zirkulation nicht herleitbar; sie wird erst verständlich, wenn die Geldbewegung als abhängig von der herrschenden Mechanik begriffen wird. Gegenüber dieser Bewegung treten alle stabilen Momente des Geldwesens zurück. Nicht nur schwindet das Münzgeld aus dem Geldverkehr, auch das Prinzip der festen Währung, das Prinzip der Deckung wird mehr und mehr angegriffen. Was sich der Zirkulation, also dem Automatismus in den Weg stellt, wird aus dem Wege geräumt. Und da wir uns den höchsten Grad der Beschleunigung als Explosion vorstellen, kommt es endlich zu explosiven Zerfalls- und Zersetzungserscheinungen. Das Geldwesen beginnt weithin in Zerfall zu geraten.

Was uns das Bankwesen zeigt, finden wir beim Börsenwesen wieder, das sich im Zusammenhang mit dem Bankwesen ausbildet. Die Antike kannte keine Börse in unserem Sinne, denn die Zusammenkünfte der Kaufleute im alten Rom, die Collegia mercatorum, können nicht als Börse bezeichnet werden. Der Gegenstand dieser Kollegien war die Geschäftsbesprechung. Solche Geschäftsbesprechungen mögen als Ansatz einer Warenbörse betrachtet werden; fixierte Börsen mit Konzentration von Angebot und Nachfrage waren sie nicht. Staatspapiere und Wertpapiere, die gehandelt wurden, gab es nicht. Also auch keine Kursnotierung, keine gesicherte Arbitrage, keine Effektenbörsen, keine Wechselbörsen.

Warenbörsen in unserem Sinne entstehen erst zu Anfang und Mitte des sechzehnten Jahrhunderts in den Niederlanden, Frankreich und England, in Brügge, Antwerpen, Lyon, Toulouse, Rouen, London, zu gleicher Zeit also wie die Girobanken. Reine Warenbörsen dieser Art sind ihren Aufgaben nach beschränkt. Sie sind weder so konzentriert wie die späteren Börsen, noch haben sie, da ihnen Effektenbörse und Wechselbörse fehlen, einen so umfangreichen Kreis von Geschäften. Man kann sie daher nicht mit einem Zustand vergleichen, wie er gegen Ende des neunzehnten Jahrhunderts in London bestand, wo wir Royal exchange, Stock exchange, Foreign stock exchange, Coal exchange, Corn exchange und Lloyd's finden, also neben der königlichen Börse für den allgemeinen Waren- und Wechselverkehr zwei Fondsbörsen, eine für englische und eine für fremde Fonds, eine Kohlen-, eine Korn- und eine Schiffahrts- und Versicherungsbörse. Die Börsen sind von Anfang an an die Ausdehnung des Marktes gebunden; ihre Bedeutung hängt von dem Großmarkt ab, welchem sie zugeordnet sind, weshalb auch kleinere Börsen von den größeren in Abhängigkeit geraten. Sie sind insgesamt Konzentrate eines ganz allgemein wirkenden Vorgangs, der sich überall und im kleinsten vollzieht. Wie kommt es aber zu einer solchen Konzentration von Angebot und Nachfrage, wie sie die Börse darstellt? Sie ist abhängig von den Gesetzen, welche das Geldwesen beherrschen, und wird verständlich nur durch den Hinblick auf dieses Geldwesen. Ohne Einsicht in die Veränderungen des Raum- und Zeitbegriffes kann die Entwicklung des Börsenwesens nicht begriffen werden. Voraussetzung seiner Entfaltung ist das Entstehen von Groß- und Weltmärkten, die auf mechanische Weise miteinander kommunizieren, ist die Verringerung zeitlicher und räumlicher Distanzen, wie sie durch mechanische und elektrische Nachrichten- und Verkehrsmittel bewirkt wird. Voraussetzung dieser Entfaltung ist ein mechanisch bestimmter Zeitbegriff, durch den alle Zeitdifferenzen festgelegt werden. Denn räumlich-zeitliche Distanzen und Differenzen sind es, die an der Börse ausgeglichen werden, und die Nutzung dieser Distanzen und Differenzen ist es, welche die Börsen gedeihen läßt. Die Kursnotierung, wie sie auf amtlichen und nichtamtlichen Kurszetteln erscheint, ist die räumliche und zeitliche Preisfixierung für Geldsorten und Wertpapiere. Wenn die Höhe des Kurses sich nach Preisgesetzen regelt, die instabil sind und auf mannigfache Faktoren, bestehende wie vorgetäuschte, zurückgeführt werden können, so stehen alle Feinheiten der Kursnotierung im Zusammenhang mit dem Zeitgeschäft, für das Anfangs- und Schlußkurse, höchste und niedrigste Kurse und auch wohl arithmetische Mittel aus allen Kursen angegeben werden. Ein Begriff wie der des Wechselpari, des gleichen und gleichzeitigen Wechselkursus an zwei Plätzen, ist zeitlich und räumlich fixiert. Die Wechselkurse ergeben sich aus dem Wechsel, der ein auf Zeit, auf kurze, mittlere oder lange Sicht ausgestelltes Papier ist. Würden nur Tages- und Kontantgeschäfte abgeschlossen, dann würden sich Börsen in der Form, in der sie sich ausgebildet haben, erübrigen. Auf dem Zeitgeschäft, das als Fixgeschäft, als Agiotagegeschäft, als Differenzgeschäft und Prämiengeschäft auftritt, beruht der spekulative Charakter der Börse und die gesamte Spekulation à la baisse und à la hausse. Die Zeit ist hier das mechanische Medium unberechenbar und unvorhersehbar eintretender Ereignisse.

Ohne Freizügigkeit der Person, ohne freien Wettbewerb, ohne die beständige Erweiterung der Mechanik durch den Maschinenkapitalismus sind Börsen, wie sie das neunzehnte Jahrhundert zeigt, nicht denkbar. Ihr spekulativer Zug hängt von dem Risiko ab, das in einer Zeit großer Anlagen und Investierungen groß ist. An betrügerischen Manipulationen ist kein Mangel, doch sind sie Sekundärerscheinungen, die uns hier nicht beschäftigen können. Die Börse neigt ihrem Wesen nach zu Spiel und Wette, weshalb auch ein Zeitgeschäft wie das Differenzgeschäft, bei dem es von vornherein nur auf den Gewinn der Differenz abgesehen ist, dem Glücksspiel und der Preiswette gleichsteht. Das Differenzgeschäft ist der Börse so eigentümlich, daß es nicht beseitigt werden kann. Denn ob ein Geschäft wirklich auf Lieferung geht oder als bloßes Differenzgeschäft abgeschlossen wird, ist nicht leicht festzustellen, da die Differenzgeschäfte fast immer in der Form von Effektivverträgen zustande kommen, also auf wirkliche Lieferung lauten. Der Anteil fiktiver Geschäfte an den Börsengeschäften ist beträchtlich. Überhaupt ist die Börse der Ort, an dem die Fiktionen und Abstraktionen des Geldwesens deutlicher werden. Auf das Geldwesen können wir hier nur kurz eingehen, denn Gang und Ziel dieser Darstellung liegen auf anderem Gebiete. Wir können das Geldwesen hier nur so berühren, daß dem Leser jene Daten gegeben werden, die ihm ein Verständnis und freies Nachdenken über den Gegenstand dieses Buches ermöglichen.

5.

Die Anfänge des Geldwesens sind dunkel, denn in ihnen stecken Vorgänge, die dem Verständnis Schwierigkeiten bieten. Es läßt sich nicht einmal sagen, daß Geld etwas ist, das allgemein gilt, denn die Gültigkeit des Geldes knüpft sich in seinen Anfängen oft daran, daß es aus dem Verkehr genommen wird. Wir sind gewohnt daran, zunächst auf die Funktionen des Geldes einzugehen und seine funktionalen Aufgaben zu begreifen. Wenn wir aber die Entstehung des Geldes bedenken, dann kehren wir zu Vorstellungen zurück, die allen Vorstellungen entgegen sind, die sich heute mit dem Gelde verbinden. Wir finden dann Geld, das weder Währung ist noch Deckung verlangt, das weder kursiert noch zirkuliert, ja nicht einmal aus der Hand gegeben wird. Wir finden das Geld als immobilen Hort und Schatz, und den Hort- und Schatzbesitzer auf die Mehrung seines Geldstoffes bedacht. Gerloff, der in seinem Buche „Die Entstehung des Geldes und die Anfänge des Geldwesens" dieses Hortgeld behandelt, bestimmt es als die „erste Stufe der Geldentwicklung", auf der das Geld „mehr Vermögen als Geld bedeutet", seine Verwendung daher auf besondere und ausgezeichnete Fälle beschränkt ist. Es ist Prunkgeld, Repräsentationsgeld, Schaugeld. Ob dieses Geld „das älteste, das ursprüngliche Geld" ist, läßt sich bezweifeln, wie sich bezweifeln läßt, daß die bei polynesischen und afrikanischen Stämmen beobachteten Zustände hinreichen, um die Anfänge des Geldwesens zu erhellen. Mancherlei Spuren geben zu vermuten, daß das Hortgeld aus einem noch älteren Sakralgeld hervorgegangen ist, welches im Umgang und Verkehr des Menschen mit den Göttern und Toten entstand und dann erst Hortgeld wurde. Jedenfalls kann das Geld nicht aus der Tauschwirtschaft abgeleitet werden, denn es ist „älter als die Tauschwirtschaft". Gerloff zeigt auch, wie aus dem Hortgeld Tausch- oder Handelsgeld wird, Barrengeld und Münzgeld. Dafür, daß das Geld sakralen Ursprungs ist, gibt es mannigfache Belege. Schon in einer frühen Zeit finden wir das Geld an die Tempelbezirke geknüpft, finden wir die Priester als Verwahrer von Geld und Depositen. Der Tempel ist zugleich die erste Bank, von der wir Kenntnis haben, die Priester sind die ersten Bankiers. Erinnert sei hier an die Fülle kostbarer Weihgeschenke, die in den Tempeln zusammenströmten, und unter ihnen an die griechischen Dreifüße, die nicht nur Hausgeräte waren, sondern auch Kampfpreise, Ehrengeschenke und Kultgegenstände. Daß der Dreifuß ein Herrschaftszeichen ist, daß sich an ihn Herrschaftsrechte knüpfen, lehrt die Mythe, die vom Raub, von der Schenkung und dem Kampf um Dreifüße viel zu berichten weiß. Der mächtigste Kampf um den Dreifuß wurde zwischen Apollon und Herakles geführt.

Es ist eine Kette von Ablösungen, auf die wir hier stoßen. Wir gehen auf sie ein, um die Wandlungen des Geldbegriffes deutlicher zu machen und damit unseren eigenen, umstrittenen und in Wandlung begriffenen. Geld muß, um Geld zu werden, sich in der Vorstellung von etwas anderem ablösen; nur dadurch wird es ein Drittes. Geld muß sich aussondern, um als etwas Ausgesondertes begriffen werden zu können. Ausgesondert werden aber kann es sowohl aus dem Ungesonderten wie aus bestehenden Sonderungen. Wie sich das vollzogen hat, wissen wir noch nicht, doch dürfen wir vermuten, daß ohne Eigentum sich auch kein Geld aussondern konnte. Das Geld löst sich von etwas Eigenem ab, und die Eigentumsordnung bleibt unerläßliches Substrat dieses Geldwesens. Wie der Tempel und sein Bezirk selbst ausgesondert wird für die Gottheit, sei es aus Niemandsland oder aus bestehendem Eigentum, so auch die Weihegeschenke, deren Fülle zugleich eine Anhäufung von Macht bedeutet, einen unverfügbaren Hort, der im Laufe der Zeit verfügbar gemacht wird. Dieser Vorgang hat seine Entsprechungen. Nehmen wir an, daß das Geld sich vom Besitz, worunter hier das Vermögen zu verstehen ist, ablöst und aussondert, so erfolgt diese Ablösung und Aussonderung zunächst innerhalb des Vermögens. Dann erst tritt das Geld aus dem geschlossenen Kreise des Vermögens und der Person hervor, verläßt also die Eigenwirtschaft und geht in die Tauschwirtschaft über. Aus dem bekannten Verhältnis von Pecus und Pecunia läßt sich daher folgendes schließen. Zunächst besagt es, daß die Zeit der Jäger vorüber ist und der Stand an Haus- und Weidevieh Vermögensmesser geworden ist. Dieser Stand wird Wertmesser, ohne daß sich zunächst ein Geldbegriff an ihn knüpft. Pecunia wird, was nahe liegt, zunächst das Kleinvieh. Vieh war als Wertmesser noch nicht Geld. Vieh war eher Tribut, Mitgift, Gegenstand einer sakralen Schenkung oder einer Schenkung als Tauschgegenstand. Es war Erbe, also Totengut. Es war lange Ausdruck der Macht und Stattlichkeit einer Eigenwirtschaft, bevor es Geld wurde. Der Begriff der Eigenwirtschaft im strengen Sinne läßt für die Entstehung von Geld keinen Raum. Das Vermögen ist zunächst nicht disponibel, und disponible Bestandteile lösen sich nur schwer und zögernd von ihm ab. Eine solche interne Ablösung setzt schon das Hortgeld voraus; einer externen Ablösung von Vermögen, einer nach außen hin wirkenden Disposition bedarf es, damit aus dem Hortgeld Tausch- und Handelsgeld wird. Diese externe Ablösung war vollzogen, als das Wort Pecunia seine Bedeutung wandelte. Geld ist — eine heute wunderliche Vorstellung — zunächst etwas Immobiles und Indisponibles. Die wachsende Mobilisierung des Geldes, seine wachsende Disponibilität erfüllt die Geschichte unseres Geldwesens. Diese Bewegung aber setzt, wie wir sehen werden, eine andere voraus; die Bewegung des Geldes nimmt in dem Maße zu, in dem auch das Eigentum als etwas Mobiles und Disponibles begriffen wird. Soll das Geld in Bewegung kommen, dann müssen auch die Substrate des Geldes bewegbar werden. Das geschieht, indem sie in den Dienst einer dynamisch arbeitenden Begrifflichkeit gestellt werden. Der Weg dazu ist der Weg, den die Technik selbst nimmt, indem sie von ihren dynamischen Anfängen zu einem lückenlos arbeitenden Automatismus fortschreitet. Der Weg führt vom Sachgeld, dessen Geldstoff Wert besitzt, zum Symbolgeld, dessen Geldstoff wertlos ist, und vom Symbolgeld zum Rechnungsgeld, das symbollos und an keinen Geldstoff mehr geknüpft ist. Wir erliegen fortwährenden Täuschungen, wenn wir die Begriffe, die wir mit dem Gelde heute verbinden, auf frühere Zeiten anwenden. Geld und Geld sind sowenig identisch wie die zu ihnen gehörenden Wirtschaftsformen. Eine Geschichte des Geldwesens kann daher nicht an Hand von Begriffen geschrieben werden, die wir heute über das Geld haben. Wenn wir unser als Papierschein auftretendes Geld Symbolgeld nennen, so ist damit wenig gesagt. Das Symbolgeld ist ein abstrakteres Geld als das Sachgeld. Die Abstraktionen des Geldwesens, welche identisch sind mit einer Reihe begrifflicher Ablösungen, nehmen zu. Dieser Vorgang erfährt eine Beschleunigung, seitdem die Goldwährungen, unser letztes Hortgeld, preisgegeben werden, der Geldstoff also zu einem abstrakten Surrogat geworden ist. Gold ist, wie eine lange Erfahrung lehrt, der beste Geldstoff, den es gibt, denn nicht nur ist der Wert, den ihm der Mensch leiht, auf unerschütterliche Vorstellungen von Reichtum, Macht und Glück gegründet, es ist auch qualitativ in allen seinen Vorkommen gleichartig, ist an rare Vorkommen geknüpft, dauerhaft, wenig abnutzbar, leicht erkennbar, leicht zu bearbeiten und in runde Münzform zu bringen. Daß die Münze in ihren runden Formen alle anderen verdrängt, ist symbolisch genau richtig, denn die Rundung bezeichnet eine der wichtigsten Aufgaben des Münzgeldes. Beim Hortgeld kommt es auf diese Rundung noch nicht an, doch bewegt sich auch das Hortgeld auf sie zu, und Ringe, Spangen, runde Steine und Muscheln zeigen das. Das ist eine merkwürdige, die Aufmerksamkeit anziehende Erscheinung.

Eine Goldwährung läßt sich außer Kraft setzen, nicht aber kann das Gold außer Kraft gesetzt werden. Das heißt, mit der Goldwährung kann nicht jenes Spiel getrieben werden, das mit den reinen Papiergeldwährungen getrieben wird. Der Vorteil eines Preismaßstabes, der selbst wertvoll ist, ist leicht einzusehen. Seitdem er aufgegeben wurde, aufgegeben werden mußte, hat sich in das Geldwesen etwas Zweideutiges und Betrügerisches eingeschlichen und wird nicht daraus verschwinden, bis die Goldwährungen wiederkehren. Denn Theorien, welche das Geld vollkommen durch Kredit ersetzen oder an seine Stelle ein fiktives, vom Staate zu bestimmendes Wertmaß setzen wollen, entspringen unfruchtbaren Köpfen. Entweder ist dieses Wertmaß selbst Geld, oder es taugt nicht dazu.

Abstrakt wird das Geldwesen, indem es sich ganz zu verselbständigen versucht, indem es reines, abgelöstes Zahlenwesen wird. Es hat dann seinen Maßstab nicht mehr außer sich, denn die Operationen dieses Gelddenkens bewegen sich in einer sich selbst genügenden Zahlenwelt. Sie bestehen in Kombinationen, die für sich Geltung beanspruchen, in Plänen, Voranschlägen, Wahrscheinlichkeitsrechnungen, Statistiken, in Spiel und Wette mit Zahlen. Abstrakt wird das Geldwesen, wenn eine seiner Funktionen als selbständig begriffen wird. Bloße Zirkulation ist etwas Abstraktes, denn die Gegenständlichkeit dieses Zirkulierens kommt nicht mehr in Anschlag. Solche Vorstellungen haben ihre Grenzen. Daß unser Geld im Zahlungsverkehr immer mehr verschwindet, daß es also nicht mehr als Geldzeichen, sondern als Rechnungsgeld auftritt, vermehrt die Abstraktionen des Geldwesens. Bevor das erste Clearinghaus in London 1775 gegründet wurde, wurden alle Saldos bar beglichen. Seitdem aber die Bankiers ihre gegenseitigen Forderungen aus Wechseln, Schecks und Sichtpapieren buchmäßig ausgleichen, nimmt das Rechnungsgeld rasch und fortwährend zu. Seine Vorteile — ich brauche mir keine Kasse zu halten, ich vermindere die Barzahlungen und mit ihnen die Gefahren des Transportes und Verlustes — sind offensichtlich; seine öffentliche Bedeutung aber liegt in der immer stärkeren Zentralisierung des Geldverkehrs, vermehrter Zirkulation, erhöhter Beschleunigung, in einer erhöhten Präsenz und Abschöpfbarkeit der Geldmassen also. Die Möglichkeit, das Rechnungsgeld obligatorisch zu machen und alle Barzahlungen willkürlich zu beschränken, wird im technischen Kollektiv zur Handhabe, um von einer Zentrale her durch Kontensperrung die gesamte zirkulierende Geldmasse mit Beschlag zu belegen. Wichtiger noch ist folgendes: das Geld wird, je mehr es zum bloßen Rechnungsgeld wird, vom ökonomischen Geld zum technischen Geld. Die wirtschaftlichen Vorstellungen, die Begriffe, die sich ökonomisch mit dem Geld verbinden, werden zurückgedrängt. Das Geld löst sich im Symbolgeld nicht nur vom Geldstoff, es löst sich im Rechnungsgeld auch von seiner Wirtschaftsgrundlage, an die der Barumlauf immer noch gekoppelt war. Das technische Geld verkoppelt sich immer mehr mit der Fortbildung der Maschinerie, wird also zum Begleiter von Apparatur und Organisation, in deren Dienst es gestellt wird. Die Technik des Geldwesens siegt über alle ökonomischen Geldbegriffe. Wie kommt es dazu? Nur wenn wir begreifen, wenn wir erkennen, daß alle Geldbewegung jetzt mit der Durchbildung der Mechanik verkoppelt ist, begreifen wir auch die rapiden Verfallserscheinungen, von denen das in den Währungen umlaufende Sachgeld und Symbolgeld betroffen wird. Diese Verfallserscheinungen sind nicht zufällig, bezeugen vielmehr, daß das Sachgeld und Symbolgeld nicht mehr hinreichen, um neuartige Aufgaben zu erfüllen. Ihre Dynamik reicht nicht mehr hin; sie sind nicht funktional genug für die funktional arbeitende Maschinerie. Der Automatismus ihres Zirkulierens genügt nicht mehr. Da die Fortbildung der Technik mit wachsenden Substanzverlusten verbunden ist, muß ihre Finanzierung auf das Geldwesen eine immer stärkere Rückwirkung üben. Das Geldvolumen muß vermehrt, die Zirkulationsgeschwindigkeit erhöht werden. Ein Zustand vollkommener Präsenz der Geldmassen muß erreicht werden. Unter dem Zwange solcher Anforderungen vernutzt sich das alte Währungswesen, dessen ökonomische Begrifflichkeit dem intensiv betriebenen Raubbau nicht mehr gewachsen ist. Der Verfall dieses Währungswesens, das am Begriff der festen Währung und hinreichenden Deckung festhielt, ist der Beleg dafür, daß die Funktionen des Geldes sich ändern, wenn es in den Bereich der automatisierten Technik gelangt. Deren Finanzierung knüpft sich an Geldvorstellungen, in denen auch die Rückstände ökonomischer Gesetze getilgt werden. Der Verzehr, den die automatisierte Technik treibt, muß unter allen Umständen befriedigt werden. Dem Kreisen dieses Räderwerks muß das Geld sich jetzt fügen.

6.

Bevor wir uns jetzt der Maschine zuwenden, wollen wir eine allgemeine Frage stellen. Welches ist der Unterschied zwischen einer Theorie und einer Ideologie? Und worin steckt ihr Gemeinsames? Um dieses zuerst zu beantworten: beide sind, wenn wir sie als Methoden betrachten, deduktiv. Und beide erreichen und überschreiten die Grenze, an der sie zu Hypothesen ihre Zuflucht nehmen. Die Theorie verliert sich im Hypothetischen so gut wie die Ideologie; beide gehen über das empirisch Feststellbare hinaus. Und beide suchen Einzelerscheinungen oder Klassen von Erscheinungen aus allgemeinen Gesetzen abzuleiten. Beide begegnen daher dem induktiven Mißtrauen der nominalistischen Wissenschaft, dem Mißtrauen des exakten Wissenschaftlers, des Positivisten, des Pragmatikers. Beide sind unentbehrlich, die eine für den theoretischen Menschen, die andere für den ideologischen. Aber die Ideologie ist etwas Komplexeres als die Theorie, welche im Bereich der Erklärung allgemeiner Gesetze verharrt, daher ein wissenschaftliches Ansehen hat oder zu haben behauptet. Ideologien gibt es erst, seitdem Platon die Ideen aufgefunden hat, und als solche wurden sie vor allem von den Franzosen gehandhabt, in der Art, in der de Tracy sie in seinem dickleibigen Buche „Lés Eléments d'Idéologie" handhabte. Napoleon hielt weder von den Ideologien noch von den Ideologen etwas, insbesondere hielt er von denen nichts, die seine Person und Politik mit Kritik bedachten. Indessen zeigen die Gespräche auf St. Helena, daß er nicht ganz ohne sie auskam. Das Kennzeichen einer Ideologie ist, daß in ihr alles untergebracht werden kann; sie hat das mit dem System gemeinsam, dessen Einheit in der logischen Ordnung von Begriffen und Sätzen liegt. Ein System, das diesen Namen verdient, ist eine logische Einheit, wobei sich versteht, daß das, was geeinigt wird, nichts weniger als logisch ist oder zu sein braucht, denn Logik gibt es nur für Begriffe, Urteile, Sätze. Logik ist im System, nicht außerhalb des Systems. Wenn alles schon logisch geordnet wäre, bedürften wir keines Systems, weder eines künstlichen noch eines natürlichen, das bei näherem Zusehen immer wieder auf ein künstliches hinausläuft. Beide sind in den Dingen nicht anzutreffen, sondern müssen in sie hineingelegt werden. Es versteht sich, daß auch eine Ideologie nicht in der Natur und Landschaft anzutreffen ist und in ihr umherspaziert, sondern in sie hineinpraktiziert werden muß. Die Ideologie ist kein wissenschaftliches System; sie durchbricht dieses und geht darüber hinaus, weil sie nicht im Bereich des Wissens verharrt, sondern den des Wünschbaren mitverwaltet, weil sie die Träume, Hoffnungen, Erwartungen des Menschen anregt und beschäftigt. Das heißt, die Ideologie wendet sich unmittelbarer an den Willen des Menschen, und auf den Willen des Menschen läßt sich kein System gründen, denn mit ihm bricht in die Welt des Verstandes ein irrationaler Geselle herein, der den Intellekt nur noch als Handlanger anerkennt, als den Geistesarm und die Geisteshand des Willens. Die Wissenstatsachen einer Ideologie sind Mittel zum Zweck; ihr ist immer daran gelegen, daß der Wille sein Ziel erreicht. Das ist das Reizende, das Verlockende und Betrügerische an ihr. Systeme sind Gitter, Ideologien Netze. Merkwürdig kann scheinen, daß in einer Zeit, in welcher der Nominalismus unangefochten herrschte und als allein seligmachend galt, die Ideologien gewaltig aufsprossen. Sieht man genauer hin, dann erkennt man, daß beides zusammengehen muß. Denn von der induktiven Methode kann sich niemand ernähren, selbst die Wissenschaft auf die Dauer nicht. Von der deduktiven, wie sich versteht, auch nicht, denn wir ernähren uns überhaupt nicht durch Methoden, so fest der Glaube daran in manchem Kopfe ist.

Das neunzehnte Jahrhundert ist das Jahrhundert der Ideologien. Vielleicht kann sich kein anderes an Fruchtbarkeit in dieser Beziehung mit ihm messen. Allen diesen Ideologien liegt — offen oder heimlich — ein Entwicklungsbegriff zugrunde. Dieser Entwicklungsbegriff hat keine wissenschaftliche Grundlage, sondern ist selbst das theologische Fundament des Fortschritts. Fundament aber ist ein schlecht gewähltes Wort, denn der Entwicklungsbegriff ist ein Fahrzeug. Der Bürger und der mit ihm heraufkommende Arbeiter können durch Ideologien bearbeitet werden, weil sie an ihre eigene Konstanz nicht mehr glauben, weil sie nicht mehr Stand, Typus, Art sind, sondern sich als Momente eines ewigen Entwicklungsbegriffes empfinden. Sie fragen nicht mehr: wer oder was bin ich?; sie fragen: was entwickelt sich in mir? Das ist sehr viel weniger anstrengend, als auf den ersten Blick angenommen werden könnte. Dieser gummiartige, kautschukhafte Entwicklungsbegriff, der als Maßstab an alle Geschichte und Natur angelegt wird, ermöglicht, da er nach Belieben ausgezogen werden kann, jede Konstruktion. Er wird zum Öl, in dem jede Theorie, jede Ideologie ohne Reibungen und Widerstände fortgleiten kann. Aber da der Entwicklungsbegriff sich selbst entwickelt, da sich alles aus allem entwickelt oder doch entwickeln läßt, ist der Zeitpunkt abzusehen, an dem der Entwicklungsbegriff sich selbst aufhebt oder doch in seinem eigenen Fett erstickt, als eine Art von riesenhafter Tautologie, von der die geistigeren Köpfe sich schaudernd abwenden.

Hier wollen wir einen Blick auf die Theorien werfen, die sich mit der Maschine verbinden. Die Gedanken, welche die Ausweitung der Maschinerie im neunzehnten Jahrhundert hervorruft, formieren sich zu Theorien, die ökonomisch gedacht sind. Zu ihnen gehören die Erwägungen, die sich auf den Unterschied von manueller und mechanischer Arbeit stützen und daraus Voraussagen über die wirtschaftliche Zukunft des Arbeiters ableiten. Die Freisetzungstheorie, welche die Beseitigung oder doch die stetige Verdrängung der Handarbeit durch die Maschinenarbeit prophezeit, zieht daraus den Schluß auf zunehmende Arbeitslosigkeit des Arbeiters; die Kompensationstheorie aber, die eine Steigerung der Gesamtproduktion annimmt, behauptet, daß durch eben diese Steigerung eine Mehrbeschäftigung des Arbeiters hervorgerufen werde. In diesem Streite läuft die Kompensationstheorie der Freisetzungstheorie den Rang ab und stellt sie in den Schatten. Sie scheint die richtigere zu sein. Dennoch sind beide Theorien falsch, oder besser gesagt, sie kommen der Maschine nicht bei, sie werden ihr nicht gerecht. Beide sind ökonomische Theorien, beide stützen sich auf eine Wirtschaftskonjunktur des Maschinenwesens, das heißt auf einen Stand ergiebiger Ausbeutung, der noch nichts zu wünschen übrig läßt. Beide sind liberale Theorien, auch die sozialistische Freisetzungstheorie. Das zeigt sich schon daran, daß beide noch von einem Begriff und Zustand freier Arbeit ausgehen, der inzwischen durchaus fragwürdig geworden ist. Keinem dieser Theoretiker ging durch den Kopf, daß freie Arbeit immer nur in begrenztem Maße vorhanden sein kann, daß aber dort, wo zur Zwangsarbeit übergegangen wird, Arbeit in unbegrenzter Masse geschaffen werden kann. Das ist ein Unterschied von großer Bedeutung. Ich erinnere mich dabei an ein Gespräch mit einem deutschen Forstmeister, dem man kurz vor dem zweiten Weltkriege, als die Arbeitsdienstpflicht in Deutschland eingeführt wurde, Mannschaften des Arbeitsdienstes zugeteilt hatte. Ich fragte ihn, wie groß sein Bedarf an solchen Arbeitern sei. Er lachte dazu und bemerkte: „Mein Bedarf ist unbegrenzt. Je mehr solcher Leute man mir schickt, desto besser. Ich werde dann aus meinem Wald den schönsten Park machen." Wir werden auf dieses Verhältnis von freier Arbeit und Zwangsarbeit noch zurückkommen.

Marx und mit ihm die sozialistische Schule verfochten die Freisetzungstheorie. Marx kam zu ihr, weil er davon ausging, daß die Ausweitung der Maschinerie zu einem Überwiegen des konstanten Kapitals über das variable führen müsse, daß also in die Betriebsanlagen mehr hineingesteckt werden müsse als in die Betriebslöhne. Dieser Schluß ist unbezweifelbar richtig und gilt heute wie damals. Weniger einleuchtend sind aber die Schlüsse, mit denen er aus dem Wachstum des konstanten Kapitals das Wachstum einer industriellen Reservearmee ableitet, die den Maschinenkapitalismus in die Knie zwingen werde. Solche industriellen Reservearmeen können, wie schon der militärisch genommene Begriff lehrt, auch eine andere Verwendung finden, können zum Beispiel in Weltkriege gesteckt werden. Oder auch in ein Zwangsarbeitssystem, das sie mit einer Leichtigkeit aufsaugt und aussaugt, von der man um die Mitte des neunzehnten Jahrhunderts noch keinen Begriff hatte. In dem Kampfe der Freisetzungstheorie mit der Kompensationstheorie steckt schon der Kampf um die Planung; das Rüstzeug der Planung wird vorbereitet. Wir haben genug Distanz zu dem Streit beider Theorien, um sie von neuen Gesichtspunkten aus zu betrachten. Die Kompensationstheorie zeugt von jenem Optimismus, wie er aus der Betrachtung einer Lage entsteht, die bei starker Ausweitung der Maschinerie eine immer ergiebigere Ausbeutung verspricht. Die Freisetzungstheorie aber enthält einen inneren Widerspruch, der zum Vorschein kommt, wenn praktische Ergebnisse der Planwirtschaft vorliegen. Das konstante Kapital wächst nicht nur in der maschinenkapitalistischen Wirtschaft; es wächst auch in dem Bereich, in dem der Maschinenmarxismus seine Planung vorwärtstreibt. Die Freisetzungstheorie schlägt daher ihre Vorkämpfer selbst, denn sie wird aus einem brauchbaren Werkzeug des Klassenkampfs zu einem unbrauchbaren. Wir müssen uns darüber genau ausdrücken und sagen, daß der Begriff einer Planwirtschaft, wie ihn Marx faßte, für uns nicht mehr verwendbar ist. Alle rein planwirtschaftlichen Konstruktionen liegen hinter uns. Der Plan, über den sich heute allein zu sprechen lohnt, ist das technische Kollektiv. Das technische Kollektiv aber stützt sich nicht mehr auf ökonomische Theorien. Wo die Begriffe der Freisetzung und der Kompensation in ihm noch auftauchen, werden sie auf technische Weise verwendet. Und es versteht sich, daß das technische Kollektiv sich nicht für die Freisetzung erklärt — denn es schneidet sich nicht selbst den Hals ab —, sondern für Kompensation. Es wird jede Art von Freisetzung kompensieren. Und da sich freie Arbeit nicht beliebig vermehren läßt, wird es zu den Methoden der Zwangsarbeit übergehen. Die Gedanken unserer Arbeitswelt laufen schnurstracks auf solche Methoden zu. Mit ihnen läßt sich nicht nur jede Freisetzung von Arbeitskräften, jede industrielle Reservearmee vermeiden, mit ihnen kommt man auch zu ganz erstaunlich billigen Arbeitskräften. Ob wir die Gegenkräfte aufbringen werden, die eine solche Arbeitswelt verhindern und zerstören, davon hängt für uns und unsere Kinder vieles ab.

Marx glaubte, die Maschine eingesehen, sie begriffen zu haben. Aber mit einem solchen Glauben dürfen nicht einmal wir uns schmeicheln, obwohl wir mit der Maschine mannigfaltigere, tiefer dringende und schmerzlichere Erfahrungen gemacht haben. Die Fragwürdigkeit alles Maschinenwesens, die dort beginnt, wo die Technik endet, ist aus der Durchbildung der Apparatur nicht abzulesen; sie eröffnet sich erst dem, der die Rückwirkung dieser Apparatur auf die Organisation der menschlichen Arbeit, auf den Menschen also, durchdringt. Hier aber stehen wir vor neuen Erkenntnissen, für die wir einen hohen Preis zahlen müssen. Die Wirtschaftslehre der Vergangenheit, die abhängig von der englischen Schule war, beschäftigte sich gegenüber einer wachsenden Maschinerie mit der Frage, wie die Kreditbeschaffung für diese Maschinerie möglich sei. Der Streit darüber ist heute von geringem Interesse, denn die Technik verfügt über die Machtmittel, sich jeden Kredit zu verschaffen, den sie braucht. Die Veränderungen, die sich im Geldwesen vollzogen haben und noch vollziehen, belehren uns darüber, wie das geschieht. Hier wie auf anderen Gebieten zeigt sich, daß die Theorie den rapiden Vorgängen nicht mehr zu folgen vermag, daß das Geschehen ihr davonläuft. Ein Beleg dafür sind schon die falschen Voraussagen, welche die Wirtschaftslehre über den ersten Weltkrieg machte. Teils wurde ein solcher Krieg von vornherein für unmöglich gehalten, teils bewies man, daß er nur sehr kurze Zeit dauern könne. Offenbar war der Satz, daß der Krieg den Krieg ernährt, ganz in Vergessenheit geraten. Marx verstand von der Maschine nichts, er sah sie nicht ein, denn wenn er sie begriffen hätte, dann hätte er sie nicht als Werkzeug und Zubehör einer auf ökonomische Gesetze gegründeten Welt begreifen können. Das ist sie nicht, nichts weniger als das. Er konnte das auch nicht wissen, denn in der Zeit, in der er lebte, wußte es niemand. In dieser Zeit wußte niemand, daß sich mit Maschinen nicht wirtschaften läßt, daß ihre Wirtschaftlichkeit eine Illusion ist, die nur durch die beständige Ausweitung der Maschinerie, das heißt durch gesteigerte, Raubbau betreibende Ausbeutung aufrechterhalten werden kann. Niemand wußte, daß sich auf Maschinen keine Ökonomie, keine ökonomische Gesetzlichkeit gründen läßt, daß sie auf die Dauer nicht einmal den Ausgleich der Konten dulden, welche der wirtschaftende Mensch mit Hilfe seiner doppelten Buchführung sich immer wieder deutlich macht. Die gesamte ökonomische Gesetzlichkeit, welche Marx in die werdende Technik hineinschiebt, ihr unterschiebt, ist im Augenblick der Konzeption seiner Theorien schon im Zerbrechen. Der Planet, der seit dem Zeitalter der Entdeckungen einer immer intensiveren Ausbeutung unterworfen wird, reicht nicht hin, diesen Drang nach Ausbeutung zu besänftigen. Die Vermehrung des nutzbaren Raumes, die Vermehrung aller Substrate der Ausbeutung verschleiert nur, was sich heute dem Nachdenkenden leicht zeigt, daß die Vernutzung allen Nutzen überwiegt und der Mensch durch seine automatisierte Mechanik mehr und mehr in die Enge getrieben wird. In der Maschine steckt ein Wille, der auf etwas ganz anderes aus ist als auf ökonomische Berechnungen, wirtschaftliche Sicherheit und Prosperität, die im neunzehnten Jahrhundert groß waren. Dieser Wille ist zunächst verborgen, dann aber tritt er gebietend hervor. In dem Denken von Marx ist die Maschine nicht unsere Wirklichkeit; sie behält etwas Unwirkliches, weil sie als Mittel zu Zwecken angesehen wird, die nicht vorhanden sind. Wie hätte er sie sonst als Inventar einer auf ökonomische Gesetze gegründeten Welt ansehen können, als Werkzeug eines allmächtigen, abstrakten Ökonomiegottes, der den Menschen durch Wirtschaftsgesetze determiniert.

Es waren Dampfmaschinen, die er um sich sah. Explosionsmaschinen sah er noch nicht. Die Elektrotechnik sah er noch nicht. Das Prinzip der Glühlampe reicht bis zum Jahre 1845 zurück, aber verwendbare Lampen gab erst Edison an. Elektrisches Licht für Kriegszwecke tauchte erst im Krimkriege 1855 auf. Die erste Übertragung elektrischer Kraft wurde auf der Wiener elektrischen Ausstellung im Jahre 1873 gezeigt. Und die erste elektrische Lokomotive lief 1879 in Berlin. Von der atomaren Technik, deren Anfang wir sehen, schweigen wir. Die erste Dampfmaschine aber wurde von Boulton und James Watt, die sich assoziiert hatten, aus ihrer Fabrik in Soho bei Birmingham geliefert. Das war im Jahre 1776, und die Maschine, welche fünfzig Zoll Kolbendurchmesser hatte, wurde für ein Wasserpumpwerk bei Tipton in Staffordshire geliefert. Diese erste Maschine, die inmitten einer von manueller Arbeit erfüllten Umgebung ihre mechanische Arbeit begann, wurde als Wunderwerk angestaunt und beschäftigte weithin die Gedanken. Die Isolation aber, in der diese Maschine von uns wahrgenommen wird, ist eine scheinbare. Das Denken, aus dem sie und die vielen anderen, die ihr folgten, hervorgingen, war mit einer mechanischen Gesetzlichkeit beschäftigt, die weit reichte, so weit, daß sie die Erdkugel, ihre Oberfläche und den Luftraum darüber zu umspannen begann. Die Gesetze dieser Mechanik sind nicht überall wirksam; sie sind auch nicht nur an bestimmten Punkten wirksam. Sie sind dort wirksam und in Maschinen darstellbar, wo Menschen sind, die sie kennen und anwenden. Es ist gleichgültig, daß diese erste Dampfmaschine bei Tipton stand, denn sie hätte auch an einem anderen Orte stehen können, ohne daß sich dadurch etwas geändert hätte. Wichtig freilich ist, daß die Maschine nachgeahmt, verbessert und vervielfältigt werden konnte. Dampfmaschinen waren es, die jetzt in englischen Mühlen, Brauereien, Walzwerken und Baumwollspinnereien aufgestellt wurden. James Watt hatte sie für industrielle Zwecke brauchbar gemacht; seine Cornwall-Maschinen, bei denen der Dampf den Kolben in Gang brachte, drangen in die Bergwerke ein. Um 1810 gab es in England schon fünftausend dieser Maschinen. Und Murdock, Murray, Evans, Trevithick, Vivian, Hornblower, Maudsley und andere, fast lauter Engländer, verbesserten sie. Auspuffmaschinen, Kondensationsmaschinen, Expansionsmaschinen, Präzisionssteuerungen, Woolfsche

Maschinen, Schiffsmaschinen, Kesseldampfmaschinen, Hammermaschinen, Schnelläufer, Kataraktmaschinen — alles wurde mit Dampf in Gang gebracht. Das war der erste Abschnitt. Überall stieg der Dampf dieser Maschinen auf, und der aus den Kondensatoren austretende Wasserdampf war es, der zuerst wahrgenommen wurde. Dampf und Fortschritt waren noch ein und dasselbe. Der Dampf brachte den Fortschritt auf die Beine, bis der Fortschritt sich in Dampf auflöste.

Hätte die Technisierung in diesem Abschnitte haltgemacht, dann wären die Rückwirkungen der Apparatur auf die menschliche Arbeit, auf den Menschen selbst begrenzte geblieben. Weit intensiver und zugleich planetarisch wirksam wurden sie von dem Augenblick an, in dem die Übertragung elektrischer Kraft gelang.

7.

Gleichzeitig vollzieht sich ein Vorgang, der zunächst verborgen bleibt. Die Ablösungen, aus denen die Apparatur hervorgeht, stützen sich, wie gezeigt wurde, auf einen mechanischen Zeitbegriff und mechanische Zeitmeßverfahren. Die Nutzbarmachung der mechanisch verfügbaren Zeit wiederum muß in der Apparatur hervorkommen, und sie tut es. Indem wir darauf achten, kommen wir zum Verständnis eines Vorgangs, der nicht leicht zu verstehen ist. Der sich ablösende Automatismus, der stets mächtiger hervortritt, stützt sich immer breiter auf das Verfahren, das wir Normung nennen. Dieser Begriff muß so genommen werden, wie er innerhalb der technischen Apparatur und Organisation verwendet wird. Er schließt andere Begriffe, wie Type, Marke, Standard in sich ein. Und in dieser Fassung besagt er, daß Stückelung der mechanischen Zeit als Stückelung im Arbeitsverfahren wiederkehrt, durch das die Apparatur entsteht. Von diesem Begriff der Normung gehen wir aus, nicht aber von dem geläufigen, welcher alle Normung aus einem Streben nach Verbilligung und Vereinfachung zu erklären versucht. Das sind unklare Begriffe. Verbilligung ist ein Begriff, der eine ganze, ihm zugehörige Ökonomie voraussetzt. Wiederholt sei deshalb, daß technische Vorgänge sich nicht auf ein ökonomisches Bezugssystem beziehen lassen; darin liegt keinerlei Vorteil. Wir erfassen den Vorgang der Normung damit nicht, denken nicht einmal darüber nach, ob eine fortgesetzte Verbilligung, wenn sie nachgewiesen werden könnte, erstrebenswert wäre. Auch formulieren wir eine sehr vage Relation, wenn wir erklären, daß die Normung etwas vereinfacht. Was vereinfacht sie denn? Von welchem Ort aus gesehen läßt sich die Normung als Vereinfachung beschreiben? Solche Bestimmungen müssen, bevor sie angewendet werden, mechanisch präzisiert werden. Der Begriff der Normung, so wie er heute wirksam ist, umschreibt einen Vorgang, bei dem das, was innerhalb einer Mechanik als Teil vorkommt, sich so genau wiederholt, daß die Bewegung des Teils als mechanische Funktion wiederkehrt. Funktion ist etwas mechanisch Wiederkehrendes. Hinzugefügt werden muß, daß die unbeweglichen Teile des Mechanismus auf die bewegbaren bezogen, ihnen untergeordnet sind. Die Normung bezieht sich auf Teile, und Teile oder Stücke sind hier Entsprechungen mechanischer Funktionen. Genormt werden auch Werkzeuge, welche Handhabung voraussetzen, deren Bewegung also nicht mit mechanischer Genauigkeit wiederkehrt, aber eine solche Normung dessen, was manuelles Zubehör der Mechanik ist, hat keine Selbständigkeit, sondern setzt Normung der Funktion an einem anderen Orte voraus. Die Normung ist nur einzusehen, wenn erkannt wird, daß sie innerhalb eines Automatismus der Bewegung liegt und daß sie das zu diesem Automatismus gehörige Verfahren ist. Sie ist genau auf ihn bezogen. Nicht Ursache, sondern Wirkung dieses Bezuges ist, daß sie die mechanischen Widerstände, die sich dem Automatismus entgegensetzen, verringert. Indem sie das tut, führt sie zugleich zu einer Beschleunigung der automatischen Bewegung. Die perfekte Normung ist daher der Automatismus selbst. Auch hier sind äquivalente Verhältnisse, ist eine Wechselwirkung. Die Normung kann vom Automatismus her, der Automatismus von der Normung her beschrieben werden. Automatenproduktion und Produktionsautomatismus können unterschieden werden. Ein Unterschied besteht zwischen Anlagen, welche Automaten hervorbringen, und Anlagen, welche genormte Artikel, Teile, Stücke hervorbringen. Das Verfahren der Normung ist in beiden Fällen das gleiche. Deutlich wird überall, wie die Normung und damit der Automatismus über die Apparatur hinauszugreifen vermag, wie sie auf die Organisation der Arbeit und den Arbeiter einzuwirken vermögen.

Teil ist hier nicht mehr das, was in einer früheren Zeit als Teil verstanden wurde. Das Teilen selbst ist jetzt ein anderes geworden. Ersetzbarkeit und Auswechselbarkeit sind Kennzeichen einer neuen Normung, die den Teil von sich aus teilt. Der Teil wird Stück, und das Merkmal des Stückes ist, daß es sich selbst im Gang der Normung unaufhörlich wiederholt, daß diese räumlichen Wiederholungen sich zu zeitlichen anordnen. Ein solches Stück ist nicht für sich selbst, ist nur in Hinsicht auf andere Stücke da, ist Teil einer Stückelung, deren erste Bewährung darin liegt, die gesamte Apparatur in sich einzubeziehen. Innerhalb der Normung wird jedes Stück zunächst Stück einer mechanischen Planung, wird funktionierende Funktion. Funktion ist hier die berechenbare Bewegbarkeit des Stückes innerhalb eines Stückwerks. Die mechanische Stückelung, die innerhalb der mechanischen Zeit verläuft, bezieht nicht nur die größten Werke, nicht nur die gesamte Apparatur in sich ein, sie setzt von sich aus eine Beziehung zwischen allen Apparaturen, die als Plan begriffen werden muß. Plan in diesem Sinne ist ein mechanischer Begriff und sagt nichts anderes, als daß die von der Apparatur ausgelösten Bewegungen sich nicht vereinzeln, sondern kraft der Stückelung einer mechanischen Zentrale entgegenstreben, deren Steuerung von der Organisation der Arbeit her erfolgt.

Ein solches Verfahren hat seine Geschichte. Es bewährt sich nicht von heute auf morgen; es mußte eingeübt, erprobt und durchdacht werden. Das Verfahren bewährt sich in dem Maße, in dem wir uns darauf einlassen. Das Denken vom Stück her gewinnt, nachdem seine Schwierigkeiten überwunden werden, eine stückelnde Kraft, die ungeheuer ist, denn sie beherrscht Apparatur und Arbeitsverfahren. Ob eine Fabrik Kraftwagen herstellt oder Konserven — in Hinsicht auf die Stückelung ist das Arbeitsverfahren dasselbe. Rationalisierung der Arbeitsverfahren — ein unklarer Begriff — ist doch als Forderung eindeutig, denn verlangt wird überall eine genauere mechanische Stückelung der Arbeitsverfahren. Auf welche Ultima ratio steuert die Bewegung zu? Wir sind in jenes ihrer Stadien eingetreten, in dem ihre mechanischen Mittel einem Äußersten zustreben. Schon liegt ein Zwang darin, daß alle mechanisch verfügbare Zeit, aller mechanisch verfügbare Raum, alle mechanisch verfügbare Bewegung in ein einziges riesiges Arbeitsverfahren gesteckt werden, in eine Apparatur und einen Plan, der dem Automatismus ganz unterworfen wird. Zwei Bewegungen sind es, die sich in diesem Automatismus verkoppeln, eine wiederkehrende und eine gradlinig sich fortbewegende. Die eine ist kreisförmig, die andere linear. Dieses Verhältnis ist alt; es wird durch das Rad bezeichnet. Neu aber ist die Koppelung des Automatismus an eine exakt wiederkehrende Stückelung, an eine Normung, die als Summe funktionierender Bewegungen nichts anderes als der Automatismus selbst ist. Neu ist der Plan, der aus dieser Bewegung hervorgeht.

Dieses Sichbewähren des Stücks und seiner Stückelung ist kein Anfang, sondern ein Ende. Der Erfolg des Verfahrens und seine Ergiebigkeit sind, von seiten der Apparatur her betrachtet, nicht unmittelbar verständlich, denn dieser Erfolg ist angesetzt und abgestellt auf die Erde, ist abhängig von den Substraten, die vorhanden sind, zur Verfügung stehen und durch das Verfahren verbraucht werden. Erst das Zerfällen des Ungestückten, erst sein Zerfall gibt die Stückelung frei, und diese Freisetzung des außerhalb der Apparatur liegenden Substrats ist zugleich die Fundgrube der Stückelung. Zu begreifen ist, wie alles Substrat in die Stückelung eingeht und von ihr vernutzt wird, dann erst kann begriffen werden, daß der Automatismus das Stückelungsverfahren selbst ist. Seine Bewegung ist von Anfang an auf die Stückelung angewiesen; er ist ohne Normung so wenig verständlich, wie die Normung ohne ihn verständlich ist. Zuverlässigkeit im Sinne exakter mechanischer Wiederholungen ist nur dort, wo beides vorhanden ist.

Von hier aus erst sind die Veränderungen zu begreifen, welche sich in der Organisation der Arbeit vollziehen. Es liegt ein Vorteil darin, diese beiden Seiten der Bewegung gesondert zu betrachten. Beide hängen auf das genaueste zusammen, so genau, daß unser Verstehen erst mit der Einsicht in ihre Einheit wachsen kann. Indem wir sie gedanklich sondern, prüfen wir zugleich die Tauglichkeit unserer Bestimmungen, denn das, was an der Apparatur wahrgenommen wird, muß in der Organisation der Arbeit wieder begegnen. Folgendes Verhältnis ist gesetzmäßig. Je weniger Automaten, desto geringer sind ihre Einwirkungen auf die Organisation der Arbeit. Je weniger Automaten, desto weniger Automatismus in der Organisation der Arbeit. Je umfangreicher die automatisierte Apparatur, desto stärkere Einwirkungen auf die Arbeitsorganisation, die zugleich immer mächtigere Apparaturen aus sich entläßt.

Die Frage ist: was entspricht dem Vorgang der Ablösung, durch den die Apparatur entsteht, auf seiten der Arbeitsorganisation? Gesagt wurde, daß der Mechanismus, welcher der Technica intentionalis angehört, die Maschine also, sich aus der Technica naturalis, durch deren Nachahmung er entsteht, herauslöst. Diesem Vorgang entspricht auf seiten der Arbeitsorganisation zunächst die Ablösung der Arbeit von der Hand und vom Handwerkszeug. Die Arbeit löst sich, indem sie maschinelle Arbeit wird, von dem Werkzeug ab, das die manuellen Arbeitsverfahren begleitet. Mit der Arbeit wird zugleich der Handwerker von diesem Werkzeug abgelöst. Der an automatisch arbeitenden Maschinen arbeitende Handwerker bleibt nicht Handwerker, sondern wird Arbeiter. Immer wieder, auch heute noch, wird versucht, diesem Vorgang eine ökonomische Erklärung unterzuschieben. Diese reicht aber nicht aus. Der Handwerker, der von seinem Handwerkszeug abgelöst wird und sich hinter Maschinen wiederfindet, an denen er kein Eigentum, keinen Besitz hat, kommt allerdings in eine schlechte Lage, in eine Lage, der er weder geistig noch wirtschaftlich gewachsen ist. Aber dieser Vorgang, der ihm zusetzt, sagt über die Tatsache, daß er Arbeiter geworden ist, nichts aus, nichts also über die Koppelung von Apparatur und Arbeitsorganisation. Daß jemand schlecht entlohnt wid, macht ihn noch nicht zum Arbeiter. Wird er gut entlohnt, hört er dadurch noch nicht auf, Arbeiter zu sein. Arbeiter wird man nicht aus der Umkehr einer ökonomischen Situation, sondern aus dem Entstehen einer technischen. Arbeiter wird jeder, der in Abhängigkeit von Apparatur und Organisation gerät. Wir alle werden in dem Grade Arbeiter, in dem wir von Apparatur und Organisation abhängig werden. Insofern wir uns dieser Abhängigkeit entziehen, können wir keine Arbeiter werden. Doch sind wir keine Robinsons und leben nicht auf einsamen Inseln. Arbeiter im genauen Sinne des Worts bin ich durch einen neuen Arbeitsbegriff, durch meine Zugehörigkeit zu Apparatur und Organisation, die in ihrem Zusammenwirken auf den Automatismus und seine Normungen sich hinbewegen. Die Verkopplung von Apparatur und Organisation kommt aus keiner Ökonomie, von der sie abhängig bleibt und gesteuert wird, vielmehr ist das Umgekehrte der Fall.

Unsere ökonomische Situation wird gesteuert durch die Verkopplung von Apparatur und Organisation. Die Einsicht in solche Zusammenhänge ist unerläßlich, wenn wir uns von einer Fülle von Täuschungen befreien wollen, die wir aus der Vergangenheit noch mitschleppen. Die Investierung riesenhafter Summen in die Atomtechnik ist, wirtschaftlich gesehen, weder verständlich noch gerechtfertigt. Solche Anlagen, welche die Lebenshaltung ganzer Völker beeinflussen, führen aber zu den Konsequenzen des Kraftbegriffes. In sie wird die vorhandene Apparatur und Organisation der Arbeit hineingesteckt.

8.

Die Vorstellung der Menschen des neunzehnten Jahrhunderts war noch, daß man an einer Maschine Eigentum haben und halten könne, Eigentum in der gleichen Weise, wie es an Grundstücken und Fahrnis begründet werden kann. Die Maschine galt als bewegliche Sache und wurde so behandelt. Sie konnte auch mit einem Grundstück so verbunden sein, daß sie wesentlicher Bestandteil des Grundstücks wurde. Dann erstreckte sich das Eigentum an dem Grundstück auch auf die Maschine als Sache. Heute noch wird ja die Maschine rechtlich als Sache behandelt. Warum, sagte man sich — vielmehr sagte man es nicht, sondern hielt es für selbstverständlich —, soll an einer Maschine nicht in gleicher Weise Eigentum bestehen können wie an Grundstücken und beweglichen Sachen? Diese Vorstellung herrschte durchaus, weil die Maschine als Sache angesehen wurde, weil in der Welt der Sachen und Dinge auch die Maschine als Sache und Ding vorkam, als körperliches, greifbares, materielles Ding, das in seiner Dinglichkeit ganz aufging. Die Apparatur wurde als Bestandteil einer Welt von Dingen betrachtet. Man erkannte nicht die neuartige Gesetzlichkeit, mit welcher das Maschinenwesen diese Welt der Dinge sich unterwarf. Man übersah die zur Maschine gehörige Organisation, von welcher das Ding aufgehoben und einem neuen Kraftbegriff unterworfen wurde. Der mit Maschinen arbeitende Kapitalist des neunzehnten Jahrhunderts war noch Eigentümer. Er sah sich selbst als Eigentümer an und wurde von anderen als Eigentümer anerkannt. Er schaltete in seiner Fabrik als Eigentümer. Aber dieses Eigentum war durch die Maschine schon bedroht und in Frage gestellt. Wäre es nicht fragwürdig geworden, dann hätte die soziale Theorie und Agitation ihm gegenüber nicht Fuß fassen können. Die theoretische Anfechtung des Eigentums beginnt mit der Ausweitung der Maschinerie. In einer Welt ohne Maschine gibt es weder soziale Theorie noch Agitation, wie sie im neunzehnten Jahrhundert betrieben wurde. Aber im Bereich der Maschine, im Bereich, in dem die Maschine sich gegen das Eigentum stellt, in dem sie das Eigentum verdrängt, beginnt auch Theorie und Agitation. Das erste, was die Maschine zustande bringt, ist ja, daß sie einen eigentumslosen, ja eigentumsunfähigen Menschen schafft, einen Menschen, dem weder Eigentum zur Verfügung steht, noch das Wesen des Eigentümers verbleibt. Wir können diesen Vorgang durch die Jahrzehnte hindurch ablesen, so genau, wie wir von der Skala des Instruments den Druck der Luft ablesen. Er ist von der Ausweitung der Maschinerie abhängig. Was sich jetzt formiert, ist nicht mehr die Welt des Eigentums. Planwirtschaftliche Vorstellungen, die dem Eigentum feindlich sind, drängen herauf. Und sie bewegen sich samt und sonders auf einen Plan zu, der von solcher Technizität ist, daß er auch die wirtschaftlichen Vorstellungen des neunzehnten Jahrhunderts zurückdrängt. Nicht das Wirtschaftskollektiv steht am Ausgange dieser Gedanken. Eine neuartige, dem Maschinenwesen genau angepaßte Konstruktion hebt sich immer deutlicher ab. Ein technisches Kollektiv beginnt die Gedanken zu beschäftigen.

Es ist ein Kennzeichen des technischen Kollektivs, daß sich in ihm Eigentum immer schwerer bildet. Auch ist dieses Kollektiv nicht auf die Bildung von Eigentum eingerichtet und ausgerichtet. Eine solche Aufgabe würde nicht nur über seine Kräfte gehen, sondern auch im Widerspruch zu seiner Willenbildung, zu seinen Fähigkeiten und Neigungen stehen. Das Kollektiv beschäftigt sich mit Produktion und Konsum, und das sind Worte, die richtig verstanden werden müssen, Begriffe, die aus einer ökonomischen Auffassung der Dinge kommen, dieser aber entwachsen und eine immer eindeutigere technische Bedeutung annehmen. Als Produktion bezeichneten die Ökonomisten das Hervorbringen und auch das Produkt selbst. Über die Grenzen der Produktion herrschte Streit. Die Physiokraten etwa ließen als Produktion nur die Hervorbringung von Bodenerzeugnissen gelten. So stritt man über produktive und unproduktive Produktion und legte sich die Frage vor, ob außer der materiellen Produktion auch Gelehrtenarbeit, Dienstleistungen, Handelsgeschäfte und Ortsveränderungen zur Produktion gehörten. Man kam auch überein, jede Tätigkeit für produktiv zu erklären, die dem Grundsatz der Wirtschaftlichkeit entsprach, gab also dem Begriffe der Produktion eine rein ökonomische Auslegung. Den Unterschied zwischen dem durch Handarbeit und mechanische Arbeit Hervorgebrachten berücksichtigte man zunächst nicht. Und in der gleichen Weise sprach man von Konsum oder Konsumtion und verstand darunter die Wertvernichtung oder Wertminderung, in einem engeren Sinne aber den Gebrauch und Verbrauch von Gütern zu wirtschaftlichen Zwecken. Wir wollen auf alle diese Bestimmungen, die etwas Vages behielten, weil sie unter verschiedenen Voraussetzungen gebraucht wurden und von einer Bestimmung allgemeinerer Begriffe wie Wert, Gut, Wirtschaft abhingen, hier nicht eingehen. Denn es genügt zunächst zu sagen, daß alle diese ökonomischen Bestimmungen innerhalb des technischen Kollektivs schwer verwendbar oder auch ganz unverwendbar sind.

Wir wollen das an einem Beispiel verdeutlichen. Man kann nicht sagen, daß die Untersuchungen von Marx über den Mehrwert bedeutungslos sind; augenscheinlich aber ist, daß sie von Jahrzehnt zu Jahrzehnt an Bedeutung verlieren. Das Problem des Mehrwerts verliert nicht etwa deshalb an Bedeutung, weil der private Kapitalist zurückgedrängt wird und der von Marx errechnete Mehrwert nun dem Arbeiter zugute kommt. Davon kann keine Rede sein. Der Begriff des Mehrwertes ist rein ökonomisch gedacht und faßt sich im technischen Kollektiv anders. Ein solcher Begriff, der den Unterschied zwischen dem Wert der Arbeitsleistung und dem Arbeitslohn herausarbeitet, der, mit dem Blick auf die einzelne Maschine hin, einen Unterschied zwischen bestimmter, notwendiger, kürzerer Arbeitszeit und längerer, wirklicher Arbeitszeit berechnet, zerfließt im Kollektiv. Dieser Unterschied zwischen notwendiger und wirklicher Arbeitszeit, der in Hinsicht auf eine Lohnkalkulation errechnet wurde, ist ein ökonomischer. Und auch der Einwand gegen die Mehrwerttheorie, daß das Verhältnis zwischen notwendiger und wirklicher Arbeitszeit ein anderes ist als das der Gesamtsumme der Löhne zum Volkseinkommen, ist ökonomisch. Indem Marx den Wert der Waren durch die Arbeitszeit bemessen will, zeigt er, daß er von der Mechanisierung des Zeitbegriffes keine Vorstellung hat. Gegenüber diesem mechanisierten Zeitbegriff läßt sich der Unterschied zwischen Warenwert und Arbeitszeit nicht mehr aufrechterhalten. Das Kollektiv ist kein ökonomisches Ganzes, deshalb stehen Warenwert und Arbeitszeit in ihm in einem nicht zu behebenden Mißverhältnis. Der Unterschied zwischen Arbeitszeit und Arbeitslohn ist hier kein Hebel mehr, mit dem der Arbeiter sich höhere Löhne erkämpfen kann; seine Löhne werden an Hand des mechanisierten Zeitbegriffes ermittelt, und er darf sich auch im Kollektiv glücklich schätzen, wenn er das Existenzminimum erhält. Keinesfalls wird ihm ein Lohn zugestanden, der auf einer Bemessung des Warenwertes durch die Arbeitszeit beruht und alle wirtschaftlichen Bedingungen der Warenherstellung berücksichtigt. Ein solches Zugeständnis kann das Kollektiv nicht machen, wie ihm denn alle Mehrwertsspekulationen fremd werden. Wo sich ein so mechanischer Begriff wie der des Existenzminimums bildet, ein Begriff, dem der Partner fehlt, denn von einem Existenzmaximum spricht niemand, wo ein solcher Begriff in Tabellen immer wieder durchgerechnet wird, dort zeigt er auch, wohin der Weg geht. Ein solcher Begriff erhält im Kollektiv genaue Umrisse. Er ist nicht räumlich, sondern zeitlich gedacht und steht in Beziehung zu einem mechanisch bestimmten Zeitbegriff.

Marx dachte über den Mehrwert in einer Zeit nach, in welcher der Streit zwischen Unternehmer und Arbeiter in Formen und mit Mitteln geführt wurde, wie sie dem Rechtsstaat eigentümlich waren. Der Kampf um das Sozialprodukt und seine Verteilung war ein Kampf, der mit wirtschaftlichen Mitteln geführt wurde. Unternehmer und Arbeiter führten ihn durch Aussperrungen und Streiks, über denen der Staat nicht als Schiedsrichter, sondern als Wahrer von Rechtsgrenzen wachte. Diesen Rechtsstaat des neunzehnten Jahrhunderts gibt es nicht mehr. Und das technische Kollektiv, das einen hinreichenden Grad von Mechanisierung erlangt hat, kennt weder Aussperrung noch Streiks mehr. Arbeiter, die in ihm zu streiken wagen, erhalten keine höheren Löhne, sondern werden in Gefängnisse oder Lager gebracht. Vergessen wir nicht, daß alle Mehrwertspekulationen in Kriegen und Notständen illusorisch werden. Ein Regiment Soldaten, eine Division, eine Armee, eine kriegführende Nation kümmert sich nicht um den Mehrwert. Ein Konzentrationslager schert sich um den Mehrwert so wenig wie ein Zuchthaus. Allenfalls multipliziert es den Preis seiner Suppenportionen und zieht ihn von den Einnahmen der Zwangsarbeit ab. Ein Arbeitsdienstlager verfährt ähnlich. Eine Zwangswirtschaft mit dem dazugehörigen Schwarzmarkt ist keine Wirtschaft im Sinne der alten Ökonomisten mehr und läßt alle Mehrwertspekulationen hinter sich. Der totalitäre Staat, an dessen Konstruktion und Begriff heute überall auf der Erde gearbeitet wird, das heißt der Staat des technischen Kollektivs, der ihm entsprechende und dazugehörende, grübelt nicht über den Mehrwert nach. Marx hatte Zeit und Muße, über ihn nachzugrübeln. So, wie er ihn faßte, mutet er uns heute archaisch an. Der Streit um den Mehrwert kann den Arbeiter nicht mehr schützen. Über allen Mehrwertspekulationen aber steht die folgende Erwägung. Menschliche Arbeit, das heißt menschliches Leben, läßt sich überhaupt nicht mit Geld abgelten. Arbeit und Geld sind etwas ganz Inadäquates, deshalb steckt in jeder Geldwirtschaft, allem Geldwesen eine tiefe, nicht zu behebende Ungerechtigkeit. So wenig ich einen Liebesdienst bezahlen kann, so wenig kann ich, wo ich freiwillige, frei für mich geleistete Arbeit bezahle, mir sagen: Ich habe das Meine getan. Weil dem so ist, deshalb muß die Sorge um das Justum pretium, um das Justa praebere immer mein Anliegen sein. Jeder Arbeiter ist seines Lohnes wert, aber nur in einem ganz materialisierten, mechanisierten Denken kann dieser Lohn zugleich sein Wert sein. Diese Erkenntnis begründet den Rang, den „Das Kommunistische Manifest" besitzt, das im Jahre 1848 als ein „vollständiges theoretisches und praktisches Parteiprogramm" erschien, also genau hundert Jahre alt ist. Das Manifest beschreibt und umreißt eine Assoziation von Ausbeutern; es macht den Ausbeuter und seine Methoden sichtbar. Hierin liegt sein Verdienst, nicht in der Wissenschaftlichkeit seiner Darlegungen. Wissenschaftlicher Sozialismus ist Contradictio in adjecto. Menschliche Gemeinschaft läßt sich nicht wissenschaftlich begründen, nicht in ein System bringen, nicht auf ein Prinzip stellen. Die Wissenschaft ist Gegenstand des Menschen, nicht aber ist der Mensch Gegenstand der Wissenschaft, die mit ihm operiert und ihn mechanisch leitet, wie es die Wissenschaft im technischen Kollektiv tut. Die Kraft des Manifestes wurzelt in der dialektischen Methode, die den Ausbeuter in den Blick bringt. Was es verschweigt, worüber es mit keinem Wort spricht, ist das Prinzip der Ausbeutung. Dieses Prinzip ist ein mechanisches und liegt in der rastlosen Ausbildung von Arbeitsmethoden, deren Rationalität eine solche des Ausbeutungsprozesses selbst und keine andere ist, das heißt in Rücksicht auf die notwendigen Substrate, in Rücksicht auf das Hypokeimenon des Vorgangs ein schonungsloser und rücksichtsloser Raubbau. Warum schweigt das Kommunistische Manifest über dieses Prinzip der Ausbeutung? Weil in ihm der feste Wille ist, es zu übernehmen, es zu steigern, es bis in seine letzten Folgerungen fortzusetzen. Der Kommunist hat von seinem kapitalistischen Bruder viel gelernt und ist nicht umsonst in dessen Schule gegangen. Er übernimmt das noch unfertige technische Kollektiv von ihm mit der Absicht, es perfekt zu machen. Im Manifest kommt die Bewunderung für die erfolgreichen Anfänge des Maschinenkapitalismus unverhüllt zum Ausdruck. Von ihm sind „ganz andere Wunderwerke vollbracht als ägyptische Pyramiden, römische Wasserleitungen und gothische Kathedralen", er „hat ganz andere Züge ausgeführt, als Völkerwanderungen und Kreuzzüge". Diese naive Bewunderung wird der nicht teilen, der nicht beim Studium der Maschinerie und ihrer Zweckmäßigkeit stehenbleibt, sondern bis zum Kern der Erfindungen durchdringt, das heißt bis zum Menschen, der ihr Objekt wird. Er wird sich von den Schlagworten Produktion, Produktionskraft, Produkt nicht mehr täuschen lassen, sondern erkennen, worauf das technische Kollektiv zusteuert.

Das Manifest nimmt schon wahr, daß der Maschinenkapitalist nicht eine „reine persönliche, sondern eine gesellschaftliche Stellung in der Produktion" einnimmt, daß das Kapital „ein gemeinschaftliches Produkt" ist, daß es keine persönliche, sondern eine gesellschaftliche Macht ist. Genauer gesprochen, der Maschinenkapitalismus liegt schon im Bereich des technischen Kollektivs. Er ist dessen geschichtlicher Anfang. Er untersteht einem neuen Kraftbegriff. Sein Eigentum ist Scheineigentum geworden. Von den Gesetzen einer wirklichen Eigentumsordnung findet sich im Manifest kein Begriff mehr. Das Manifest weiß nichts davon, daß die von ihm geforderte Aufhebung des privaten Eigentums nicht identisch ist mit dem Entstehen von „gesellschaftlichem" Eigentum. Es weiß nicht, daß mit der Aufhebung des privaten Eigentums zugleich das Eigentum der Gesellschaft, der Nation, des Staates aufgehoben wird. Das Kennzeichen der geschichtlichen Situation liegt eben darin, daß gar keine legitime Macht da ist, welche neues, öffentliches Eigentum schaffen könnte. Was das Manifest bewirken, woran es mithelfen kann, ist die Überführung von privatem und öffentlichem Eigentum in die konsumierende Organisation des technischen Kollektivs. Staatseigentum vermag weder der Maschinenkapitalismus noch der Maschinenmarxismus zu schaffen. Je mehr das technische Kollektiv vorrückt, desto mehr kehren sich die Begriffe von Eigentum, Produktion, Wirtschaft um. Für den Marxismus des neunzehnten Jahrhunderts stellt sich die Lage so dar, daß Produktion und Produktionsaustausch die Grundlagen aller Gesellschaftsordnung sind. Produktion und Produktionsaustausch aber werden ökonomisch begriffen. Ökonomie ist das Fundament, die Grundsituation ist eine wirtschaftliche. Ökonomie ist die letzte Ursache. Der Begriff einer letzten Ursache ist zwar ein Unding, eine contradictio in adjecto; mit ihm aber wird als dem Surrogat eines Schöpfers fleißig und unaufhörlich operiert. Indem aber das technische Kollektiv vorrückt, zeigt sich etwas ganz anderes. Der Maschinenkapitalismus höhlt die Ordnung des Eigentums mehr und mehr aus, indem er seinen dynamischen Kraftbegriff gegen das ruhende, in sich geschlossene Eigentum wendet. Das Eigentum wird zunächst Scheineigentum und verfällt dann der Kollektivisierung. Indem das geschieht, geschieht zugleich etwas ganz Unvermeidliches. Denn jetzt verschwindet auch jene echte ökonomische Situation, die in der Eigentumsordnung vorhanden war. An ihre Stelle tritt eine Scheinökonomie, und dort, wo sie verschwindet, zeigt sich, daß gar keine ökonomische Situation mehr vorhanden ist. Denn es hat keinen Zweck mehr, dort von Ökonomie zu sprechen, wo nur noch die Raubbauverfahren des technischen Kollektivs arbeiten.

Mit der Eigentumsordnung läßt sich eine Ökonomie verbinden, mit dem technischen Kollektiv nicht. Habe ich das erkannt, dann werden mir nicht mehr alle jene Denkfehler unterlaufen, die auf mechanische Weise in den Köpfen umgehen und weitergegeben werden. Ich werde zum Beispiel nicht mehr Produktion und Ökonomie gleichsetzen, denn ein technisches Produktionsverfahren ist kein ökonomisches mehr. Ich werde die Veränderung in den technischen Produktionsverfahren nicht mehr auf ökonomische Gedanken und Berechnungen zurückführen, denn alle Ökonomie sagt mir nichts darüber, warum der Automatismus zunimmt. Dann aber werde ich auch begreifen, daß die dialektische Methode, die Methode Hegels, die der Marxismus für seine Zwecke umarbeitet, mit der er das Scheineigentum des Maschinenkapitalismus aufarbeitet, gegenüber dem Eigentum versagt. Die dialektische Methode, so wie sie sich in Marx faßt, ist die Methode des technischen Kollektivs, und sie wuchert um so mehr, je mehr alles in mechanischen Beziehungen aufgeht und sich ihnen fügt. Diese Methode wird selbst zum mechanischen Modell, das dem Kettenlauf mechanischer Determinationen untersteht. Ich erkenne, wenn ich mich mit dem Eigentum beschäftige, daß eine Eigentumsordnung nicht von ökonomischen Verfahren abhängig gemacht werden kann, denn diese wie auch alle rechtliche Begrifflichkeit, die sich hier bildet, entstammen dem Eigentum. Ich erkenne dann, daß Eigentum kein Produktionsverfahren und auch nicht identisch mit Wirtschaften ist.

Welches Ziel bietet sich hier an? Wer eine Schrift liest wie die von Friedrich Engels über Feuerbach, eine Schrift, die den Titel tragen könnte: „Von Hegel zu Häckel", der sieht, daß sie sich ganz auf einen ökonomischen Fortschrittsglauben stützt. Und dieser stützt sich wieder auf Ergebnisse der Naturwissenschaften, auf die Zellforschung, die Energieverwandlung und den Darwinismus, auf das nämlich an ihm, was wir heute die Selektionstheorie nennen. Was den ökonomischen Fortschritt mit den Funden der exakten Naturwissenschaften verbindet, mag manchem nicht unmittelbar einleuchten. Hier stärkt sich die Zuversicht auf eine erhöhte Ausbeutung der Natur, wie sie die Folge vermehrter Einsicht in Naturmechanismen zu sein pflegt.

Halten wir daran fest, daß hier alles ökonomisch gesehen wird, obwohl das technische Kollektiv schon im Anmarsch ist. Das Auge von Engels richtet sich auf die ungeheure Vermehrung der Produktionsmittel, nicht aber auf die konsumierende Kraft der Maschinerie. Hier werden nur produzierende Kräfte gesehen. Was diese in Bewegung bringt, welches Korrelat zu ihnen gehört, wird nicht ernstlich erwogen. Der Begriff des Produktionsmittels, so wie ihn Marx und Engels verwenden, hat etwas eigentümlich Vages und Schwebendes, und diese mangelnde Präzision des Begriffes hängt eben damit zusammen, daß er ganz ökonomisch gedacht wird. Produktionsmittel sind für Marx und Engels die melkenden Kühe, die aus dem Stall des Kapitalisten herausgenommen werden müssen, um auf der Weide des Kommunismus noch fetter und ertragreicher zu werden. Dem damaligen Zustand der Kapitalwirtschaft, der bei kräftiger Entfaltung der Mechanik mit einem ergiebigen kolonialen Status verbunden war, entsprachen solche Hoffnungen. Zu diesen Hoffnungen gehört auch der Glaube, daß sich die Produktionsmittel beliebig vermehren lassen, daß die Ausbeutung gar kein Ende hat und daß sie in eine wunderbare Planwirtschaft mündet, die alles willig und spielend hergibt, was das Leben lebenswert macht. Aber Produktionsmittel sind Maschinen, und Maschinen gehören nicht in eine ökonomische Theorie, sondern ins Maschinenkollektiv. Das Maschinenkollektiv aber arbeitet mit Verlusten, die immer beträchtlicher werden.

Dieser Versuch, das technische Kollektiv in ein ökonomisches Begriffsnetz einzuspannen, es von vornherein ökonomisch zu deuten, ist zum Scheitern verurteilt. Deutlicher noch wird der Widerspruch in Engels Schrift „Die Entwicklung des Sozialismus von der Utopie zur Wissenschaft". Auch hier wird fortwährend von Produktivmitteln und Produktivkräften gesprochen, ohne daß sich mit diesen Worten irgendein klarer Begriff verbindet. Engels glaubt an eine „praktisch schrankenlose Steigerung der Produktion", ohne daß ihm auch nur eine Ahnung aufsteigt, daß diese identisch ist mit schrankenloser Ausbeutung. Offenbar ist er der Ansicht, daß die Substrate der Ausbeutung, daß die auszubeutenden Substanzen ganz unerschöpflich sind. Der „Akt der Besitzergreifung der Produktionsmittel" ist für ihn gleichbedeutend mit dem Ende der wirtschaftlichen Anarchie. Er denkt überhaupt nicht daran, daß die Produktionsmittel — die Maschinen nämlich — auch von Menschen Besitz ergreifen könnten. Warum aber faßt er diesen naheliegenden Gedanken nicht? Weil er gar nicht mehr weiß, was Eigentum ist. Er sieht nur noch das Scheineigentum des Maschinenkapitalismus, und wo er auf wirkliches Eigentum stößt, auf Bauerneigentum etwa, dort zieht er sich mit verlegenen Worten aus der Sache, wie in seiner Schrift „Die Mark", wo er das freie Bauerneigentum damit abfertigt, daß es gegen die amerikanische Massenproduktion doch nicht konkurrieren und aufkommen könne. Ein so durch und durch materialisiertes Denken steht in genauer Entsprechung zum kapitalistischen Denken. Ein Schriftsteller wie Engels, der im Manchesterstadium der Technik heranwächst und in Manchester selbst als Korrespondent und Mitglied der Warenbörse die väterliche Textilfabrik vertritt, ist überall vertrauenswürdig, wo er gegen den Kapitalismus polemisiert, denn diesen kennt er genau. Was ihn von den Kapitalisten seiner Umgebung unterscheidet, ist aber kein Unterschied der Substanz; er ist ihnen nur um etliche Sprünge voraus, steht dem technischen Kollektiv näher als sie. Über dieses Kollektiv aber hat er keine deutlichen Vorstellungen, denn er faßt es noch als Wirtschaft, als Gesellschaft, als Zustand der Vergesellschaftung, als freie Gesellschaft, als gesellschaftliche Produktion ohne Staatsautorität auf. Daß die gleichen Kräfte, die im Maschinenkapitalismus emporkommen, im technischen Kollektiv erst zu ihrer unumschränkten Herrschaft gelangen, davon schreibt er nichts. Von der Maschine weiß er nichts. Die Vervollkommnung der Maschinerie ist seiner Ansicht nach deshalb ein Zwang für jeden Fabrikanten, weil sie Folge der freien wirtschaftlichen Konkurrenz und durch diese geboten ist. Platter läßt sich die Entfaltung des Kraftbegriffes, die Entwicklung der Dynamik, die durch sie bewirkte Veränderung des Raum- und Zeitbegriffes und die Einwirkung dieser Veränderung auf den Menschen nicht auffassen. Das ist die gleiche ökonomische Begriffssprache, die wir im Kommunistischen Manifest wiederfinden.

Wir können diese ganze Auseinandersetzung mit dem ökonomischen Sozialismus fallen lassen und brauchen auf die Begriffe, die er sich erarbeitet hat, nicht im einzelnen einzugehen. Diese Begriffe führen heute entweder ein Schattendasein oder sind, wo noch Leben in ihnen ist, so verändert worden, daß sie auch für das Kollektiv noch Bedeutung haben. Dieses aber kann nicht unter einen ökonomischen Generalbegriff gefaßt werden, weil ihm das ökonomische Gesetz fehlt und weil Wirtschaftlichkeit, Rentabilität, Gewinnrechnung in keinem Falle auf das Kollektiv als Ganzes einen entscheidenden, das heißt formenden Einfluß ausüben können. Denn das Bestehen und das Fortkommen des Kollektivs sind daran geknüpft, daß es mit Verlusten arbeitet; diese Verluste bringen es voran. In dieser Bemerkung steckt ein Schlüssel zu dem, was uns bevorsteht, ein Schlüssel zu den Ereignissen, die wir zu erwarten haben. Wer den Raubbau bestreitet, der tut es vor allem deshalb, weil ihm die Verluste verdeckt bleiben.

Verdeckt aber werden sie durch die stürmische Durchbildung der Mechanik, auf der das Auge haften bleibt, bei der das Denken verweilt, ohne sich Gedanken darüber zu machen, wer für die Mittel dieser Durchbildung aufzukommen hat. Der Glaube des Menschen, daß ihm von seiten der Mechanik her etwas zugute kommt, ist zäh. Deshalb können die Verfechter des Kollektivs alles Glück, allen Glauben, alle Gerechtigkeit und allen Frieden wie auf einem Schubkarren vor sich her schieben. Eine saure Arbeit, denn der Lastträger kommt an die verheißungsvolle Fracht niemals heran, sie befindet sich immer vor ihm und schwebt ständig in einer anderen zeitlichen und räumlichen Dimension.

9.

Bevor wir hier weitergehen, wollen wir unsere Feststellungen einer Prüfung unterwerfen, indem wir den Ausführungen der sozialistischen Theoretiker den Maschinenkapitalisten und seine Aussagen gegenüberstellen. Hierzu könnte jeder Betrieb gewählt werden, der von fortgeschrittener technischer Anonymität ist, jeder verflochtene und kombinierte Trust oder Konzern, der mit technischer Produktion beschäftigt ist und sich dem technischen Kollektiv auf eine Weise genähert hat, die ihn als ein weit vorgetriebenes Spezial- oder Sonderkollektiv zu erkennen gibt. Aus Gründen wollen wir einen Betrieb betrachten, der aus der Initiative und praktischen Intelligenz eines einzelnen Maschinenkapitalisten schnell hervorgegangen ist, und wählen dazu den Betrieb von Henry Ford. Der Vorteil dabei ist, daß Ford die Grundsätze, die ihn bei der Leitung und dem Ausbau seines Betriebes bestimmten, veröffentlichen ließ. Er ist, als Fabrikant von Kraftwagen, ein Hersteller von Verkehrsautomaten, was mit sich bringt, daß auch seine Produktionsmaschinerie in einer besonderen Weise automatisiert werden mußte. Betrachten wir diesen Betrieb also an Hand der Bedingungen, die für ihn in den zwanziger Jahren des zwanzigsten Jahrhunderts bestanden, an Hand der Darstellung, die Ford in seinem Buche „Das große Heute, das größere Morgen" gibt. Was unterscheidet diesen Betrieb von jedem anderen, Verkehrsautomaten herstellenden Betriebe, der etwa im Jahre 1900 an der Arbeit war? Zunächst der fortgeschrittene Automatismus, der an ihm sichtbar wird. Die Fabrik wird mehr und mehr in ein laufendes Band umkonstruiert; sie wird mit ihren Conveyors, Gleitbahnen und Gleitbändern selbst ein laufendes Band. Das ist ein Vorgang, der dort besonders lehrreich ist, wo nicht nur das Produkt, sondern auch die Produktionsmaschinerie zum Automaten wird. Um ein solches Arbeitsverfahren ganz durchzubilden und in die Hand zu bekommen, wird es nötig, auch die ihm zugrunde liegenden einzelnen Herstellungsverfahren, hier also die Glasbereitung, die Flachsbereitung, die Erzeugung von Wolltuch, Kunstleder, Gummi, den Abbau von Holz und Kohle, den Transport, das Verpackungswesen usw. nach und nach dem Hauptbetriebe anzugliedern. Auch diese Neben- und Unterbetriebe werden, soweit das möglich ist, in laufende Bänder verwandelt. So entsteht ein Vertikaltrust, in dem sehr verschiedenartige Betriebe kombiniert und einer durchgreifenden Norm unterworfen werden. Ford macht sich über die Grenzen und den Nutzen der Normung Gedanken, doch läuft sie bei ihm wie anderswo darauf hinaus, daß alle Einzelteile der Maschinen und auch das zu ihnen gehörige Werkzeug auswechselbar sind, daher auch mit großer Präzision hergestellt werden müssen, in manchen Fällen bis auf den zehntausendsten Teil eines Zolls. Wir erwähnen das, weil Automatisierung und Normung in engem Zusammenhang stehen, weil Normung die Voraussetzung jedes wirksamen Automatismus ist, der Automatismus aber auf eine vereinfachte Normung hindrängt. Es versteht sich, daß ein solches von einem Eigentümer-Maschinenkapitalisten geleitetes Unternehmen gewisse ökonomische Grundsätze noch beachten muß, jene nämlich, die das Unternehmen profitabel machen, ohne deren Beachtung ein Profit nicht zu erzielen wäre. Wir nennen diese Grundsätze ökonomische, weil der Unternehmer so arbeitet, daß ihn keine Verluste treffen. Daß erzielter Profit und ökonomisches Verhalten nicht identisch sind, ja daß sie miteinander nichts zu schaffen haben brauchen, liegt auf einer anderen Ebene. Der Gewinn ist hier beträchtlich und zeigt sich noch in der guten Entlohnung der Arbeiter. Ford, der sich auch über die moralische Seite seiner Gewinne Gedanken macht, sieht ihre Berechtigung vor allem darin, daß der Hauptteil aller Gewinne immer wieder seinen Industrien zufließt und in deren Ausbau investiert wird. Diese Investition läßt aber ganz andere Schlüsse zu. Der Rückfluß der Gewinne erhöht nicht nur, wie Ford schließt, die Unabhängigkeit des Betriebes gegenüber fremden Zugriffen, hier etwa denen des Staates oder des Finanzkapitals; er ist zugleich kennzeichnend für das unbegrenzte Streben nach Ausweitung der Mechanik, das einem solchen Trust innewohnt. Indem die Mechanik durchgebildet wird, wächst das Kapital, das in die Investitionen zurückfließt, beständig, das heißt, die Mechanik schlingt den Gewinn, der durch ihre Vermittlung erzielt wird, immer wieder in sich hinein. Dieser ständig anwachsende Rückfluß des Kapitals in die Anlagen ist nichts anderes als das Gesetz automatischer Zirkulation, das der Techniker in Gang gebracht hat. Die Apparatur bedient und ernährt sich dabei auf Kosten des Menschen, und die Organisation der Arbeit stützt diesen Vorgang. Daß ein automatisiertes Unternehmen wie das von Ford Gewinne abwirft, ist nicht verwunderlich; verfehlt aber wäre es, daraus auf ein ökonomisches Verhalten zu schließen. Dieses liegt gar nicht vor. Die Technik als Ganzes befolgt kein ökonomisches Gesetz. Wenn also ein solcher Betrieb in seinem Bereich nicht mit Verlusten arbeitet, sondern Überschüsse erzielt, so liegt das daran, daß die Verluste nach außen hin abgewälzt werden, daß sie dort erscheinen, wo man auf sie nicht achtet. Ford stellt die Frage: „Wenn sich achtundzwanzigtausend Dollar (sein Gründungskapital) so verwenden lassen, daß deren Überschüsse eine Industrie schaffen, fähig, in einem Jahr die Bezahlung von einer Milliarde in Löhnen zu bewirken oder zu veranlassen, sind dann die Profite ein Unrecht?" Er will nicht als privater Kapitalist und Nutznießer betrachtet werden, sondern als Verwalter von Gemeineigentum, und bemerkt: „Die Gemeinschaft, nicht der Eigentümer profitiert an dem Nutzen; unsere eigentliche Belohnung besteht nicht in Geld, sondern in dem Gefühl, etwas geleistet zu haben."

Aber moralische Erwägungen dieser Art sind nicht hinreichend. Aus ihnen geht zuletzt nur hervor, daß er die Absicht hat, für das Kollektiv zu arbeiten. Was es aber mit diesem Kollektiv auf sich hat, was es treibt, das untersucht er nicht. Seine Leistung ist nicht zu bestreiten; sie liegt schon in der Erfassung der Situation und Konjunktur des Kraftwagens, sodann in all den intelligenten Maßnahmen, welche die Massenproduktion von Kraftwagen voraussetzt. Es ist gewiß, daß diese Maßnahmen von allen Autofabrikanten bewundert und nachgeahmt werden. Erstaunlich ist aber schon die Naivität, mit welcher Ford sich als Produzent betrachtet, das heißt als ein unzweifelhafter Vermehrer des privaten wie des öffentlichen Wohlstandes und Reichtums. Als Produzent teilt er, wie er versichert, seinen Profit mit dem Publikum und seinen Arbeitern. Er stellt die sozialen Funktionen seines Trusts in den Vordergrund. Monopole sind ihm gleich Dienstleistungen. Das alles kann zugestanden und er selbst für einen wohlwollenden und von guten Absichten erfüllten Mann gehalten werden. Wenn aber ein Unternehmer Gewinne erzielt und andere daran teilnehmen läßt, so ist das noch kein Kennzeichen einer wirklich vorhandenen ökonomischen Situation. Gewinne können unter sehr verschiedenartigen Bedingungen erzielt werden. Wenn wir die ökonomischen Grundsätze dieser Kraftwagen-Produktion betrachten, zeigt sich, daß sie sehr eng begrenzt sind. Daß die Herstellung von Kraftwagen unter den von Ford vorgefundenen Bedingungen ein rentables Geschäft ist, sagt hier noch gar nichts aus. Es ist von vornherein deutlich, daß alle auf seine Betriebe angewandten Maßstäbe schon daran zerbrechen, daß er ein so kleines Gründungskapital zu Milliarden vermehren konnte. Das ist niemals die Folge einer ökonomischen Gesetzlichkeit, die auf Erhaltung und Vermehrung der bewirtschafteten Substanz beruht, sondern die Folge einer sprunghaft arbeitenden Konjunktur, die innerhalb des technischen Fortschrittes liegt und vom Unternehmer zur rechten Zeit erfaßt und benutzt wird. Sein Vertikaltrust ruht nicht auf den guten Löhnen und dem Dienst am Kunden, sondern auf der energischen Ausbeutung dieser Konjunktur. Sein Profit ist die Folge der Konjunktur, nicht aber die Folge sozialer Maßnahmen oder eines ökonomischen Verhaltens. Ein solches liegt gar nicht vor. Vielmehr ist die intensivste Substanzvernichtung das, was einen solchen Betrieb voranbringt. Seine Produktionsmaschinerie betreibt diese Substanzvernichtung in großem Umfange, und die aus ihr hervorgehenden Produkte setzen sie in noch größerem Umfange fort. Ford ist nicht der Produzent, als der er sich hinstellt, daß heißt ein ganz einseitig produzierender Produzent, sondern er ist ein Produzent und Konsument zugleich, und es ist unbestreitbar, daß er mehr Konsum in seine Produktion hineinstecken muß, als Produktion aus diesem Konsum herauskommt. Er arbeitet für das große Transportkollektiv, und dieses ist das Kollektiv des größten Defizits. „Man muß", bemerkt er, „das letzte aus der Energie, aus dem Material und aus der Zeit herausholen." Allerdings muß er das, aber er tut es nicht in der geordneten Wirtschaft, die innerhalb der kontinuierlichen Ordnung des Eigentums liegt und ihre Substanz mehrt und erhält, er tut es im Bereich einer sich perfektionierenden Technik. So ist das Kapitel über den Wert der Zeit in seinem Buche ein guter Beleg dafür, wie aller Arbeitsautomatismus mit der mechanisch bestimmten Zeit genau rechnen muß und von ihr abhängt.

Darüber, daß ein technischer Betrieb, ein technisches Kollektiv auf Substanzvernichtung aufgebaut ist, macht sich Ford so wenig Gedanken wie etwa Marx und Engels. Nur einmal rührt er daran, wenn er von der unerschöpflichen Versorgung mit Stahl spricht und hinzusetzt, daß die Holzbeschaffung schwieriger wird und daß die amerikanischen Wälder bei dem gegenwärtigen Holzverbrauch kaum länger als fünfzig Jahre ausreichen dürften. Er ist selbst Waldbesitzer und gesteht ein, daß er mit diesen Wäldern um ein Drittel der Zeit länger auszukommen hoffe. Seine Waldnutzung ist also nicht Forstwirtschaft, sondern Raubbau und Waldvernichtung. Es ist nicht zufällig, daß solche Bemerkungen gerade beim Wald fallen. Der Unterschied zwischen organischem Wachstum und mechanischer Entwicklung wird im technischen Kollektiv immer sichtbarer, weil die schnellen mechanischen Entwicklungsverfahren auf den langsamen Wuchs stoßen, weil sie ihn aufbrauchen und deshalb der Wald jetzt überall von Vernichtung bedroht wird.

Der Fordsche Vertikaltrust ist eine weitentwickelte, in ein geschlossenes Sonderkollektiv sich umwandelnde Betriebskombination, die von einem Eigentümer-Kapitalisten geleitet wird. Dieser unterscheidet sich von den Kapitalisten des neunzehnten Jahrhunderts; er entwickelt sich vom Eigentümer-Kapitalisten zum leitenden technischen Funktionär. Er faßt seine Betriebe schon als im Kollektiv liegende auf, als Sonderkollektiv innerhalb eines größeren. Er hat auch begriffen, daß an der Maschine kein Eigentum mehr zu begründen ist. Er bemerkt, „daß die Maschine eine Dienerin der Öffentlichkeit ist". Oder weniger euphemistisch, aber dafür klarer: „Heute wissen wir, daß ein maschinelles Werkzeug eine Methode zur Anwendung künstlicher Kraft ist." Sie ist „kein Gegenstand, der dem Fabrikherrn gehört und dazu verwendet werden kann, Geld für ihn zu verdienen". Eine Maschine „gehört nicht dem, der sie kauft, oder dem, der sie bedient, sondern dem Publikum". Das ist richtig und genau, wenn wir den ganz vagen Begriff Publikum weglassen und sagen: sie gehört ins technische Kollektiv.

10.

Dem Raume wie der Zeit sprechen wir Kontinuität zu. Sie sind ihrem Begriffe nach für uns etwas Stetiges, Anhaltendes, Ununterbrochenes. Wo wir räumlich, wo wir zeitlich denken, verlassen wir uns auf diese Stetigkeit. Ob wir in Raum und Zeit etwas Lineares oder Zyklisches sehen, ob wir sie absolut nehmen oder ihnen nur Idealität zugestehen, diese Stetigkeit ist da. Deutlich wird nun, daß wir im Unterschied zu anderen Epochen der Zeit eine Art Priorität vor dem Raume zugestehen, einen Vorrang. Wir neigen dazu zeitlich, nicht räumlich zu denken. Wir sind bestrebt, den Raum der Zeit zu unterwerfen. Das Kennzeichen des „Zeitgenossen" ist, daß er eine dürftige Raumvorstellung hat. Indem die Mechanik durchgebildet wird, tritt auch die Vorherrschaft des Zeitbegriffes hervor. Das Eigentum ruht auf Raumvorstellungen; unsere Maschinen aber sind Zeitmaschinen. Der lineare, absolute Zeitbegriff ist von Newton mechanisiert worden; unsere Wissenschaft stützt sich auf diese Mechanisierung des Zeitbegriffes. Mit ihr aber dringt die Diskontinuität gegenüber der Kontinuität vor. Kontinuität ist zwar ein Prinzip aller Wissenschaft, das Prinzip ist selbst etwas Kontinuierliches; das hindert aber nicht, daß die Diskontinuität vordringt. Das, was die Hemmung in der Uhr leistet, das leistet der mechanisierte Zeitbegriff für den Menschen, denn er erlaubt ihm, die Zeit auf eine Weise zu stückeln, welche die Arbeit von Mechanismen erst nutzbringend macht. Das Prinzip der Wiederkehr wird hier so benutzt, daß eine Diskontinuität eingeschoben wird, ein mechanischer Widerstand.

Den materiellen Körpern schrieb man keine Kontinuität zu, da davon ausgegangen wurde, daß ihre kleinsten Teilchen durch Molekularinterstitien, durch Zwischenräume getrennt waren. Lange Zeit hindurch schienen die Atome diskrete, unteilbare und unzerstörbare materielle Körperchen zu sein, wie sie von Leukipp und Demokrit beschrieben wurden. Damit hat es nun ein Ende. Wenn wir uns aber den Begriff der Kontinuität deutlich machen, erkennen wir auch, daß er kein purer Zeitbegriff, kein purer Raumbegriff ist; er hat immer schon etwas Zeiträumliches und Raumzeitliches. Ein bloßes Zeitkontinuum, ein bloßes Raumkontinuum sind uns nicht gegeben; das sind Isolationen, mit denen wir in unseren Vorstellungen nur der Deutlichkeit wegen arbeiten. An den Vorstellungen über das Atom wird das sichtbar. Kant unternahm noch den Versuch, die atomistischen Vorstellungen ganz zu beseitigen, und dieser Versuch ist für sein Denken sehr bezeichnend. Er suchte sie durch eine Kontinuitätshypothese zu ersetzen, die auf den Begriff einer stetig den Raum erfüllenden Materie hinauslief. Damit drang er nicht durch, wie denn schon Dalton das Gesetz der einfachen und multiplen Proportionen aufstellte, und mit der Trennung von Atomgewicht und Äquivalent, welche Laurent und Gerhardt begründeten, die Chemie sich zu entfalten begann. Der oberflächliche Betrachter könnte zu dem Schlusse gelangen, daß der Gang der Untersuchungen auf diesem Gebiete darauf hinausläuft, eine bestehende Diskontinuität aufzuheben. Aber schon die Gewaltsamkeit der Untersuchungsmethoden hält von einem solchen Schlusse ab. Daß unsere Technik eine Explosionstechnik ist, und zwar eine solche, in der die Detonatoren beständig an Wirkung zunehmen, hängt mit ihren Untersuchungen über die Diskontinuität zusammen. Die Kraft dieses Denkens bewährt sich in der Auffindung chemischer und atomarer Zersetzungen, durch welche mechanische Wirkungen von explosivem Charakter ausgelöst werden. Der letzte Erfolg auf diesem Gebiete ist die Konstruktion der Atombombe.

Wenn wir uns von hier dem Eigentum zuwenden, dann erkennen wir, von welcher Seite immer wir es betrachten mögen, daß es auf Kontinuität gegründet ist. Die Rechtsbegriffe, welche sich auf das Eigentum beziehen, laufen darauf hinaus, seine Kontinuität sicherzustellen. Eigentum ist seinem Begriffe nach etwas Kontinuierliches, im Raume wie in der Zeit. Daß Verfügungen Dritter ausgeschlossen werden, hängt damit zusammen. Daß wir zwischen Mobilien und Immobilien unterscheiden, hat seinen Grund in der Kontinuität der letzteren, denn Grundeigentum ist ein unbewegliches, räumliches Kontinuum. Auch eine so subtile Unterscheidung wie die zwischen obligatorischen Ansprüchen und Realrechten geht auf die Kontinuität des Eigentums zurück. Am Obligationsrecht wird deutlich, inwiefern es aus dem Eigentum hervorgegangen ist. Die Hauptsorge des Erbrechts liegt darin, daß die Kontinuität beim Tode des Eigentümers nicht durchbrochen wird.

In diese rechtliche und physische Kontinuität des Eigentums greift die Maschine ein, greift der technische Fortschritt nach Art eines Rammbockes ein. Er tut es, indem er den mit dem Eigentum unlösbar verbundenen Personalismus beseitigt. Er löst den Eigentümer vom Eigentum ab, indem er mechanische Bestimmungen in das Eigentum einschiebt und es auf mechanische Weise disponibel macht, auf eine Weise, die mit dem Begriff des Eigentums nicht zu vereinbaren ist.

Der Kapitalismus, wie er sich im neunzehnten Jahrhundert bei stets wachsenden Bevölkerungen und starker Zunahme der Maschinerie herausbildete, dieser Kapitalismus, den wir im Unterschiede zu jedem anderen einen Maschinenkapitalismus nennen müssen, gerät in eine wachsende Spannung zum Eigentum und seiner Gesetzmäßigkeit. Eigentumsordnung und technisches Kollektiv geraten in ein Verhältnis der Feindschaft, das immer schärfer hervortritt. Das Kollektiv ist dabei der Angreifer. Es durchschneidet und überkreuzt die räumlich geordnete Welt des Eigentums überall. Die Energie, mit der das geschieht, ist nicht überall die gleiche, denn das Kollektiv entfaltet sich weder räumlich noch zeitlich auf allen Punkten, in allen Ländern mit der gleichen Kraft. Territorien, in denen die Durchbildung der Mechanik kaum begonnen hat oder langsam voranrückt, unterliegen auch der Organisation des Kollektivs weniger, nicht in dem Maße jedenfalls wie eine Industriestadt oder Industrielandschaft. Denn die Industrie- und Verkehrszentren sind auch die Zentren technisch kollektiver Gedankengänge. Und die technisierten Großräume sind es, die im geschichtlichen Prozeß vorrücken. Wo der in ihnen arbeitende Kraftbegriff herrscht, dort kommt es zu einer Umbildung und Aufsaugung des Eigentums. An Versuchen, die Spannungen zu beseitigen, den Widerstreit, der hier sichtbar wird, zu versöhnen, hat es nicht gefehlt. Sie sind gescheitert. Warum aber mußten sie scheitern? Wächst das Maschinenwesen nicht aus der Eigentumsordnung herauf? Ja, aber es löst sich von ihr ab und wendet sich gegen sie. Es kann sich nicht innerhalb der Eigentumsordnung entfalten, nicht mit ihr, weil sie durchaus begrenzt ist, begrenzt nämlich durch Sachgrenzen, ohne welche es kein Dominium geben kann. Eben weil das Eigentum die vollkommene rechtliche Herrschaft des Eigentümers über eine Sache ist, tritt diese Sachgrenze so deutlich hervor. Weil das Dominium plenum den Eigentümer ausschließlich berechtigt, treten die Grenzen zwischen Eigentum und Eigentum so scharf hervor. Wird die Verfügungsgewalt des Eigentümers von außen her durchbrochen, dann verwischen sich die Sachgrenzen. In einer intakten Eigentumsordnung muß jede Veränderung der Sachgrenzen durch Eigentümervertrag festgelegt werden, oder wenn sie durch Gesetze geregelt ist, genau bestimmt werden. Die Grenzen können nicht von einem Dritten durchstoßen werden. Diesen Stoß aber bewirkt die Maschine.

Die Maschinenkapitalisten des neunzehnten Jahrhunderts waren noch in dem Glauben, zugleich Eigentümer und Maschinenkapitalisten sein zu können. Das aber geht nicht, und daß es nicht geht, zeigt sich. Es zeigt sich daran, daß der Kapitalist die Qualitäten des Eigentümers mehr und mehr verliert. Die Eigentümlichkeit seines Eigentums geht verloren, seine Eigenheit verliert sich. In dieser kapitalistischen Wirtschaft wird alles Eigentum fragwürdig. Zunächst wird es theoretisch angefressen und ausgehöhlt, dann wird es praktisch zu Fall gebracht. Wie aber geht das zu? Der Vorgang wird schief ausgelegt oder auch gar nicht gesehen, obwohl er sich vor aller Augen im hellen Licht des Tages abspielt. Wer davon ausgeht, daß der Machtzuwachs des Kapitalisten daher rührt, daß der Kapitalist Eigentümer ist, Eigentümer von Produktionsmitteln nämlich, der ist schon auf falschem Wege. Denn der Machtzuwachs des Kapitalisten geht auf Kosten des Eigentums vor sich; sein Gedeihen hängt davon ab, daß das Eigentum zurückgedrängt und geschwächt wird. Dieser Vorgang ist nicht zureichend beschrieben, wenn man im Kapitalisten einen Räuber erblickt, der kleines Eigentum überall aufsaugt und vernichtet. Die Eigentumsordnung ruht nicht auf dem Verhältnis von großen, mittleren und kleinen Eigentümern; dieses Verhältnis ist ihr Ergebnis, geht aus ihr hervor. Auch besteht kleines Eigentum neben dem mittleren und großen fort. Der Angriff auf das Eigentum erfolgt nicht dadurch, daß die großen Eigentümer den kleinen jetzt zusetzen. Solche Angriffe, die immer wieder stattfinden, liegen noch innerhalb der Eigentumsordnung. Hier aber wird der Angriff zentraler geführt, aus einer anderen Sphäre her, und seine Richtung wird durch nichts besser gekennzeichnet als durch die Tatsache, daß der Maschinenkapitalist, wenn er gedeihen, sich ausweiten, den Umfang seines Betriebes vergrößern will, sein eigenes Eigentum auflösen, sich als Eigentümer zurückziehen muß. Ob er will oder nicht, er muß mit der Enteignung des Eigentums bei sich selber anfangen. Das aber geschieht eben dadurch, daß er sich mehr und mehr auf die Maschinerie einläßt, einlassen muß, wenn er bestehen will. Dem auf manuelle Arbeit gegründeten Betrieb fehlt das Streben nach Ausweitung zu Groß- und Riesenbetrieben, denn dieses Streben knüpft sich an die mechanischen Arbeitsverfahren. Solche Riesenbetriebe mit ihren Arbeitermassen sind kein Dominium mehr, das sich auf Sachgrenzen stützen könnte. Denn wo sind diese Sachgrenzen? Und was bedeuten sie gegenüber den funktionalen Arbeitsverfahren und ihren mechanischen Wiederholungen? Der Eigentümer kann niemals als Funktionär begriffen werden; die Maschine aber bewegt sich auf den Funktionär zu. Wir können uns den Maschinenkapitalisten nicht als Eigentümer von Produktionsmitteln vorstellen, denn auf diese Produktionsmittel stützt sich kein Eigentum mehr, mit ihnen ist es nicht aufrechtzuerhalten. Diese Produktionsmittel sind Maschinen, und die Maschine ist, wo sie auftaucht, und vor allem dort, wo sie Automat wird, nicht Eigentum, sondern Inventar eines technischen Kollektivs, das mit einem neuen Kraftbegriff arbeitet. Der mit Maschinen arbeitende Kapitalismus, der sich auf das Eigentum stützt, kann nur ein Provisorium sein; er steuert auf das technische Kollektiv zu und wird von ihm aufgenommen, wenn die Mechanisierung einen zulänglichen Grad erreicht hat. Wie die Erfahrung lehrt, wird dieser Grad bei den mechanischen Verkehrs- und Transportmitteln zuerst erreicht. Der private Maschinenkapitalismus ist die Ausgangsstellung für das technische Kollektiv. Das technische Kollektiv macht sich selbst zum Kapitalisten. Oder nach dem Ausspruch von Marx: „Die kommunistische Gesellschaft ist der allgemeine Kapitalist." Doch ist zu dieser Formulierung zu bemerken, daß kommunistische Gesellschaft und technisches Kollektiv nicht identisch sind. Wir sind an einem Punkte angelangt, an dem wir den Begriff einer kommunistischen Gesellschaft nicht mehr anwenden können, denn nicht sie, sondern das technische Kollektiv entscheidet. Der Begriff der kommunistischen Gesellschaft sagt nichts mehr aus, wenn wir das technische Kollektiv auch nur einen Augenblick aus dem Auge lassen.

Deshalb ist ein Satz wie der von Lenin: „Sozialismus ist Elektrifizierung" unendlich präziser. Alle Vorstellungen vom Sozialismus werden in dem Maße deutlicher, aber auch magerer und kälter, in dem sie einen Bezug auf das technische Kollektiv erhalten. Fehlt ihnen dieser Bezug, so heftet sich sofort etwas Vages und Verschwimmendes an sie.

Wohin also sind wir gelangt? Der mit Maschinen arbeitende Eigentümerkapitalismus löst sich kraft des inneren Widerspruches, der ihm einverleibt ist, überall auf. Das geschieht teils gewaltsam, teils fast unmerklich. Was aber tritt an seine Stelle? Nichts anderes als das, was vorher schon sich ankündigte, aber ohne den Personalismus, der den Anfängen noch anhaftete, eine anonyme Bewegung, ein anonymer Kraftbegriff. Der Maschinensozialismus hebt weder die mechanischen Determinationen des Geldwesens auf, noch bricht er die Kraft des in Konzentrationen arbeitenden Kapitals, noch läßt er die Arbeit frei werden. Seine Kraft reicht nur hin, die Verfügungen über das Kapital dem privaten Kapitalisten zu entreißen. Nun aber taucht das Kollektiv selbst als Kapitalist auf, als ein Kapitalist, der mächtiger, unerbittlicher und machthungriger ist als jene ganze Schicht von privaten Kapitalisten, die vom Kollektiv zur Strecke gebracht wurden. Seine Funktionäre setzen die Bewegung, die vorwärts drängt, rücksichtslos fort; sie bringen diese Bewegung in eine Schienenspur, in die der Mensch auf das exakteste eingefügt wird. Die Anhäufungen von Kapital und Arbeit verschwinden nicht, die mächtigen Trusts, Syndikate, Monopole, Kombinate verschwinden nicht. Sie breiten sich unaufhörlich aus, sie wuchern weiter ins Kolossale, sie werden zu der parasitären Organisation, die den Menschen selbst verschlingt. Kapital und Arbeit ließen, solange sie noch im Gegensatz standen, einen Raum frei, in dem der Arbeiter seine Rechte verteidigen konnte. Jetzt, da sie beginnen, sich zu identifizieren, werden sie zu dem Polypen, der alles umschlingt, alles aussaugt, alles ausbeutet. In der nahtlosen Vereinigung von Apparatur und Organisation erreicht das technische Kollektiv seine größte Kraft. Aber welch einen Anblick bietet die Erde jetzt dem Betrachter! Sie ist bedeckt mit ungeheuren, uniformierten, freudlosen Arbeiterheeren, die einander feindlich gesonnen sind. Die Konzentrierung von Kraft in den Werkstättenlandschaften wird unermüdlich und rücksichtslos fortgesetzt. Alle verfügbaren Mittel werden in diese Bewegung gesteckt, die kein Maß mehr kennt, keine Grenzen mehr achtet. Und in den titanischen Akkumulatoren der Bewegung häufen sich überall die Mittel der Zerstörung, die von Wissenschaft und Technik bereitgestellt werden. Diese Bewegung feiert sich selbst in nicht endender Propaganda und Reklame. Die Plakatierungen breiten sich aus, die Trommeln der Ideologie werden unaufhörlich geschlagen. Aber so strotzend von konzentrierter Kraft die Bewegung sich gebärdet, das alles ist faul, das alles stinkt nach Verwesung. Die Ideologie ist schon die Verwesung selbst, die im bunten Spiegelkleide umhertanzt.

11.

Die Theorien, welche die Eigentumsordnung stützen und rechtfertigen, die Eigentumsordnung des Sondereigentums und der Sondernutzung nämlich, gleichen Krücken. Insofern diese Theorien erdacht sind, um das Scheineigentum des Maschinenkapitalismus zu stützen, verfehlen sie ihr Ziel, denn sie werden nicht verhindern können, daß dieses Scheineigentum ins Kollektiv abwandert. Die theoretische Verteidigung des Eigentums entsteht mit den theoretischen Angriffen auf das Eigentum. Das Eigentum bedarf dieser Theorien weder, noch würden sie es halten können, wenn es schwach wird. Die ökonomischen Theorien reichen an die Fundamente nicht heran; sie sind späte Ableitungen, die sich selbständig machen. Auf eine ökonomische Gesetzlichkeit läßt sich das Eigentum nicht beschränken und zurückführen; diese geht aus ihm hervor. Das gilt auch für die Vertragstheorie und die Legaltheorie. Eigentum gibt es vor jeder vertraglichen und legalen Begründung. Auch schafft die erste Besitzergreifung von Niemandsdingen, auf welche die Okkupationstheorie das Eigentum zurückführt, zwar Eigentum, denn der Satz: res nullius cedit prius occupanti, hat seine Richtigkeit; die Besitzergreifung und der Wille, mir die Res nullius anzueignen, reichen aus, um Eigentum zu begründen. Dennoch würde bloße Okkupation niemals zu einer Eigentumsordnung führen, denn der Akt der Okkupation schließt noch nicht den auf Begründung einer Eigentumsordnung gehenden Willen ein; der Akt der Okkupation kann ausschließlich auf die Zerstörung und Vernutzung einer Sachenwelt gehen. Durch Arbeit allein aber, wie die Arbeitstheorie behauptet, komme ich noch nicht zu Eigentum. Arbeit und Eigentum sind zweierlei, und menschliche Arbeit kann ebenso sehr auf den Abbau wie auf die Erringung von Eigentum gehen. Die Arbeitswelt, in der wir leben, arbeitet mit ihrer Mechanik an der Beseitigung des Eigentums und seiner Grenzen. Wenn ich aber das Eigentum als göttliche Einrichtung und als Urrecht der menschlichen Persönlichkeit erkläre, dann schneide ich durch eine solche theologische und naturrechtliche Dogmatisierung das Verständnis ebenso ab wie durch positivistische Konstruktionen. Was ist nicht göttliche Einrichtung? Und wo erfahre ich, was ein Urrecht ist? Alle diese Theorien sind nicht falsch; es ist an ihnen auch etwas Wahres, denn sie sind aus einer bestehenden Eigentumsordnung entsprungen, und in dieser kann ich auf mannigfache Weise Eigentum erwerben, durch Vertrag, Gesetz, Arbeit, Okkupation. Soweit freilich diese Theorien vom Modus acquirendi ausgehen, von der Erwerbsart, müssen sie ihr Ziel verfehlen, denn der Modus acquirendi faßt nicht die Entstehung des Eigentums; das Eigentum ist aus der spezifischen Art eines Erwerbsaktes noch nicht abzuleiten, weil Eigentum ursprünglich nicht aus dem Erwerbsakt hervorgeht, sondern aus dem Akt der Aussonderung von eigentumslosen Sachen. Die Frage ist, welchen Zwecken eine solche Aussonderung diente. Gehen die Theorien von der erwerbsfähigen Person aus, welche heute fast identisch ist mit jeder rechtsfähigen Person, so verfehlen sie ihr Ziel aus dem gleichen Grunde. Der Kreis dieser Personen wird zudem nicht genau bestimmt, die Sachen, an denen Eigentum begründet wird, werden nicht richtig ausgesondert. Eigentumserwerb und Eigentumsbegründung sind nicht dasselbe, denn Eigentum wird eher begründet als erworben.

Auch kommen wir nicht umhin, von Zuständen auszugehen, in denen die göttliche Einrichtung und das Urrecht der menschlichen Persönlichkeit nicht bestand, von eigentumslosen Zuständen. Der geschichtslos lebende Mensch bedarf des Eigentums kaum; auch ist seine Distanz zur Natur zu gering, als daß aus ihr eine festgefügte Eigentumsordnung entstehen könnte. Eigentum ist etwas Geschichtliches und muß in seiner Geschichtlichkeit begriffen werden. Wollen wir aber auf die Ursprünge zurück, dann müssen wir vom Ungesonderten ausgehen, um das Gesonderte zu begreifen, denn der Ursprung ist das Ungesonderte. Das Eigentum kann nur als eine Aussonderung aus dem Ungesonderten begriffen werden. Es ist eine Ablösung vom Ungesonderten, die sehr viel früher stattgefunden hat als die Ablösung des Geldes. Die Spuren davon finden sich in den Rechtsordnungen. Wer sie nachprüft, dem drängt sich bald die Vermutung auf, daß die Ursprünge des Eigentums im Eigentum der Götter und Toten liegen, daß dieses Eigentum der Götter und Toten als erstes ausgesondert worden ist. Das aber geschah, indem sich mit ihm ein Numen verband, denn eben die Scheu, welche dieses Numen hervorrief, schuf die Aussonderung. Ein solches Eigentum ist Sondereigentum des Gottes oder des Toten, nicht aber des Menschen, welcher vor ihm und seinem Numen Scheu hegt. Das ist ein Eigentum, an welches sich zunächst kein wirtschaftlicher Nutzen knüpft. Es ist ein Eigentum, das nichts abwirft, wohl aber beträchtliche Aufwendungen fordern kann. Und es versteht sich, daß ein solches Eigentum unübertragbar ist, daß es zu den Res extra commercium und nicht zu den Res in commercio gehört. Alles Eigentum gehört zunächst zu den Res extra commercium.

Im römischen Recht wird dieser Sachverhalt deutlich; er zeigt sich an den Gattungen der Sachen, an ihrer unterschiedlichen Behandlung. Zu den Res extra commercium gehören bei den Römern die den Göttern geweihten Sachen (res divini iuris), die von den Göttern befriedeten Sachen (res sanctae), unter welche die römischen Stadtmauern fielen, und die den Diis manibus geweihten Sachen (res religiosae). In diesen Sachen bestand das alte Eigentum der Götter und Toten. Sie waren dem Sondereigentum und der privaten Nutzung entzogen. (Gaj. Inst. II § 9: Quod autem divini iuris est, id nullius in bonis est.) Ausgesondert aber war dieses alte Götter- und Totengut in einer doppelten Bedeutung des Wortes. Ausgesondert war es zunächst gegenüber dem Eigentumslosen. Dann aber blieb es ausgesondert gegenüber dem Sondereigentum, gegenüber den Erwerbsakten, welche zu privatem Eigentum führten.

Ausgesondert gegenüber dem Sondereigentum, zu den Sachen gehörig, die extra commercium waren, waren auch die Res publicae, die öffentlichen Sachen, die Staatssachen. Sie stehen im Gegensatz zu den Res privatae und sind Eigentum des Populus Romanus. Der Populus Romanus aber war keine juristische Privatperson; die Ausbildung der juristischen Privatperson machte dem römischen Recht eigentümliche Schwierigkeiten. Als juristische Privatperson, als Fiscus, trat der römische Staat erst spät in das Privatrecht ein. Der Staat glich sich dem Privatrecht an, er trat in die Reihe der privaten Eigentümer ein. Ausgesondert gegenüber dem Sondereigentum waren endlich die Res omnium communes, die allen gemeinsamen Sachen, deren Sachnatur bestritten ist, die wir aber erwähnen, weil es zu den nicht genug gewürdigten Voraussetzungen einer Eigentumsordnung gehört, daß es Dinge gibt, die allen gemeinsam sind. Denn das Eigentum das sich selbst begrenzt, liegt seiner Herkunft nach im Eigentumslosen, ist von Wildnis, von eigentumsloser Natur umgeben und fällt an sie zurück, wenn der Mensch sein Eigentum aufgibt.

Wenn es nur Eigentum in commercio gäbe, dann würde es mit dem Eigentum nicht viel auf sich haben, dann würde alles Eigentum in dem Bereiche des Kaufs und Verkaufs liegen; es könnte nur als Ware begriffen werden, die in den Umkreis gegenseitiger Verpflichtungs- und Verfügungsgeschäfte eingeht. Der Akzent würde hier nicht auf dem Ausschluß der Verfügungen Dritter liegen, sondern in dem Verfügungsrecht des Eigentümers. Wo es nur fungible, konsumtible, teilbare Sachen geben würde, würde das Eigentum wenig bedeuten und der Besitz oft hinreichen, um den Genuß und Verbrauch solcher Sachen zu sichern. In der Tat strebt das technische Kollektiv auf einen solchen Zustand zu, denn indem es die Eigentumsordnung auflöst, vermehren sich in ihm die fungiblen und konsumtiblen Sachen fortwährend. Was das Maschinenkollektiv herstellt, ist eine von der Maschinerie abhängige Sachenwelt, die vollkommen fungibel und konsumtibel ist, sind technische Waren, technische Markenartikel, denn andere kann es nicht herstellen. Die aus exakten mechanischen Wiederholungen hervorgehende Gleichförmigkeit dieser Sachenwelt hat nichts Eigentümliches mehr und entgleitet dem Eigentum. Wir werden darauf zurückkommen.

Der Begriff des Zubehörs, wie er im römischen Recht entwickelt worden ist, setzt ein umfassenderes Eigentum voraus. Zubehör sind Sachen, die körperlich selbständig, wirtschaftlich aber unselbständig sind. Eine solche Trennung hat ihren Grund. Doch ist mit dem Begriff der wirtschaftlichen Selbständigkeit der Begriff des Eigentums noch nicht gewonnen; er genügt nicht, da wirtschaftliche Selbständigkeit ohne Eigentum, Eigentum ohne wirtschaftliche Selbständigkeit besteht. Der Unterschied, den das römische Recht zwischen Res mancipi und Res nec mancipi macht, führt weiter. (Ulp. tit. 19 § 1: Omnes res aut mancipii sunt aut nec mancipii.) Res mancipi sind die des Handgriffs fähigen Sachen, das heißt, die des Handgriffs eines römischen Bürgers fähigen Sachen, an denen daher kein Peregrine, kein Ausländer Eigentum erwerben kann, wenn ihm nicht das Privilegium des Ius commercii zusteht. Am Fundus italicus, am alten römischen Bauernhof und seinem Zubehör kann nur der römische Bürger durch Handgriff Eigentum erwerben. Die Res mancipi werden im alten römischen Recht auch familia genannt, während die des Handgriffs nicht bedürftige Fahrnis Pecunia genannt wird. (Mitteis, Römisches Privatrecht, Band 1, S. 79ff.) Aus der pecunia entwickelt sich durch Ablösungen das Geldwesen. Zwischen Hand und Eigentum aber besteht ein uraltes Verhältnis, und wir dürfen sagen, daß alles Eigentum sich auf die Hand stützt und stützen muß; sie ist das Eigentum begründende Körperglied. Die Privilegierung des Grundeigentums, welche in der Sonderung der Res mancipi liegt, wird durch das Corpus iuris beseitigt, welches den Unterschied der Erwerbsart zwischen Immobilien und Mobilien aufhebt, an dem die mittelalterlichen Polypticha der Kirchen und Klöster, das englische Domesday Book, die Stadtbücher und Landtafeln und die Grundbuchordnungen der neueren Zeit festhalten.

Res mancipi sind solche Sachen, die durch den feierlichen Handgriff eines römischen Bürgers vor römischen Zeugen zu römischem Sondereigentum, zu Quiriteneigentum werden. In diesem Sachverhalt schimmert ein weit älterer deutlich durch. Wie am Ager publicus, dem Eigentum des römischen Volkes, kein Sondereigentum erworben werden konnte, weder durch Manzipation noch durch andere Rechtsgeschäfte, so konnten in einer früheren Zeit am Fundus italicus durch Veräußerung keine Eigentumsrechte erworben werden. Die Manzipation ist ein schweres, umständliches Rechtsgeschäft, in dem noch der Widerwille spürbar ist, mit dem Verfügungen über das Grundeigentum getroffen werden. Diese gehen Hand in Hand mit der Umbildung der römischen Familienordnung.

Es versteht sich, daß das Eigentum in commercio in der alten

Bauernwirtschaft Roms gegenüber dem Eigentum extra commercium zurücktritt. An diesem Verhältnis muß in irgendeiner Form jede Eigentumsordnung festhalten; sie kommt ins Wanken, wenn alles Eigentum in commercio ist. Das Eigentum in commercio muß sich auf ein unverfügbares Eigentum stützen können. Es stützt sich aber auf das Eigentum der Götter und Toten, auf Laren und Penaten, auf Genius und Numen. Und nicht nur das private Eigentum in commercio bedarf einer solchen Stütze, auch das öffentliche stützt sich darauf, denn der Staat hat in keiner Weise anderes Eigentum als der einzelne Bürger. Solches unveräußerliches Eigentum gibt es immer, und auch wir haben es noch, denn wir haben Res divini iuris, Res sanctae und religiosae. Wir hüten das Eigentum von Toten, und wir verfügen nicht über Sachen, die von einem uns wahrnehmbaren Lar oder Penaten behaust werden, zu welchen alle Sachen gehören, die für uns durchaus unveräußerlich sind, denn die Erinnerungen sind Laren, sind Penaten. Extra commercium sind praktisch alle Sachen, die nur durch den Erbgang sich forterben, seien sie das Eigentum einzelner, juristischer Personen oder des Staates. Je mehr solcher Sachen extra commercium es gibt, desto ruhender und fester ist die Eigentumsordnung. Immobiles Eigentum, Grundeigentum wird immer die vornehmste dieser Sachen sein. Ein Mensch weiß nicht mehr, was Eigentum ist, wenn er nicht in seinem Verlangen nach Eigentum auf Grundeigentum aus ist. Sich für den Boden, auf dem man lebt, die Adern durchhauen zu lassen, terrae filius sein — darin steckt es. Diese uralte Verbundenheit ist in die Rechtsordnung eingedrungen. Das römische Sachenrecht ist ganz und gar vom Grundeigentum ausgegangen. Die Würde des Bodens, der schlechthin familia genannt wird, schimmert durch dieses Recht überall hindurch. Dieses Eigentum ist von Anfang an mit Religio und politischem Status verknüpft. Das Quiritische Eigentum geht aus dem politischen Status hervor, wie der rechtliche Status des römischen Bürgers aus dem politischen hervorgeht. Der römische Classicus, der Vollmeier, bestimmt in den Centuriatskomitien. Nur der römische Bürger hat Manzipationseigentum, hat ein Anrecht am Ager publicus, wenn dieser aufgeteilt wird. Die Vormacht des Grundeigentums zeigt sich überall. Was durch Implantatio und Inaedificatio, durch Pflanzen und Bauen dem Grundstück eingefügt wird, ist Akzession, verliert sich an Grund und Boden.

Superficies solo cedit — was auf und über dem Boden gebaut und gepflanzt wird, folgt dem Boden. Grundeigentum, volles römisches Grundeigentum, über das er verfügen kann, das nicht mehr Eigentum eines gentilizischen Verbandes ist, das ist es, wonach der römische Plebejer strebt. Und er erreicht es.

12.

Schon die Römer kannten die Enteignung von Eigentum zugunsten des Populus Romanus. Bei Straßenbauten etwa konnte durch Zwangsenteignung die Abtretung von Grundeigentum erzwungen werden. Grundeigentum wird vor allem anderen von der Enteignung betroffen. Doch gebietet das öffentliche Interesse, wenn ein Notstand vorliegt, auch die Enteignung von Mobilien. Bei einer Mobilmachung können Pferde, bei einer Hungersnot kann Getreide enteignet werden. Ein eigenes Recht der Enteignung ist im gemeinen deutschen Recht nicht ausgebildet worden. Erst in den Kodifikationen des achtzehnten Jahrhunderts taucht es als Rechtsinstitut auf. Einflußreich wird die französische Gesetzgebung. Sie unterwirft die Enteignung einem Feststellungsverfahren. Festgestellt werden muß durch eigenes Gesetz oder durch Verordnung die Utilité publique des Unternehmens, zu dessen Gunsten enteignet wird. Festgestellt werden muß der zu enteignende Besitz und die Entschädigung. Utilité publique, öffentliches Interesse, öffentliches Wohl sind überall die Voraussetzungen des Enteignungsverfahrens. Auch werden in vielen Gesetzbüchern die Fälle einer zulässigen Enteignung genau aufgezählt.

Welche Notwendigkeit liegt darin, daß Zahl und Umfang der Enteignungen beständig zunehmen? Bewegung kam in das ganze Enteignungsrecht erst durch die Anlage von Eisenbahnen. Die Anlage von Spurbahnen, die mit maschineller Kraft betrieben werden und auf eisernen Schienensträngen laufen, führt zu einer Ausweitung des Enteignungsrechtes. Die Anlage von Eisenbahnen, welche mechanische Massenbewegungen bewirken, führt zu einem Eisenbahnmonopol, einem Eisenbahnbetrieb, einem Eisenbahnnetz, durch das die Landschaft netzförmig für den mechanischen Verkehr aufgeschlossen wird. Die Monopolisierung des Eisenbahnbetriebs führt zur Eisenbahneinheit, das heißt zu einer technischen Zentralisierung der

Apparatur, die in der Organisation ihr Gegenstück hat. Hier beginnt die Kollision, in welche die Mechanik mit dem Eigentum gerät. Sie ist unvermeidlich. Die Kollision ist keine vorübergehende, sondern eine beständige. Auch verstärkt sie sich zusehends. Die sich ausdehnende Maschinerie setzt dem Eigentum mehr und mehr zu; sie verschlingt es. Der Vorgang rechtfertigt sich damit, daß Utilité pubblique, öffentliches Interesse und öffentliches Wohl auf seiten der Maschinerie sind. Der Begriff der Enteignung wandelt sich nicht, wohl aber wächst seine Anwendbarkeit. Wo der Konflikt entsteht, ist er auch schon entschieden, denn dem Streben nach Erweiterung der Mechanik muß das Eigentum überall weichen. Das alte Mütterchen Baucis jammert vergeblich:

> Tags umsonst die Knechte lärmten,
> Hack' und Schaufel, Schlag um Schlag;
> Wo die Flämmchen nächtig schwärmten,
> Stand ein Damm den andern Tag.
> Menschenopfer mußten bluten,
> Nachts erscholl des Jammers Qual;
> Meerab flossen Feuergluten,
> Morgens war es ein Kanal.
> Gottlos ist er, ihn gelüstet
> Unsre Hütte, unser Hain.
> Wie er sich als Nachbar brüstet,
> Soll man untertänig sein.

Denn der Türmer behält Recht:

> Was sich sonst dem Blick empfohlen,
> Mit Jahrhunderten ist hin.

Der alte Faust mochte darüber noch Gewissensbisse empfinden, weil ihm die Rationalität des Vorganges als solche nicht genügte. Solche Gewissensbisse drückten sich im Anfang der Bewegung in reichlich bemessenen Entschädigungen aus. Inzwischen aber ist die mechanische Planung weiter gediehen, über jede Wirtschaftsplanung hinaus. Die Enteignung wird von einer unbequemen Notwendigkeit zum Selbstzweck der Bewegung. Die Ausnahme wird zur Regel, und damit zeigt sich, was hier vor sich geht. Ob wir Enteignung sagen, Verstaatlichung oder Sozialisierung, das schafft keinen Unterschied, denn alle diese unklar gewordenen Worte meinen ein und dasselbe, etwas durchaus Klares und Unmißverständliches. Sie beziehen sich alle auf das technische Kollektiv und bringen zum Ausdruck, daß das Eigentum einer mechanischen Nutzung unterworfen wird. Verstaatlichung heißt nicht, daß der Staat Eigentümer wird, daß er die Rechte und Pflichten eines Eigentümers gewinnt. Begrifflich läßt sich der Vorgang immer noch so auslegen; er wird durch den Begriff nach außen hin gedeckt. Entscheidend aber ist, daß durch die Verstaatlichung nicht Staatseigentum, sondern ein ausschließliches Gebrauchs- und Vernutzungsrecht des Kollektivs begründet wird. Sozialisierung heißt nicht, daß die Gesellschaft — ein ganz vage gewordener Begriff — Eigentümer wird. Das technische Kollektiv ist als Societas im Rechtssinne gar nicht zu fassen. Societas ist eine durch Vertrag zustande gekommene Personenvereinigung, die auf Erreichung eines gemeinsamen Zweckes aus ist. Faßt man den Begriff der Gesellschaft soziologisch, so ist damit für die hier beschriebenen Vorgänge nichts gewonnen; man kommt allenfalls zu der Überzeugung, daß eine Wissenschaft wie die Soziologie, die von der Relativierung der Geschichte, das heißt von ihrem Abbau lebt, gut daran tun würde, die Physik sorgsamer zu studieren. Lorenz von Stein, der die Volkswirtschaft und Staatswissenschaft systematisierte, indem er sie der Hegelschen Dialektik unterwarf, wollte die Gesellschaftswissenschaft auf alle jene Zusammenhänge beschränken, die sich aus der Besitzverteilung ergeben. Diese ist aufschlußreich, doch durchdringe ich mit einer solchen Betrachtungsweise weder die Fundamente des Eigentums, das vor aller Besitzverteilung da ist, noch läßt sie sich auf das technische Kollektiv überhaupt anwenden. In diesem sind Besitzverteilungsfragen bei weitem nicht so wichtig wie die Normierung von Gebrauch und Verbrauch. Diese Fragen werden so brennend, weil das technische Kollektiv mit einer Verlust- und Mangelwirtschaft verbunden ist, weil zu ihm die Organisation des Mangels, das heißt seine Verteilung, also auch Ausbreitung gehört, wie wir das in der „Perfektion der Technik" ausgeführt haben. Sozialismus, wie dieser Begriff heute verstanden wird, meint immer das technische Kollektiv.

Dadurch, daß verstaatlicht, sozialisiert, enteignet wird, wächst niemandem Eigentum zu. Weder dem Staate noch dem Arbeiter, der in Fabriken arbeitet, die solchen Akten unterworfen werden. Eine Eigentumsordnung ist weder mechanisch transportabel noch durch

Enteignungen für mechanische Zwecke zu erhalten. Daß sich das Scheineigentum des Maschinenkapitalisten gegenüber dem technischen Kollektiv nicht mehr hält, haben wir ausgeführt. Das Kollektiv aber kann nicht als Eigentümer begriffen werden; ihm wächst nirgends Eigentum zu. Es kann Eigentum konsumieren, nicht aber hervorbringen. Es kann den Arbeiter nicht zum Eigentümer machen. Und es hat diese Absicht gar nicht. Der Arbeiter gewinnt nichts bei Enteignungen, weder einen Anteil an den Produktionsmitteln noch einen Pfennig, der ihm mehr ausbezahlt wird. Woran liegt das? Es liegt daran, daß bei solchen Maßnahmen allein das technische Kollektiv sich ausbreitet und der Gewinn in dieser Ausbreitung aufgeht, verlorengeht, unsichtbar wird. Da von Gewinn die Rede ist, muß zunächst gefragt werden, ob solche Maßnahmen überhaupt einen Gewinn abwerfen können. Nicht jenen wirtschaftlichen, greifbaren, individuellen, den mancher, dem der Vorgang nicht deutlich wird, erhofft. Der Akt der Enteignung vermehrt nichts. Wie sollte er auch etwas hervorbringen und vermehren können. Wenn der Maschinenkapitalist, der ohne Entschädigung enteignet wird, alles verliert, so steckt darin noch kein Gewinn für den Arbeiter. Voraussetzung für einen solchen Gewinn innerhalb einer mechanisierten Wirtschaft ist immer, daß mehr gearbeitet und die Ausbeutung kräftiger betrieben wird. Der Gewinn ist für den Arbeiter nicht auf der ökonomischen Seite zu suchen, denn wirtschaftlich betrachtet setzt der Vorgang auch ihm zu. Er verliert im Kollektiv sein Recht, sich frei zu assoziieren, sein Koalitionsrecht und sein Streikrecht, also auch die Möglichkeit, seinen Lohn durch Kampfmittel zu erhöhen. Der Gewinn liegt ausschließlich beim Kollektiv, dessen Apparat und Organisation durch Verstaatlichungen, Sozialisierungen und Enteignungen ausgebreitet und verstärkt wird. Das Kollektiv übernimmt jeden Betrieb, auch den, der unter seiner Leitung vom rentablen zum Zusatzbetrieb wird, denn sein Gesichtspunkt bei der Übernahme ist kein ökonomischer mehr, sondern ein technischer. Verluste und den durch sie herbeigeführten Mangel wälzt es ohne Bedenken auf den Arbeiter ab. Gewinnen könnte der Arbeiter nur durch Kooperation, durch eine eigentumsmäßige Beteiligung an seinem Betrieb, dessen Risiko er trägt, dessen Gewinne und Verluste seine eigenen werden. Einen ökonomischen Nutzen erzielen könnte er nur durch eine Arbeitsordnung, die ihre Spitze gegen den totalen Machtanspruch des technischen Kollektivs richtet. Aber eine solche Beteiligung des Arbeiters setzt wirkliches Eigentum immer voraus. Betrieb ist kein Eigentum mehr; schon das Wort zeigt es. Im Netz eines technischen Kollektivs sind selbständige Werke schwer zu erhalten; die Betriebe liegen in ihm wie die Verbindungspunkte in den Netzfäden eines Spinnengewebes. Es ist offenbar, daß der Arbeiter gegenüber dem technischen Kollektiv wehrlos ist, wehrloser noch, als er es gegenüber dem privaten Maschinenkapitalisten war. Der Grund dafür ist, daß die Gedanken, welche das technische Kollektiv vorwärtstreiben, sich in seinem Kopfe wiederfinden. Er gehört zu den Verherrlichern des Kollektivs. Darin liegt für viele die Versuchung, ihn im Stich zu lassen, denn es ist schwierig, ihm gegen seinen Willen zu helfen. Wirksam geholfen werden kann ihm erst dann, wenn er lernt, sich auch gegenüber dem Kollektiv zu behaupten, wenn er es als das erkennt, was es wirklich ist. Das technische Kollektiv ist gegenüber dem Menschen noch sparsamer, als es der sparsamste Maschinenkapitalist war, denn Apparatur und Organisation sind in ihm so verkoppelt, daß für den Menschen nur ein Minimum hergegeben werden kann. Das technische Kollektiv ist der Ausbeuter par excellence, denn es ist nur mit Ausbeutungsvorgängen beschäftigt.

Sein Kennzeichen ist nicht die Bildung von Eigentum, sondern die Enteignung von Eigentum und seine Überführung in eine mechanische Organisation. Enteignet wird etwa Land unter dem Vorwand, daß neues Bauerneigentum geschaffen werden soll. Aber die Behauptung der Funktionäre des Kollektivs, daß sie Bauerneigentum schaffen wollen, ist unwahr. Bauerneigentum kann nur der Eigentum begründende Wille des Bauern selbst schaffen, nicht aber die Verfügung irgendwelcher Funktionäre. Einer solchen Schaffung von Eigentum sind sie weder fähig, noch liegt sie in den Absichten und auf dem Wege des Kollektivs. Dieses ist auf maschinelle Apparatur und technische Organisation angewiesen, und ihm entspricht nicht die Schaffung von Bauerneigentum, sondern die Schaffung maschinell bewirtschafteter Latifundien und Monokulturen. Wo aber Bauerneigentum sich hält, wird es dem Arbeitsplan des Kollektivs und seinen Ablieferungsverpflichtungen unterworfen. Diese sind nicht gering bemessen. Der Arbeitsplan ist ein hinreichendes Mittel, um auch dem kleinsten Bauerneigentum beizukommen. Wo überhaupt sich noch Eigentum bildet, dort wird es dem Kollektiv abgerungen. Nichts aber ist in diesem Kollektiv schwieriger als die Erhaltung alten und die Bildung neuen Eigentums. Der Kraftbegriff, der das Kollektiv durchdringt, ist dem Eigentum feindlich. Nicht auf Eigentum strebt das Kollektiv hin, sondern auf technische Produktion und technischen Konsum. Diesen entspricht nicht Eigentum, sondern Gebrauch und Verbrauch. Neben der Ausweitung des Kollektivs, die immer die wichtigste, vordringlichste Aufgabe ist für eine Organisation, die durch Substanzverlust erweitert und entfaltet wird, sind die mechanische Regulierung des Gebrauches und Verbrauches die Hauptaufgaben des Kollektivs. Es sind die Fragen der Vernutzung, die ihm die größten Sorgen bereiten. Und nicht von ungefähr. Die Betrachtung der Maschine schon lehrt, daß sie eine Konstruktion ist, die auf Gebrauch und Verbrauch hin konstruiert wurde, die den Gesetzen der schnellen Nutzung unterworfen ist und sich selbst durch ihre Arbeit rasch vernutzt. Mit dem technischen Kollektiv läßt sich Eigentum schwer verbinden, weil hier aller Wille auf Aufhebung des Eigentums geht. Das Kollektiv lebt von der Aufhebung des Eigentums, und es kann von nichts anderem leben. Wenn das Eigentum aufgebraucht, verzehrt, vernutzt worden ist, dann beginnt sogleich die Krise dieses Kollektivs, und in ihr befinden wir uns schon.

Wenn wir die Frage stellen, wo die ungeheure Ausbeute geblieben ist, welche der Maschinenkapitalismus des neunzehnten Jahrhunderts erschlossen hat, und warum wir heute nicht alle reich sind, dann reicht selbst der Hinweis auf die Weltkriege nicht hin, um diese Fragen befriedigend zu beantworten. Diese Ausbeute löst sich wie der Gewinn eines Spielers in Luft auf. Das Kollektiv schluckt sie vollkommen wieder in sich hinein und wird durch sie nicht einmal gesättigt. Es begnügt sich nicht mehr damit, das Eigentum zu verschlingen, es greift auch die Res omnium communes an, indem es Stickstoff aus der Luft zapft und davon träumt, die Sonne und das Meer durch neue Anlagen anzuzapfen.

13.

Der Gegensatz liegt nicht in privatem und öffentlichem Eigentum, er liegt in Sache und Maschine, in Sachwelt und maschineller Organisation, in Eigentümer und Funktionär, in Eigentum und technischem Kollektiv. Wer sich diesen Gegensatz deutlich macht, der hat an Klarheit gewonnen. Wenn wir das Wort Kollektiv gebrauchen, müssen wir immer das Wort technisch hinzudenken und hinzusetzen. Es gibt Kollektive der verschiedensten Art und hat sie gegeben, aber für uns hat es keinen Sinn, schlechtweg von Kollektiv zu reden. Uns beschäftigt hier kein Kollektiv, das auf freier genossenschaftlicher Einigung beruht, kein Kollektiv, das ohne zentrale, totalitäre Organisation gedacht ist. Uns beschäftigt nur dieses eine technische Kollektiv, in dem wir leben und mit dem wir uns auseinanderzusetzen haben. Ein Kollektiv ohne Maschinentechnik, von dem wir nichts wissen, an dem wir nicht unsere täglichen Erfahrungen machen, liegt uns sehr fern.

Der Unterschied also liegt in Eigentum und technischem Kollektiv, nicht in privatem und öffentlichem Eigentum. Den Staat als Eigentümer hat es zu allen Zeiten gegeben, in denen es Staaten gab. Bedenken aber müssen wir, daß auch der Staat Eigentümer nur in einer Ordnung des Eigentums sein kann und daß er sein Eigentum ebenso verliert wie der Private, wenn diese Ordnung erfolgreich angegriffen wird. Der Staat kann nur Eigentümer sein, wo es Eigentümer gibt. Deshalb rückt der römische Fiscus, indem er Eigentümer wird, in die Ordnung des privaten Eigentums ein; er unterwirft sich den Gesetzen dieser Eigentumsordnung, er respektiert von sich aus ihre Grenzen. Daß alle Angriffe auf das Eigentum auch den Staat als Eigentümer treffen müssen, ist eine Folge, die sich die meisten nicht deutlich machen. Indem der Staat heute enteignet, schafft er sich und anderen kein neues Eigentum, denn er tut etwas anderes, er baut das technische Kollektiv aus. Mögen die Vorwände, unter denen die Enteignung erfolgt, Namen haben, wie sie wollen, er tut doch nichts anderes, als dieses Kollektiv vorwärtszutreiben. Und er kann das nur, indem er Eigentum in das Kollektiv hineinsteckt, indem er die Grenzen des Eigentums aufhebt. Wenn wir über solche Enteignungen nachdenken und ihren Sinn oder auch ihren Zweck und Nutzen einsehen wollen, dann müssen wir auch ihr Ziel erwägen. Welche Generallinie gibt es hier? Generallinie ist ein Ausdruck der Arbeitswelt und ihrer Konstruktionen, ist ein Wort aus dem Vokabular des technischen Kollektivs wie Vierjahresplan oder Fünfjahresplan, Zentralisation der Arbeit, Arbeitssektor und andere Worte. Der Konstrukteur dieser Konstruktionswelt denkt an nichts weniger als an Eigentum, wenn er mit seinen Plänen beschäftigt ist. Er denkt an die Technisierung und Automatisierung der Wirtschaft. Eigentum ist in seinen Erwägungen so gut wie gar nichts; allenfalls etwas Lästiges, wenn von ihm her noch irgendwelche Widerstände und Verzögerungen kommen, Widerstände gegen den Arbeitsplan nämlich, denn das Eigentum liegt im technischen Kollektiv verquer, muß daher zurechtgerückt oder beseitigt werden. Eigentum ist etwas, über das rechtlich kein Dritter verfügen kann, das sich mit der ihm innewohnenden Kraft gegen die Verfügungen Dritter widersetzt. In einer Welt des Eigentums sind solche Verfügungen schwer zu erreichen. Mächtige, öffentliche Interessen müssen ins Spiel kommen, um gegen den Willen des Eigentümers durchzudringen. Denn Eigentum und Verfügung sind etwas, das sich von den Anfängen her schwer zusammen denken läßt, schwer miteinander auskam. Das Eigentum ist aus unbeweglichen, aus schwer bewegbaren Verhältnissen hervorgegangen, nicht aus einer Welt freier Verfügungen. Das Eigentum ist um so fester gegründet, ist um so mehr Grund, je weniger verfügbar es ist. In einer ganz verfügbaren, ganz von Dispositionen erfüllten, ganz disponiblen Welt ist Eigentum schwer denkbar. Eine solche mobile, in der Mobilmachung befindliche Welt ist aber die Welt des technischen Kollektivs. In ihr ruht nichts mehr; sie ist zum Bauplatz, zur Werkstatt, zum Laboratorium geworden. Eigentum ist ohne Grenzen nicht denkbar; seinem Begriffe nach setzt es feste, sichtbare, geschützte Grenzen voraus, Grenzen, die deshalb auch dem Auge als Gräben, Mauern, Hecken, Zäune sichtbar werden. Eigentum hat der, der räumlich denken kann, das heißt in Räumen mit den dazu gehörigen Grenzen. Die Grenze aber wird vom technischen Kollektiv überall aufgehoben; der in ihm lebende Wille geht über alle Grenzen hinaus ins Grenzenlose. Ein solches Kollektiv hat nicht den Willen und auch nicht die Fähigkeit, sich selbst zu begrenzen, sich in einer Raumwelt mit den dazu gehörigen Grenzen zu halten, deshalb setzt es sich selbst als planetarische Konstruktion, deshalb bohrt es in die Tiefe der Erde, so tief es kann, taucht auf den Meeresgrund und sendet Luftschiffe in Form von Granaten in die Atmosphäre empor, um durch eine Arbeitskommission den Mond zu befragen. Auch der

Mond könnte ja ein ausbeutungsfähiges Objekt sein. Gegen das Eigentum kann ein solches Kollektiv, das nur mechanische Verfügungen kennt, und in einer verfügbaren, disponiblen, mobilen Welt schaltet und waltet, nur Gleichgültigkeit oder Feindschaft hegen. Sein Kennzeichen ist, daß es Distanzen aufhebt, räumliche Ordnungen einem mechanischen Zeitbegriff unterwirft. Wohin sollte es denn seine Röhren, Leitungen, Drähte, Kabel, Kanäle legen, wo die Vielfalt seiner Kommunikationen unterbringen, Gaslinien, elektrische Linien, Öllinien, Drahtlinien, Wasserlinien? Das alles läßt sich nicht leicht in einer Welt von Eigentümern unterbringen, wohl aber in einer eigentumslosen Welt, in die von allen Seiten frei eingedrungen werden kann, die von rechts und links, von oben nach unten, von vorn nach hinten mit Netzen überlagert, umstellt, zerschnitten und durchbohrt werden kann. Hier sind die Völker dazu da, um evakuiert zu werden, Inseln dazu da, um bombardiert zu werden. Grenzen haben hier weder Sinn noch Wert, denn alles kommt darauf an, daß Löcher gemacht werden. So zeigt sich denn das Loch auf symbolische Weise überall. Die Soldaten dieser Zeit suchen in Löchern Schutz, und Erdlöcher sind es, in die sich die Bevölkerungen der großen Städte und Werkstattlandschaften im Kriege verkriechen.

Dort, wo eine Eigentumsordnung vorhanden ist, wird auch ökonomische Gesetzlichkeit sichtbar. Dieser Satz ist nicht umkehrbar, das heißt Eigentum kann nicht aus einer ökonomischen Gesetzlichkeit abgeleitet werden. Solche Gesetze oder Regulierungen schaffen noch nicht Eigentum. Eigentum ist eher da als die ökonomischen Begriffe, als die Rechtsbegriffe. Deshalb ist Proudhons Satz „La proprieté c'est le vol" ein Paradoxon. Denn der Diebstahl setzt schon Eigentum voraus; ohne Eigentum gibt es keine Diebe. Das Eigentum ist mehr als seine ökonomische Gesetzlichkeit. Das freilich versteht nur, wer das Eigentum begriffen, wer seine Gegenseitigkeit eingesehen hat. Alles, was an Rechten aus dem Eigentum sich herleitet, verliert seine Stütze und seinen Halt, wenn diese Gegenseitigkeit aufgehoben wird. Das ist zuletzt der Grund, warum das Eigentum des Maschinenkapitalisten Scheineigentum wird, warum der im technischen Kollektiv liegende Staat sein Eigentum nicht erhalten kann. Die Raubbauverfahren, welche die Technisierung vorwärtstreiben, sind mit dem Eigentum unvereinbar. Die Eigentumsordnung kommt ins Wanken, wo sie mißachtet wird, wo die ihr innewohnende Gegenseitigkeit durchbrochen wird. Das Eigentum stellt Anforderungen an den Eigentümer, denen er sich nicht entziehen kann. Die Erhaltung und Mehrung der Eigentumssubstanz ist ihm auferlegt. Wo immer er sich dieser fürsorglichen Verpflichtung entzieht, dort verliert er sein Eigentum. Seine Nutzung, sein Verbrauch haben Grenzen, die vom Eigentum gezogen werden. Das Eigentum ist von den Grenzen her einzusehen. Eben deshalb, weil es die Sache, weil es die Sachenwelt in ihrer Totalität erfaßt, sind diese Grenzen so stark, so sichtbar. Die Grenzen werden nicht nur vom Eigentümer, sie werden auch von der Sachenwelt her gezogen. Ein grenzenloses Eigentum ist eine Vorstellung, die sich nicht vollziehen läßt, denn schon die Zuordnung von Person und Sache widersetzt sich solchen Vorstellungen. Durch die Grenzen wird das Eigentum erst bestimmt, von den Grenzen her erhält es Festigkeit. Daher das uralte Bestreben, diese Grenzen sinnlich und sichtbar zu machen, sie jedem anderen zu zeigen. Daher der Murus romanus, die römische Mauer, das sichtbarste Zeichen dieses Eigentums. Ich gestehe, daß mich diese Mauern und Mäuerchen, die auch heute noch ganz Italien durchziehen, oft verdrossen, weil sie meinem Streben, querfeldein die Landschaft zu durchstreifen, einen hartnäckigen Widerstand entgegensetzten. Ich fand sie auch an Orten, wo sie offenbar nicht mehr lohnten, an Berghängen, kümmerlichen Weidestücken und winzigen Wiesen, wo sie mehr Mühe und Kosten gemacht hatten, als der winzige Ertrag aufwog. Der Wille und Wunsch, das Eigentum sichtbar zu machen, überwog hier ganz und gar den Nutzen. Proprietas heißt im Lateinischen nicht nur das Eigentum, sondern auch die Eigentümlichkeit. Die Eigentümlichkeit des Eigentums nun ist nichts anderes als seine Grenze, sein Begrenztsein. Die Eigentümlichkeit des Eigentums will berücksichtigt werden; das Eigentum zwingt seine Gesetzlichkeit dem Eigentümer auf. Es macht immer und überall seine Verpflichtungen geltend. Der Acker, der Weinberg, die Viehherde, das Haus wollen gepflegt werden. Das schafft Mühe, das setzt dem Menschen zu. Aber er kann sich dieser Last nicht entziehen, er muß zum Pfleger werden oder sein Eigentum abgeben. Die Ordnung des Eigentums ist nur als eine Ordnung von Pflegern denkbar. Wo keine Pflege ist, dort ist kein Eigentum. In den Zuständen vor der Eigentumsordnung ist daher auch diese Pflege nicht. Die nomadisierenden Jäger pflegen nichts, es sei denn ihre Waffen. Die nomadisierenden Hirten pflegen ihre Herden. Wo aber der Mensch ansässig wird, wo er den Boden bebaut, wo die Bauernwirtschaft entsteht, wird die Pflege vielseitig, sie beschäftigt den Menschen durchaus.

Was der Mensch in Eigentum nimmt, das entnimmt er der Wildnis, das nimmt er aus dem Eigentumslosen heraus, denn Wildnis ist das Eigentumslose, das Unvermessene, das ohne Grenzen und Namen Bestehende. Was er aber so herausnimmt, das fügt sich ihm nur, wenn es gepflegt wird. Ohne Pflege geht es ihm verloren. Eigentum, das sich selbst überlassen wird, ist kein Eigentum mehr; es kehrt ins Unvermessene zurück. Die Sachen, die dem Menschen dienen, verkommen, das Land verwildert samt den Bäumen und Blumen darin, die absterben oder zur Wildnis zurückkehren. Die Häuser verfallen, die Hütten brechen zusammen. Mit einer unverkennbaren Begierde entzieht sich alles der Form, die ihm der Mensch gegeben hat, und strebt nach den Ursprüngen zurück. Es nimmt die Gestalt an, in der es unberührt lebte. Pflege ist die Voraussetzung jeder Nutzung durch den Eigentümer. Nicht aber kann das Eigentum aus irgendwelcher Nutzung abgeleitet werden. Nutzung ohne Pflege führt nicht zu Eigentum. Nutzung ohne Pflege ist das Verhalten des Menschen vor Begründung des Eigentums. Dort aber, wo Eigentum besteht, ist Nutzung ohne Pflege Diebstahl, rücksichtslose Entnahme, Mißwirtschaft, Raubbau.

Das Eigentum hat Grenzen und ist an Grenzen gebunden, weil die Sache Grenzen hat, weil auch der Mensch Grenzen hat und an sie gebunden ist, weil sich die Menschen gegeneinander abgrenzen. Wenn das Eigentum aufgehoben würde, dann müßten auch die dadurch begründeten Grenzen und Marken fortfallen. Was würde dann geschehen? Dann würde sich das durchaus Dämonische der eigentumslosen Welt zeigen. Die Menschen würden sich sehr nahe kommen, unheimlich, ja unerträglich nahe, denn die Dinge wären nicht mehr zwischen ihnen. Setzen wir den Fall, daß alles Eigentum aufgehoben wird, ja auch alles das, was die Juristen unter Besitz verstehen, verschwinden könnte. Nehmen wir also an, daß es verschwindet, was würde dann übrigbleiben? Übrigbleiben würden Verfügungen, die der Mensch gegenüber der Sachenwelt trifft. Was aber wäre das für eine Sachenwelt, deren Hauptkennzeichen die Verfügbarkeit ist? In dieser Verfügbarkeit der Sachenwelt ändert sich der Sachbegriff selbst. Verfügbarkeit ist kein Merkmal des Sachbegriffes, ist etwas Akzessorisches; der Begriff der Sache ist der des räumlich begrenzten, für sich bestehenden Gegenstandes, welcher keine Person ist. Weder der Eigentumsbegriff noch der Sachbegriff lassen sich auf die Verfügbarkeit stützen. Wo das geschieht, muß der Sachbegriff sich umformen, weil die Sachgrenzen jetzt disponibel werden. Wie aber läßt sich das denken? Nur so, daß die Person, die der in Sachgrenzen aufgeteilten Ordnung bestimmend gegenübersteht, disponibel wird. Die Verfügbarkeit läßt an der Sache nur noch eines gelten, ihre Brauchbarkeit, und Brauchbarkeit ist zunächst Gebrauch. Gebrauch ist das nackteste Verhältnis des Menschen zur Welt der Dinge. Gebrauch ist nicht Eigentum und nicht Besitz. Gebrauch ist das Gebrauchen und Verbrauchen der Welt, und zu ihm brauche ich weder ein Mehren noch ein Pflegen und Zueigen-Machen hinzuzudenken. Im Gebrauch liegt unsere ganze Armut und Notdurft, denn Gebrauch muß auch der Dürftigste von dieser Welt machen können, und das ist das Wenigste, was er tun kann.

Zum technischen Kollektiv gehören Gebrauch und Verbrauch, und wer darauf achtet, hat den Menschen, der im Kollektiv aufgeht, vor sich. Ein solches Kollektiv lebt von der Hand in den Mund; es produziert Konsum und konsumiert Produktion. Der Zirkel der dazu erforderlichen Arbeit wird von der Mechanik bestimmt; das Prinzip dieser Arbeit ist wachsende Beschleunigung, denn je schneller die Produktion im Konsum, der Konsum in der Produktion aufgeht, desto rationaler wird die kostspielige Maschinerie genutzt und aufgebraucht. Bei diesem Vorgang setzt sich Eigentum immer schwerer ab. Hat er einen hinreichenden Grad von Beschleunigung erlangt, und dieser ist da, wenn der Automatismus bestimmend wird, dann ist an die Bildung von Eigentum kaum noch zu denken. Denn indem die Aufhebung der personal bestimmten Sachgrenzen vollzogen wird, wird das Eigentum in den Verzehr hineingenommen, wird enteignet und verbraucht. Es ist nicht möglich, das Eigentum auf Gebrauch und Verbrauch zu stützen, da es seinem Begriff nach am Unverbrauchbaren haftet, an der für sich bestehenden Sache, deren Substanz nicht mitvernutzt werden darf. Denke ich die für sich bestehende Sache durch etwas anderes, dann ist es mit dem Eigentum schon aus. Die Sachenwelt, die in einer Eigentumsordnung verbraucht wird, stützt sich auf die unverbrauchbare Sachenwelt, die alles, was sie aus sich entläßt, an Regeln des Fruchterwerbs bindet. Verletze ich diese Regeln, so bringe ich mein Eigentum sogleich in Gefahr. Die Regeln finden sich im Erbgang wieder, der eine Legitimität und Kontinuität hat, die ohne Lücken, ohne Bruchstelle ist. Deshalb ist der Angriff auf den Erbgang, den Erbfall immer ein Angriff auf das Eigentum und seine Ordnung. Ein solcher Angriff ist die Erbschaftssteuer, für die der Staat keinen zureichenden Rechtsgrund finden kann, die aber im technischen Kollektiv, in dem immer weniger zu erben ist, als selbstverständlich gilt, daher auch ohne jede Begründung erhoben wird. Der Staat aber konnte so lange keinen Rechtsgrund finden, als er selbst wie das Eigentum auf den Erbgang angelegt war.

Daß Sachen, an denen Eigentum begründet ist, sich durch die Wirkung der Zeit abnutzen, langsam oder auch schneller, daß sie unbrauchbar werden, daß man sich des Eigentums an ihnen begeben kann oder sie, wie die Juristen sagen, derelinquiren kann, tut dem Eigentum keinen Abbruch. Wenn es aber nur verbrauchbare Sachen gäbe (res, quae usu minuuntur vel consumuntur) oder vertretbare Sachen (res, quae pondere, numero, mensurave constant), das heißt Sachen, deren Bestimmung in Verbrauch oder Veräußerung liegt, wie Nahrungsmittel, oder Sachen, die nicht in Stücken sondern in Mengen gehandelt werden, könnte sich keine feste Eigentumsordnung bilden. Aber es gibt immer auch andere Sachen, uralte und ganz neue, die unser eigenstes Eigentum sind, von denen wir uns auch in Gefahr, in Notlagen, unter dem Druck der Notwendigkeit schwer trennen. Es gibt den Grund und Boden, gibt das Land. Land geht über Krieg und Brand. Das ist ein Spruch, den ich oft gehört habe, denn ich bin nicht im technischen Kollektiv aufgewachsen, sondern in der Welt des Eigentums, auf dem Lande, und meine Eltern und die Bauern, die in der Nachbarschaft wohnten, gehörten dazu. Nachbarschaft ist eine Grenzbestimmung und gehört in die Ordnung des Eigentums. Nachbarschaft ist etwas Räumliches, und es macht einen Unterschied, ob man nur noch Zeitgenossen um sich hat oder auch noch Nachbarn. Wo diese Nachbarschaft endet, und sie endet dort, wo das technische Kollektiv beginnt, dort gibt es keine Nachbarn mehr. Es ist leicht einzusehen, daß der Geiz, die Härte, das Mißtrauen, die Verschlossenheit der Bauern damit zusammenhängt, daß sie Eigentümer sind. Die Sorge, die Aufmerksamkeit, die sie ihrem Eigentum zuwenden, arbeitet solche Züge heraus. Der Mensch des technischen Kollektivs ist nicht geizig in diesem Sinne und kann es nicht sein, denn in einer eigentumslosen Welt hat dieser Geiz wenig Stützen und findet wenig Ermunterung. Man ist achtlos gegen das Eigentum, achtlos vor allem gegen das Eigentum anderer. Ebensowenig ist der Mensch des Kollektivs ein Schenkender, ist nicht spendabel, denn Geschenke, Spenden haben innerhalb des Kollektivs nur einen geringen Platz, können auch in einer Arbeitswelt keinen anderen haben. So gibt es in ihr, die in einem Zug und Gegenzug mechanischer Leistungen besteht, auch keinen rechten Platz für Glück. Fortuna, denn um sie handelt es sich hier, ist plötzlich da und liebt das Unvorhergesehene und die Überraschungen. An einen mechanisch bestimmten Ort, eine mechanisch bestimmte Zeit, eine mechanisch geübte Tüchtigkeit läßt sie sich nicht binden.

Das Eigentum knüpft sich an eine Grundlage, die keinem Substanzverlust unterworfen ist. Schon diese Wahrnehmung läßt die indisponiblen, immobilen Anfänge des Eigentums erkennen. Der Mangel an Verfügbarkeit ist das Korrelat der Substanzerhaltung. Beides entspricht sich, wie dem mechanisch Disponiblen der Substanzverlust entspricht. Hinzuzudenken ist, daß immobiles Eigentum sich mit geringem Nutzen begnügt. Je immobiler es ist, desto geringer sind die Erträge, die es abwirft, vor allem jene, die sich als disponible Erträge von ihm ablösen und zum vertauschbaren Sachgut oder vom Sachgut zum Geld werden. Daran krankt heute alle Bauernwirtschaft, die im Kollektiv liegt. Was ist daraus zu schließen? Daß das Geldwesen mit vermehrter Nutzung beginnt und zunimmt, eine vermehrte Nutzung voraussetzt. In der Ordnung geschlossener Eigenwirtschaften will das Geld wenig besagen. Und gesprengt werden kann diese geschlossene Ordnung nur, indem ich die Nutzung verstärke. Die Fülle des Tauschgutes sprengt die geschlossene Eigenwirtschaft; Geld lockert sie auf. Aber die Nutzung hat Grenzen, die von den Sachgrenzen des Eigentums bestimmt werden. Die Sachgrenzen sind nur aufrechtzuerhalten, wenn das durch sie bestimmte Eigentum keiner Substanzminderung unterworfen ist. Und die Sachgrenzen des Eigentums machen deutlich, daß bei vermehrter Nutzung des Eigentums auch seine Substanz durch Pflege gemehrt werden muß. Die Mehrung der Substanz geht der Nutzbarmachung immer voraus.

Im technischen Kollektiv geht die Substanzminderung dem verstärkten Nutzen voraus. Darin liegt schon, daß Eigentum verlorengeht, daß es im Kollektiv auf das Eigentum nicht mehr ankommt. Der Beleg dafür ist die Behandlung des Bodens. Manchem mag die Bemerkung übertrieben scheinen, daß mit Beseitigung der Brache und dem Beginn der künstlichen Düngung ein entscheidender Angriff auf das Bauerneigentum stattfand. Mit dem Auftauchen der Maschine in der Ackerwirtschaft wird dieser Angriff evident. Es versteht sich, daß wir über die Notwendigkeit der künstlichen Düngung im Kollektiv nicht streiten. Mit ihr aber beginnt der Raubbau. Mit ihr befinden wir uns im Kollektiv. Und dieses ist, um es genau auszudrücken eine Welt ohne Humus, eine Welt, die den vorhandenen Humus unablässig abträgt, in der neuer Humus sich nur schwer bilden kann. Der künstliche Dünger, der auf das Land gestreut wird, zeigt an, daß die Humusbildung nicht mehr hinreicht. Der Grund und Boden, jenes Land, das den Eigentümer früher über Krieg und Brand trug, beginnt nun eigentümliche Mangelerscheinungen zu zeigen. Die schlechten, die vernutzten Böden vermehren sich. Jeder der in eine Bodenlehre hineinsieht, kann sich darüber belehren. Die Maschine ist etwas, das in striktem Gegensatz zu allem Humus steht. Sie steht dem großen Vorgang der Umwandlung, in dem viel Tröstliches ist, sehr fern, was damit zusammenhängt, daß sie in einer besonders harten Weise steril ist und einem Denken entspringt, das von Verwandlung nichts weiß, viel aber von Fortschritt, Entwicklung, Züchtung, Auslese und anderen Dingen.

14.

Eigentum ist, wie die Juristen sagen, die ausschließliche rechtliche Herrschaft über eine Sache. Diese Bestimmung reicht hin, um den rechtlichen Gehalt des Eigentums zu begrenzen. Aber die Definition gibt nur die Hälfte einer Wahrheit. Die Sachgrenzen sind immer personal bestimmt. Im Grunde ist anonymes Eigentum undenkbar.

Schon die Erfindung der juristischen Person zeigt das. Eine solche Person, die man auch moralische, mystische oder fingierte Person genannt hat, wird konstruiert in Angleichung an die natürliche Person. Es wird fingiert, daß sie Rechtsfähigkeit wie eine natürliche Person hat, daß sie Rechte und Pflichten haben kann. Sie hat zwar keinen Leib und Körper wie eine natürliche Person, aber es wird fingiert, daß sie ihn hat, daß sie als Wesen vorhanden ist, welches Handlungen mit Rechtswirksamkeit vollziehen kann. So konstruieren sich Staaten, Kirchen, Gemeinden, Universitäten als juristische Personen öffentlichen Rechtes, so private Korporationen, Stiftungen und Anstalten als juristische Personen des Privatrechts. Sie treten als eigene Rechtssubjekte auf. So gleichen sie sich der natürlichen Person an, so gleicht sich ihr Eigentum dem Eigentum der natürlichen Person an und wird als Eigentum eines Rechtssubjekts sichtbar. Sie erstreben Personalität und erlangen sie. Durchgehende Personalität ist das Kennzeichen einer unverletzten Eigentumsordnung, während die Verschleierung des Eigentums die Folge des Vordringens anonymer Machtverhältnisse, anonymer Beteiligungen, anonymer Gesellschaften ist. Das Scheineigentum des sich ausweitenden Maschinenkapitalismus verschleiert sich. Es wird undurchsichtig, es verflicht sich in Konzentrationen, die geheim werden. Die Eigentumsordnung wird zu einer Fassade, hinter der ein System anonymer Beteiligung arbeitet. Hier beginnen die Schachtelungen, hier beginnt die Verdunkelung der Einflüsse. Es bilden sich Kontrollen aus, die sich der Kontrollierbarkeit entziehen. Die Disposition verselbständigt sich. Sie wird nicht mehr vom Eigentum her begriffen, sie begreift das Eigentum als etwas Disponibles, im Netz der Dispositionen Liegendes. Im Kollektiv, das die Eigentumsordnung zurückdrängt, nehmen die anonymen Dispositionen zu; die Machtbefugnisse werden nach außen hin sorgfältig abgeschirmt und abgedeckt. Führung, Bürokratie und Polizei des Kollektivs ziehen sich mehr und mehr in die Anonymität zurück. Sie werden unfaßbar. Man kennt zwar die leitenden Funktionäre und kann ihren mechanisch vervielfältigten Gesichtern nirgends entgehen, aber es wird immer schwieriger, ihnen nachzurechnen, welche Dispositionen sie treffen, welches ihr Bereich ist, was er umfaßt, wie er sich begrenzen läßt. Die unausbleibliche Wirkung einer solchen Anonymität, die mit der Ausbreitung der anonymen Mechanik zunimmt, ist wachsende Angst. Der Wille, der im Zentrum, im zentralen Schaltraum von Apparatur und Organisation arbeitet, kontrolliert alles und löst sich zugleich von jeder personalen Kontrolle ab. Er duldet nur noch den Schein einer solchen Kontrolle, indem er Wahlverfahren, Plebiszite, Parlamente stehen läßt, denen die Fähigkeit selbständiger Willensbildung sorgfältig herausgeschnitten wurde.

Die Sichtbarkeit der Eigentumsordnung heißt nichts anderes, als daß genaue, feste Sachgrenzen vorhanden sind. Diese Sachgrenzen machen das Eigentum sichtbar, und da sie personal bestimmt sind, machen sie auch den Eigentümer sichtbar. Der Eigentümer verfügt über das Eigentum als Person in einer Weise, die ihn sichtbar macht, die auch am Eigentum sichtbar wird. Je mehr er Eigentümer ist, desto mehr drückt er dem Eigentum seinen Stempel, sein Gepräge auf; ich kann aus dem Eigentum den Eigentümer ablesen. Ich kann das, weil das Eigentum Sachgrenzen hat, die geschont werden müssen. Der Eigentümer kommt von seinem Eigentum nicht los, es sei denn, er gebe es preis oder verwirtschafte es. Auch kann er sich nichts zu eigen machen, ohne daß es nicht von sich aus ihm zusetzte, ohne daß er ihm zu eigen würde. Das Eigentum berechtigt ihn keinen Deut mehr, als daß es ihn verpflichtet. Und er verliert es, wenn er diese Relation außer acht läßt. Aus ihr geht die ökonomische Situation des Eigentümers hervor, aus ihr wird erst verständlich, faßbar, rational greifbar, was Ökonomie ist. Die Bestimmung der Sachgrenzen des Eigentums durch den Eigentümer wie der Anspruch auf Schonung, den die Sache erhebt, gehen aller Ökonomie voraus, machen sie erst möglich. Die Pflege geht der Nutzung voraus. Es ist zwar Eigentum denkbar, das ich nicht nutze, aber eine Eigentumsordnung kann nur auf dem Verhältnis von Pflege und Nutzung beruhen; das nicht genutzte, nicht gepflegte Eigentum entzieht sich dem Menschen. Vielleicht bringt diese Erkenntnis den Asketen wie den Bettler dahin, sich der Sache zu entäußern, denn er weiß um den Anspruch, den sie an ihn stellt. Darin braucht keine Lieblosigkeit zu liegen, denn lieblos ist es nicht, daß er sie im Unvermessenen läßt oder ins Unvermessene zurückkehren läßt. Er gibt ja mit der Pflege auch die Nutzung preis. Für den aber, der etwas zu Eigentum hat, wird es erst um der Gegenseitigkeit willen wirkliches Eigentum. Ich muß die Pflanze gießen, das

Tier füttern und selbst dem leblos Scheinenden, das des Menschen wegen, der es hat, nicht leblos ist, sein Recht angedeihen lassen. Wo das Eigentum aufgegeben wird, dort trennen sich die Dinge vom Menschen und verlassen ihn, wie er sie verläßt. Der Gebrauch kann nicht genügen, um sie auf die Dauer bei ihm zu halten, denn er ist seinem Begriffe nach Verbrauch, durch ihn konsumiere ich nur. Die nützlichste aller Welten wäre allerdings die, die ich ganz nutzen, vernutzen, aufnutzen, verbrauchen kann. Eine solche Welt wird vom Märchen als Schlaraffenland, von der Technik als Tankstelle gedacht. Utilität ist Vernutzbarkeit. Warum kann der Mensch in einer solchen Welt nicht gedeihen? Weil unausbleiblich ist, daß er sich selbst in ihr vernutzt, weil er mitvernutzt wird.

Am Eigentum abgemessen ist der Besitz nur ein Faktum, eine Tatsache. Er ist die tatsächliche Herrschaft, die von einer Person über eine Sache geübt wird. Die Theorien, welche das Eigentum angreifen, sind dem Besitz günstiger gesinnt. Sie suchen ihn nicht nur zu erhalten, sie nehmen auch an, daß eine Besitzordnung die Eigentumsordnung ersetzen könne. Sie wollen also an die Stelle einer Rechtsordnung faktische Verhältnisse setzen; das tatsächliche Verhältnis des Sachbesitzers zur Sache soll die Beziehungen zur Sachenwelt bestimmen und regulieren. Der Besitz scheint ihnen ein älteres und unschuldigeres Verhältnis zur Sachenwelt zu sein als das Eigentum. Aber dieser Gesichtspunkt ist falsch, denn die Besitzordnung leitet sich aus der Eigentumsordnung her. Das Eigentum ist älter; aus ihm gehen die Arten des Besitzes hervor. Das römische Recht läßt darüber keinen Zweifel. Das Eigentum schließt den Besitz in sich ein, und dort, wo beide sich trennen, liegt es in der Macht des Eigentümers, den Besitz wieder an sich zu ziehen. Im Besitz aber ist kein Eigentum beschlossen. Er ist als Factum das Gegenteil des Eigentums, welches Ius ist. Auf den Besitz kann sich keine Rechtsordnung stützen.

Warum unterscheidet das römische Recht zwischen Detention und juristischem Besitz? Diese Unterscheidung, so wie sie gefaßt ist, zeigt schon, daß sie vom Eigentum her gesehen wurde. Aus der Eigentumslehre entwickelt sich die Besitzlehre; der Besitz wird als Ablösung vom Eigentum begriffen. Das Eigentum bleibt Zügel und Zaum des Besitzes. Das Mißtrauen gegen den Besitz ist ein Kennzeichen des römischen Rechtes, das den Besitzer genau in Grenzen hält, die sich an den Grenzen des Eigentums orientieren. Wenn es zwischen Detentor und juristischem Besitzer unterscheidet, so geschieht das des Eigentums wegen, in Hinsicht auf das Eigentum. Detention ist die bloße Innehabung der Sache; dem Inhaber fehlt der Animus rem sibi habendi, der Wille, die Sache für sich allein zu haben. Er ist abhängig von einem anderen. Er ist der Detentor der Sache, und seine Detention geht immer auf das Eigentum eines anderen zurück, ist von ihm hergeleitet. Der juristische Besitzer aber hat die Sache und will sie für sich allein haben. Er hat Corpus und Animus des Besitzers, er hat den Animus domini. Den Animus domini hat nicht nur der Besitzer, welcher zugleich Eigentümer ist; ihn hat auch der Bonae fidei possessor, der Faustpfandgläubiger und der Dieb, welcher die Sache gestohlen hat. Die juristischen Besitzer haben die Sache wie Eigentümer, ohne Eigentümer zu sein. Sie haben eine dem Eigentümer gleiche Stellung zur Sache, denn sie schließen alle anderen von der Sache aus. Auch dieser juristische Besitz ist, wie leicht zu erkennen ist, in Hinsicht auf das Eigentum geformt, ist von ihm abhängig und wäre als Rechtsinstitut nicht da, wenn Eigentum nicht schon vorhanden wäre. Ein eigenes selbständiges Besitzrecht ist nicht denkbar, denn worauf sollte es sich stützen. Der Erwerb durch Okkupation ist älter als alle anderen. Res nullius occupanti cedit; sie folgt ihm als Eigentum, nicht als Besitz. Die Durchbildung des Besitzrechtes aber zeigt schon, daß der Okkupation keine Bedeutung mehr zukommt.

So plausibel es scheint, daß nach dem Fortfall des Eigentums mit dem Besitz auszukommen wäre, so unmöglich ist es. Mit faktischen Herrschaftsverhältnissen, wie sie der Besitz schafft, ist nicht auszukommen. Wenn das Gesetz den Besitzer ohne Rücksicht darauf schützt, ob ein Recht hinter ihm steht oder nicht, so genießt der Besitzer diesen Schutz innerhalb, nicht außerhalb einer Eigentumsordnung. Innerhalb dieser Ordnung wird der gutgläubige Besitzer Eigentümer, erlangt der Ersitzungsbesitzer Eigentum, begründet der Besitz beweglicher Sachen die Vermutung des Eigentums. Der Besitz entspringt dem Eigentum und kehrt zum Eigentum zurück; er bleibt akzessorisch.

Reserviert sich der Staat das Eigentum, tritt er als der einzige privilegierte Eigentümer. als Monopolist des Eigentums auf, als juristische Person, der gegenüber alle natürlichen Personen Besitzer und Besitzdiener sind, dann ist folgendes zu bedenken. Wo immer der Staat Eigentümer ist, dort muß er sich als Eigentümer verhalten. Er muß die Sachgrenzen des Eigentums anerkennen und schonen. Tut er es, dann wird er als Eigentümer gedeihen; tut er es nicht, dann verliert er sein Eigentum so gut wie jeder Private. Im Kollektiv gerät er in die gleiche Lage, in die der Maschinenkapitalist kam, der sich gegen seine Maschinerie als Eigentümer erhalten wollte. Das monopolisierte Eigentum des Staates wird im technischen Kollektiv aufgearbeitet. Das ist seine Bestimmung, und dieser Bestimmung wird es nicht entgehen. Das Eigentum des Staates wird in den Ausbau, in die Erweiterung des Kollektivs gesteckt, und damit geht es verloren, wie Wälder verloren gehen, die man abholzt und nicht wieder aufforstet, wie alle Tankstellen verloren gehen, weil sie verbraucht und vernutzt werden. Schonung der Sachgrenzen kann nicht die Sorge des Kollektivs sein. Im Kollektiv muß zwar enteignet werden, aber dadurch wird das Kollektiv nicht Eigentümer. Kollektiv und Eigentumsordnung sind heute in einer Weise verschlungen und verstrickt, die nicht immer auf den ersten Blick zu erkennen ist. Wo aber der Automatismus die Arbeitsverfahren bestimmt, wo Konsum produziert und Produktion konsumiert wird, mit wachsendem Verlust, wie ihn die Maschine bedingt, dort ist ein Ort im Kollektiv, an dem Eigentum verschwindet. Und auch der Besitz schwindet hier, denn den Arbeiter kennzeichnet es nicht, daß er Besitzer ist. Er ist Besitzdiener, er hat weder Eigentum noch Besitz an den technischen Produktionsmitteln; Eigentümer und Besitzer kann er nur noch außerhalb des Kollektivs werden.

Wenn das Kollektiv sich gegen den Besitzer duldsamer verhält als gegen den Eigentümer, so geschieht das nicht ohne Grund. Der Besitz setzt der Sachenwelt mehr zu als das Eigentum. Ihm fehlt zwar nicht die Gegenseitigkeit, aber sie hat nicht die Kraft wie beim Eigentum, weil der Besitzer nicht ausschließlich berechtigt, also auch nicht ausschließlich verpflichtet ist. Deshalb kann er kein Pfleger sein wie der Eigentümer. Besitz steht dem Verbrauch näher als das Eigentum, ist enger an die Nutzung gebunden. Und wo die Eigentumsordnung ins Wanken gerät, wird die Besitzordnung dürftiger, zehrender und kostspieliger, sie gleicht sich dem Verbrauch mehr und mehr an.

Wozu dienen solche Überlegungen? Der Mensch wird heute unfähiger, Eigentum zu haben. Das steht in Verbindung mit der Ausweitung der Maschinerie, die das Eigentum für sich braucht und ihm zusetzt, weil sie auf Produktion und Konsum, auf Gebrauch und Verbrauch ausgeht. Im Bereich der Maschine werden die Eigentumsbegriffe entleert, in diesem Bereich tritt der nackte Gebrauch hervor. Was ist brauchbarer als eine Maschine? Die Brauchbarkeit einer Maschine ist so groß, daß sie sich allem Eigentum entziehen kann, daß sie von dieser Brauchbarkeit her allein eingesehen und begriffen werden kann. Aller Gebrauch aber hat etwas Einseitiges; ihm fehlt die Gegenseitigkeit. Der Techniker gebraucht die Welt nur, deshalb verbraucht er sie auch, mit den Mitteln eines scharfen, lückenlosen, verständigen Denkens. Indem er sie aber verbraucht, bringt er nichts hervor, was die Folgen dieses Verbrauches wettmachen könnte. Wenn er sich auf die Durchbildung von Apparatur und Organisation als seine eigentliche Leistung beruft, dann ist das nicht stichhaltig. Denn Apparatur und Organisation sind, so scharfsinnig sie immer konstruiert sein mögen, Verbrauchsmaschinerien.

15.

Geld und Sachgüter, die nicht Geld sind, werden zwar rechtlich unter die gleichen Grundbegriffe gestellt; sie unterscheiden sich aber von jeher. Das Geld löst sich mehr und mehr von den Sachen und Sachgütern ab und gewinnt eine eigene machtvolle Stellung, von der aus es der gesamten Sachenwelt gebietend gegenübertritt. Es wirft sich zum Herrn der Sachenwelt auf, indem es Vermittler wird, sich ausschließlich für die Zwecke des Umlaufs bestimmt, alle Verbindlichkeiten mit gesetzlicher Kraft tilgt und einen Ausgleich zwischen allen Leistungen und Gegenleistungen schafft. Es erspart Arbeit und fördert die Arbeitsteilung. So viele Vorzüge brachten die Merkantilisten auf den Gedanken, daß der Reichtum eines Landes im baren Geld liege. Colbert und Cromwell waren sich darin einig. Und da einträgliche Goldbergwerke in ihren Ländern nicht vorhanden waren, machten sie Handelsbilanzen und Navigationsakten zu Goldbergwerken. Wir befinden uns in einer Lage, die von der ihren sehr verschieden ist. Auch haben uns mannigfache Erfahrungen gelehrt, über das Geld bescheidener zu denken. Schon im Sachgeld, das zum Währungsgeld wird, löst sich das Geld von der Sachenwelt ab. Zwar kann es, solange es an einen Geldstoff gebunden ist, noch als Sache betrachtet werden. Aber es ist eine Sache für sich, es entgleitet den sachenrechtlichen Bestimmungen und wird zum Wertmesser der Sachgüter. Im Symbolgeld löst es sich von seiner stofflichen Grundlage, im Rechnungsgeld auch noch von dem Symbol. Diese Stufe des Geldwesens wird im neunzehnten Jahrhundert erreicht.

Im neunzehnten Jahrhundert gibt es wie in anderen Jahrhunderten zwei Sorten von Kapital, zwischen denen wir unterscheiden können. Finanzkapital und Industriekapital unterscheiden sich, wie sich die Menschen unterscheiden, in denen sie Person werden. Zwischen ihnen besteht eine Spannung, die sich überall zeigt, eine Spannung zwischen Geld- und Sachbesitzer, zwischen Finanzier und Industriellen, die oft bis zur Feindschaft geht und tief zu wurzeln scheint. Es versteht sich, daß der Maschinenkapitalist gut daran ist, wenn er mit eigenen Geldmitteln auskommt, wenn er nicht fremde Gelder aufzunehmen braucht, Gelder, wie sie die Leute bereithalten, die zur Hochfinanz gehören. In dieser guten Lage mögen sich einzelne Industrielle befinden, die bei günstigen Konjunkturen und genügender Vorsicht „flüssige Mittel" zur Hand haben. Aber das ist nicht die Lage, in der sich ganze Industrien befinden oder gar das Maschinenwesen insgesamt, das in ungeheurer Ausdehnung begriffen ist. Die Frage der Kreditbeschaffung für die rasche Ausweitung der Maschinerie beschäftigte die Köpfe. Kredit nun ist nichts anderes als das Geglaubte, das heißt seine Hingabe setzt die Glaubwürdigkeit des Kreditnehmers voraus. Das ganze Kreditwesen kam in Bewegung, das private wie das öffentliche, das kurzfristige wie das langfristige, Anlage- und Umlaufskredit, Konsumtiv- und Produktivkredit, Personal- und Realkredit, Mobiliar- und Immobiliarkredit. Die Banken, Kreditvereine, Vorschußvereine, Volksbanken, Darlehnskassen und Sparkassen vermehrten sich wie die Pilze.

Der Vorgang der Ausweitung der Maschinerie bietet zwei Aspekte. Der eine ist anonym, denn die Maschine ist eine Konstruktion von unheimlicher Anonymität, deren namenlose Anstrengung sich von der Person ablöst und alle personalen Verhältnisse auflöst. Das Maschinenwesen ist so anonym wie eine Überschwemmung oder ein Erdrutsch. Der andere Aspekt ist, daß ein großer Teil der Erfinder, Patentinhaber und Patentverwerter zu den armen Schluckern gehört, denen nur mit Geld aufzuhelfen ist. Finanzkapitalismus und Maschinenkapitalismus sind mit dem gleichen Vorgang beschäftigt, sind aufeinander angewiesen und kommen nicht voneinander los. Was sie gemeinsam beschäftigt, ist der Vorgang der Ausbeutung, zu dem jeder Partner seine Intelligenz und seine Kenntnisse mitbringt; von der einen Seite kommt Kapital, von der anderen Maschinen, Patente, Verwertungsrechte, Arbeitsleistungen usw. Der Maschinenkapitalist wandelt sich mit der Durchbildung der Maschinerie vom Kaufmann und Eigentümer zum Techniker und Funktionär. Auch der Finanzkapitalist wandelt sich. Es wäre falsch, ihn schlechthin als Ökonomisten zu begreifen; er ist das umso weniger, je mehr er die mechanische Gesetzlichkeit aller Bewegungen des Geldes begreift. Je besser er sie begreift, desto mehr wird er von einem Geldökonomen zum Geldtechniker. Die Bewegungen des Geldes, die sich leicht, geräuschlos und ohne erkennbare Arbeitsleistung vollziehen, haben für den Laien etwas Dunkles, Geheimnisvolles und auch Ängstigendes. Dieser Laie ist der Bewohner einer Sachenwelt. Die Fiktionen und Abstraktionen, auf denen das Geldwesen ruht, die Voraussetzungen des Kredits, die Fragen der Währung und Deckung, die Gesetze des Renten-, Anleihen- und Zinswesens, die Spielregeln aller Zirkulation, alles Zusammenflusses und Abflusses von Geldmassen sind für ihn undurchdringlich. Ihn beschäftigt vor allem die spekulative Seite der Geldoperation, durch die er, wenn er sich gewinnsüchtig auf sie einläßt, oft geschädigt wird. Der Umfang aller Spekulation wird durch das Risiko bestimmt; je größer das Risiko ist, desto spekulativer werden die Finanzoperationen. Die Geldbeschaffung für die Ausweitung der Maschinerie ist zunächst ein spekulatives Geschäft. Was der Laie ganz und gar nicht versteht, ist die Mechanik des Geldwesens, und diese Unkenntnis bringt ihn leicht dazu, den Finanzkapitalisten als einen anonym arbeitenden Machthaber mit dunklen Herrschaftsplänen auszugeben. Richtig daran ist, daß das Geldwesen eine Anonymität erreicht, welche der des Maschinenwesens entspricht; in beiden Fällen ist die Anonymität die Begleiterscheinung der Mechanisierung. Allerdings haftet dem Bankier von jeher und nicht erst seit den Zinsverboten des Mittelalters etwas Anrüchiges an. Es ist das nicht allein die Folge davon, daß Leute, die dringend Geld brauchen, immer in einer Notlage sind, und daß die Ausnutzung dieser Notlage dem Geldgeber vorgeworfen wird. Vielmehr ist es dem naiven Verstand schwer faßbar, daß Geld hecken kann, daß die Zeit allein es zu vermehren vermag. Für das mittelalterliche Denken, für dieses ständische Denken von Rittern, Bauern und Geistlichen gab es unseren Kraftbegriff nicht. Kraft ist in ihm nicht eine Ursache, die zur Erklärung von Erscheinungen angenommen wird, die sinnlich unwahrnehmbar ist und sich nur aus ihren Wirkungen begreifen läßt. Daß eine Kraft sich durch Angriffspunkt, Richtung, Größe und Stärke bestimmt, wußte niemand, wie es denn auch undenkbar war, daß eine Krafteinheit zugleich als Gewichtseinheit dienen konnte. Die Gesetze von der Gleichheit der Wirkung und Gegenwirkung, von der Gravitation, von der Anziehung und Abstoßung waren so unbekannt wie Affinität, Kohäsion, Kapilarität, wie die Molekular- und Atomkräfte. Auch ahnte niemand etwas von Energie und dem Prinzip ihrer Erhaltung. Dieses alles lag einem Denken, das nicht einmal mehr die Gesetze der antiken Statik beherrschte, ganz fern.

Im Geldwesen regt sich der Kraftgedanke zuerst, und mit der Entwicklung der Dynamik wird er beherrschend. Die Spannung, welche die Geldwirtschaft schon früh hervorruft, geht aus den Reibungen mit der Sachwirtschaft und Eigentumswirtschaft hervor. Dieser Konflikt beschäftigte die Kirche und setzte zahlreiche Federn in Bewegung, unter anderen die Luthers. Alles Geld- und Zinswesen hatte etwas Anrüchiges. Schon das Wort Finanzen hatte eine üble Bedeutung, wie es denn von Sebastian Brant in seinem „Narrenschiff" im Sinne von Schinderei, Plackerei, Haß und Untreue angewandt wurde. Geld ist nach den Begriffen der Juristen etwas Konsumtibles und Fungibles, etwas Verbrauchbares und Vertretbares. Auf Geld ruht keine Eigentumswirtschaft, auf Geld kann sie sich nicht stützen. Aber die Geldwirtschaft stützt sich auf das Eigentum und setzt ihm dabei zu. Mit Geldoperationen kann ich der Sachenwelt beikommen, kann Macht über sie gewinnen. Zu einer solchen Bedeutung und Machtentfaltung kommt das Geld überall dort, wo es sich an den Großhandel anschließt. Handel und Geld haben von jeher eine Affinität; die Medici, Fugger und Welser sind nicht das erste Beispiel dafür. Verfuggern ist heute noch in Süddeutschland ein Wort für verschachern.

Mit dem Beginn des Maschinenkapitalismus aber kommt der Finanzkapitalismus auf eine neue Stufe seiner Machtentfaltung. Die Finanzierung des Maschinenkapitalismus ist ein kompliziertes Geschäft, bei dem über die Verteilung des Risiko entschieden wird. Die Frage aber, warum es zu einer solchen Verteilung des Risiko kommen muß, beantwortet sich eben dadurch, daß Geldwirtschaft und Sachwirtschaft (Eigentumswirtschaft) nicht identisch sind, daß also zwischen ihnen ein Ausgleich herbeigeführt werden muß. Geld, das für Zwecke des Umlaufs bestimmte Gut, wird mit der Entfaltung der Mechanik eine immer selbständigere Macht, was sich eben daran zeigt, daß es Kapital wird, also etwas, das nur von Seiten des Kraftbegriffes her sich einsehen läßt, denn Kapital ist nichts anderes als Kraft. Wenn das Geld gesetzliches Zahlungsmittel wird, Währungsgeld, Preismaßstab, Symbolgeld, Rechnungsgeld, so sind das Vorgänge, durch welche die Mechanik des Geldwesens fortgebildet wird. Geld wird ein so fungibler Gegenstand, daß die Eigentumsklage ihm gegenüber nicht mehr zulässig ist, allenfalls noch dort, wo bestimmte, unterscheidbare Geldstücke in Frage kommen. Im Mittelalter gehörte zum Kriegführen ein mit Gold gefüllter Turm. Schon diese Art der Thesaurierung zeigt, daß der Kraftbegriff damals statisch war. Wo er dynamisch wird, dort hört diese Thesaurierung und Hortung nach und nach auf. Wo Gold heute gelagert wird, dort wird es Akkumulator. Der Unterschied zwischen Hort und Akkumulator ist beträchtlich.

„Im Kommunismus" sagt Marx, „ist die Macht des Geldes nicht aufgehoben, sondern als eine allgemeine erst recht in die Herrschaft über den Menschen gesetzt". Wenn wir in diesem Satze für Kommunismus technisches Kollektiv setzen, hat er seine Richtigkeit. An eine Abschaffung des Geldes ist, wie sich versteht, im technischen Kollektiv nicht zu denken. Und solche Agrarkommunisten wie Babeuf und Owen, der Fabrikant war, haben mit diesem Kollektiv nichts zu schaffen. Ganz abseits von ihm liegen auch die Theorien Bakunins, der wie Owen auf kleine selbständige Gemeinschaften aus ist und den Staat, die Religion und die Familie abschaffen will. Der Anarchismus dieser Art ist einflußlos, muß sich aber, wo er sich treu bleiben will, gegen das technische Kollektiv wenden. Das Kommunistische Manifest aber, das unter seinen Maßregeln als erste die Expropriation des Grundeigentums aufführt, denkt gar nicht an eine Veränderung der Geldwirtschaft, sondern geht, ohne über sie auch nur ein Wort zu verlieren, sogleich zur Zentralisation des Kredits in den Händen des Staats über. Diese vollzieht sich durch Begründung einer Nationalbank mit Staatskapital und ausschließlichem Monopol. Anstelle des privaten Kapitalismus tritt dieser Monopolkapitalismus, treten staatskapitalistische Prinzipien, die sich von denen des privaten Kapitalismus in keiner Weise unterscheiden. Denn indem die privaten Befugnisse auf den Staat übertragen werden, ändert sich die mechanische Grundlage der Geldwirtschaft nicht. Das ist ein Kommunismus, der die kapitalistische Geld- und Kreditwirtschaft ohne Naht und Bruch fortsetzt, ein auf kapitalistischer Basis arbeitender Kommunismus, der das technische Kollektiv weiterbildet.

Die Frage ist, ob er etwas anderes sein kann. Diese Frage aber kann nur auf die folgende Weise beantwortet werden. Kommunistische Grundsätze sind nur insoweit durchführbar, als sie sich den Regeln des technischen Kollektivs, welche mechanisch sind, fügen und anpassen. Dieser Satz ist nicht umkehrbar. Das technische Kollektiv ist mit dem Verhalten eines religiösen Kommunismus oder eines Agrarkommunismus unvereinbar, unvereinbar auch mit einem Kommunismus, der die zentrale Planung verwirft und sich auf kleine autonome Gemeinschaften beschränkt. Vereinbar ist das technische Kollektiv nur mit einem Kommunimus, der sich auf die mechanische Apparatur und Organisation der Arbeit genau einstellt und einrichtet. Ein solcher Kommunismus ist auch vereinbar mit dem Geldwesen, das der Kapitalismus durchgebildet hat, ja er kann mit gar keinem anderen bestehen. Dieses Geldwesen ist ein Gebiet der Mechanik, wird Geldtechnik und ist nichts anderes als die Anwendung mechanischer Prinzipien auf das Geld, worüber ein eigenes Buch zu schreiben wäre. Alles Geldwesen wird mehr und mehr Zeit, wird unter den toten Zeitbegriff gestellt. So wie die tote Uhrzeit von Zentralen her dem Menschen mitgeteilt wird, so kommt auch sein Geldwesen in den Bereich dieser technischen Uhrzeit und wird von ihr so mechanisch reguliert wie seine Arbeit, seine Vergnügungen, sein Leben überhaupt.

Wenn nun die Frage gestellt wird, ob auch im technischen Kollektiv die Spannung zwischen Finanzkapital und Industriekapital fortbesteht, so ist diese Frage zu bejahen. Im Kollektiv wird zwar von einer technischen Zentrale her einheitlich über den Ausbau der Apparatur und die Investition von Geld entschieden, aber die Funktionäre, die diese Entscheidungen treffen, begegnen der gleichen Spannung, wie sie zwischen Geldwirtschaft und Sachwirtschaft, zwischen Finanzkapital und Industriekapital bestand. Der Unterschied liegt allein darin, daß der Konflikt jetzt nicht mehr zwischen privaten Kapitalisten geführt wird, sondern zwischen Organisationen, Ämtern und Ressorts. Das heißt, die privaten Finanzkapitalisten und Industriekapitalisten sind jetzt ins Kollektiv geschlüpft und führen in ihm als Funktionäre ihre Arbeit und ihre Fehde weiter.

16.

Geld und Maschine arbeiten im neunzehnten Jahrhundert immer erfolgreicher zusammen. Das technische Kollektiv entfaltet sich, das Eigentum wird mehr und mehr zurückgedrängt. Von diesem Vorgang erhalten wir einen guten Begriff, wenn wir ihn jenem Vorgang vergleichen, durch den das Mycelium eines Pilzes sein Substrat durchdringt, indem es Stolonen, Stränge, Mycelhäute, Sklerotien und mannigfache Saug- und Haftorgane ausbildet. Dieser Vergleich trifft auch insofern zu, als im Bereiche einer durch und durch automatisierten Technik sich parasitäre Wucherungen der Mechanik zeigen. Die Saug- und Haftorgane der Mechanik vermehren sich in ungeheuerlicher Weise. Je massierter der Maschinenkapitalismus auftritt, je mehr er sich konzentriert, desto sichtbarer wird der Vorgang. Die Konzentration ist ihrem Begriff nach mechanisch und stützt sich beim Industriekapitalismus auf die Vermehrung und Durchbildung der Maschinerie. Beim Finanzkapitalismus wird sie durch die vermehrte Mechanik der Geldbewegung hervorgerufen, die nach einer Zusammenfassung drängt. Die potentielle und die kinetische Energie dieser Bewegung ist gewaltig. Wer versucht, sie auf ein ökonomisches Prinzip zurückzuführen, sich also eine Teleologie für sie zurechtzulegen, der übersieht, daß hier alle Ökonomie im Dienste eines rücksichtslosen Ausbeutungswillens steht. Wer an der rationalen Seite des Vorgangs haften bleibt, der übersieht, daß diese Rationalität im Dienste eines Vernutzungsvorgangs steht. Wenn ein Wissenschaftler wie Mach in seinem Buche „Die Mechanik in ihrer Entwicklung", den Versuch unternimmt, die Mechanik auf ein Bedürfnis nach Ökonomie des Denkens, auf ein logisches Ideal zurück- oder hinzuführen, so mag das auf sich beruhen. Wie diese mechanischen Erkenntnisse genutzt werden, wie dieses logische Ideal sich auf der Erde präsentiert, welche Rückwirkungen es auf den Menschen hat, ist allerdings ein anderes Kapitel. Die machsche „Ökonomie der Wissenschaft" hat mit einer Wissenschaft von der Ökonomie wenig zu tun. Die Denkökonomie, von der er ausgeht, läßt sich auf die Erfahrung zurückführen, daß wir überall dort, wo wir Wiederholungen vollziehen, zu Abkürzungen gelangen. Dieses Vermögen zu Abkürzungen ist ein Vermögen des Verstandes, der von jeher ein Wegebauer ist. Abkürzungen sind Verstandestätigkeit, woraus erhellt, daß vieles sich nicht ohne Einbußen abkürzen läßt. Es empfiehlt sich nicht, unserem Umgang mit Mitmenschen den Schematismus einer solchen Denkökonomie zugrunde zu legen. Auch ist ein solcher offenbar gegenüber geschichtlichen Vorgängen unbrauchbar. Was Mach „ökonomische Funktion der Wissenschaft" nennt, ist eine von ihm in die Wissenschaft hineingedachte nominalistische Forderung. Deutlich wird das an dem von ihm formulierten Satz: „Das Ding ist eine Abstraktion, der Name ein Symbol für einen Komplex von Elementen, von deren Veränderung wir absehen." Diese Formel ist alt, und wenn die Scholastiker der occamistischen Schule sie mit anderen Worten ausdrückten, so finden sich doch in der „Summa totius logices" und im „Tractatus logices in tres partes divisus" ähnliche Formeln. Solche Formeln sind an ihrer Zeit abzumessen, das heißt geschichtlich zu beurteilen. Bei scharfer Beobachtung mehrt sich die Blindheit des Auges, die den Blick gegen jeden genetischen Zusammenhang, gegen jede geschichtliche Einsicht versperrt. Was geschieht vermittelst der Mittel einer solchen Denkökonomie? Die Wissensentscheidung wird von der Einsicht in geschichtliche Entscheidungen separiert, das heißt, der Wissenschaftler macht sich zum blinden Werkzeug der geschichtlichen Bewegung. Er schrickt dann vielleicht empor, in einem Augenblick, in dem er sich selbst als Objekt seines Wissens vorfindet. Separiert wird die wissenschaftliche Erkenntnis, indem sie den Menschen als das Objekt dieser Erkenntnis aus dem Auge verliert. Ist denn — genau wie das definierte Ding — der Mensch auch eine Abstraktion, ist er ein Komplex von Elementen, von deren Veränderung wir absehen? Vielleicht tut die Wissenschaft, die diesen Positivismus fortführt, gut daran, wenn sie auf alle Erklärung von Vorgängen verzichtet. Sie kann sich damit aber nicht vor den Folgen der von ihr beschriebenen Vorgänge salvieren. Auch für diese Folgen trägt sie die Verantwortung. Ihre Behauptung, sich mit „Beschreibungen" zu begnügen, ist nicht stichhaltig. Solche „Beschreibungen", wie sie der positivistische Wissenschaftler behauptet, gibt es gar nicht. Diese Beschreibungen sind schon Bilder, Formeln, Symbole des Willens. Die Wissenschaft weiß jetzt, daß sie so nicht beschreiben kann, ohne zu zerstören, denn jede Beschreibung setzt Beobachtung voraus, und diese verändert das Beobachtete. Warum verändert sie es? Weil hier keine neutralen Beschreibungen vorliegen, sondern Willensakte. Weil solche Willensakte, die mit den gewaltsamsten Mitteln, mit Wilsonschen Nebelkammern und riesenhaften Zyklotronen erzwungen werden, keine Beschreibungen sind, sondern Zwangsmethoden, denen die Natur unterworfen wird, um ihr Ergebnisse abzupressen. Was immer hier erreicht wird, die Entdeckungen und Ergebnisse sind durch die Beschaffenheit des entdeckenden Willens schon vorgeschrieben. Und die Natur antwortet darauf. Sie antwortet, indem sie die Bedingungen des menschlichen Lebens und Zusammenlebens verändert. Die Bilder, die dieser Wille aufruft, tun uns nicht den Gefallen, als Beschreibungen in einer Erkenntnissphäre, die so neutral wie die Schweiz ist, zu verharren; diese Bilder kommen auf uns zu, sie setzen uns zu, und sie tun das mit der gleichen Gewaltsamkeit, die bei ihrer Erzeugung am Werke war. Wer das nicht sieht, der denkt überhaupt nicht nach, möge er auch auf die subtilste und scharfsinnigste Weise in seinem kleinen Laboratorium beschäftigt sein. Eine Mechanik als Wissenschaft findet sich weder in der Natur noch in der Geschichte, sie findet sich im Kopf des Menschen. Und dieser Kopf kommt leicht auf den merkwürdigen Einfall, daß das, was sein Denken in die Welt hineinarbeitet, auf ein ganz passives Material stößt, das heißt auf stumme, gefügige, tote Substrate, die sich nicht rühren und regen. Aber unser Denken hat nicht nur die Fähigkeit, unsere Umgebung zu verändern; diese Veränderung verändert auch den Menschen, der sie in Gang bringt. Jeder Gedanke, den ich denke, verändert mich, und wenn er kräftig genug ist, verändert er merklich auch andere. Ich kann eine neuartige mechanische Apparatur aufstellen. Aber ich kann sie nicht aufstellen, ohne daß sich die Organisation der Arbeit verändert. Ein neuer Mensch, ein Arbeiter, wie wir ihn vorher nicht sahen, ist da. Dieser Arbeiter ist Subjekt der Apparatur, aber indem er es ist, ist er zugleich Objekt der durch die Apparatur entfalteten Arbeitsorganisation. Seine Probleme, seine Nöte und Leiden, seine Herrschafts- und Machtgelüste verstehen wir nur, wenn wir erkennen, wie die Koppelung von Apparatur und Organisation hinter ihm steht, wie sie in seinen Gedanken vor ihm liegt. Ablösung der Arbeit von Hand und Handwerkszeug macht den Handwerker zum Arbeiter. Jetzt, kraft dieser Ablösung, tritt er in den zunehmenden Automatismus der Bewegung ein, er bewegt sich selbst in den Bahnen der Normung. Rückwirkungen sind es, welche die Apparatur auf den Arbeiter übt. Ich kann nicht im Auto fahren, ohne daß sich mein Sehen verändert, nicht ins Lichtspiel gehen, ohne daß Auge und Ohr sich verändern. Ich sehe, höre, denke kinetisch, ich bin eingezogen in die Bahn von Automatismus und Normung. In einem Stückelungsverfahren ist der Arbeiter nicht nur Subjekt der Stückelung, er ist zugleich deren Begleiter und Objekt. Die Organisation gewinnt, indem sie sich auf Apparaturen stützt, die Fähigkeit, den Menschen als Teil, als Stück eines Stückwerks zu begreifen und ihn so in sich aufzunehmen. Sie stückelt nicht nur seine Zeit und Bewegung, sie organisiert ihn selbst als Stück einer mechanischen Planung. Wer Augen hat zu sehen, der wird diesen Vorgang überall wiederfinden, nicht in Lehrbüchern und wissenschaftlichen Darstellungen, nein, auf der Straße, an jenem Ort, in den Bewegungen, im kleinsten Griff, der vollzogen wird. Wir können die Vorgänge innerhalb einer Fabrikmechanik nicht auf die Fabrik beschränken — keine Denkökonomie leistet das. Absurd ist die Vorstellung, daß eine wissenschaftliche Hypothese, Entdeckung, Erfindung sich auf die Apparatur beschränken ließe; sie taucht unweigerlich in der Organisation der Arbeit wieder auf und wirkt auf den Arbeiter ein. Erst der, der das durchdacht hat, kommt dahin, über die Technizität der geschichtlichen Bewegung nachzudenken.

17.

Indem das technische Kollektiv innerhalb der kapitalistischen Wirtschaft riesenhaft anwächst, vernichtet es zugleich die Strukturen dieses Kapitalismus, der sich als Eigentümer-Kapitalismus bewahren möchte. Die Bewegung hat eine Gesetzlichkeit, die sich nicht aufhalten läßt. Der einzelne Eigentümer-Kapitalist, wie er im Anfang die Regel war, wird aus der Vorhut der Bewegung verdrängt. Der Betrieb rückt vor. Betrieb ist hier ein Begriff, der nur noch mechanische Bestimmungen zuläßt. Der Betrieb löst sich von dem Eigentümer-Kapitalisten ab. Er ist nicht mehr identisch mit einer Person, er verliert seine Personalität. Er wird anonym. Das Aktienrecht ist ein Beleg dafür. Die Aktiengesellschaft ist eine Kapitalgesellschaft, bei welcher die Person verschwindet, ist eine anonyme Gesellschaft, ist société anonyme, wie sie in Frankreich genannt wird. In diesem Streben nach Anonymität liegt nicht, wie viele vermuten, ein besonders listiger Schachzug des Kapitalisten, der sich tarnen und unsichtbar machen will, vielmehr zeigt sich daran, daß mit einer zunehmenden Mechanik sich der Personalismus immer schwerer verbinden läßt. Mechanische Bewegungen drängen auf Anonymität hin.

Die Betriebe schwellen nun an, blähen sich ungeheuer auf, ein Vorgang, der schon innerhalb des technischen Kollektivs liegt und von ihm erzwungen wird. Die Tendenzen der Ausbeutung werden energischer und beweglicher; die vermehrte Kraft, die sie zeigen, steht im Zusammenhang mit der Automatisierung der Mechanik. Nach außen hin vollzieht sich der Vorgang in Form einer Monopolisierung des Industrie- und Finanzkapitalismus. Es entstehen Riesenbetriebe, Betriebskombinationen, Kombinate. Es kommt zu Betriebsverflechtungen, die mechanischen Zusammenhängen folgen. Es kommt zur Bildung der Trusts, der Kartelle und Syndikate, zur Bildung der Gewerkschafts- und Parteiorganisationen. Der Ablauf der Bewegung kann durch das folgende Beispiel deutlich gemacht werden.

Kekulé fand im Jahre 1865 durch Intuition, die oft bewundert worden ist, die Benzolformel. Seine Benzoltheorie wurde ein Modell der wissenschaftlichen Arbeit, wie schon daran zu sehen ist, daß sein Schüler van't Hoff die Architektur der Moleküle aus der Ebene in den Raum verlegte und die Stereochemie begründete. Dem asymmetrischen Kohlenstoff-Tetraeder wird eine dreidimensionale Molekularität zugeschrieben. Die Stereochemie nahm alsbald einen großen Aufschwung und wurde ausgebildet in der Untersuchung organischer Stoffe, des Zuckers, des Kampfers, der Alkaloide und Terpene. Auch die anorganische Chemie ruhte nicht. Das periodische System der Elemente wurde aufgestellt, und Mendelejeff konnte gleich einem Astronomen, der die Bahnen unbekannter Planeten berechnet, die Elemente voraussagen, die noch nicht gefunden waren, nach dem periodischen System aber vermutet und beschrieben werden konnten. Die osmotische Lösungstheorie, die van't Hoff fand, indem er die Gasgesetze auf verdünnte Lösungen übertrug, stand in einer Entsprechung zur Ionentheorie der Elektrolyte, deren Begründer Arrhenius war. Was kennzeichnet diesen Abschnitt wissenschaftlicher Arbeit, in dem die Chemie sich so führend zeigte, wie es die theoretische Physik in den ersten Jahrzehnten des zwanzigsten Jahrhunderts war? Diese Zeit, die von den sechziger bis zu den neunziger Jahren des neunzehnten Jahrhunderts reichte, ist mehr durch wissenschaftliche Arbeiten als durch deren Nutzbarmachung und Anwendung gekennzeichnet. Doch die technische Verwertung chemischer Entdeckungen und Erfindungen, die chemische Industrie, wie wir sie kennen, stand vor der Tür. Ihr Zeitpunkt kam, denn alle Vorbedingungen für den mächtigen Aufschwung der synthetischen Chemie waren da. Der Benzolring, den Kekulé fand, war der Schlüssel für die Aufschließung des Steinkohlenteers, der Schlüssel für die große Farbindustrie, die aus der Auffindung synthetischer Farbstoffe hervorging. Indem die Chemie sich als Wissenschaft mit der Mechanik, mit der von der Technik geschaffenen Apparatur verbindet, kommt sie zur Ausbeutung der Fundstätten, zur Verwertung der Mumienstoffe der Natur, die in der Kohle schlummern. Von den neunziger Jahren an tritt die chemische Industrie immer mächtiger hervor, in den Katalysen und chemischen Großsynthesen, den Indanthren-Farben, der Kolloid-Chemie.

Dieser Arbeitsgang, in dem soviel Willen, Scharfsinn, Zweckmäßigkeit und Herrschsucht steckt, ist rückhaltlos bewundert worden. Und bewundern darf ihn jeder, dem er für sich genügt, dem die Frage: „Wohin führt das alles?" gar nicht kommt. Erkennt man, daß dieser Arbeitsvorgang ein gesteigerter Ausbeutungsvorgang ist, dann erscheint er in anderem Lichte. Prüft man, welches Verhältnis von Maschine und Eigentum hier vorliegt, dann zeigt sich, daß echtes Eigentum immer mehr dahinschwindet. Hier finden sich vor allem disponible Befugnisse. Die Befugnisse über den mechanisierten Riesenbetrieb sind eins geworden mit dem Vermögen, Dispositionen zu treffen, und die Macht des Einzelnen reicht so weit, wie diese Dispositionen reichen. Diese Dispositionen beziehen sich zunächst auf Apparatur und Arbeitsorganisation, und je mechanischer sie selbst sind, desto unanfechtbarer sind sie auch. Der Gang dieser Monopol- und Trustbildung ist oft beschrieben worden, unter anderem von Lenin in seiner Schrift: „Der Imperialismus als höchstes Stadium des Kapitalismus." In dieser Schrift wie in allen anderen herrscht aber keine Klarheit über den Vorgang. Er wird durch Worte und Begriffe beschrieben, wie sie der ökonomische Marxismus handhabt. Was sich hier vollzieht, hat aber einen anderen Sinn. Die ökonomischen Strukturen des Maschinenkapitalismus werden von innen her zerbrochen und in technische umgewandelt. Der Wirtschaftsbetrieb wird zur technischen Produktionsstätte. Der Kapitalist alten Schlages verwandelt sich und wird aus einem Eigentümer zum technischen Funktionär. Der Gipfel dieser Machtentfaltung ist eben der Gipfel, auf dem alles umschlägt. Das Eigentum, aus dem diese Betriebe hervorgingen, ist aufgezehrt, und ihre Expropriation ist nur die Bestätigung, daß echtes Eigentum an ihnen nicht mehr vorhanden ist. Daher verändert diese Expropriation nichts, nichts nämlich in der mechanischen Bewegung und nichts in den Tendenzen der Ausbeutung. Beides tritt nackter, unverhüllter hervor. Dort, wo die Bewegung ans Ziel gelangt, kann sie sagen: Jeder ist jetzt Mechaniker, jeder ist Ausbeuter.

Lenin hat diesen Vorgang nicht ohne Genauigkeit beschrieben, wenn er sagt: „In seinem imperialistischen Stadium führt der Kapitalismus bis dicht an die umfassendste Vergesellschaftung der Produktion heran, er zieht die Kapitalisten gewissermaßen ohne ihr Wissen und Wollen in eine Art Gesellschaftsordnung hinein, die den Übergang von der völlig freien Konkurrenz zur vollständigen Vergesellschaftung darstellt." In der Tat steckt in dem Geschehen ein geschichtlicher Zwang, denn die gleichen Mittel, deren sich der Kapitalist bedient, um seine wirtschaftliche Machtstellung auf den Gipfel zu treiben, entwickeln das technische Kollektiv, das diese wirtschaftliche Machtstellung vernichtet und umformt. Was Lenin, der an die heilende Macht der Organisation glaubt, nicht sieht, ist die Tatsache, daß das Prinzip aller Ausbeutung in der Organisation steckt, daß der Maschinenkapitalismus und der an die Entfaltung der Maschinerie gebundene Finanzkapitalismus nur die erste Stufe dieses Ausbeutungsvorganges darstellen. Lenin zitiert mit Bewunderung die folgenden Sätze von St. Simon: „Die heutige Anarchie in der Produktion, die der Tatsache entspricht, daß sich die ökonomischen Beziehungen ohne einheitliche Regelung abwickeln, muß einer Organisation der Produktion weichen. Es werden nicht mehr isolierte Unternehmer sein, die unabhängig voneinander ohne Kenntnis der ökonomischen Bedürfnisse des Menschen, die Produktionsgestaltung bewirken, sondern diese wird einer sozialen Institution zufallen. Eine zentrale Verwaltungsbehörde, die von erhöhtem Standpunkt aus das weite Gebiet der sozialen Ökonomie zu überblicken vermag, wird diese in einer der Gesamtheit dienenden Weise regulieren und die Produktionsmittel den geeigneten Händen überweisen, namentlich wird sie für eine ständige Harmonie zwischen Produktion und Konsumtion sorgen. Es gibt Institutionen, die eine gewisse Organisation der wirtschaftlichen Arbeit in ihren Aufgabenkreis einbezogen haben: die Banken!" Diese Sätze, abgemessen an dem Zeitpunkt, in dem sie niedergeschrieben wurden, zeugen allerdings für eine erstaunliche Voraussicht. Indessen verwandelt sich auf eine Weise, die auch St. Simon nicht voraussehen konnte, die von ihm gewünschte soziale und zentral wirksame Organisation in das technische Kollektiv, das auf Raubbau beruht und die Ausbeutung der Erde wie des Menschen mit allen Mitteln vorantreibt. Dieses Kollektiv wird vom reißenden Löwen nicht zum friedlichen Lamm, wenn es aus den Händen des Maschinenkapitalismus in die Hände des Maschinenmarxismus übergeht. Es verändert seinen Charakter, seine Willensbeschaffenheit nicht. Eine solche Veränderung würde an Zauberei grenzen. Der nüchterne Beobachter, der die Zauberei erst dann in Erwägung zieht, wenn das rationale Kleingeld der Erklärungen ihm ganz ausgegangen ist, wird die behauptete Veränderung mit der gleichen Empfindung betrachten wie den Goldfisch, den der Taschenspieler aus dem Zylinder zieht. Was Bakunin im Jahre 1872 über Marx bemerkte, gilt auch für Lenin. „Marx ist autoritärer und zentralistischer Kommunist. Er will, was wir alle wollen: den vollständigen Triumph der ökonomischen und sozialen Gleichheit, aber im Staat und durch die Staatsmacht, durch die Diktatur einer sehr starken und sozusagen despotischen provisorischen Regierung, das heißt durch die Negation der Freiheit." Und weiter: „Wir wollen den Wiederaufbau der Gesellschaft und die Konstituierung der Einheit der Menschen nicht von oben nach unten, durch irgendwelche Autorität und durch sozialistische Beamte, Ingenieure und offizielle Gelehrte — sondern von unten nach oben, durch die freie Föderation der vom Joche des Staates befreiten Arbeiterassoziationen aller Art." Freilich ist dieser bakuninsche Anarchismus eben in der Zeit, in der er ausgesprochen wird, ein Unding und Träumerei, denn inmitten einer zentral wirksamen Maschinerie, die sich ausdehnt, können solche freien Föderationen sich nicht halten.

Die Ausweitung der Maschinerie im neunzehnten Jahrhundert ist an Elementarkräfte gebunden und führt zu einem Rückstoß dieser Kräfte gegen den Menschen. Der Gang von der Dampfmaschine zur Atombombe ist der Gang vom Eigentümer-Kapitalisten zum technischen Kollektiv. Der Vorgang, der zum Stadium des Monopolkapitalismus führt, ist so zu beschreiben. Wo einzelne Kraftmaschinen in einer von manueller Arbeit erfüllten Umgebung aufgestellt werden, sind die organisatorischen Veränderungen, die sie hervorrufen, gering. Mehren sich die Maschinen, dann wirkt die Apparatur auf die Organisation der menschlichen Arbeit ein. Diese wird kräftig, wenn der Staat dazu übergeht, technische Monopole für sich in Anspruch zu nehmen. Das geschieht mit der Anlage von Eisenbahnen, denn hier bildet sich ein Transport- und Verkehrskollektiv, das Massen von Menschen mechanisch beschäftigt. Die private Wirtschaft folgt diesem monopolisierenden Bestreben. Die Übertragung elektrischer Kraft, die Durchbildung von Großsynthesen in der Industrie und mechanischen Technik, der wachsende Automatismus insgesamt, die Vorbereitung und Durchführung neuartiger Kriege, steigern die Organisation der menschlichen Arbeit in außerordentlicher Weise. Alle Apparaturen weiten sich gewaltig aus, und indem die Organisation Schritt hält, entstehen Monopole, Syndikate, Trusts, mannigfache Betriebskombinationen und Verflechtungen. Die strengen Sachgrenzen des Eigentums werden überall rücksichtslos durchbrochen. Die Mechanik entgleitet der Eigentumsordnung. Die Bewegung erreicht eine Anonymität, die uns ganz gleichgültig erscheinen läßt, wer an ihrem Steuer sitzt, denn der Lokomotivführer oder Chauffeur mag

Gedanken spinnen, wie er will, zunächst nimmt ihn die Maschine mit, er ist an ihre Bewegung gebunden.

Ganz abwegig ist daher die Vorstellung von Lenin, daß der Imperialismus sich an das Endstadium des privaten Monopolkapitalismus knüpfe, denn in Hinsicht auf die Bewegung gibt es ein solches Endstadium nicht. Der Imperialismus kommt im technischen Kollektiv noch wirksamer zum Zuge. Ganz abwegig ist die Vorstellung, daß das Ergebnis der Bewegung eine Vergesellschaftung der Produktion sei. Lenins Darstellung wird überall von dem Haß gegen das Scheineigentum getrübt. „Die Produktion wird vergesellschaftet, die Aneignung jedoch bleibt privat. Die gesellschaftlichen Produktionsmittel bleiben Privateigentum einer kleinen Anzahl von Personen. Der allgemeine Rahmen der formal anerkannten freien Konkurrenz bleibt bestehen, und der Druck der wenigen Monopolinhaber auf die übrige Bevölkerung wird hundertfach schwerer, fühlbarer, unerträglicher." Hierzu ist bündig zu sagen, daß das technische Kollektiv auf nichts weniger hinausläuft als auf eine Vergesellschaftung von Produktionsmitteln. Worte wie Gesellschaft und Vergesellschaftung haben etwas ganz Unklares, weil mit ihnen keine wirkliche Beziehung zum technischen Kollektiv gegeben ist. Innerhalb des Kollektivs gibt es überhaupt keine Gesellschaft mehr, die frei über die Produktionsmittel verfügen könnte. Der Begriff der Gesellschaft hat im Kollektiv keine Wirklichkeit mehr. Das technische Kollektiv ist ein Zwangskollektiv, ist ein mechanisches Kollektiv, in dem pariert werden muß, pariert auf die mechanischen Anweisungen, welche die Funktionäre des Kollektivs und die ungeheure Bürokratie, die sie sich geschaffen haben, jedem geben. Hier tritt an Stelle des Prinzips der freien Konkurrenz das Prinzip der technischen Leistung, dem der Arbeiter sich ohne Widerrede zu fügen hat. Hier werden die Elefantenbetriebe zu Mammutbetrieben erweitert. Hier wird zwar nicht Monopolisierung durch Privateigentümer betrieben, dafür aber die Monopolisierung mechanischer Dispositionen in den Händen weniger Funktionäre. Wenn der Druck der privaten Monopolinhaber unerträglich ist, dann ist der Druck, den dieses Kollektiv auf den Menschen übt, noch schlimmer. Hier findet sich der Arbeiter einer ganz anonym gewordenen Apparatur und Organisation gegenüber, hier wird ihm das Rückgrat seiner Widerstandskraft durch die Verweisung auf eine mechanisch gewordenen Notwendigkeit gebrochen. Unerträglich ist die Ausbeutung, welche dieses Kollektiv gegenüber der Erde wie dem Menschen treibt, und jeder, der es verteidigt, in Schutz nimmt, beschönigt, hat an dieser Ausbeutung seinen Anteil und ist für sie verantwortlich. Wir alle sind durch das Kollektiv Ausbeuter geworden und müssen erst wieder lernen, uns in neuen und freien Gedanken einzuüben.

18.

Die Aufhebung des Eigentums durch einen Kraftbegriff, der den Menschen einer Bewegung unterwirft, die ihn selbst wieder enteignet, schafft eine neue Lage. Sie ist nicht hinreichend durchdacht, sie muß erst noch begriffen werden. Mit ihr ist eine durchgreifende Entfremdung des Menschen von der Sachenwelt verbunden. Schroff gesprochen ließe sich sagen: hier gibt es keine Sachen mehr. Es ist keine Sachenordnung mehr da, die durch das Eigentum geprägt wird. Die Dinglichkeit des Vorhandenen schwindet; sie ist nicht mehr darstellbar. An die Stelle der Sachbegriffe treten funktionale Beziehungen, deren Kennzeichen eben ist, daß sie sachauflösend wirken. Die Welt der Funktionen ist nur vom Gebrauch her einzusehen. Ein funktionales Eigentum ist ein Widerspruch in sich selbst. Die Verfügbarkeit des Eigentums setzt ein Unverfügbares voraus; an dieser Unverfügbarkeit richten sich alle Verfügungen über das Eigentum aus. Die Unverfügbarkeit begleitet das Eigentum und macht seine Verfügbarkeit erst begreiflich, bis in jene Zustände hinein, in denen die Verfügungen allein noch begriffen werden. Dort aber, wo der Funktionsbegriff auftaucht, gibt es nichts Unverfügbares mehr, denn die Funktion ist ihrem Begriff nach Verfügung, zu ihr ist ein unverfügbares Sein nicht mehr hinzudenkbar. Der technische Markenartikel etwa ist keine Sache mehr, er ist nur noch künstlich in Sachform gebracht. Er ist ein Stück des laufenden Bandes selbst, von dem er abgeschnitten und vereinzelt wurde. Es hat keinen Sinn mehr, sich auf das Eigentum an ihm zu berufen, denn an ihm ist keine Spur von Unverfügbarkeit mehr, er ist nur des Verbrauchers wegen da. Ihn nicht zu verbrauchen, würde so wunderlich sein wie das Unternehmen, eine gefüllte Konservenbüchse als Schmuckstück aufzubewahren. Er ist keine Sache mehr in einer am Sachbegriff und den Sachgrenzen orientierten Eigentumsordnung, er ist Funktion, kommt einer Funktion nach, erfüllt eine Funktion. Er ist von vornherein nicht mehr als Sache, sondern als funktionale Beziehung gedacht. Ich kann ihn freilich noch als Sache behandeln, und das geschieht, aber darin liegt nichts Kennzeichnendes.

Dieser Vorgang reicht hin, um die ganze Rechtsordnung ins Wanken zu bringen. Weder kann das Recht sich jetzt noch an Sachen orientieren, noch kann die Person sich auf Sachgrenzen stützen. Die Person selbst wird Bestandteil. Mit einer Welt von Funktionen sind Rechtsordnungen nicht mehr vereinbar; der Mensch orientiert sich hier an mechanischen Vorgängen. Alles bekommt hier die Vorläufigkeit eines Regulativs, das Recht wird zur Betriebsordnung. Alles Recht, alles Eigentum liegt in der Betriebsordnung und wird von ihr aus gesteuert. Der Mensch wird gesteuert bis in seine kleinsten Bewegungen hinein. Die Funktionen, die er unermüdlich aufdeckt und nachweist, richten ihn aus. Die Frage ist: wozu wird er gesteuert? Woraufhin wird er gesteuert? Sich diese Bewegung ohne Ziel zu denken, hat keinen Reiz und keinen Sinn. Die Veränderung ist nicht des Veränderns wegen da, sie hat ein Ziel, dem sie sich mit wachsender Beschleunigung nähert, das sie erreichen wird. Sie erreicht das Bewußtsein der mit ihr Beschäftigten und ihr Hingegebenen erst nachträglich; der Vorgang der Bewußtwerdung, Bewußtmachung ist etwas Zusätzliches, das dem Geschehen nicht vorausläuft und nicht parallel läuft. Der wachsende Automatismus enthebt den Menschen der Aufgabe, die Bewegung selbst zu steuern. Die Bewegung nimmt ihm die Mühe ab, sich selbst zu bewegen. Ihr Automatismus erreicht eine Zuverlässigkeit und Genauigkeit, welcher dem bewußtlos vollzogenen Automatismus des Herzens, der Niere, der Gallenorgane gleicht. Und eben hierin zeigt sich die Tiefe des Vorgangs. Nicht nur die Schärfe eines an Sektoren, das heißt an Bestandteile gekoppelten Bewußtseins ist es, die ihn merkwürdig macht, sondern auch die traumhafte Sicherheit, mit der er sich vollzieht, entfaltet, seinem Ziele zustrebt. Er erreicht eine planetarische Gültigkeit.

Von welcher Seite wir die Bewegung auch untersuchen, sie überrascht uns immer wieder durch ihre bestechende Folgerichtigkeit. Was will etwa die Normung heißen? Was gibt sich in ihr zu erkennen?

Daß sie zu den Voraussetzungen des Automatismus gehört, ist auf den ersten Blick zu erkennen, aber damit ist über sie noch nichts ausgesagt. Normung und Automatismus sind derselbe Vorgang, so daß wir sagen können, die perfekte Normung ist der Automatismus selbst. Freilich ist die Normung, Typisierung, Standardisierung in Hinsicht auf den Automatismus präparat. Sie hat ihn von vornherein im Blick, und sie scheint dort abzuschließen, wo die automatische Bewegung beginnt. Aber diese Bewegung fordert zugleich die Normung immer wieder heraus. Sie ist das Versuchsfeld, auf dem die Normung erprobt wird. Normung ist schon Funktion. Und deshalb ist die Normung unvereinbar mit der Sachenwelt, mit dem Sachbegriff, der keiner von außen her auf ihn einwirkenden Funktion folgt. In der Normung und Automatisierung entfremdet sich die Sachenwelt dem Menschen; er sieht sich nicht mehr Sachen gegenüber, sondern funktionalen Beziehungen und Verkehrszeichen. Die Sachen, die in Verkehrszeichen umgewandelt werden, nehmen unablässig zu; zu ihnen gehören nicht nur Straßen, Fahrzeuge und Markierungen, der Mensch selbst wird zum Verkehrszeichen, wie es denn nicht zufällig ist, daß man einen Teil der Polizei in bloße Verkehrszeichen umgewandelt hat. Das sind keine Personen mehr, sondern die Vollzieher mechanischer Funktionen, deren körperliche Gliederung nur noch dem Zwecke dient, Funktion zu sein und sich zu Funktionen in Beziehung zu setzen. Jede Bewegung der Arme und jede Kopfbewegung gibt etwas frei, das nicht frei ist. Die Person ist hier im Netz des Verkehrs nur noch wegen der Durchschleusung mechanischer Bewegungen da, und ihr Körper, ihre Verrichtungen sind dieser Aufgabe genau angepaßt. Hier taucht der Funktionär in seiner einfachen Wiederholbarkeit auf, als unermüdlicher Wiederholer von Funktionen, die ihn mechanisch drillen, den Zug seiner Muskeln mechanisch ausrichten. Seine Uniform mit ihren weißen oder mit Leuchtmaterie bestrichenen Manschetten ist diesem Tun angepaßt; sie macht das lebende Verkehrszeichen so sichtbar wie die Glühbirne auf dem Helm und die Leuchtziffer auf der Brust. Es versteht sich, daß dieses lebende Verkehrszeichen durch ein beliebiges totes auswechselbar ist. Was es verrichtet, kann auch von einer mechanischen Stimme oder von farbigen Leuchtzeichen verrichtet werden. Ein lückenlos arbeitender Automatismus bedürfte des lebenden Verkehrszeichens hier so wenig wie anderswo. Aber der Störung des Automatismus ist es allein gewachsen; in dieser Störung des Automatismus allein entfaltet es spezifisch menschliche Eigenschaften. Und in Hinsicht auf solche Störungen, in Hinsicht auf den Betriebsunfall lehrt die Erfahrung, daß lebende Verkehrszeichen vorteilhafter, ergiebiger und auch billiger sind als die toten. Der lückenlos arbeitende Automatismus schließt die Person aus und läßt sie bis zur Unkenntlichkeit verschwinden. Erst im Betriebsunfall tritt sie wieder hervor; im Betriebsunfall kommen menschliche Züge wieder zum Vorschein, die Hilflosigkeit der Verletzten, der Schrecken und Schmerz der Beteiligten. Nur wo etwas nicht funktioniert, nur in der Unordnung wird die im geordneten Automatismus unsichtbare Person wieder kenntlich. Halten wir daran fest, daß die Sachen jetzt im Betriebe liegen, vom Betrieb her ausgerichtet werden. Die ihnen innewohnende Sachqualität, die mit ihren Grenzen eins ist, wird ihnen durch den Betrieb nicht bestätigt und zugeschrieben, sie wird aufgehoben. Das Verkehrszeichen, ein Flugzeug etwa, hat zwar eine genau wahrnehmbare und feststellbare Gegenständlichkeit, aber diese ist nicht von den Sachgrenzen her einzusehen. Ein solches Flugzeug ist nichts mehr für sich, ist für sich so unverständlich wie ein vom Saturn gefallenes Gebilde, das von unbekannten Wesen zu unbekannten Zwecken angefertigt wurde. Der Apparat als solcher wird erst verständlich durch das Netz von Funktionen, in denen er liegt und die ihn beschreiben. Er liegt in einem System von Kräften, auf Flugplätzen, in Fluglinien, im Netz der Anschlüsse, er setzt die Organisation voraus, ohne die er gar nichts aussagte, ohne die er nicht vorhanden wäre. Welchen Wert also hat es noch, ihn als Sache für sich zu behandeln und anzusehen?

Eine der Vorstufen der Normung ist die Numerierung. Ihr Kennzeichen ist von jeher, daß Sachgrenzen verloren gehen; der Verlust von Sachgrenzen zwingt zur Numerierung. Durch die Numerierung wird der Sache niemals die Sachqualität bestätigt, vielmehr hebt die Nummer sie auf. Die Seiten in einem Buch werden fortlaufend numeriert, weil die Seite keine Sachselbständigkeit hat. Die Häuser der Städte, die bis ins achtzehnte Jahrhundert eigene Namen trugen, werden numeriert, weil die Sachselbständigkeit des Hauses verlorengeht, weil es mehr und mehr Abschnitt, Stück, Bestandteil einer

Straße wird. Die Straßen werden numeriert, wenn sie nicht mehr als selbständige Wege, sondern als Zeichen im städtischen Verkehrsnetz erkannt werden. Mit der Normung dringt die Numerierung überall hin, und immer geht sie davon aus, daß Sachen zu Sachbestandteilen, Sachbestandteile zu Funktionen werden. Anschlüsse etwa sind keine Sachen mehr, sondern Funktionen im Betrieb. Anschlüsse numeriert man, so die Zuganschlüsse, die Fernsprechanschlüsse, aber auch die Plätze im Kino, die Hausnummern, die Blätter des Scheckbuchs, die Kraftwagen, die Adressenverzeichnisse und tausend andere Verhältnisse. Hier werden nicht mehr Sachen bezeichnet, sondern ihre Beziehung zum Betrieb wird vermerkt. Und so werden Sachteile, Sachbestandteile numeriert und normiert, nicht weil sie als Bestandteile einer Sache festgehalten werden, sondern weil der Bestandteil sich als Beziehung verselbständigt, weil seine Betriebsfunktion hervortritt und markiert werden muß. Die Apparatur setzt sich insgesamt aus auswechselbaren Bestandteilen zusammen, aus technischen Artefakten. Und die Organisation bildet diese Teilartefakte nach. Was sie sind, weiß niemand, der nicht zugleich ihre Betriebsfunktionen, ihre Beziehung zu Apparatur und Organisation kennt. Als Sachen sind sie gar nicht mehr begreiflich, als genormte Bestandteile nur für die Kundigen. Und selbst den Kundigen muß die Nummer durch diese Welt von Bestandteilen führen. Von einem Nomos kann hier mit Vorteil nicht gesprochen werden. Vielmehr bezeichnet die Nummer die Norm selbst, die Norm wird als Nummer erkannt.

Dergleichen Beobachtungen drängen sich überall auf. Die Frage ist, auf welche Nenner sie zu bringen sind. Ist ein ordnendes Prinzip, ein ordnender Begriff in ihnen am Werk? Und wenn das der Fall ist, wie können wir diesen Ordnungsbegriff noch sichtbarer machen? Wir wollen dabei vom Zugriff ausgehen, wir wollen das Wesen des Begriffs selbst in den Zugriff verlegen, der vom Menschen geübt wird. Und wir wollen davon absehen, daß der Begriff sich hier als Bestandteil einer Begriffsapparatur, einer Begriffsorganisation zu erkennen gibt. Diese Vorstellung des Begriffes ist eine technische, dem Techniker eigentümliche. Aber das Gelingen unserer Untersuchung hängt davon ab, daß wir an Begriffsbestandteilen nicht haften bleiben, denn sie erfordert Kategorien, die außerhalb der Technik bleiben. Wenn die Untersuchung das nicht leistet, ist sie überflüssig, und wir täten besser daran, sogleich eine Gebrauchsanweisung für Tiefbauingenieure oder eine Tabelle für instrumentelle Beobachtungen zu liefern.

Den Zugriff des Eigentümers auf die Sachenwelt haben wir umschrieben. Dieser Zugriff setzt die Unverfügbarkeit bei allen Verfügungen voraus. Oder was auf dasselbe hinausläuft: die Sachgrenzen müssen erhalten bleiben. Die Substanz der Sache muß geschont und vermehrt werden. Der Gebrauch stützt sich auf das Nichtgebrauchen; das Nichtgebrauchen bestimmt die Grenzen des Verbrauchs. Und der Umfang der bloß fungiblen, konsumtiblen Gegenstände wird durch das Vorhandensein von nichtfungiblen, nichtkonsumtiblen bestimmt. Bestandteile dürfen sich nicht funktional verselbständigen. Und die Sachen sind nicht von Funktionen außerhalb ihrer selbst einzusehen, denn eine solche Einsicht hebt die Sachgrenzen auf.

Jetzt aber kommt ein neuartiger Zugriff. Sein Kennzeichen ist, daß die Sachenwelt sich dem Menschen entfremdet, daß sie ihm unaufhaltsam entgleitet. Je durchgreifender der Zugriff wird, desto mehr hebt er die Sachgrenzen auf. Das Mobile wird nicht mehr vom Immobilen her begriffen, sondern umgekehrt. Die Bewegung dominiert, und in ihr geht alles verloren, weil es in sie einzugehen hat und von ihr umgeformt wird. Wenn wir sagen, daß das technische Kollektiv nur noch fungible und konsumtible Dinge herstellt, so heißt das zugleich, daß der Begriff der Auswechselbarkeit, welcher die Bestandteile der Apparatur und die Apparatur selbst bestimmt, auch für das technische Produkt bestimmend wird. Durch die Produktion wird eine auswechselbare Warenwelt geschaffen. Wenn die Unterscheidbarkeit der Sachenwelt ein Korrelat fester Sachgrenzen ist, die beim Eigentum personal bestimmt werden, so ist die Ununterscheidbarkeit das Kennzeichen des technischen Produkts. Normung führt zur Ununterscheidbarkeit, weil die Sachgrenzen wegfallen; Numerierung ist das ordnende Verfahren, das nach Wegfall der Sachgrenzen den Bestandteil kenntlich macht. Dieser Bestandteil ist nicht mehr Bestandteil einer Sache, sondern Funktion. Er steht in Beziehung zu Funktionen, er bewegt sich in einer funktional arbeitenden Organisation. Ohne die technische Organisation wäre der technische Bestandteil nicht denkbar, nicht vorhanden. Der technische Markenartikel kennzeichnet sich durch Ununterscheidbarkeit und Auswechselbarkeit. Denkt man ihn als Einzelsache, so wird er gar nicht faßbar, denn seine Vereinzelung macht nicht deutlich, woher er kommt und wohin er geht. Begreiflich wird er nur als Bestandteil von Apparatur und Organisation. Die Einwirkung der Mechanik auf ihn zeigt sich nur dem, der den mechanisch bestimmten Zeit- und Raumbegriff nicht aus dem Auge läßt. Die Unterscheidbarkeit manueller Verfahren ist ausgelöscht, auch ihre letzten Spuren sind getilgt worden. Der technische Bestandteil würde nichts gewinnen, wenn sie an ihm noch sichtbar wären, ja ein solches Sichtbar-werden würde seine fungible und konsumtible Bestimmung gefährden. Seine Brauchbarkeit liegt in der absoluten Verbrauchbarkeit. Diese ist die Norm, auf die alles an ihm zu Normierende hinausläuft. Unterschiede würden bei dem gleichen Artikel nicht die Vorstellung von Qualitäten erwecken, sondern Mißtrauen, den Verdacht etwa, daß das technische Verfahren nicht genau funktioniert, daß fahrlässig gearbeitet wird. Formgleichheit, Materialgleichheit werden überall vorausgesetzt. Das Wort Artikel zeigt schon die Umwandlung der Sache in den Bestandteil. Wer eine Tube Rasiercreme, einen elektrischen Küchenherd, einen Rundfunkapparat, eine Kilobüchse Aprikosen in technischer Verpackung kauft, der kauft die Type. Er richtet sich an der Norm aus. Und die zu dieser normierten Produktion gehörige Reklame ist das mechanische Vervielfältigungsverfahren, das den Vorgang der Typisierung, Normung, Standardisierung dem Bewußtsein unaufhörlich einprägt. Das ist die wichtigste Funktion der Reklame. Sie richtet einen unablässigen Appell an den passierenden Konsumenten, sich für die Type zu entscheiden. Ihre Aufgabe ist nicht, Sachgrenzen ins Bewußtsein zu rufen oder die Pflege einer — höchst fragwürdigen — Individualität zu übernehmen. Vielmehr steuert sie die Willensbildung, die Willensentscheidungen im Kollektiv, und danach ist ihr Vordringen zu beurteilen. Was der technischen Produktion entstammt, ist Type; sie produziert nichts anderes als Typen. Das Produktionsverfahren selbst ist Type. Der Begriff der Type ist der des automatisch hergestellten Produkts. Und der Vorgang der Normierung läuft auf Verringerung der Typenzahl hinaus. In diesem Wettkampfe siegen die Typen, die ihre fungiblen und konsumtiblen Bestimmungen am eindeutigsten erfüllen, deren Vertretbarkeit, Verbrauchbarkeit, Auswechselbarkeit und Ununterscheidbarkeit am einleuchtendsten ist. Die Type entstammt einem automatisierten Vorgange der Ablösung; die Typik ist die Einheitlichkeit und Wiederholbarkeit des Ablösungsverfahrens selbst. Es versteht sich, daß hier von keiner Typik die Rede ist, wie sie der theologische Figurismus im Auge hat, der Entsprechungen annimmt und vorbildliche Geschehnisse, die sich an der Folge von Epochen ablesen lassen. Der Begriff der Type wird heute auch auf Menschen angewandt. Die Filmindustrie etwa ermittelt ihre „Figuren" als Typen; sie sucht sich Darsteller aus, die zu den mechanischen Vervielfältigungsverfahren in angemessener Beziehung stehen, photogene Gesichter. Als Typus wird hier nicht ein Urbild oder Vorbild unmittelbar angesprochen; als Typus wird das begriffen, was mechanisch ablösbar am Menschen ist. Als Typus wird das mechanisch ablösbare Bild des Menschen begriffen. Typus ist hier nicht die der Art oder Gattung gemeinsame ideelle Grundform, die in den Individuen überall durchschlägt. Von einer solchen Grundform zu sprechen, hat wenig Sinn, wenn man nicht die Ablösungen selbst als Grundform betrachten will. Das aber verbietet die Dynamik der Bewegung, deren Kennzeichen eben die Ablösung von der Grundform ist.

Die Kritik an dieser Bewegung ist unzureichend. Wer etwa von einem Verfall des Stils spricht, der geht selbst von dem Maßstab verfallender Stile aus. Die Bewegung hat ihren Stil, insofern darunter die Einheitlichkeit aller Äußerungen begriffen wird. Diese Einheitlichkeit ist unverkennbar; sie ist so sichtbar, daß sie dem Betrachter gar nicht entgehen kann. Es sind mechanische Kriterien, welche die Einheitlichkeit der Bewegung verbürgen.

19.

Dem Leser wird der Zusammenhang noch verständlicher, wenn er bedenkt, daß die Eigentums- und Besitzverhältnisse jetzt von den Verkehrsbedingungen in Abhängigkeit geraten. Das Eigentum kontrolliert nicht mehr den Verkehr; der Verkehr kontrolliert das Eigentum. Der mechanische Fortschritt ist an die Bewältigung von Verkehrsproblemen gebunden, ist selbst ein Verkehrsproblem. Wir sahen, daß mit der Anlage von Eisenbahnen, das heißt mit der Konstruktion laufender Bänder auf unbeweglicher Unterlage, Eigentum verlorenging. Daß mit dem automatisierten Transport Grenzen verloren gehen, daß die Sachselbständigkeit aufgehoben wird, macht uns jede Maschine deutlich. Der Kraftwagen kann nicht die Form einer mit Pferden bespannten Kutsche behalten, die er in seinen Anfängen hatte; er wird durch das ihm innewohnende mechanische Prinzip umgeformt. Er wird mechanisch perfekter. Wie aber zeigt sich diese Perfektion, und woran können wir sie abmessen? Eben daran, daß seine Sachselbständigkeit verlorengeht und der Kraftwagen nicht nur in seinen Teilen sondern als Ganzes Bestandteil wird, Bestandteil einer technischen Organisation, in welcher die formenden Regeln von Normung und Automatisierung an der Arbeit sind. Dieser Vorgang wird schon durch das Wort und den Begriff „Type" beschrieben. Die Typen werden perfekter. Was an einem solchen Wagen von dem geschulten Betrachter als erfreulich für das Auge empfunden wird, ist, daß der Automatismus der Bewegung sich hier seinen angemessenen Ausdruck, seine angemessene Form schafft. Die aus technischen Bestandteilen zusammengesetzten Wagen werden selbst mehr und mehr Bestandteile eines mechanisch laufenden Bandes, das sie weder bei ihrer Herstellung noch beim Gebrauch verlassen. Der Begriff des mechanisierten Bestandteils und der mechanisch hergestellten Type sind eines, denn sie werden durch den gleichen Automatismus der Bewegung bestimmt. In der Tat werden die Maschinen immer zweckmäßiger und dadurch schöner, was in diesem Falle heißt, daß sie, auf mechanische Kriterien hin angesehen, pure mechanische Mittel werden und ihren Zweck enthüllen und unverhüllt aufzeigen. Der gleiche Vorgang bringt mit sich, daß der Ausbeutungscharakter der Maschinerie immer reiner und unverschleierter hervortritt. Sie sind nichts anderes als die Prothesen des menschlichen Ausbeutungswillens, der radikal auf die Erde angewandt wird, der so allgemein, mächtig und unbestritten ist, daß er keine Verhüllung mehr braucht, sondern sich in seiner wahren Gestalt jedem zu zeigen wagt. Man baut Pumpwerke, Kreissägen, Turbinen heute nicht mehr in gotische Türme und Schlösser ein, sondern zeigt offen, welche Widerstände hier im mechanischen Zug und Gegenzug bewältigt werden. Wer den Willen zur Ausbeutung ganz nackt, ganz unverhüllt sehen will, der braucht seinen Blick nur auf eine beliebige Maschine zu richten. Und sogleich wird er auch erkennen, daß das Streben nach Ausbeutung planetarisch geworden ist, daß ihm räumlich auf dieser Erde keine Schranken gesetzt sind. Erwägt er nun, worauf alle Mechanisierung des Zeitbegriffes abzielt, so wird er auch zu der Erkenntnis gelangen, daß diese räumlich schrankenlose Ausbeutung durch die Organisierung des Zeitbegriffes den Menschen einbeziehen muß, daß er in einem Zeitalter lebt, dessen zugleich rücksichtsloser und durchtriebener Ausbeutungswille vor dem Menschen nicht haltmacht. ja in ihm das eigentliche und ergiebigste Objekt der Ausbeutung aufspürt und einfängt.

Wer begriffen hat, daß die Eigentums- und Besitzverhältnisse heute von mechanischen Verkehrsbedingungen abhängen, der begreift auch, daß die Erschütterung des Eigentums damit zusammenhängt, daß es mechanisch disponibel gemacht wird. Das Eigentum wird zum Obkjet der technischen Ausbeutung. Schon der Streit zwischen Maschinenkapitalisten und Maschinensozialisten ging in der Hauptsache nicht mehr um Eigentumsfragen, sondern um die Frage, in wessen Hand die mechanischen Dispositionen zusammenlaufen. Darin steckt die Entscheidung. Niemand, auch der größte Grundbesitzer, ist heute mehr durch Eigentum mächtig. Ein Buch wie „Progress and Poverty" von Henry George entwaffnet heute durch die Naivität seiner Argumente. Er will die Bodenrente streichen, will, daß der Staat „universal landlord" wird und verspricht sich davon nicht nur das Verschwinden der Armut, sondern auch eine neue „production of wealth", „a new surplus which society might take for general purposes". Aber das Exempel ist gemacht worden, und die Erfahrung hat uns darüber belehrt, daß die erhoffte Wirkung nicht eintritt. Ich kann die Bodenrente auf ein Minimum herabsetzen oder auch ganz streichen, dadurch wird niemand reicher. Der Staat kann die Bodenrente de jure verschwinden machen, indem er das Eigentum aufhebt, oder er kann sie durch starke Besteuerung de facto beseitigen, dadurch wird noch kein Reichtum hervorgebracht. Wir leben nicht mehr in der statischen Wirtschaft des Eigentums, in der mit Überschüssen zu rechnen ist. Unsere Situation ist keine ökonomische, sondern eine technische, das heißt technische Apparatur und Organisation zehren jeden Überschuß auf. Sie entscheiden über das Eigentum, nicht umgekehrt.

Eigentum wird heute etwas Lästiges, Beschwerliches, allen nur denkbaren Zugriffen Ausgesetztes. Um Macht zu erlangen, größere Macht, als sie der Eigentümer je besessen hat, brauche ich heute keine

Hazienda von der Größe eines europäischen Kleinstaates; ich tue vielmehr gut, mich mit Grundeigentum gar nicht zu beschweren, und sei es auch nur ein Wohnhaus oder ein Hausgarten. Warum ist der Besitzer heute stärker als der Eigentümer, der Mieter stärker als der Vermieter, der Pächter stärker als der Verpächter? Weil nicht der Eigentümer stark ist, sondern derjenige, der über alles Eigentum auf mechanische Weise verfügt. Ich kann ein ganz und gar eigentumsloser Mann sein, ohne Haus, ohne einen Pfennig Bodenrente, ja ohne Tisch und Stuhl, die meine Sachen sind, und doch mächtiger als alle Eigentümer, wenn ich einen jener Verbindungspunkte beherrsche, die im Netze des automatisierten Verkehrs liegen und immer wichtiger werden. Nicht Eigentum vermehrt meine Macht, die Befugnis, mechanische Dispositionen zu treffen, tut es, denn durch sie verfüge ich über alles, einschließlich des Eigentums. Die Polemik, die heute über Enteignung, Verstaatlichung, Vergesellschaftung, Sozialisierung geführt wird, ist eine Aktion, welche die wahren Sachverhalte tarnt. Nicht dem Eigentum gilt es auf die Finger zu sehen, sondern dem eigentumslosen Funktionär, der in den technisierten Schaltwerken des Staates sitzt, mechanische Dispositionen in seinen Händen anhäuft und mit ihnen ganze Bevölkerungen beherrscht und zu technisierten Bestandteilen umformt. Das Problem der Ausbeutung der Erde und des Menschen muß in seiner Tiefe und seinem ganzen Umfange erkannt werden. Denn wie soll es gelöst werden, wenn die Ideologie der Ausgebeuteten nur eine solche verhinderter Ausbeuter ist, wenn sie dort, wo sie zur Herrschaft gelangt, nichts anderes bewirkt, als daß die Ausbeutung anonymer, schärfer und schneller betrieben wird, mit Mitteln nämlich, welche einem Zustande fortgeschrittener Technisierung und dem ihr zugeordneten Mangel an Substraten entsprechen.

20.

Wir erwähnten schon, daß die Person Bestandteil wird. Sie wird Bestandteil von Apparatur und Organisation. Diese Umformung und Auflösung ist überall zu beobachten. Auf dem Vorderteil der Straßenbahnen finden wir das Schildchen, welches die Gespräche zwischen Fahrer und Passanten verbietet. Der Fahrer ist innerhalb seiner Maschinerie als Person nicht mehr ansprechbar, er ist Bestandteil der Apparatur geworden, die er bedient, die ihn daher auch allein „anspricht". Von ihm wird eine reine Apparatur-Aufmerksamkeit und -wachsamkeit verlangt. In diese sektoriale Aufmerksamkeit können und sollen Menschen nur in soweit eingreifen, als sie Bestandteile des mechanischen Betriebs geworden sind. Die Aufmerksamkeit auf Personen zeigt auch hier, daß ein Verkehrshindernis, eine Verkehrsstörung, ein Betriebsunfall vorliegt. Der Fahrer ist Bestandteil seines Wagens, seiner Linie, seines Verkehrsnetzes geworden. Er ist, da seine Funktion genau umschrieben ist, Verkehrszeichen geworden. Er regelt den Verkehr, nicht auf die gleiche Weise wie der Verkehrspolizist, der gleich dem Fahrer lebendes Verkehrszeichen wurde, aber auf eine dem Betrieb zugehörige und angemessene Weise.

Eisenbahnen, Straßenbahnen, Dampfer gehören einem vergleichsweise alten Stadium der Technik an. Das ist ihnen, wenn wir sie mit neueren Verkehrsautomaten vergleichen, anzumerken. Es zeigt sich zum Beispiel daran, daß die Fahrstände bei den älteren Automaten dem Fahrer einen Spielraum lassen, in dem er sich ungehindert bewegen kann. Lokomotivführer und Heizer einer mit Dampf geheizten Eisenbahn haben einen verhältnismäßig großen Spielraum, der verständlich wird, wenn wir erwägen, daß der Automatismus hier wiederholte Handhabungen zusätzlich fordert, Handhabungen, die, wie das Beheizen der Feuerung, Raum für den Arbeiter verlangen. Die Vervollkommnung der Automaten ist gleichbedeutend mit der zunehmenden Umformung der Person in einen Bestandteil. Die Sitze für die Automatendiener erhalten daher mehr und mehr eine Form, in die der Fahrer wie ein leitendes Ventil eingebaut wird. Der Sitz unterliegt einem Konstruktionsprinzip, das ihn in einer Weise umformt, die deutlich macht, daß der Fahrer als Bestandteil der Apparatur begriffen wird. Das zeigt sich bei Automaten, bei denen alle zusätzliche Handhabung sich auf Funktionen der Steuerung beschränkt, so etwa bei Flugzeugen. Der Flieger, der nicht fliegt, sondern einen fliegenden Apparat steuert, dessen Hebel er bedient, ist als Bestandteil der Apparatur so verbunden, daß er Raum nur für die Hebelbedienung erhält. Die Fahrer der großen Rennwagen, die nicht zufällig immer mehr die Form von Granaten annehmen, sitzen als lebende Ventile an der Steuerung. Die Apparaturen erwecken mehr und mehr den Eindruck, daß der Mensch in sie eingebaut, einmontiert wird. Er verschwindet als Person und ist nur noch als funktional arbeitender Bestandteil sichtbar. Oft machen ihn Brillen, Masken, Schutzanzüge ganz unkenntlich, oder sein Gesicht ist abgekehrt, ist dem Automatismus zugewandt, so daß er nur eingemummt, als Rücken oder Hinterkopf wahrgenommen wird. Der zum Bestandteil gewordene Mensch verliert sein Gesicht, muß es verlieren. Wer darauf achtet, wird die merkwürdigsten Beobachtungen machen. Der Bestandteil wird anonym. Und die gesichtslose Anonymität eines technischen Trusts zeigt sich in allen seinen Funktionen, in Apparatur und Organisation, an Gegenständen und Menschen.

Der Eigentümer kann weder als Funktionär noch als ein in eine Sachenwelt eingebauter Bestandteil begriffen werden. Er ist Person und bestimmt als Person die Sachgrenzen. Innerhalb des Automatismus aber geht nicht nur die Sache mit ihren zugehörigen Sachgrenzen verloren, sondern auch die die Sachenwelt bestimmende Person. Sie kann nur noch partikular, nur noch als Artikel festgehalten werden. Sie verschwindet in der Stückelung des Zeitbegriffes, in der Stückelung der Mechanik. Der Gegensatz von Person und Sache ist nur aufrechtzuerhalten, solange beide nicht einem sie umfassenden Funktionsbegriff unterworfen werden. Die Voraussetzung der Eigentumsordnung ist, daß an diesem Gegensatz festgehalten wird. Ihrem rechtlichen Begriff nach ist die Person das Subjekt von Rechten und Rechtsverhältnissen. Sache ist in Hinsicht auf sie das objektiv bestimmbare Ding der Außenwelt. Der Gegensatz zwischen Person und Sache ist zugleich ihre Entsprechung. Die Sache entspricht der sie bestimmenden Person, ist von der Person hergesehen Sache, wie die Person von der Sache her gesehen Person ist. Person und Mensch sind dabei nicht dasselbe, denn es gibt Personen, welche keine Menschen sind, so die juristische Person, und es gibt oder gab Menschen, die keine Personen waren, denen die Rechtsfähigkeit abging, so die Sklaven, die als Sachen behandelt wurden. Was der Automatismus beseitigt, ist der Gegensatz zwischen Person und Sache. Diese Grenzaufhebung läuft nicht darauf hinaus, daß die Person als Sache, die Sache als Person behandelt wird. Der Gegensatz verschwindet dadurch, daß beide als Bestandteile behandelt, beide der gleichen Funktion unterworfen werden. Die Sache wird in dem gleichen Maße Be-

standteil und Artikel wie die Person; beide sind in der gleichen Weise der Normung und Numerierung unterworfen. Und diese Normung und Numerierung wird durch Apparatur und Organisation erzwungen.
Der Passant ist nicht Person, sondern Verkehrszeichen. Das Partizipium zeigt hier, wer an ihm partizipiert und woran es partizipiert. In einem älteren Sinne ist Passant der Durchreisende; heute ist er Verkehrszeichen, das sich im Netz des Verkehrs bewegt. Die Funktion löscht alle Kennzeichen an ihm aus, die nicht Verkehrszeichen sind. Auf die gleiche Weise, in welcher der Mensch in die Apparatur eingebaut wird, wird er auch in die Organisation eingebaut. Auch in der Organisation erscheint er als Bestandteil. Wir sehen das an den Schaltern, die in der Organisation des Verkehrs überall auftauchen. Der Postschalter, Bahnschalter, Ernährungsschalter bieten überall das gleiche Bild. Die ,,Schlangen", die hier auftauchen, sind laufende Bänder, die sich aus Menschen zusammensetzen, welche Bestandteile des Bandes geworden sind. Der Mensch wird als Bestandteil in das Band eingeschaltet, wird abgefertigt und ausgeschaltet durch den Funktionär, der das Band stückelt, numeriert und aufarbeitet. Der Automatismus wird auch hier nur gestört durch Personen, die sich in ihre Bestimmung, Bestandteil zu sein, nicht fügen. An den Schaltern werden Marken, Fahrkarten, Ausweise und andere Papiere gestückelt, an ihnen begegnet das laufende Warenband dem laufenden Menschenband. Wir können uns mit Vorteil auch die Menschen, die auf Eisenbahnen, Dampfer, Flugzeuge zustreben, als laufende Bänder denken, die das laufende Band der Apparaturen passieren, wie der Passant seinem Begriffe nach die als Band begriffene Straße passiert. So greifen Apparatur und Organisation überall lückenlos ineinander. Beim Film kommt viel darauf an, daß die Darsteller sich vom Automatismus der Apparatur ablösen, und zwar so, daß ihr Bild ein möglichst käufliches, das heißt konsumtibles Fabrikat werden kann. Der Eindruck der Käuflichkeit alles Geschehens ist im Lichtspiel besonders stark, und der Lichtspielbesucher, der ja sowohl seinen Platz wie die Ansicht der Bilder für die Dauer der Vorstellung mietet, will diesen Eindruck haben und genießen. Nicht nur die Eintrittskarte oder der Film selbst ist käuflich, auch das im Bilde festgehaltene Lächeln der Diva ist es oder die wiederholbare Optik der sexu-

ellen Funktion des Stars. Die im Bilde festgehaltenen Funktionen der Sexualität sind es, die den Zuschauer beschäftigen und unterhalten; die Sexualität selbst wird hier Funktion. Der Eindruck der Käuflichkeit des Geschehens entsteht, weil die Konsumtibilität des Films, der aus konsumtiblen Stücken zurechtgeschnitten wird, sein technischer Vorzug ist. Sein Vorzug gegenüber dem lebenden Theater ist, daß er ein totes Theater ist, welches von den Zuschauern in höherem Maße konsumiert werden kann. Sie können sich als Zuschauer gegenüber dieser Schattenwelt passiver verhalten als gegenüber dem lebenden Schauspieler; ihr Genuß liegt darin, daß sie sich in einem höheren Maße bewegen lassen, daß ihre vermehrte Bewegbarkeit ihnen erspart, eigene Bewegungen zu vollziehen. Sie werden durch Dunkelheit und Musik eingelullt, durch das scharf beleuchtete Bild fixiert; in solchen Räumen wird der Lebenstraum automatischer und bewußtloser geträumt, man merkt, daß in ihnen sich ein Austausch von Apparatur und Organisation vollzieht. Die Zuschauer folgen gehorsam der mechanischen Bewegung, der Automatismus ist überall wirksam. Die Type ist stereotyp; das Stereotype ist das Kennzeichen ihrer Ablösbarkeit von der Grundform der Person. Die Publizität des prominenten Darstellers ist eben diese Ablösbarkeit, die sein Bild, seine Photographie, seine Ablösung zu einem überall begehrten Surrogat macht. Der Begriff des Surrogates, des Ersatzes bildet sich ganz von selbst dort, wo in die mechanische Wiederholbarkeit des Geschehens Ablösungen eingeschoben werden. So wie man das aus toter Kohle gewonnene Sacharin in die Reihe der pflanzlichen Zuckerarten einschiebt, ein aus dem Toluol des Steinkohlenteers hergestelltes Präparat, das unzersetzt den Organismus passiert. Das Sacharin täuscht den Körper durch eine Süßigkeit, die in ihn nicht eingeht, von ihm nicht aufgenommen und in Leben verwandelt wird.

Nicht von ungefähr wird den Malern die Darstellung des menschlichen Gesichtes sauer; sie spüren, daß das zum Bestandteil gewordene Gesicht als Gesicht in Wegfall kommt. In dem automatischen Lächeln der keep-smiling-Gesichter lächelt nur noch der Bestandteil. Dieses Lächeln wird stereotyp, weil es nicht in Verbindung mit einer anderen Person auftaucht, sondern auf den Automatismus und die Apparatur bezogen ist, deren reibungsloses Funktionieren durch eine mechanisch angenommene Freundlichkeit und Liebenswürdigkeit sehr gefördert wird. Ein mürrisches, trauriges, kränkliches Aussehen der Verkäuferin kommt der Verkaufsorganisation nicht zugute, sondern schafft Unordnung, wie denn überall in Apparatur und Organisation Unordnung entsteht, wenn die Person oder ihre Reste darin auftauchen. Das keep-smiling-Lächeln ist ein Betriebslächeln und gehört als Bestandteil zum Betrieb wie die automatisch wiederholten Bewegungen des Arbeiters. Deshalb wird es auch als Bestandteil gefordert. Daß das Gesicht maskenhaft wird, sagt noch nichts aus; es wird stereotyp als Bestandteil. Darin liegt ein Unterschied zu den antiken Masken und allen anderen Masken und Verlarvungen, die niemals den Bestandteil zeigen. Hier macht der Artikel sich selbständig, und die Reklame begreift das, indem sie Teile darstellt, Finger, Arme, Beine, Köpfe, einen Mund, der lächelt, eine Zahnreihe, die sich schneeweiß öffnet, einen Busen, der sich selbständig macht. Die Reklame für das Zahncream und den Filmstar decken sich; beide erscheinen auf demselben Bild, ein Beleg dafür, wie die Funktion beide als Bestandteile von gleicher Bedeutung sich unterordnet. Der Star putzt sich mit einem unwiderstehlichen Betriebslächeln die Zähne, deren schimmernde Reihe sich weit öffnet. Vielleicht ist diese Zahnreihe ein künstliches Gebiß, aber das stört den Eindruck des Bestandteils nicht, denn auf dem Bilde ist ununterscheidbar, ob echte Zähne oder ein künstliches Gebiß abgebildet sind. Das alles ist eine Art von anatomischem Theater, das unblutig wirkt, aber deutlich macht, daß die Funktion und der verselbständigte Bestandteil vordringen. Auch die Filmschauspielerin, die ihre Beine, ihren Busen, ihre Nase oder ihre Stimme versichern läßt, hat es begriffen; sie versichert den Bestandteil, die Funktionen ihres Körpers gegen Betriebsschäden.

Es versteht sich, daß man durch eine Person keine Querschnitte legen kann; es gibt keine Person, die das aushält. Der Begriff des Querschnitts steht in Beziehung zu Bestandteilen und Funktionen; wo der Bestandteil als Funktion selbständig wird, dort lassen sich Querschnitte denken. Die unerbittliche Folgerichtigkeit des Automatismus wird verständlich, wenn wir erwägen, daß er allein fähig ist, Bestandteile auf sich zu beziehen und Funktionen zu bändigen. Ohne ihn würde die Bewegung zerfallen. Wo er nicht ist, dort ist die Bewegung nicht.

Der Gang dieser Untersuchung soll deutlich machen, wie der Mensch sich innerhalb eines herrschenden Automatismus verändert. Wo der Mensch nicht mehr als Person sondern als Bestandteil wahrgenommen, angenommen, bestätigt wird, dort vollzieht sich eine Umformung von einschneidender Kraft. Er wird Hand, Fuß, Griff, er wird Schraube, Ventil, Schalter, er wird Funktion im Funktionierenden. Er ist nur noch als Funktion zu begreifen. Die Fühllosigkeit des Bestandteils macht sich überall fühlbar, in den Ämtern, den Betrieben, den Schaltstellen, im Verkehr und in der Sprache, die hier gesprochen wird. Das technische Kollektiv spricht den Menschen nur noch auf seine Funktionen hin an, auf nichts anderes. Und die Frage, die dieser Mensch sich vorzulegen hat, ist, ob er mit seinen Funktionen im Kollektiv richtig liegt, ob er seine Funktionen als Bestandteil angemessen erfüllt.

Die neuartigen Bedrohungen, denen dieser Mensch unterworfen ist, kommen insgesamt aus dem Bereich von Apparatur und Organisation. Funktioniert das Kollektiv, dann liegt auch der Bestandteil richtig; funktioniert es nicht, dann liegt er schief und verquer. Stellt er sich mit seinem Willen, seinen Einsichten gegen das Kollektiv, dann wird er als Betriebsstörung behandelt, und der Gedanke, ihn gewaltsam auszuschalten, liegt immer nahe. Ob er will oder nicht, er hat sich gleichzuschalten; er soll, nachdem man ihm beigebracht hat, sich als ökonomisches Produkt zu betrachten, sich jetzt zum technischen Produkt bestimmen. Das ist die Grundforderung, die der Maschinensozialismus aller Schattierungen an ihn stellt. Lassen wir den Menschen, der sich außerhalb des Kollektivs stellt, zunächst beiseite, betrachten wir den Menschen dort, wo er sich als Bestandteil zeigt und fühlt. Als solcher wird er von den Fachwissenschaften in allen seinen Funktionen schon lange verrechnet. Die Wissenschaft ist rüstig dabei, sich in eine Betriebsordnung umzuwandeln, und überall dort, wo sie die Funktionen verrechnet, gleicht sie sich dem Kollektiv an, ist Wissenschaft des Kollektivs.

21.

Insofern der Mensch mit seiner Person für den Automatismus zahlt, den er in Gang setzt, wird auch deutlich, daß die Inhumanität jetzt in neuen Zügen hervortritt. Die Grausamkeit selbst nimmt Züge einer außerordentlichen planenden Kälte an. Die Kälte der Apparatur kehrt in der Organisation wieder. Aber hier von Grausamkeit sprechen, heißt ungenau sprechen. Grausamkeit gibt es nicht ohne Einbildungskraft, nicht ohne Raffinement. Jeder Art von Raffinement, die weit getrieben wird, ist Grausamkeit beigemischt. Der Automatismus aber führt nicht zur Grausamkeit, sondern zu einer Indifferenz und Stumpfheit gegenüber dem Leiden, das in der Massenorganisation des Kollektivs überall sichtbar wird. Die Gleichgültigkeit gegenüber dem Leiden, dem fremden nämlich, ist hier kein stoischer Willensakt, sondern mechanisch gewordene Stumpfheit. Man nimmt in Kauf, was in Kauf genommen werden muß, man findet sich mit dem Leiden wie mit einem Betriebsunfall ab. Die Maschinerie ist starr und unempfindlich, und in den Aktionen des Kollektivs kommt diese Unempfindlichkeit gegen das Leiden, das immer persönlich ist, zum Ausdruck. Notlagen, wie sie hier entstehen, werden nur durch ihre Beziehung auf Apparatur und Organisation verständlich. Werden diese durch irgend ein Ereignis, das von außen oder innen eindringt, zerschlagen, dann sind die von Apparatur und Organisation abhängigen Massen sofort vom äußersten bedroht. Die Planung ordnet alle Beziehungen nur solange, als sie selbst ordnungsmäßig vorhanden ist; jede Lücke, jede Fehlleitung, jedes Versäumnis hat hier sofort massive Folgen. Das zwanzigste Jahrhundert hat uns mit den fürchterlichen Folgen dieser Abhängigkeit in Notlagen vertraut gemacht. Töricht wäre es, im Hinblick auf die Zukunft anzunehmen, daß diese Notlagen sich mildern. Denn die Abhängigkeit wächst. Die Industrieheere, die Kriegsheere, die Gefangenenheere des Kollektivs sind überall vom Hungertod bedroht, wo ihre Apparatur und Organisation zerschlagen werden. Über die Ereignisse aber, die sich in hungernden Massen abspielen, brauchen wir kein Wort zu verlieren.

Nationalismus und Sozialismus, die beiden großen ideologischen Bewegungen der Demokratie im neunzehnten Jahrhundert, fließen im zwanzigsten Jahrhundert zusammen und vereinigen sich. Je mehr das technische Kollektiv vorrückt, desto mehr wird diese Tendenz zur Vereinigung gefördert. Die Ideologien werden ununterscheidbar; auch lohnt es nicht mehr, sie durch subtile Unterscheidungen gegeneinander zu trennen und zu begrenzen, denn beide sind gleich brauchbares Heizmaterial für Apparatur und Organisation geworden. Ideologien begründen keine Unterschiede in der menschlichen Substanz; Gegnerschaft ist hier der Ausdruck eines gleichartigen und gleichförmigen Willens, der nur über Methoden und Mittel streitet. Die politischen Konstruktionen, welche die konstitutionelle Demokratie ablösen, zeigen das. Die konstitutionelle Demokratie ist das politische Kunstwerk des Bürgertums, das alle Hebel eines so geordneten Staates in der Hand hält. Aber diese Form der Demokratie ist mit dem technischen Kollektiv unvereinbar, unvereinbar wie der Rechtsstaat des neunzehnten Jahrhunderts. Man muß das erkennen, sonst verliert man sich in Täuschungen.

Die Frage, ob der Mensch, der ganz im technischem Kollektiv aufgeht, hart ist, führt zu nichts. Dieser Mensch hat seine Tugenden und Untugenden wie jeder andere, aber es bezeichnet ihn nicht, daß er besonders hart oder weich ist. Auch die Frage, ob er Güte besitzt oder nicht, hat nichts Bezeichnendes. Härte und Güte sind keine Eigenschaften, die man ihm schlechthin zusprechen oder absprechen könnte. Es gehört zu den Erfahrungen, die wir erst spät machen, daß gerade unter den harten Menschen wahrhaft gütige sind. Es versteht sich, daß auch ein weicher Mensch Güte besitzen kann, aber Weisheit und Güte dürfen nicht gleichgesetzt werden. Es gibt viele weiche Menschen, die nichts weniger als gütig, sondern eben nur weich sind. Und daneben und dazu vielleicht sehr grausam. Ein harter Mensch, welcher Güte besitzt, ist wie ein Prüfstein; dieser Funke von Güte in ganz hartem Gestein ist etwas Kostbares. Ist die Grausamkeit im Wachsen? Kaum, auch lohnt es nicht, eine solche Frage in breiten Ausführungen zu untersuchen. Bedenkliche Industrien etwa hat es immer gegeben. Schon die alten Manufakturen, die man von der Fabrica unterschied, von der Werkstätte, in der harte Stoffe durch Feuer und Eisen bearbeitet wurden, befaßten sich mit der Verwertung des menschlichen Leichnams. Die Verarbeitung von Menschenhaut zu Leder kam in größerem Umfange in der französischen Revolution auf. Über den Fabrikanten in Meudon, der die Haut der Guillotinierten zu Leder verarbeitete, haben wir Kenntnis durch einen Bericht vom 20. September 1794. Diese Industrie wurde vom Nationalkonvent durch eine Summe von 45000 Francs unterstützt. Philippe Egalité soll nur noch Hosen aus Menschenleder getragen haben. Und Granier de Cassagnac besaß ein Exemplar der Konstitution von 1793, das in Menschenhaut gebunden war. Dieses Faktum ist symbolisch, denn die Riemen zu den Verfassungen werden immer und überall aus der Haut des Menschen geschnitten. Woraus sollten sie sonst geschnitten werden?

Die alten Manufakturen sind ökonomisch gedacht und von seiten der Ökonomie einzusehen. Ihre technische Ausrüstung, ihre Betriebsorganisation, ihr Umfang waren bescheiden. Was aus ihnen hervorging, war Manu factum. Der Arbeitsplan dieser Unternehmungen ist auf die Hand abgestellt. Die Hand bleibt der Maßstab der Arbeit. Wo der Automatismus vordringt, dort wird diese Art des Planes nicht schlechthin vernichtet, aber sie wird einbezogen, untergeordnet und uniformiert, ein neuer Plan wird dem alten aufgepfropft. Dieser neue Plan ist nichts anderes als das automatisierte Kollektiv; schon diese Feststellung gibt zu erkennen, warum die neue Arbeitsorganisation unverhältnismäßig kostspieliger und zehrender ist als die alte. Der Automatismus führt zu einer Doppelorganisation der menschlichen Arbeit. Jeder Arbeitsplan muß jetzt nicht nur in sich selbst verrechnet werden; er muß auch gegen die ihn umgreifende Apparatur und Organisation verrechnet werden. Die Selbständigkeit mannigfacher Handarbeitspläne gegenüber dem Automatismus wird nicht mehr geduldet; alle Arbeit muß die zusätzlichen Kosten des Automatismus übernehmen.

Hieraus ist abzulesen, warum die Abneigung des Kollektivs gegenüber dem „Selbständigen" so groß und unverhüllt ist, warum sie sich bei jeder Gelegenheit zu erkennen gibt. Diese Abneigung wurzelt tief. Doch müssen wir die Selbständigkeit neu bestimmen, müssen erkennen, daß sie nicht gleichbedeutend mit wirtschaftlicher Unabhängigkeit ist. In den Listen, Fragebogen, Melderollen und Statistiken des Kollektivs, in denen der Mensch verrechnet und konsumiert wird, wird der Selbständige gleichgesetzt mit dem Menschen, der nicht in einem terminsmäßig festen Arbeits- und Lohnverhältnis steht. Das hat seine Richtigkeit, reicht aber nicht hin. Der Begriff verändert sich im Kollektiv, und wenn wir ihn genau fassen, können wir sagen, daß nur noch derjenige selbständig ist, der seine Selbständigkeit gegenüber dem Kollektiv wahrt. Selbständig aber bin ich gegenüber dem Kollektiv nur, wenn ich mich auf das apparaturenhafte, organisationsmäßige Denken nicht einlasse, wenn ich seine mechanische Generallinie nicht anerkenne. Noch genauer gesprochen: selbständig bin ich, wenn ich mich dem Kollektiv gegenüber als Eigentümer verhalte, wenn ich an der Welt des Eigentums ihm gegenüber festhalte. Erkenne ich den mechanischen Zeit- und Raumbegriff des Kollektivs an, dann bin ich nicht mehr Eigentümer. Eigentümer bin ich, wenn ich eigene Gedanken habe und nicht dem Denken des Kollektivs auf mechanische Weise folge. Denn der Mensch, der nur noch soziales Produkt ist, Produkt eines Milieu, sozialer Vorgänge, technischer Kollektive, der Mensch, der passiv ist, bewegbar, bloßes Objekt mechanischer Determinationen, ist eine Maschine, wird Artikel, Bestandteil. Der Mensch ist um so reibungsloser, widerstandsloser, leichter in das technische Kollektiv einzufügen, je exakter er sich als Mechanismus verhält, je mehr er technisches Produkt wird. Der Marxismus konnte den Menschen noch als ökonomisches Produkt beschreiben; seine Umwandlung in ein technisches Produkt ist es, die sich vor unseren Augen vollzieht. Insofern der Mensch Selbständigkeit besitzt, widersetzt er sich diesem Vorgang, und er tut es unter wachsender Bedrohung, gegen sich steigernden Zwang und unverhüllte Anwendung von Gewalt. Denn das technische Kollektiv ist ein mechanisches Zwangskollektiv und muß das sein, weil alle Mechanisierung den Punkt erreicht, an dem sie notwendig Zwang wird. Die Pläne dieser Arbeitswelt sind ohne Zwang nicht zu verwirklichen, und der Universalarbeitsplan, auf den das Kollektiv hinarbeitet, ist jene Stufe, auf der alle Arbeit den Charakter von Zwangsarbeit annimmt. Deshalb wird das Konzentrationslager zur ständigen Begleiterscheinung eines entwickelten technischen Kollektivs; es bildet sich dort, wo eine hinreichende automatische Exaktheit der Arbeitsvorgänge erreicht worden ist. Das Konzentrationslager ist zunächst ein mit Arbeitszwang verbundenes Gefängnis; mehr und mehr aber entwickelt es sich zu einem mit Gefängnis verbundenen Arbeitszwang. Es ist der Ort, an dem zunächst die politischen Gegner des Kollektivs untergebracht werden, die Mißliebigen und Unwilligen. Aber die Konzentrierung von Arbeitsgefangenen in Lagern geht über diese Anfänge bald hinaus. Wie man heute Industrien in Gegenden mit einer Bevölkerung verlegt, die man mit mechanischer Arbeit beschäftigen will, so lassen sich Konzentrationslager überall einrichten, indem man Heere von Zwangsarbeitern nach Befragung der Melderollen zusammentreibt. So sind sie eingerichtet und werden vorbereitet.

Das technische Kollektiv macht jeden Freiheitsbegriff lächerlich, macht einen Humbug aus ihm. Es scheut sich nicht, die Freiheit für einen kapitalistischen Schwindel zu erklären, wie es sich nicht scheut, die Menschen, die abseits des Kollektivs bleiben oder sich dagegen wenden, als Verbrecher zu bezeichnen. Die Bettler, die Arbeitsscheuen, die Müßiggänger, die musischen Menschen hat es als ,,Asoziale" abgestempelt, und nicht minder die Zigeuner, die Juden, die Geisteskranken und Geistesschwachen, wie überhaupt jeden, der mit ihm in Konflikt gerät. Solche Termini technici sind Strangulationsgriffe und -begriffe, mit denen jeder abgewürgt werden kann. Ganze Disziplinen des Wissens wie Statistik, Soziologie, Psychologie, Medizin werden zu Handlangern des technischen Kollektivs, und gehen in ihm auf Menschenjagd aus.

An die Stelle des Eigentümers tritt der Funktionär, der Verfügungen trifft. Sein Vermögen zu Dispositionen hängt davon ab, daß eine Wirklichkeit vorhanden ist, die selbst als Funktion und Folge von Funktionen gefaßt werden kann. Funktion ist der Willensakt, der an die Maschinerie gebunden ist und ihr Bestehen voraussetzt. So wie die Maschine Funktionen hat, die zeitlich geordnet sind und automatisch wiederkehren, so hat der Mensch Funktionen, in keinem anderen Sinn. Das kausale und zweckmäßige Denken, das in die Maschine gesteckt wurde, geht aus ihr wieder hervor und wird Organisation der Arbeit. Diese wird von Funktionären geleitet.

22.

Wo entsteht das technische Kollektiv? Es entsteht überall dort, wo die Automatisierung der Technik einen hinlänglichen Grad erreicht hat. Das Kollektiv setzt die automatisierte Technik überall voraus und kann ohne sie nicht bestehen. Seine Wirksamkeit hängt von dem in ihm arbeitenden Automatismus und seinen Funktionen ab. Schon das Wort Kollektiv muß mechanisch gefaßt werden, muß als ein Ausdruck dafür erkannt werden, daß dynamische Vorgänge am Werke sind. Das Kollektiv ist kein Status, es ist unterwegs. Es ist in Hinsicht auf die Apparatur Maschinenkollektiv, in Hinsicht auf die Organisation Arbeitskollektiv. Denn bestimmend für das Kollektiv sind zwei Grundverhältnisse, deren Verflechtung wir in der „Perfektion der Technik" beschrieben haben und von derem exakten Funktionieren alle Funktionen des Kollektivs abhängen: das Verhältnis der mechanischen Apparatur zur Organisation der Arbeit und das Verhältnis der Arbeitsorganisation zur Apparatur. Zwischen beiden findet eine unaufhörliche Wechselbeziehung, ein Mutuum commercium statt. Denn mechanische Wirkung ist Wechselwirkung, da alle Körper, welche den Bewegungszustand eines anderen beeinflussen, auch ihrerseits eine gleiche Beeinflussung erfahren. Aus dieser Verflechtung von Apparatur und Organisation geht alle Verflechtung der Betriebe hervor, entstehen im Maschinenkapitalismus die Riesenbetriebe, die Trusts, Kartelle und Syndikate, die Monopolbetriebe aller Arten. Und ebensolche Verflechtungen bringt der Finanzkapitalismus hervor, indem er die Geldtechnik entwickelt und Bank-Kombinate, Beteiligungssysteme und Kontrollen schafft, welche das Geldwesen, die Geldbewegungen einer immer zentraleren Organisation unterwerfen. Hier wie überall im Bereiche der automatisierten Technik entwickeln sich netzförmige Organisationen. Die Großbanken ziehen ein Netz von Filialen über die Länder, ein Netz von Zweigniederlassungen, Depositenkassen, Wechselstuben, Beteiligungen. Der Wechselverkehr, der Scheckverkehr, der Sparkassenverkehr bilden ihrerseits Netze. Symbolgeld und Rechnungsgeld laufen innerhalb eines netzförmig arbeitenden Automatismus. Geld ist nichts Isoliertes. Im Geldwesen unterliegen die Isolationisten den Interventionisten so regelmäßig wie in der Politik. Lenin, der sich über solche Vorgänge entrüstet und von „Finanzoligarchie" spricht, verschweigt, daß kein Marxismus an ihnen etwas ändern kann und wird. Denn im technischen Kollektiv wird dieses mechanisierte Geldwesen erst seine mammutartige Organisation durchbilden, wird es die stärkste Konzentration erreichen und höchste Macht gewinnen.

Indem Progreß und Regreß sich unaufhörlich durchschießen, formiert sich das technische Kollektiv. Es ist seinem Wesen nach zugleich mechanischer Produzent und Konsument; es produziert Konsum und konsumiert Produktion. Es ist ein gigantischer Verteiler. Es ist eine Mangelorganisation, die nicht saturiert werden kann, deshalb ist es expansiv und strebt immer danach sich auszuweiten. Denn das Kollektiv arbeitet wie jede einzelne Maschine mit Verlusten; die Sätze der Thermodynamik gelten auch für das technische Kollektiv als Ganzes. Es ist ein Verlustkollektiv und muß sich, weil es seine eigenen Substrate vertilgt, gewaltsam ausweiten. Ihm ist deshalb ein imperialistisches Streben eigen, das noch rücksichtsloser ist als das des privaten Monopolkapitalismus, in welchem das Kollektiv noch gleichsam verborgen ist und schlummert.

Das technische Kollektiv ist kein Staat, keine Nation, keine Religionsgemeinschaft. Die Grenzen von Staaten und Nationen fallen mit seinem Bereich nicht zusammen. Es ist nicht Amerika, nicht Rußland oder Schweden und die Schweiz. Es hat seinem Begriffe nach nicht die Grenzen, an welche Staaten und Nationen gebunden sind. Sachgrenzen achtet es nicht; räumliche Grenzen sind ihm nicht gesetzt. Territorialgrenzen, die geschichtlich festgelegt sind, werden von ihm nicht respektiert. Seine technischen Kommunikationen, die alle zu den Tankstellen führen, legt es über Meere und Länder, durch alle Gebietshoheiten hindurch. Von Seiten des Kollektivs her liegt keine Schwierigkeit darin, den Erdball in ein einziges technisches Kollektiv zu verwandeln. Die Ansätze dazu sind beträchtlich. Dort, wo das Kollektiv sich durchsetzt, beginnt es die Staatsgefüge umzuwandeln und eine mechanische Organisation an ihre Stelle zu setzen. Die Auseinandersetzungen des zwanzigsten Jahrhunderts bleiben dem unverständlich, der nicht begreift, daß zum technischen Kollektiv der Weltkrieg gehört und daß die Durchbrechung von Grenzen, die Abtragung alter Herrschaftsformen eine dringliche Aufgabe des Kollektivs ist. Es operiert dabei mit den Vorstellungen einer Demokratie, die nicht mehr vorhanden ist. Weltkriege können nicht auf nationalstaatliche Verschiedenheiten zurückgeführt werden, denn diese sind lokal und sagen über den gesamten Gang des Geschehens nichts aus. Weltkriege werden erst verständlich, wenn sie als Vorbereitungen aufgefaßt werden, als Akte der Sicherung und Bereitstellung, welche auf ein Gesamtkollektiv hinzielen, zugleich also die Entscheidungen darüber bringen, wer in seiner Zentrale sitzen wird, wer die bestimmenden und verpflichtenden Anweisungen für das Universalkollektiv geben wird.

Das Kennzeichen der automatisierten Technik ist, daß sich in ihr überall Sonderkollektive bilden. Diese sind nicht so beschaffen, daß sie für sich bestehen könnten, vielmehr ist jedes dieser Sonderkollektive eine Prothese, die von der Bewegung aller anderen abhängig ist. Der Vorgang, durch den sie alle entstehen, wird hinreichend deutlich erst dann, wenn wir erkennen, daß mit der Vermehrung der Automaten die automatische Organisation entsteht, welcher die Arbeit des Menschen unterworfen wird. Es entstehen jene Netze, Ringe, Kreise, in welchen die mechanische Arbeit sich wiederholt. So bildet sich ein Verkehrskollektiv, ein Stahlkollektiv, ein Kohlenkollektiv, ein Elektrokollektiv, ein Fernsprechkollektiv, ein Radiokollektiv. Jeder besondere Automatismus schafft sich sein Sonderkollektiv, das mit allen anderen auf eine mechanisch eingreifende Weise verbunden ist. Das technische Kollektiv als Ganzes setzt sich aus diesen Sonderkollektiven zusammen. Und wie jeder dieser Sonderkollektive ein Maschinenkollektiv und ein Arbeitskollektiv in sich enthält, so verbindet das technische Gesamtkollektiv in sich Maschinen- und Arbeitskollektiv. Das Gesamtkollektiv untersteht einem mechanischen Zeit- und Raumbegriff und arbeitet mit ihm, denn mit einem anderen kann es nicht arbeiten. Nur wenn wir diesen mechanisierten Zeit- und Raumbegriff nicht aus dem Auge lassen, verstehen wir, warum es jetzt zu einer Planwirtschaft kommen muß, denn diese Planwirtschaft ist nichts anderes als die Anwendung des mechanisierten Zeit- und Raumbegriffes auf die menschliche Arbeit. Der Begriff der Planwirtschaft wird zunächst ökonomisch gefaßt. Es sind ökonomische Erwägungen, die zu ihm führen. Man versucht ihn wirtschaftlich zu bestimmen, ihm einen wirtschaftlichen Sinn zu geben. Aber Planwirtschaft ist die Ausrichtung der menschlichen Arbeit auf Apparaturen, auf Automaten. Es versteht sich, daß die menschliche Arbeit in der Regel an einen Plan gebunden ist, das heißt ein bestimmtes Ziel hat. Das Neue aber liegt darin, daß dieser Plan jetzt an die Automaten gebunden ist, deren mechanisch exaktes Funktionieren sich die Arbeit wie den Arbeitsplan unterwirft. Das ist das Entscheidende. Die Kollektivisten alten Schlages waren auf Herstellung gemeinschaftlichen Eigentums an den Produktionsmitteln, einschließlich des Grund und Bodens aus und forderten eine auf freier genossenschaftlicher Einigung ruhende Produktionsordnung. Sie suchten den Anteil am Kollektiv nach Maßgabe der Arbeitsleistungen zu bestimmen. Über die erstrebenswerte Größe eines solchen Kollektivs waren sie sich nicht einig. Denn sie waren teils Isolationisten, teils Interventionisten. Sie wünschten sich bald kleine, selbständige Kollektive, die für sich vegetierten, bald ein Zentralkollektiv, das alles und alle umfaßt. Ein solches Denken hat mit dem technischen Kollektiv nichts mehr zu schaffen. Weder ist eine auf freier genossenschaftlicher Einigung ruhende Produktionsordnung im technischen Kollektiv denkbar, noch ein nach der Arbeitsleistung berechneter Anteil an diesem Kollektiv. Etwas ganz anderes zeigt sich.

Indem das technische Kollektiv sich der in ihm fluktuierenden Kräfte bewußt wird, beginnt es damit, sie von technischen Zentralen aus einheitlich zu steuern. Es bestimmt sich selbst zum mechanischen Kollektiv. Wie geschieht das? Und wo ist der Ort, an dem ein solches Streben uns sichtbar wird? Es geschieht durch den Arbeitsplan. Der Arbeitsplan ist das Kennzeichen dafür, daß das technische Kollektiv eine neue Machtstufe erreicht hat. Der Arbeitsplan ist zeitlich fixiert und begreift als Generalsarbeitsplan alle Anstrengungen der Sonderkollektive in sich. In ihm richtet sich das technische Kollektiv zunächst als Ganzes aus, setzt sich einen bestimmten Zweck und proklamiert die Erreichung eines bestimmten Zieles. Es setzt sich vor, mehr Konsum zu produzieren und mehr Produktion zu konsumieren. Es vergrößert alle seine Anstrengungen in zwanghafter Weise. Diese Anstrengungen werden gut gekennzeichnet durch einen Satz in Valery's Schrift „L'idee fixe": „De plus en plus fort, de plus en plus grand, de plus en plus vite, de plus en plus inhumain, — ce sont des formules d'automatisme." Wenn wir uns fragen, wie sich dieser Automatismus von den automatischen Bewegungen unseres Körpers unterscheidet, von den automatischen Muskelbewegungen, welche die Physiologen von den Reflexbewegungen und den willkürlichen Bewegungen sondern, vom Herzschlag und den Atembewegungen, so erkennen wir den Unterschied in der Gebundenheit dieses Körperautomatismus an andere Bewegungen, von denen er sich nicht freisetzen, nicht loslösen kann. Der technische Automatismus geht über diese unwillkürliche Gebundenheit hinaus und wird willkürlich gesteuert. Seine Motorik unterwirft sich alles und strebt danach, einer zentralen, sich stets verstärkenden Bewegung alle anderen Bewegungen zu unterwerfen.

Der Arbeitsplan kennzeichnet den Willen des Kollektivs, die Ausbeutung der Erde und des Menschen mit ganz gewaltsamen Mitteln zu steigern. Hierzu wird nichts unversucht gelassen, wie denn der Arbeitsplan verbunden ist mit der Umwandlung freier Arbeitsverhältnisse in menschliche Zwangsarbeit. Der Arbeitsplan begreift den Menschen als ein Wesen, das bei größter Vernutzbarkeit mit einem Minimalentgelt befriedigt werden kann. Der Raubbau aller Art wird unermeßlich gesteigert.

Doch ist der Arbeitsplan nicht nur ein Zeichen dafür, daß das technische Kollektiv seine Macht zeigen und steigern will; er ist zugleich der Ausdruck einer Notlage. Der Arbeitsplan wird von seiten der Apparatur her erzwungen. Wenn wir die in sich ruhende, ihre Substanz erhaltende und mehrende Eigentumsordnung betrachten, dann finden wir in ihr zwar eine planvolle, an ein Ziel gebundene Tätigkeit, nirgends aber den Versuch, diese Tätigkeit nochmals einem sie übergreifenden und zehrenden Automatismus zu unterwerfen. Das Kollektiv ist nicht mehr in der günstigen Lage des Eigentümers, der sein Eigentum nicht zu verschlingen braucht, sondern sich von dessen Früchten, das heißt von seinem bestimmungsgemäßen Ertrage nährt. Von einem bestimmungsgemäßen Ertrag, der unter Wahrung und Mehrung der Substanz dieser abgewonnen wird, ist im Kollektiv keine Rede mehr. Das Kollektiv würde verhungern und sich selbst verschlingen müssen, wenn es auf solche bestimmungsgemäßen Erträge angewiesen wäre. Seine Hauptsorge ist immer, daß es die uneingeschränkte Substanzvernichtung fortsetzen kann. Denn nur dort, wo diese ohne Pause betrieben und fortgesetzt werden kann, kommt es voran. Der Arbeitsplan untersteht dem Gesetz der Mangelorganisationen, die sich rationalisieren, um gesteigerten Raubbau treiben zu können. Denn die Beschaffung der Substanz wird schwieriger.

Die Techniker, schreibt Marx in einem Briefe, „werden unsere prinzipiellen Feinde sein und uns betrügen und verraten, wo sie nur können; uns wird nichts anderes übrigbleiben, als sie zu entfernen, und trotzdem werden sie uns weiter zu betrügen versuchen". Ein solcher Ausspruch mutet wunderlich an. Offenbar steckt in ihm die Ahnung eines Gegensatzes zwischen Wirtschaft und Technik. Wohin soll das technische Kollektiv aber die Techniker schicken? Soll es sie etwa mit Handarbeit beschäftigen? Marx konnte noch nicht wissen, daß das technische Kollektiv auf den Techniker ebenso angewiesen ist wie auf den Automatismus, den er in Gang hält. Was heißt es, daß das technische Kollektiv auf den Automatismus angewiesen ist ? Es heißt, daß ihm das mechanische Vervielfältigungsverfahren zugrunde liegt. Aus diesem Verfahren geht, indem ihm die Sachenwelt unterworfen wird, der Automatismus hervor. Die Absicht dieser Darstellung ist, die Augen des Lesers für neuartige Zusammenhänge zu öffnen und ihm einen Einblick zu geben, der nicht mehr von der blindgewordenen Methode von Ökonomisten und Sozialtheoretikern, von Biologen, Soziologen und Psychologen abhängig ist, die „Material" verarbeiten. Wir treiben hier keine Fachwissenschaft. Und alle Apparatur und Organisation beschäftigt uns nur in Rücksicht auf den Menschen, auf das Menschenbild, an dessen Entstellung eifrig gearbeitet wird. Jedes Beispiel, das hier gebracht wird, soll zugleich das Modell eines neuen Verstehens sein, einer neuen Einstellung zu den Dingen und Geschehnissen, die uns umgeben. Unter diesen sind die alltäglichen, überall aufzufindenden die wichtigsten, denn sie umgeben und begleiten uns. Wir wollen nicht rare Vorkommnisse sammeln, denn das läuft auf Kuriosität hinaus; das Verdienst dieser Darstellung suchen wir vielmehr darin, daß sie den Leser auf eine neue Weise mit seiner gewohnten Umwelt bekannt macht.

Warum, fragt der naive Verstand, soll ich an einem photographischen Apparat nicht Eigentum haben wie an anderen Dingen? Was spricht dagegen? Ich habe doch eine vollständige, ausschließliche Verfügung über diesen Apparat und über die Bilder, die ich mit ihm herstelle. Aber die Frage ist falsch gestellt und falsch beantwortet, denn auf diese Beziehung kommt hier nichts mehr an. Die Frage ist vielmehr: gehört dieser Apparat noch in die Ordnung des Eigentums oder gehört er ins technische Kollektiv? Und diese Frage beantwortet sich seit dem Augenblick, in dem das photographische Verfahren ein mechanisches Vervielfältigungsverfahren geworden ist, denn damit wird es Verfahren des technischen Kollektivs. Warum sind mechanische Vervielfältigungsverfahren und Eigentum unvereinbar? Weil das Verfahren sich dem Begriffe des Eigentums widersetzt, und zwar auf eine Weise, die zunächst nicht voraussehbar war, die nicht begriffen wurde, die sich aber herausstellt. Der einzelne Apparat, der sich noch in privatem Eigentum befindet, der noch als Sonderding begriffen wird, ist nicht das Wichtige; wichtig allein ist das mechanische

Verfahren und sein Prinzip der Organisation. Zu einer Welt, die vollkommen photographierbar geworden ist, läßt sich das Eigentum schwer hinzudenken. Das leuchtet vielleicht schon dem ein, der die fliegenhafte Zudringlichkeit des mit einem Apparat bewaffneten Menschen gegenüber dem Eigentum und dem Eigentümer bemerkt. Die Ablösung der Photographie vom Objekt ist gleichbedeutend mit einer Ablösung des Eigentums vom Eigentümer, und diese Ablösung ist überhaupt das Kennzeichen des mechanischen Vervielfältigungsverfahrens. Die Photographie ist nicht, wie viele meinen, eine Bereicherung des Sehens, sondern ein allem Sehen zusetzendes Verfahren, welches das Auge in mechanischen Zeit- und Raumverhältnissen einübt. Wer immer und überall photographiert, der sieht nur noch photographierbare Ausschnitte. Das photographische Verfahren ist ein vernutzendes Verfahren, denn alle mechanischen Vervielfältigungsverfahren vernutzen Vorhandenes durch Ablösungen und mechanische Wiederholungen. Im Lichtspiel, dem das gleiche mechanische Vervielfältigungsverfahren zugrunde liegt, wird der Vorgang noch deutlicher. Auch an einer Lichtspielmaschine kann ich noch Eigentum haben, aber das sagt nichts über das Verfahren aus. Für den Rundfunk gilt das gleiche. Daß sich an dem, was diese Verfahren darstellbar machen, alle Welt belustigt, sagt über die Verfahren nichts aus. Wichtig aber ist, daß ein Bewußtsein darüber entsteht, wie diese Verfahren die Welt verändern.

Die technische Reklame und Propaganda des Kollektivs werden ausschließlich mit mechanischen Vervielfältigungsmitteln betrieben. Die Propaganda stützt sich auf Photographie, Lichtspiel, Rundfunk und den automatisierten Druck. In einer Eigentumsordnung bedarf es dieser Propaganda nicht, weil das auf Sachgrenzen gestützte Eigentum sich nicht auf Propaganda zu stützen braucht. Für das technische Kollektiv, in dem die Sachgrenzen verlorengehen, ist sie von zwingender Notwendigkeit. Propaganda ist der Beleg dafür, daß die Sachgrenzen verloren gehen. Das Bestreben des Kollektivs geht dahin, jedes Eigentum an den Geräten der Propaganda, an den mechanischen Vervielfältigungsverfahren also, aufzuheben, wodurch es sich in jenen einzigen Lautsprecher verwandelt, der auf der Erde und im Äther wahrnehmbar ist. Was ist diese Propaganda im Kollektiv? Sie ist Arbeitspropaganda. Sie ist die mechanische Stimme, die den Konsum der Mangelorganisation begleitet. Propaganda ist selbst Konsum, ist abnutzend, konsumierend. Deshalb ist sie mit einer Eigentumsordnung nicht vereinbar, denn deren Kennzeichen ist, daß sich die Substanz des Eigentums erhält und sorgsam bewahrt wird. Propaganda aber ist Substanzminderung und kann nur als Verfahren begriffen werden, welches die Substanzminderung begleitet. Natürlich versucht sie das zu verhüllen, und dieses verhüllende, verbergende Bestreben ist eins mit ihrer Lügenhaftigkeit. Propagieren lassen sich nur Begebenheiten, welche propagiert werden müssen; was sich nicht propagieren läßt, liegt außerhalb des technischen Kollektivs. Die Eigentumsordnung braucht sich nicht auch noch zu propagieren. Aber Photographie, Lichtspiel, Rundfunk und automatisierter Druck sind die Träger der vom Kollektiv betriebenen lügenhaften Propaganda, die dem Menschen ohne Unterlaß zusetzt und in dem Maße verstärkt wird, in dem der Konsum des Kollektivs zunimmt.

Das photographische Sehen ist ein kinetisches Sehen, das Hören an den Lautsprecherapparaturen ein kinetisches Hören. Das Sehen, Wahrnehmen, Hören, sich Bewegen vermittelst Automaten ist kinetisch. Aus dieser Welt der automatisierten Technik erhebt sich immer eindeutiger, gebietender, zwanghafter die mechanische Riesenstimme des Kollektivs, deren dumpfer Donner überall und ohne Unterbrechung ertönt. Jeder soll sehen, jeder hören, jeder sich bewegen, wie das Kollektiv gebietet. Die einander feindlichen Kollektive, die alle das gleiche Ziel haben, indem sie auf das Universalkollektiv und den Universalarbeitsplan hinarbeiten, auf einen zentral gelenkten, erdumspannenden Automatismus, erfüllen die Erde und den Luftraum mit diesen beschwörenden, sich monoton wiederholenden und immer drohender werdenden Titanenstimmen. Und leiser und leiser scheinen die Gegenstimmen zu werden. Aber wenn sie auch schweigen, das Kollektiv würde nicht schweigen können. Schweigen und Ruhe sind mit dem technischen Kollektiv unvereinbar. Das Schweigen ist sein Feind, die Ruhe ihm tödlich. Sein Automatismus darf keine Zeitsekunde still stehen und verlangt gebieterisch die mechanische Bewegung, die rastlose Vervielfältigung, die nie unterbrochene Propaganda. Je lauter das Kollektiv wird, desto tiefer wird das Schweigen. Es ist, als ob Dämonen ohne Pause auf eine gewaltige Trommel schlügen, nur um das Schweigen zu verhindern. Aber es wird so tief werden, daß das Kollektiv daran zerspringt, zerplatzt, denn so müssen wir uns das Ende des Kollektivs vorstellen. Seine Explosivtechnik führt zu Explosionen. Die Detonatoren in ihm nehmen beständig an Wucht zu. Die Weltkriege sind die Detonationen des Kollektivs.

23.

Der italienische Historiker Guglielmo Ferrero führt in seinem Buche über die Macht an, daß es vier Prinzipien der Legitimität gibt, auf die sich der Staat stützen kann: Erbfolge, Wahl, das monarchisch-aristokratische und das demokratische Legitimitätsprinzip. Wir können diese Einteilung und ihre Zuverlässigkeit auf sich beruhen lassen, wollen aber über das Prinzip der Legitimität folgendes bemerken. Wo es in unserer Geschichte hervorgetreten ist, wo es die Rechtfertigung der Macht war, dort führte es Eigentum mit sich. Die rechtmäßige Aneignung der Macht setzte eine bestehende Eigentumsordnung voraus, weshalb auch der Angriff auf das Eigentum das Prinzip der Legitimität am tiefsten erschütterte. Am sichtbarsten wird das bei der Erbfolge, beim Erbgang der Macht, der in Parallele steht zum Erbgang des Eigentums. Die Erschütterung der Legitimität, die zu illegitimen Usurpationen der Macht führt, kann sehr verschiedene Gründe haben. Wird die Legitimität wie von Talleyrand und Metternich auf die erbliche Monarchie gestützt, so wird sie durch Unterbrechung der Erbfolge erschüttert. Wird sie wie von Napoleon III. auf das Plebiszit der Nation gestützt und dem Nationalitätsprinzip gleichgesetzt, so wird die Legitimität des plebiszitären Monarchen durch den Wahlakt der Nation begründet und aufgehoben.

Im neunzehnten Jahrhundert kommt es zu einer Krise des Legitimitätsprinzips, die immer tiefer greift und ihren Grund darin hat, daß der sich ausweitende Maschinenkapitalismus die Ordnung des Eigentums aufzulösen beginnt. Die Krise der Legitimität, die sich in den Auseinandersetzungen zwischen Monarchie und Demokratie, Maschinenkapitalismus und Maschinensozialismus zeigt, verschärft sich in dem Maße, in dem das technische Kollektiv vorrückt. Indem dieses die Ordnung des Eigentums angreift, erschüttert es zugleich die Legitimität, ohne an die Stelle der alten Legitimität eine neue setzen zu können. Es findet keine mehr vor. Der Grund dafür ist, daß mit einem mechanisch bestimmten Kollektiv keine Legitimität mehr zu verbinden ist. Indem es die Eigentumsordnung aufhebt, hebt es zugleich die Rechtsordnung auf, die sich auf das Eigentum stützt. Das Kollektiv hat seine Stütze nicht mehr in einer Rechtsordnung, sondern im Funktionieren der Maschinerie. Nicht nur wird der Wahlakt, wird das Plebiszit im technischen Kollektiv immer verdächtiger, fragwürdiger und überflüssiger, durch Wahlen und Plebiszite kann hier keine Legitimität mehr begründet werden. Der leitende Funktionär eines solchen Kollektivs muß versuchen, mit dem Schein der Legitimität, also ohne sie auszukommen. Das technische Kollektiv ist die Revolution in Permanenz. Wo es an den Wahlen und Plebisziten der Demokratie festhält, dort hat es die Wahlverfahren so mechanisiert, daß sie einen mechanischen Zwang auf den Wähler ausüben. Wählen heißt hier in jedem Falle für das Kollektiv stimmen. Wer nicht für das Kollektiv stimmt, der ist schon bedroht, ist schon gefährdet. Der leitende Funktionär des Kollektivs ist kein legitimer Monarch oder Präsident, er ist Usurpator. Er ist Tyrannus absque titulo, denn er stützt sich auf keinen Rechtstitel mehr, sondern auf die massierte Kraft der Mechanik, über die er verfügt. Er beherrscht und bedient die zentrale Schaltstelle dieser Mechanik. Die disponible Macht, über die er verfügt, ist sehr groß. Dennoch ist er, eben wegen der Verbindung mit der Mechanik, durchaus Instrument. Er hat keine autonome Größe, sondern einen sichtbaren Werkzeugscharakter. Er bleibt Funktionär, bleibt an das Kollektiv gebunden und kommt von ihm nicht los. Seine geschichtliche Aufgabe ist die Steuerung dieses Kollektivs.

Wo die Legitimität fehlt, dort entsteht, wie Ferrero ausführt, eine wechselseitige Angst und Furcht zwischen Herrschenden und Beherrschten. Diese Angst ist durch keine Wahl, durch kein Plebiszit mehr aus der Welt zu schaffen, wenn das technische Kollektiv einen hinreichenden Grad von Macht erreicht hat. Das Kennzeichen des fortschreitenden Kollektivs ist die Angst, die in ihm aufsteigt und die in ihm lebenden Menschen mehr und mehr zu erfüllen beginnt. Es produziert gleichsam Angst, wie es Waren produziert, nur mit dem Unterschied, daß diese Angst schwerer zu konsumieren ist als die Waren. Es liegt nahe, diese wachsende Angst mit der Auflösung der auf manueller Arbeit ruhenden Eigentumsordnung in Zusammenhang zu bringen. Denn das geborgene Leben, das der auf die Eigentumsordnung gestützte Mensch zu führen vermag, hört auf. Im Kollektiv haben Eigentum und Erbrecht wenig zu sagen. Auch verlieren Ehe und Familie in ihm die Stützen, welche sie in der Eigentumsordnung hatten. Die Familie, die sich in der Zeit des Maschinenkapitalismus bildet, ist die Zwergfamilie von Eltern und unmündigen Kindern, die mit der Mündigkeit der Kinder aufhört.

Indessen hat die wachsende Angst noch andere Voraussetzungen. Das technische Kollektiv ist seinem Begriffe nach an Sachgrenzen und räumliche Grenzen nicht gebunden. Es ist distanzlos und Angst entsteht überall nur dort, wo Distanz verloren geht. Distanz aber geht dort verloren, wo ich Herrschaft verliere, Herrschaft über mich selbst und die anderen, Herrschaft über Zeit und Raum, Herrschaft über die Dinge, die Ereignisse, die Geschehnisse, die Verfahren, deren ich mich bediene. Diese Angst entsteht im Kollektiv, obwohl es überall auf mechanische Gleichheit dringt, obwohl in ihm ein Bestreben ist, eine Identität zwischen Regierenden und Regierten herzustellen, obwohl es für sich in Anspruch nimmt, die Demokratie bis in ihre letzten Möglichkeiten zu verwirklichen. Die Angst entsteht, obwohl in ihm anstelle des ökonomischen Prinzips der freien Konkurrenz die Konkurrenz eines mechanischen Leistungsprinzips gesetzt wird. Die Angst entsteht, obwohl die Menschen des Kollektivs ihrer Substanz nach gleichartiger sind als die in der Ordnung des Eigentums lebenden Menschen und unter gleichförmigeren Lebensbedingungen stehen. Die Unheimlichkeit der Welt nimmt zu, und die Schutzlosigkeit und Ungeborgenheit des Menschen tritt in ihr hervor. Die Angst quillt aus allen Fugen des Kollektivs und prägt die Gesichter seiner Menschen.

Gewiß, wenn die Ordnung des Eigentums zerbricht, dann zerbricht mit ihr eine alte Sicherheit, zerbricht jenes Vertrauen, das die Menschen haben, solange sie in der Geborgenheit anerkannter Grenzen leben. Innerhalb einer mechanischen Organisation bin ich überall bedroht, überall gefährdet; sie setzt dem Menschen auf eine Weise zu, die sich nicht voraussehen ließ. Die Exaktheit ihres Funktionierens schützt mich nicht; diese Exaktheit ist der Ausgangsort aller Bedrohung. Ich kann die Exaktheit mechanischer Bestimmungen nur vermehren, indem ich Sachgrenzen aufhebe, und indem ich es tue, setze ich dem Menschen zu. Darüber hat noch kein exakter Wissenschaftler jemals nachgedacht, darüber ist ihm nicht die leiseste Vermutung aufgestiegen. Warum wohl? Weil seine Aufgabe die Zerstörung von Sachgrenzen und ihr Ersatz durch mechanische Bestimmungen ist. Warum muß das Kollektiv die Zwangsverfahren gegen den Menschen vermehren, warum wandelt es sich mehr und mehr in ein Gefängnis um? Weil es auf dem mechanisch geübten Zwang beruht und weil dieser Zwang den elementaren Regreß zur Folge hat, den wir in der „Perfektion der Technik" beschrieben haben. Die Angst steigt im Menschen auf, weil er von seiten der Apparatur her bedroht wird, weil diese sich unübersehbar ausweitende Apparatur Organisation wird und weil aus dieser Verbindung explosive Kräfte, vulkanische Mächte, Zerstörungen von ungeheurem Umfang hervorbrechen. Der alte Typhon und seine Söhne und Töchter werden wieder munter. Das Gefüge des technischen Kollektivs bebt von diesen, von ihm nicht mehr zu bändigenden und im Zaum zu haltenden Kräften. Und seine Menschen, die so geräuschempfindlich sind, daß sie bei jeder nahen oder fernen Erschütterung zusammenfahren, können sich von der Angst nicht befreien, die sie im Bereich der automatisierten Technik immer empfinden, die ihnen ihre an die Zukunft des Kollektivs gekoppelte Zukunft einflößt. In dieser Angst ist eine Art von lauschender Erwartung, ist eine Erwartung, die dem Vorgefühl gleicht, das sich auf eine kommende, mächtige Explosion vorbereitet.

Die Angst, sagten wir, quillt aus allen Fugen des Kollektivs; sie zeigt sich überall. Als Beispiel dafür, wie der Mensch sich gegenüber einer Umwelt verhält, in der die Eigentumsordnung zerrieben und zermahlen wird, wollen wir hier den Existentialismus französischer Prägung betrachten, der von Jean-Paul Sartre geführt wird. Der Existentialismus ist, wo immer er auftritt, der Ausdruck einer Notlage, und diese Notlage hat ihre geschichtliche Bewandtnis. Existenz ist ein Begriff, von dessen Geschichtlichkeit ich nicht absehen kann. Die Geschichtlichkeit dieses seines Existierens ist es, die dem Menschen zusetzt. Daß der Mensch sich seiner Existenz, seines Existierens in dieser Welt in einer schärferen und dringenderen Weise bewußt wird, daß er auf dieses Existieren zurückgeworfen wird, daß er sein Anliegen aus ihm macht, ist nicht sowohl der Ausdruck seiner Natur als seiner geschichtlichen Situation. Diese beginnt ihm so nachhaltig zuzusetzen, daß er sich seiner Armut bewußt wird. Wie das in dem Denken von Sartre geschieht, wollen wir hier andeuten.

Einer der Sätze des sartre'schen Existentialismus ist: „L'homme est un être chez qui l'essence est précédée par l'existence." Das Sein wird wie im mittelalterlichen Denken als existentia der essentia gegenübergestellt. Darin liegt, daß es als Ergänzung gefaßt wird, als Ergänzung der Möglichkeit zur Wirklichkeit nämlich. Der Satz von Sartre ist nicht neu, und wenn er gleichbedeutend wäre mit der scholastischen Formulierung Operari sequitur esse, könnte ihm zugestimmt werden. So aber wie er hier vorgebracht wird, ist er nur ein Kunstgriff, mit dem sich nichts gewinnen läßt. Denn ob ich die essentia der existentia vorausmarschieren lasse oder die existentia der essentia, das besagt noch nichts. Jede existentia setzt eine essentia voraus, den wo etwas Seiendes ist, dort muß es auch eine Beschaffenheit haben. Und jede essentia ist auf existentia angewiesen, denn in der Beschaffenheit zeigt sich eben das Seiende. Das gilt für jede „raison d'ordre philosophique et logique", von der Sartre in seiner Schrift „L'existentialisme est un humanisme" spricht. Was soll ich mir also unter einer existentia, welche der essentia vorausgeht, vorstellen? Vielleicht ein pures ens rationis oder besser ein ens metaphysicum? Diese Trennung von essentia und existentia ist der Kunstgriff von Sartre, um zur Willensfreiheit und Wahlfreiheit zu kommen. Der Akzent des Handelns wird bei ihm auf den Akt der Wahl gelegt, das heißt, die Wahlfreiheit erhält bei ihm jene gesteigerte Bedeutung, die sie überall dort erhält, wo von der Kontinuität zur Diskontinuität übergegangen wird. Sartre behauptet, daß der Mensch sich selbst wählt, und daß er, indem er sich selbst wählt, zugleich alle anderen Menschen wählt. Darin liegt zunächst, daß die individuelle Entscheidung allen anderen vorausgeht, denn der subjektive Akt der Wahl begründet alle Freiheit, meine eigene wie die der anderen. Aber wenn in dieser Weise gesagt wird, daß der Mensch sich selbst wählt, dann ist das nichts anderes als eine Tautologie. Diese Wahl sagt über das Wesen der Freiheit noch nichts aus. Ist der Mensch vor dem Ich-Selbst da, oder ist das Ich-Selbst vor dem Menschen da? Dann wäre eben die existentia vor der essentia oder die essentia vor der existentia da. Die Frage, ob das Huhn vor dem Ei oder das Ei vor dem Huhn ist, führt mich nicht weiter. Sage ich aber, daß der Mensch sich als Mensch wählt, dann ist das eine Tautologie. Meine Freiheit muß ich freilich hervorbringen, denn wenn ich sie nicht hervorbringe, ist sie nirgends. Ich kann mich nicht darauf einlassen, daß sie ein anderer für mich hervorbringt, denn das geht nicht.

Im Grunde ist dieser Existentialismus nichts anderes als ein alt und mürbe gewordener Cartesianismus. Aber in dem descartes'schen Cogito steckt eine Zuversicht, ein Glaube, ein ungebrochenes Vertrauen hinsichtlich des Denkens, von dem hier nichts mehr zu spüren ist. Der sartre'sche Cartesianismus ist sensualistisch eingefärbt. Angoisse, désespoir und nausée setzen ihm zu. Vielleicht ist der Ekel unter ihnen am aufschlußreichsten. Er ist an Geruchssensationen geknüpft, und wo diese in lästiger Weise zu überwiegen beginnen, deuten sie auf massive Fäulnisherde hin. Wo die ,,Fliegen" sich versammeln, liegt auch das Aas nicht weit. Der Ekel am Menschen, der Ekel vor dem Menschen bricht aus diesem Existentialismus nach Art einer Überschwemmung hervor. Und er ist überall an die Angst geknüpft, er mündet in die Verzweiflung. Ekel ist freilich ein Existential, wie es Angst und Verzweiflung auch sind. Zugleich ist er ein Befund, der, wenn ich ihn am Menschen mache, mir eindeutige Aussagen über diesen Menschen an die Hand gibt. Sich frei von jedem Ekel zu halten, das ist so sehr ein Zeichen des gutbeschaffenen Menschen, wie der Ekel ein Zeichen des erkrankten, der Dekomposition sich zuwendenden ist. Wer sich vor dem Menschen ekelt, der ist weder Christ noch Humanist noch Heide mehr, der geht vielmehr durch ein Tor, hinter dem schlimme, widrige Vorgänge sich abspielen, intestinale Vorgänge, die nicht mehr an ihrem angemessenen Ort bleiben, sondern nach außen hin, durch die Oberflächen, durch die Haut hindurchbrechen. Diesem Denken fehlt die Haut, und sie fehlt auch dem Menschen, den es darstellt. Es ist ein geschundenes Denken.

Der Mensch, den Sartre schildert, ist der eigentumslose Mensch, der zwischen der zerfallenden Eigentumsordnung und dem technischen Kollektiv steht. Er hat nichts mehr hinter sich, vor sich aber nur die mechanischen Bestimmungen des Kollektivs, ,,une vision technique du monde, dans laquelle on peut dire que la production précède l'existence". Dieser Mensch zeigt offen seine Abneigung, im technischen Kollektiv aufzugehen und sich von seinen mechanischen

Determinationen einfangen zu lassen. Indessen lebt er schon auf eine Weise im Kollektiv, die recht weit geht; er bedient sich seiner mit der Absicht, sich vor ihm zu salvieren. Er macht von den Einrichtungen des Kollektivs unbedenklichen Gebrauch und ist von seiner Apparatur und seinen mechanischen Handgriffen so abhängig, wie das die Romane von Sartre und die darin dargestellten Figuren zeigen. Gleichzeitig sichert sich dieser Mensch vor dem Kollektiv durch das, was Sartre den Akt der Wahl nennt. An ihm wird nun auch sichtbar, was es mit diesem Akt der Wahl auf sich hat, das heißt die existentia und die essentia dieses Menschen wird sichtbar.

Hierüber ist folgendes zu sagen. Sartre ist der Darsteller des Type foutu in der Literatur, und alle Figuren seiner Romane sind Types foutus. Dieser Type foutu ist der Mensch, der aus der Eigentumsordnung herausfällt, der nichts Eigenes, nichts Eigentümliches mehr besitzt, der aber noch nicht ins technische Kollektiv eingegangen ist. Er ist ein Mensch des Dazwischen, deshalb auch seinem Wesen nach ein Flaneur, ein Herumstreicher und Schlenderer. Aber er schlendert nicht mehr auf dem Wiesenwege des Denkens und Handelns. Er denkt und handelt nicht mehr; sein ganzes Streben erschöpft sich darin, Zeit zu gewinnen, sich zu sichern, sich vor Entscheidungen davonzumachen. Er reflektiert darüber mit schlechtem Gewissen. Seine Reaktionen geben zu erkennen, daß er mechanischen Bewegungen überall folgt; er treibt sich zwischen den Mechanismen umher, wird von ihnen umhergetrieben. Seine Angst ist wie alle Angst Reaktion. Sein Ekel, seine Verzweiflung bleiben Reaktion. Er bewegt sich im Mechanismus der Weltstadt und ist einem fortgeschrittenen Automatismus unterworfen, an dem ihm besonders die narkotischen Reize zusagen. Daher auch der narkotisierte Eindruck, den dieser Mensch macht, der bei aller Enge und Schärfe des Bewußtseins zugleich einem Schlaf- und Traumwandler gleicht. Sein Bewußtsein partizipiert nur an eng umschriebenen Reaktionen, die immer wiederkehren. Das ist ein sektoriales Bewußtsein, das an Sektoren, an Ausschnitte gebunden ist. Dieser Mensch ist überzeugt davon, daß alles sinnlos ist, und zu solchen Überzeugungen braucht er ein Stimulans; er muß vom Stimulans die Bewegung borgen, die er selbst nicht hat. Er weiß, daß er ruiniert ist. Und frei fühlt er sich nur dort, wo er sich ruinieren kann.

24.

Der Type foutu, den Sartre schildert, und der Mensch, der widerspruchlos im technischen Kollektiv aufgeht, unterscheiden sich. Bevor wir aber diesen Kollektivmenschen betrachten, bedarf es eines Blickes auf den Arbeitsvorgang. Der Gesamtarbeits-Prozeß, der im Gange ist, bedarf eines Überschlages und einer Nachprüfung. Ziel dieser Nachprüfung wird immer sein, was er für den Menschen abwirft. Entdeckungen und Erfindungen aller Art, wissenschaftliche und technische Fortschritte, Aufdeckung einer mechanischen Naturgesetzlichkeit, Durchbildung von Apparatur und Organisation beschäftigen uns nicht um ihrer selbst willen. Applicatio fiat! Die Anwendung aber liegt darin, daß alles Entdecken und Erfinden, Experimentieren und Mechanisieren nicht in menschenleeren Räumen, sondern am Menschen geschieht und im Menschen sein Ziel hat. Der Mensch mag sich wenden, wie er will, sein Denken, sein Handeln, seine Geschäfte und Versuche kehren zu ihm zurück. Er wird Gegenstand dessen, was er zum Objekt bestimmt hat. Er kann sich nicht auf die Subjektivität seiner Bemühungen berufen, nicht in ihren Turm einschließen. Tut er es, dann verfährt er gewaltsam, dann türmt sich mit der gleichen Gewaltsamkeit die Objekt-Welt, die er abhängig und zunichte machen wollte, gegen ihn auf.

Wer den mit der Maschinerie verbundenen Konsumtionsvorgang und die ihm innewohnende Gesetzlichkeit erkennt, dem wird auch aufgehen, daß das Tempo der Bewegung, ihre wachsende Beschleunigung durch das wachsende Defizit bestimmt wird. Der bunte Schleier des Fortschritts zerreißt nun; die Notlage tritt nackt hervor. Durch diese Arbeit kommt der Mensch zu nichts, es sei denn zu der Erkenntnis, daß in seinem Denken verhängnisvolle Täuschungen stecken. Arbeit ist noch kein Wert. Arbeit hat noch keinen Rang. Arbeit erzeugt keinen Überfluß, denn vorher muß eine Art Mensch da sein, von welcher Überfluß schon ausgeht. Ein fruchtbares, fruchtbringendes Denken ist die Vorbedingung aller fruchtbaren Arbeit. Wir können auf die intensivste, angestrengteste Weise arbeiten, und doch kommt nicht mehr dabei heraus, als die Erhöhung des Gesamtverlustes. Die Fleißigsten tragen am meisten zu diesem Gesamtverlust bei, weil sie die ärmsten sind.

Was ist also Arbeit? Arbeit ist ein geschichtlicher Begriff, kein dem Naturreich angehörender. Arbeit ist ein geschichtliches Geschehen, und als solches soll sie hier behandelt werden. Die Tätigkeit der Natur kann nicht in diesem geschichtlichen Sinne als Arbeit angesehen werden, auch wird sie nicht als Arbeit empfunden. Die Unermüdlichkeit der Natur ist ihr sich wiederholendes Spiel, ist zugleich Gang einer elementaren, nicht einer geschichtlichen Notwendigkeit. Hier ist keine Wahl, hier kann nichts anderes geschehen. Die Gattung bestimmt, was das Individuum zu tun hat. die Spezies verfügt über ihre Individuationen. Ein solches Tun kann nur in metaphorischer Analogie zum menschlichen Tun als Arbeit betrachtet werden. Es wiederholt sich nur. So wie Ebbe und Flut sich wiederholen, so wie die Bewegungen der Planeten sich wiederholen. Eine Bewegung holt die andere herbei und macht ihr Platz. Auch der vor der Geschichte lebende Mensch ist mannigfach tätig, aber diese Tätigkeit ist noch keiner geschichtlichen Gesetzmäßigkeit unterworfen, ist nicht Arbeit im geschichtlichen Sinne. Wir können sagen, daß dort, wo das Naturgesetz bestimmt, der Begriff der Arbeit nicht aufkommen kann, denn der Arbeitscharakter des Tuns ist von der im Geschehen tätigen Kraft noch nicht ablösbar. Deshalb empfinden wir das, was unser Körper automatisch tut, die Verdauung, das Wachstum, die bewußtlose Tätigkeit der Organe nicht als Arbeit. Wir pflegen Arbeit nur das zu nennen, was mit dem Bewußtsein der Arbeit getan wird. Unsere Tätigkeit endet nicht, wo dieses Bewußtsein aufhört, aber diese Tätigkeit bezeichnen wir, wenn wir nicht eben in Begriffen der Mechanik denken, nicht mehr als Arbeit. Das Spiel, die Erholung, die Ruhezeiten und zahllose andere Geschehen nennen wir nicht Arbeit. Sie alle können aber einem Arbeitsbegriffe unterworfen werden.

Wir können weitergehen und sagen, daß jede Tätigkeit, die mit dem Bewußtsein der Freiheit verrichtet wird, ihren Arbeitscharakter verliert. Was ich freudig tue, verliert eben durch diese Freudigkeit des Tuns seinen Arbeitscharakter. Die freie Arbeit, die diesen Namen verdient, wird durch die Freudigkeit des Tuns gekennzeichnet. Ihr fehlt das Bewußtsein des Zwanges, der Not und Notwendigkeit, die der unfrei geübten Arbeit anhaften. Solche freie Arbeit ist, wie schon bemerkt wurde, nicht unbegrenzt vorhanden, denn ihr ist eigentümlich, daß sie auf zwanghafte Weise nicht vermehrt werden kann. Nur indem ich den Zwang vermehre, kann ich auch die Arbeit vermehren. Hier ist eine Grenze schwer abzustecken, denn durch Zwang ist das Quantum der Arbeit fast in beliebiger Weise zu steigern, bis in die Zustände der äußersten Erschöpfung und des Zusammenbruches hinein. Das Arbeitsfeld läßt sich unermeßlich erweitern. Daher die Ausdehnung der mit mechanischem Zwang verbundenen, unter mechanischem Zwang stehenden Arbeit. Daher die Zunahme der Zwangsarbeit und der Zwangsarbeitsorganisationen, die in dem Maße erstarken, in dem die Maschinerie und ihre Verbindungen vermehrt werden. Je dichter dieses Netz gespannt wird, desto berechenbarer werden die Funktionen, die den Menschen erwarten, an denen er nicht vorbeigehen kann, denn sie fangen ihn ein. Hier öffnet sich die mechanische Arbeitswelt, in der es Arbeiter gibt, das heißt Menschen, die mit mechanischen Funktionen beschäftigt sind, die als Funktionäre mechanischer Arbeit bezeichnet werden können.

Was ist Arbeit? Arbeit, so lautet eine Definition der Ökonomisten, ist jede menschliche Tätigkeit, die auf Wertschaffung gerichtet ist. Diese Definition ist unbestimmt, enthält auch eine Qualifikation, die erschlichen ist. Denn es versteht sich, daß Arbeit auch jene menschliche Tätigkeit ist, die auf die Zerstörung von Werten gerichtet ist. Diese wertzerstörende Tätigkeit ist ihrem Umfange und ihrer Intensität nach nicht geringer als die wertschaffende. Jede Wertschaffung setzt schon eine Wertzerstörung voraus. Wäre die Wertzerstörung beständig geringer, dann müßte angenommen werden, daß die Werte beständig zunehmen. Das aber ist nicht der Fall. Arbeit ist etwas, das sich mit einer Qualifikation von vornherein gar nicht verbinden läßt, auch dort nicht, wo sie mit dem größten Fleiße geübt wird. Der Fleiß ist — simpel gesprochen — an sich weder eine Tugend noch lobenswürdig, denn auch Dummheit, Bosheit und Gemeinheit können sehr fleißig sein und sind es. Arbeit ist nichts Auszeichnendes, weil sie Arbeit ist, und sie ist es um so weniger, je mehr sie mit Zwang verbunden ist. Das Lob der Arbeitswelt und die Hymne auf die Arbeit stimmen wir deshalb nicht an, überlassen jede Apologie vielmehr denjenigen, die sich am mechanischen Rhythmus der Werkstättenlandschaften begeistern. Mögen sie auch Arbeitsämter, Arbeitskarten, Arbeitslager und Arbeitsleistungen besingen. Wir halten uns an den guten, alten, bescheidenen Sinn des Wortes, das Not und Mühsal bezeichnet. Auch ist unsere Aufgabe eine andere, kein Loblied, sondern Feststellung jener arbeitsmäßigen Zusammenhänge, die der Gegenwart eigentümlich sind.

Arbeit, so lautet die Definition der Mechaniker, ist die Leistung, die bei der Überwindung eines Widerstandes von einer Kraft bewirkt wird. Je größer der Widerstand, der bewältigt wird, je größer die Kraft, die bei seiner Überwindung zugesetzt wird, je größer der in Richtung der Kraft zurückgelegte Weg, desto größer die geleistete Arbeit. Das klingt nüchterner. Wo die überwundenen Widerstände bleiben, erkennt der, der das Verhältnis von Apparatur und Organisation untersucht. Warum wird der Mensch immer unerbittlicher in das Netz der mechanischen Arbeit gespannt, warum wird ihm eine immer peniblere Arbeitsordnung vorgeschrieben? Und warum gibt es Staaten, die Millionen von Zwangsarbeitern in Konzentrationslagern und Arbeitslagern beschäftigen? Weil der Konsumtionsvorgang vorangeht. Alles wird nun in die Geschäftigkeit, in das Gewerbe, in die Vernutzung hineingezogen. Und so wird es denn bald vernutzt werden, und nicht mehr da sein. Welche Armut, welche wachsende Not! Und wie greift diese gemeine Not nach allem, wie versteht sie es, sich mit großem Namen zu rechtfertigen. „Im Prozeß des Ganzen" bemerkt Nietzsche, kommt die Arbeit der Menschheit nicht in Betracht, weil es „einen Gesamtprozeß (diesen als System gedacht)" nicht gibt. Offenbar, aber temporär gedacht, kann es zu einem solchen kommen, kommt es zu dem, was Nietzsche die „Solidarität der Räder" nennt. Faßt man den Arbeitsprozeß als planetarischen Vorgang, als Arbeitsprozeß der Menschheit, nimmt man zugleich die Arbeit als Maßstab der Bewertung des Menschen, dann dringt die Sinnlosigkeit des ganzen Vorgangs auf überraschende Weise ins Bewußtsein. Den Menschen nun, der in diesem Arbeitsprozeß aufgeht, wollen wir betrachten. Das Material zu dieser Betrachtung muß, wenn wir richtig gesehen haben, in unserer Hand sein. Das technische Kollektiv und der Mensch, der in ihm widerspruchslos am Werke ist, müssen sich entsprechen. Der zentrale Funktionalismus der Arbeitsordnung ist so weit durchgebildet, daß er überall am Menschen ablesbar ist. Der wissenschaftliche, der technische, der arbeitsmäßige Spezialist in allen ihren Verkümmerungsformen werden hier anzutreffen sein.

Prüft man den Menschen ganz auf seine Nützlichkeit, wertet und schätzt man ihn nach seiner Anpassungsfähigkeit, Verwendbarkeit, Abnutzbarkeit, dann mißt man ihn nach partikularen Fähigkeiten, die ihm innewohnen oder beigebracht werden können. Hier wird nach seiner Brauchbarkeit und Verbrauchbarkeit gefragt, und alle Methoden der Erziehung, Ausbildung und Wissensvermittlung laufen darauf hinaus, ihn zu jenem nützlichen und vernutzbaren Wesen zu machen, das man für den Arbeitsprozeß und seine Funktionen benötigt. In diesem soll er nun aufgehen. Ein Überschuß von Kräften, den er selbständig für sich verwendet, ist hier weder nötig noch erwünscht; dieser stört zuletzt nur die Arbeit, die, je mechanischer sie wird, auch gewisse mechanische Tugenden verlangt. Ein Zuschnitt des Menschen auf die Funktionen, die er auszuüben hat, ist unerläßlich. Man muß ihn also normieren, muß ihn dem gleichen Vorgange unterwerfen, der sich an der Apparatur ablesen läßt. Ein solches Unternehmen läuft auf die Forderung hinaus, daß er bei maximaler Nützlichkeit ein Minimum von Resistenz, Widersetzlichkeit und Eigenwillen zeigt, daß er zudem mit der minimalen Gegenleistung befriedigt werden kann. Man steckt nur soviel in ihn hinein, daß er sich ordnungsmäßig verbraucht; man ersetzt seinen Verbrauch nur so, daß am Ende seines Lebens nichts mehr da ist, nichts übrig geblieben ist. Er soll nichts mehr ansammeln, das ihm und nicht dem Arbeitsvorgang zugute kommt. Störende Einwirkungen, die von ihm ausgehen, sind zu beseitigen. Die einzige Frage ist, in welchem Maße er für die Zwecke und Ziele, die erreicht werden sollen, ausgebeutet und verbraucht werden kann. Die Antwort darauf lautet: er kann um so intensiver ausgebeutet werden, je mehr das mechanische Nivellierungsverfahren einem menschlichen Minimalzustand sich nähert. Gleichheit und Einheit entsprechen sich, denn die Ausgleichung der verschiedenen Niveaus setzt sich in Einheit um. Der dialektische Prozeß, der an der Ausgleichung des Niveaus arbeitet, endet, wenn ein Minimalzustand erreicht ist. Die Erfahrung lehrt, daß die Ausbeutung, je zentraler sie betrieben wird, um so weniger mit Widerständen zu rechnen hat. Diese Erscheinung hat nichts Befremdliches, denn der Mensch ist hier schon in einer Lage, die den Widerstand wenig aussichtsreich macht. Das Maß an mechanischer Verwendbarkeit, auf das er sich normieren ließ, schwächt seine Widerstandsfähigkeit, er ist dem Vorgange, dessen Beute er geworden ist, schon begrifflich nicht mehr gewachsen. Auch sind die Repressalien, die angewandt werden können, mächtig genug, um jeden Widerstand niederzuschlagen. Aber je weiter der Vorgang gesteuert wird, desto weniger bedarf es gewaltsamer Mittel. Die Zustimmung bleibt nicht aus. Gelingt es, den Menschen davon zu überzeugen, daß er für etwas anderes, für einen anderen arbeitet als für die private Ausbeutung und den dazugehörigen Ausbeuter, für das Kollektiv nämlich, dann vermindern sich die Reibungen des Arbeitsvorganges sehr. Daß es gelingt, wird sichtbar, wenn das Pathos und Ethos der Arbeit sich verändert, wenn der elende Sisyphos anfängt, sich in seiner Arbeit zu idealisieren, wenn er seinen Consensus zu der ihm aufgenötigten Ausbeutung gibt. Ein Consensus omnium ist dann erreichbar, ist geradezu das Kennzeichen eines erreichten Minimalzustandes. Die Kritik schweigt vor der emsigen Tätigkeit. Was das Kollektiv selbst treibt, wird nicht mehr untersucht, geprüft und nachgerechnet. Da nun aber das Kollektiv nichts anderes tun kann als der alte Kapitalist und private Ausbeuter, da es, nur in potenziertem Maßstabe, den Prozeß der Ausbeutung, Abnutzung und des Verschleißes forttreibt, entsteht eine heikle Situation, und zwar eben die, in der wir uns befinden. Der Unterschied zwischen privater und kollektiver Ausbeutung liegt vor allem in der Steigerung des Konsums. Der Arbeitsvorgang, die Methoden der Arbeit sind in beiden Fällen dieselben. Die Methoden vervollkommen sich, indem sie einem mechanischen Funktionalismus folgen; dieser aber verschärft sich in dem Maße, in dem die Ausbeute abnimmt. Nimmt die Ausbeute ab, dann muß die Ausbeutung verschärft werden.

Über ein Jahrhundert wird gegen die Ausbeutung, welche der private Maschinenkapitalist treibt, gewettert, und das Ergebnis dieser Polemik ist, daß die Ausbeutung vom technischen Kollektiv öffentlicher, einheitlicher, zentraler betrieben wird als je. Diese Polemik reichte nicht an die Wurzel des Vorgangs. War aber etwas anderes zu erwarten? Nein, denn in dem privaten Maschinenkapitalismus des neunzehnten Jahrhunderts steckt die gesamte wissenschaftliche Ausrüstung, die gesamte technische Apparatur des Maschinensozialismus, und der sozialistische Versuch, diese wissenschaftliche und technische Ausrüstung aus dem kapitalistischen Gefüge sauber herauszuschälen, ändert am Prinzip der Ausbeutung nichts. Der

Ausbeuter und die Maschinerie der Ausbeutung sind eins. Der Maschinenkapitalist und der Maschinenmarxist sind Brüder mit gleichen Kappen. Der Wissenschaftler, der Techniker, der Arbeiter gehen im Kollektiv den gleichen Arbeiten nach wie in der kapitalistischen Produktionsordnung. Oder glaubt man, daß der private Rüstungsfabrikant, der ja als Charakter so schwarz wie Schießpulver dargestellt wird, etwas anderes getrieben hat und treibt als sein Vetter im Kollektiv, der Stahl fabriziert, Granaten dreht, Giftgase und Bakterien ausprobiert. Das glauben nur ganz naive Zeitungsleser, denen ihr Morgenblatt die Überzeugung beigebracht hat, daß der eine ein Unmensch und Schweinehund, der andere aber eine edle Seele oder auch gar nicht vorhanden ist.

Je mehr die Massenbildung vorangeht, desto wichtiger werden die Kommandotürme, die Befehlsstände und Befehlsstäbe. Der Automatismus der Apparatur kehrt in der Arbeitsorganisation wieder, in den mechanischen Schaltstellen der technischen Bürokratie. Wichtig wird der Funktionär, der Mensch, der eine spezielle Arbeitsfunktion hat. Er ist nicht zu entbehren, weil Apparatur und Organisation ohne ihn erliegen müßten, weil er die Verkoppelung, die zwischen beiden besteht, überwacht, intakt hält und steuert. Er tritt als Wissenschaftler, als Techniker, als Vorarbeiter auf; ihn finden wir in den Ämtern, den Büros, den Werkstätten, in den Stäben, Zentralen und Gelenken der Arbeitsordnung. Seine Aufgabe ist, die Arbeitsordnung zu normieren, und dieser Aufgabe ist er gewachsen, weil er selbst einer technischen Norm ganz unterworfen ist. An ihm werden die schweren und bösartigen Verkümmerungen, die dem technichen Kollektiv als einer Mangelorganisation anhaften, besonders sichtbar. Kritische Fähigkeiten sind, wie gesagt, bei ihm weder zu suchen, noch darf man sie verlangen. Seine Nützlichkeit, seine Verwendbarkeit hängt eng damit zusammen, daß er in allem, was über die Sparte der Funktionen hinausgeht, ganz kritiklos ist. Er hat keinen Überblick über Zusammenhänge, über den Gesamtvorgang, über die Direktion der Bewegung. Hätte er diesen Überblick, dann wäre es mit seiner Nützlichkeit vorbei, dann wäre er nicht mehr Funktionär, dann würde er seine Funktionen einstellen. Er hat alle Eigenschaften, die ihn zu einem tüchtigen Vorarbeiter machen, eine funktionale Intelligenz und Sachlichkeit, angemessene theoretische Kenntnisse und praktische Fähigkeiten. Er ist arbeitsam, nüchtern und zuverlässig. Wäre es denkbar, daß man alle diese Eigenschaften noch steigert, daß man noch mehr aus ihm herausholt? Ja, indem man ihn immer maschineller macht. Wird er in das Gitter eines mechanischen Zeit- und Raumbegriffes ganz eingespannt, wird er ganz an mechanische Arbeitsverfahren gewöhnt, dann muß er noch brauchbarer, noch nützlicher werden, weil er berechenbarer, zuverlässiger, unfehlbarer wird. Die mechanische Unfehlbarkeit der Maschine wird er zwar nicht erreichen, aber er wird ein vollkommener Diener der Gesamtmaschinerie werden, die ihn nicht entbehren kann. Gehört er zur Elite der Funktionäre, dann wird er ein Organisator des Arbeitsvorgangs oder ein tüchtiger Maschinenkonstrukteur, Chemiker oder Biologe werden.

Im Zuge der Nivellierung, die auf ein Niveau zustrebt, wird der Funktionär immer unentbehrlicher. Er stellt sich als der Mensch heraus, der die Apparatur bereitstellt, der zugleich die gesamte Organisation der Arbeit durchbildet. Der Gesamtarbeitsprozeß läßt sich ohne ihn nicht denken, nicht seinen Zwecken und Zielen entgegentreiben. Man braucht den fleißigen Maulwurf und klugen Myops, der seine minierende Intelligenz in ihn hineinsteckt. Er steckt in der Führung der Arbeit, gehört zu ihrem Vortrupp, ist ihr Vorarbeiter. Er überzeugt durch Leistungen, die vermittelst einer mechanischen Kontrolle, vermittelst mannigfacher Testverfahren nachprüfbar sind. Freilich, die überzeugende, überredende Kraft des Ideologen hat er nicht; es haftet an ihm etwas Freudloses, Graues, Notwendiges, das niemanden froh macht. Der Ideologe ist Schauspieler, deshalb kein Spezialist, aber um so vertrauter mit den Wunschbildern des Menschen, mit aller utopischen und chiliastischen Sehnsucht, die unausrottbar in ihm steckt.

Zuletzt ist es der Konsumtionsvorgang selbst, durch den der Funktionär vorrückt. Die wissenschaftliche, technische, arbeitsmäßige Teilung des Arbeitsvorgangs, seine Stückelung, seine Zerlegung in einzelne Funktionen wird durch den Konsumtionsvorgang bestimmt. Der Zwang zur Ausnutzung der Bestände, zu einer immer mehr ausgearbeiteten, durchdringenden, verästelten Theorie und Praxis macht den Menschen unglaublich erfinderisch, schafft ganz neue wissenschaftliche und technische Disziplinen, die als Methoden einer verstärkten Nutzung und Ausbeutung zu begreifen sind. Hat der Mensch sich auf dieses Denken einmal eingelassen, dann kommt er nicht mehr aus ihm heraus, kann sich nicht mehr freimachen und beginnt sich in die seltsamsten Täuschungen und Luftspiegelungen zu verwickeln. Die Bilder, die den durstigen Wanderer in der Wüste umgeben, umgeben auch ihn; er eilt seiner eigenen Fata morgana entgegen. Dort, wo der Konsum am stärksten ist, glaubt er Reichtümer zu sehen. Dort, wo der Raubbau am brutalsten betrieben wird, wo die Ausbeutung gipfelt, sieht er in eine Spiegelwelt des Überflusses hinein, in seine bessere Zukunft nämlich.

Privat oder kollektiv — das Prinzip der Ausbeutung ist das gleiche. Aber die Verfahren rationalisieren und verschärfen sich. Das Prinzip der Ausbeutung muß deshalb immer rücksichtsloser auf den Menschen selbst angewandt werden. Der Mensch des Kollektivs ist dieser Ausbeutung so schutzlos ausgesetzt, wie er gegenüber der von ihm ersonnenen Apparatur und Organisation schutzlos ist. Vielleicht verdient dieser Mensch gar nichts anderes als die Sklaverei, da die Ausbeutungsverfahren, die er anwendet, so abscheulich sind, daß sie der Lage, in der er sich befindet, angemessen sind, wie diese Lage seine Arbeitsverfahren entspricht. Warum ihm also zu Hilfe kommen, wenn er sie verdient?

Wenn die ihm innewohnende Neigung zu mechanischer Abhängigkeit so groß ist, warum soll man ihn nicht in sein eigenes Netz laufen lassen? Warum ihm noch ein Wörtchen von der Freiheit zuraunen, da es nach Ansicht aller Funktionäre des technischen Kollektivs mit dieser Freiheit gar nichst auf sich hat? Wenn es gelänge sie mit dem Messer eines Superchirurgen aus dem Menschen herauszuschneiden, dann würde dieser Mensch in ganz erstaunlicher Weise funktionieren. Freiheit ist nach Ansicht der Funktionäre nur eine Illusion, ist ein Betrugsmanöver, mit dem jene operieren, welche die Produktionsmittel in der Hand hatten. Der Funktionär des Kollektivs, der die Produktionsmittel auch in der Hand hat, spricht nicht mehr von Freiheit, sondern von Produktion. Das Kollektiv, das eine mechanische Gleichheit anstrebt, weiß mit der Freiheit nichts mehr anzufangen. Warum also eine Sklaverei aufheben, zu der die Sklaven ihren Konsens geben, einen Konsens, der oft enthusiastische Formen annimmt. In solchen Einwänden steckt etwas Richtiges, denn ich kann niemanden zur Freiheit zwingen. Freiheit ist etwas, das ich hervorbringen muß. Aber solche Einwände dringen hier nicht durch, denn wir schreiben dieses Buch nicht als Instruktion und Arbeitsanweisung für die Funktionäre des Kollektivs und auch nicht für Menschen, die sich ihrer Freiheit willig begeben. Sie mögen solche Einwände bringen.

Die wunde Stelle des Kollektivs liegt dort, wo die Notwendigkeiten der Apparatur zum Regulator werden für die Arbeitswelt des Menschen. Daß der Arbeiter zum Arbeitsvieh, daß er zum Schlachtvieh wird, daß die Mißliebigen oder die nötig Gebrauchten in Lagern zusammengetrieben werden, daß die Heere der Zwangsarbeiter sich vergrößern, daß eine eigene Bürokratie die rücksichtslose Ausbeutung des Menschen bearbeitet, daß eine mechanische Notwendigkeit über alle Lebensverhältnisse entscheidet, das ist beim Ausbau des technischen Kollektivs nicht zu vermeiden. Sein Symbol ist das mit elektrischem Stacheldraht umgebene Konzentrationslager, um das herum Ketten von Türmen, Wachen und Hunden laufen. Dieses Kollektiv wird rigoros gegen den Menschen, weil seine Lage schwieriger wird. Und in ihm kommt es zu den Scheußlichkeiten, deren Anfänge wir jetzt kennen, zur Anhäufung von Arbeitsgefangenen auf engem Raume, zur Deportationen, Evakuierungen, Verschleppungen, Inhaftierungen, zur Abschlachtung ganzer Kategorien von Mißliebigen mit Mitteln, wie sie dem Kollektiv eigentümlich sind, mit massenwirksamen Mitteln wie Gas, Gift und automatischen Schnellfeuerwaffen. Im Kollektiv entwickelt sich eine mechanische Gefühllosigkeit gegenüber dem Leiden; der Mensch des Kollektivs hat die Fähigkeit, dieses Leiden ganz zu übersehen und den Tod zu bürokratisieren und mechanisch zu machen. Hier finden wir den Wissenschaftler und Techniker, der am Körper von Gefangenen experimentiert. Hier haben sich ganze Schindereien und Abdeckereien entwickelt. Das sind die Orte, die das Kollektiv zu verheimlichen und zu verstecken sucht, die aber so wenig verborgen bleiben können wie der Gestank, den der Wind über Land treibt.

25.

Bewegungen sind ohne ein Bezugssystem nicht denkbar. Das heißt, sie sind Relationen, und das System ist der Ort, von dem aus sie vermessen werden. Der Floh, der auf einem Reisenden sitzt, bewegt sich. Dieser Reisende sitzt, wird aber bewegt durch ein mechanisches Mittel, eine Eisenbahn nämlich. Zugleich rotiert die Erde und bewegt sich rotierend auf ein Rotationssystem zu, das, wie die Wissenschaftler annehmen, gerade explodiert und in Splittern auseinander fliegt. Alle diese Bewegungen, die Teilbewegungen sind, — denn es gibt nur Teilbewegungen — vollziehen sich nicht nur in Siriusentfernungen, in Milchstraßen- und Weltnebelentfernungen, sondern auch im Kopfe des Menschen. Ein solches Weltbild paßt vorzüglich zu einer mit hochexplosiven Vorgängen beschäftigten Technik. Die Übereinstimmung ist so sichtbar, daß sich aus ihr gewisse Vermutungen ableiten lassen. Der Kopf dieses Wissenschaftlers, der mit Formeln von Lichtjahren operiert, hat sich infolge dieser Beschäftigung nicht ausgedehnt, ist räumlich nicht größer geworden. Wodurch auch? Auch die „Welt" ist nicht größer geworden, nur in der Vorstellung hat sie sich ausgedehnt. Diese Ausdehnung vollzieht sich so rasch, daß sie unter dem Bilde einer Explosion begriffen werden kann. Jede Bewegung kann von mir als Explosion begriffen werden; jedes Übergehen eines Körpers oder eines materiellen Punktes aus einer räumlichen Lage in eine andere kann ich unter dem Bilde einer Explosion fassen. Auch eine Knospe, die sich erschließt, kann ich als platzende Granate betrachten. Weder die Formeln der Kinematik noch Newtons Axiomata motus können mich daran hindern, denn von einer absoluten Bewegung habe ich nicht den mindesten Begriff.

Aber der Gang der Wissenschaft ist für uns nicht mehr unübersehbar. Unübersehbar ist er nur für den wissenschaftlichen Kopf, der in seinem Fache miniert und diesen Kopf nie aus dem Fachwerk der Methoden herausbekommt. Physik, Chemie, Biologie, Soziologie, Psychologie sind alle den gleichen Gang gegangen; sie vermehren die Determinationen. Natur ist ihrem Begriffe nach Abhängigkeit vom Naturgesetz. Indem das Denken diese Abhängigkeit konstruiert, schafft es sich selbst die Determinationen, von denen es abhängig wird. Indem die Wissenschaft Technik wird, schafft sie nicht nur Apparaturen, sondern in ihnen und mit ihnen mechanische Kontrollverfahren für den Menschen. Das technische Kollektiv ausbauen, heißt die mechanischen Kontrollverfahren über den Menschen vermehren. Durch dieses Verfahren wird der Mensch von seiten des Kollektivs her verrechnet. Er wird einem durchgreifenden Testverfahren unterworfen. Auch die Zukunft des im Kollektiv lebenden Menschen wird durch die Tests vorweggenommen. Warum bewähren sich die Testverfahren, warum werden die von ihnen erzielten Ergebnisse exakter? Weil der Mensch berechenbarer wird, je mehr er der Apparatur und Organisation unterworfen wird. Würde er noch berechenbarer werden, dann könnte man sich auch die Testverfahren schenken, denn in Testverfahren, Wahlen, Abstimmungen, Plebisziten pendelt der Mensch noch zwischen Möglichkeiten umher. Wo aber der mechanische Kalkül alles vorwegnimmt, gibt es keine Wahl mehr, sondern nur noch das willenlose Funktionieren. Für Funktionen brauche ich keine Testverfahren mehr. Auch die Tests verrechnen die Menschen von seiten des Kollektivs her; sie verrechnen schon sein zukünftiges Verhalten. Sie vernutzen schon, was dieser Mensch noch an Zukunft hat. Sie konsumieren seine Möglichkeiten von vornherein. Und sie tun das mit der wissenschaftlich ernsten Miene des Mannes, der eine Frage stellt. Der Zugriff aber liegt in der Fragestellung; durch die Fragestellung bekomme ich den Menschen in die Hand. Er weiß das nicht, denn er gibt willig Antwort, woraus zu schließen ist, daß er dem Vorgang der Ausbeutung, dem er unterworfen wird, zustimmt. Der Fragebogen, der ihm vorgelegt wird, dieser „Yes-or-no-test" oder „True-or-false-test" verrechnet, vernutzt, verkonsumiert ihn ebenso wie die Hollerith-Maschine. Die „opinion polls", die in Amerika durchgebildet werden, sind aus der technischen Reklame hervorgegangen. Ihre Tätigkeit beschränkt sich nicht, wie naive Leute annehmen, darauf, die Barometerstände der Stimmung und Meinung abzulesen, vielmehr sind sie mechanische Verfahren, welche die Willensbildung im Kollektiv steuern, ihn der Generallinie des Kollektivs unterwerfen.

Für den, der auf seinen Schultern keine Hollerith-Maschine, sondern einen Kopf hat, gibt es keine wissenschaftlichen Daten und Fakten. Das heißt, er erkennt weder ein isoliertes Wissen an, noch begnügt er sich mit der Wissenschaftlichkeit dieses Wissens. Er macht nicht Halt mit seinem Denken vor den Grenzen und der Abgrenzbarkeit mechanischer Determinationen, durch welche sich die Einzelwissenschaften gegenseitig bestimmen. Er will von einem reinen, isolierten, in sich selbst festgelegten Wissen nichts mehr wissen, sondern stellt die Frage, was dieses Wissen vom Menschen will. Für ihn kann die Aufgabe der Wissenschaft nicht mehr darin liegen, die Natur auf eine einseitige Weise zu bestimmen, denn er weiß, daß eine solche Bestimmung nicht möglich ist. Es gibt keine vom Menschen getroffene Bestimmung, die nicht selbst wieder bestimmend wirkt, indem sie auf den Menschen zurückschlägt. Was der Positivist unterschlägt, ist die Geschichtlichkeit der Wissensentscheidung. Das Bezugssystem, das er willentlich setzt, spinnt ihn selbst ein. Der Mensch ist kein Objekt der Wissenschaft; er ist nicht dazu bestimmt, als Objekt in der Wissenschaft aufzugehen. Macht er sich dazu, dann muß er sich auch zum Objekt seines eigenen Wissens machen. Dann aber wird er durch dieses Wissen vernutzt, dann vernutzt er sich selbst. Er hat sich präpariert für die neue Bestimmung, in die er jetzt eingeht. Ihm öffnet sich jetzt das Kollektiv, in dem er selbst verrechnet wird. Jede neue Ausdehnung wissenschaftlicher Kontrollverfahren über den Menschen führt zu diesem Ergebnis. Aber was uns nottut, ist nicht die wissenschaftliche Verrechnung des Menschen für das Kollektiv, sondern eine Kontrolle der Wissenschaft und aller ihrer den Menschen vernutzenden Verfahren. Es ist hohe Zeit, daß der Wissenschaft schärfer auf die Finger gesehen wird.

Der Wille gibt sich in Handlungen zu erkennen, und diese Handlungen setzen, denn sonst wären sie unbegreiflich, einen Widerstand voraus. Ohne Widerstand gibt es keinen Willen, denn ohne Widerstand wäre nichts zu wollen. Dieser Widerstand kann selbst als Wille begriffen werden; unser Wille begegnet in jedem Widerstand einem anderen Willen. Unser Wille muß, um sich betätigen zu können, auf einen Willen stoßen, und indem er auf ihn stößt, kommt es zu einer Handlung. Die Willentlichkeit unseres Handelns ist nichts anderes als der Widerstand, den wir vorfinden. Wäre dieser Widerstand nicht da, so könnte im Ernst weder von Wille noch von Handlung gesprochen werden. Wenn die Frage nach der Freiheit oder Unfreiheit des Willens sich zuspitzt in der Frage, ob wir eine Wahlfreiheit haben, so heißt das, daß wir zwischen Widerständen zu wählen haben. Dieses Vermögen der Wahl, so wie es geübt wird, kennzeichnet den Menschen. Die Frage, wie die Wahl ausfällt, hängt von der Beschaffenheit des Willens ab. Der Wille ist Beschaffenheit, nicht etwas von uns zu Erschaffendes. Aber ohne Wahl kein Wille. Daß diese Wahl stattfindet, ist entscheidend. Dort etwa, wo eine mechanische Bedingung meinen Willen durchaus bestimmt, wo diese Bedingung auf mechanische Weise vorformt, was ich zu tun habe, wo jede Wahl von ihr eingespart wird, handele ich weder, noch habe ich einen Willen, noch bin ich frei. Die mechanischen Determinationen, denen der Mensch unterworfen werden kann, lassen sich fortwährend vermehren. Jede Maschine, die ich aufstelle, vermehrt sie. Wer sein Auge so geübt hat, daß er diese Maschinen nicht mehr als Einzeldinge betrachtet, die sich isolieren lassen, wer sie als Bestandteile, als Verbindungen einer Universalmaschinerie auffaßt, der denkt in Zusammenhängen. Deshalb wird ihm deutlich, daß diese Maschinerie auf ein willenloses Funktionieren hin ausgedacht ist, daß innerhalb dieses Räderwerks von einer Wahl nicht mehr die Rede sein kann. Der Mensch wird gegenüber der von ihm ersonnenen Universalmaschinerie mehr und mehr beschränkt. Sie denkt und handelt für ihn. Was er an mechanischen Determinationen gewinnt, wird ihm nicht umsonst gewährt; er muß seine Freiheit dafür hergeben. Die Frage, welches Maß an mechanischer Notwendigkeit in dieser Welt herrscht, ist abstrakt und generell nicht zu beantworten. Vielleicht ist gar keine in ihr. Ob aber viel oder wenig sich davon zeigt, hängt von der Beschaffenheit des menschlichen Willens ab. Ein stupider Kopf sieht überall mechanische Notwendigkeiten; sein Denken selbst ist maschinell, seine Gedanken gleichen fertigen Fabrikaten. Sein Denken und Handeln wird ihm von vornherein fertig geliefert; es ist schon da, wenn er sich ihm zuwendet. Und es entspricht dem Warencharakter, dem Markenartikel-Charakter, den die technische Produktion hat. Apparatur und Organisation sorgen dafür, ihr Bestreben ist es; keine Lücke zu lassen. Sie präparieren, sie konservieren die Zukunft schon, sie schieben ihre Präparate und Konserven dem Menschen voraus; wohin er auch gehen mag, er findet sie schon vor, sie sind schon da, sie erwarten ihn. Die Vorsorglichkeit der Organisation ist erstaunlich. Sie nimmt den Zug der Konsumenten in sich auf, rastlos, unersättlich, nicht endend; dann konsumiert sie den Konsumenten, sie verbraucht ihn, saugt ihn aus, entkräftet ihn. Die Apparatur steht überall bereit, dienstfertig, willfährig; sie scheint der knechtischste der Knechte und serviler als jeder Lakai zu sein. Aber sie macht sich bezahlt durch Unentbehrlichkeit; ihr Triumph ist gar nicht aufzuhalten. Gewiß, ich kann den funktionalen Kausalismus des Geschehens beliebig vermehren, ich kann ihn überall in die Welt einschieben, die Welt mit ihm erfüllen, sie zum schnurrenden Rad und zur sich drehenden Spindel machen. Das alles kann ich, aber ich kann es nicht, ohne den Menschen selbst zum Rad und zur Spindel zu machen. Der Wissenschaftler, der das funktionale Wissen vermehrt, kann das nicht, ohne zugleich Abhängigkeiten zu setzen. Er setzt das mechanisch Wiederholbare, das heißt Determinationen, die wiederkehren. Daß er davon nichts weiß und sich keine Gedanken darüber macht, ist ein häufiger Fall, ist die Regel, ändert aber an der Sache nichts.

Das neunzehnte Jahrhundert — nach Nietzsche das unfruchtbarste aller Jahrhunderte — ist das Jahrhundert des intensiven und wachsenden Sicherungsbedürfnisses. In ihm kommt eine Art Mensch auf, deren Sicherungsbedürfnis immer heftiger wird. Die Angst wächst schon. Wie es zu diesem Sicherheitsbedürfnis kommt, bleibt unverständlich, wenn nicht hinzugedacht wird, daß der Mensch sich mit mechanischen Mitteln zum Herrn des Naturgeschehens aufwerfen will. Seine Erfolge darin sind erstaunlich. Aber sie sind nicht größer als die Bedrohungen; was er beherrscht, setzt ihm zu. Dieses Sicherheitsbedürfnis kennzeichnet sich nicht durch den Zweifel und die Skepsis an den möglichen und erreichbaren Sicherungen, sondern durch den Glauben an sie und einen Optimismus, der von vornherein die warnenden Stimmen außer acht läßt. Daß dort, wo die Sicherungen vermehrt werden, zugleich die Gefängnisse vermehrt werden, leuchtet niemandem ein. Der Glaube an den risikolosen Menschen schließt schon das Zuchthaus oder Konzentrationslager ein, in das dieser Mensch zuletzt gesperrt wird. Aber dieser Glaube verbreitete sich überallhin. Auch war man sich einig darüber, wie der Weg zum Ausschluß jedes Risikos beschritten werden konnte. Er liegt in der Verteilung der Einsätze und wird durch ein Kalkül erreicht, das der Wahrscheinlichkeitsrechnung entnommen werden konnte. Ein solcher Glaube hat sein Fundament in der Masse und geht in die Kollektive ein, die aus ihr gebildet werden. Was diese Masse ihrem Sein nach ist, wird nicht untersucht. Die Wahrscheinlichkeit ist an Hand des Glücksspieles ausgebildet worden, aber der Gedanke, daß das Kollektiv einer Bank verglichen werden kann, bei der Bankhalter und Spieler die gleiche Person sind, kam niemandem. Eine solche Bank muß verlieren, selbst wenn für die Bedürfnisse außerhalb des Spiels keine Entnahmen gemacht werden, denn sie verliert schon dadurch, daß sie sich abnutzt. Richtig ist, daß das Risiko auf mechanische Weise verteilt werden kann, falsch aber, daß es verschwindet. Es häuft sich am anonymen Ort, und die Erfahrung hat uns darüber belehrt, daß dieser Ort keine Sicherheit bietet, wenn ein Ernstfall eintritt. Denn dieser zerschlägt den Verteilungsmechanismus selbst. Der Begriff des Risikos ist ein geschichtlicher Begriff; ein risikoloser Mensch kann nur noch Objekt der Geschichte sein. Ich kann dem Menschen sein Risiko nicht abnehmen, ich kann ihn nicht sich selbst abnehmen, denn das Risiko ist er selbst. Nehme ich es ihm ab, dann wird er der Gefangene seiner eigenen risikolosen Existenz. Wie nahe liegt die Einsicht, daß ich nicht Schutz annehmen kann, ohne etwas dafür zu geben. Es ist kein Schutzverhältnis denkbar, das mich nicht in Abhängigkeit bringt, und wenn die Geschichte überhaupt etwas lehrt, dann dieses, daß alle Schutzverhältnisse Abhängigkeit mit sich führen. Suche ich Schutz, dann muß ich auch die Abhängigkeit wollen; will ich sie nicht, werde ich zu ihr gezwungen werden.

Wo endet dieser Versuch, durch die Ausweitung von Apparatur und Organisation einen risikolosen Menschen zu schaffen? Er endet in der Angst. Habe ich Angst, weil es einen Gott gibt? Oder habe ich Angst, weil es keinen Gott gibt? Ich kann in beiden Fällen Angst haben, und es wäre ganz müßig zu untersuchen, in welchem Falle die Angst größer ist. In der Differenz lebend, kann ich Angst haben. Und in der Indifferenz lebend, kann ich Angst haben. Vor Gott, vor dem Nichts, vor dem Wahnsinn. Woher aber kommt die Angst? Kommt die wachsende Angst des Menschen daher, daß er in seiner Freiheit bedroht wird? Oder hängt die wachsende Angst des Menschen damit zusammen, daß er in seiner Abhängigkeit bedroht wird? Beide Fragen sind zu bejahen, aber das Verhältnis des Menschen zur Angst ist hier und dort ein anderes. So, wie sie gestellt sind, reichen sie hin, einen Unterschied im Verhalten des Menschen deutlich zu machen. Bin ich meiner Freiheit bedroht, dann reicht es nicht hin, daß ich mich auf die Angst einlasse; ich muß handeln. Ich muß tätig werden, ich muß eine Bewegung auslösen, die in mir ihren Ursprung hat. Ich kann mich nicht passiv verhalten, ich muß zur Aktion übergehen. Indem ich mich der Angst überlasse, bewege ich mich noch nicht selbst; ich werde bewegt. Die Angst ist keine unmittelbare Bewegung, die von mir selbständig vollzogen wird. Sie setzt mir nur zu. Die Angst ist mit der Freiheit unvereinbar, denn Freiheit ist eigene Bewegung. Angst aber ist Bewegbarkeit, ist Bewegung, von der ich abhängig bin. Habe ich aber Angst, weil ich in meiner Abhängigkeit bedroht bin, dann kann von Freiheit keine Rede sein. Wer sich auf diese Weise ängstigt, der will Abhängigkeit, er will in seiner Abhängigkeit geschützt und erhalten werden und zahlt für sie willig mit seiner Freiheit. Die Massenbewegungen unserer Zeit — das ist ein wichtiger Punkt — hängen damit zusammen, daß der Mensch sich in seiner Abhängigkeit bedroht fühlt und sie erhalten will. Das technische Kollektiv räumt mit dieser Angst nicht auf. Es setzt sie in seine Rechnung ein, es operiert mit ihr.

26.

Aus der wissenschaftlichen Untersuchung, aus dem exakten Denken über die Natur ist eine neuartige Technik hervorgegangen, die eine neuartige Arbeitsorganisation einschließt. Sie unterscheidet sich durch den ihr eigentümlichen Automatismus, welcher eine mechanisch exakte Wiederholbarkeit in der Zeit ist, von allem, was man bisher Technik nannte und als Technik verstand. Dieser Automatismus, der in der Gegenwart arbeitet, ist auf die Zukunft hin angelegt. Ihm ist der Mensch schon zugeordnet, bevor er da ist. Der automatisch arbeitende Mechanismus kalkuliert schon alle die Mechaniker ein, die erst kommen werden; er bestimmt ihnen schon vor der Geburt den Platz, den sie einzunehmen haben. Die Propaganda an die Bevölkerungen, sich rücksichtslos zu vermehren, wird schon durch die Erfordernisse des Plans bestimmt. Die Statistik wacht schon darüber, daß der Mensch geboren wird, und die Biologie instruiert ihn, welchem Bios er sich zu fügen hat. Die Petitio principii aller Soziologie ist schon, daß der Plan besteht, und alle Psychologie arbeitet daran, den Menschen in einer Weise exakt zu machen, die seine mechanische Zuverlässigkeit erhöht. Das wissenschaftliche Denken des Wissenschaftlers wird zu einer Reduktion des Denkens auf die Planerfordernisse. Der Positivismus braucht nicht mehr aufgefordert zu werden, seine Methoden und Arbeitsverfahren auszuliefern; er ist das Auslieferungsverfahren selbst. Der Mensch, der an Verdrängungen leidet, wird durch das Heilverfahren selbst verdrängt. Und die Tests, denen man ihn unterwirft, testieren ihm, daß er auf der Schienenspur des Kollektivs richtig liegt. Die Begriffe werden zu immer eindeutigeren Zugriffen. Der „Asoziale", der Verbrecher geben endlich zu erkennen, was sie sind: Menschen von einer zu geringen mechanischen Exaktheit, als daß mit ihnen gerechnet werden könnte. Das aber gilt nun von allen, die sich nicht auf mechanische Weise fügen. Das Netz dieser Begriffe wird weit genug gespannt, und eng genug gesponnen, um die Widerspenstigen einzufangen. Wer sich nicht fügt, wird aus dem mechanischen Verkehr genommen; er wird so behandelt, wie man eine Verkehrsstörung behandelt.

In einem älteren Sinne ist Technik nichts anderes als Kunsttätigkeit, das heißt die der menschlichen Arbeit unentbehrliche Form, in der die Arbeit sich vollzieht. In diesem Sinne hat der Handgriff seine Technik, er wird einem wiederkehrenden Verfahren unterworfen, das die Arbeit auf rationale Weise vereinfacht. Die Techne, die der Mensch übt, ist sein Handwerkszeug, und dieses ist der zum Instrument gewordene Handgriff selbst, der wiederkehrend an die Arbeit geht. Diese Technik wird bezeichnet durch die immanente Rationalität ihrer Arbeitsverfahren, die von diesen Verfahren nicht oder nur in bescheidener Weise ablösbar ist. Immanente Rationalität ist das Kennzeichen von Arbeitsverfahren, wie sie in einer intakten Eigentumsordnung angewandt werden. Der Automatismus aber kennzeichnet sich durch die Ablösbarkeit von den einzelnen Arbeitsverfahren und durch die Übertragbarkeit dieser Arbeitsverfahren auf den Menschen. Im Prinzip der Ablösbarkeit steckt als Prinzip der Raubbau. Zwischen Apparatur und Organisation wird das Zwangsverfahren gestiftet, dem der Mensch sich nicht mehr entzieht. Mit oder gegen seinen Willen wird er in den Arbeitsplan eingefangen. Der Plan ist zunächst begrenzt, dann dehnt er sich zum Großplan, zum Generalplan, zum Universalplan aus. Er gibt sich immer deutlicher als Universalarbeitsplan zu erkennen, der kraft seiner Strukturen, seiner Prothesen von vornherein über jeden verfügt. Er enthüllt sich als Zwangsarbeitsplan, der den Menschen mit einer lückenlosen Kette von Determinationen empfängt. Hier bedarf es keiner Einrichtung und keiner Wahl mehr, nicht einmal mehr der Zustimmung derjenigen, die doch von vornherein zustimmen müssen, weil gar kein Motiv mehr an sie herantritt, das nicht schon als Glied der Determinationskette präformiert wäre. Die Universalmaschinerie drängt auf den Universalarbeitsplan zu, der über jeden mit diktatorischer Gewalt verfügt.

Hier erhebt sich die Frage, inwiefern Kritik an einem solchen Plan, der alles zu umfassen strebt, noch möglich ist, da er ja auch alle Kritik zu umfassen sucht, die an ihm geübt wird. In der Tat sind diejenigen, die ihn nicht billigen, sich nicht deutlich darüber, daß ihre Ablehnung in den Plan einbegriffen bleibt, wenn sie sich ihm gegenüber als Spezialisten verhalten. Wenn derjenige, der ihm zustimmt, ihn gar nicht zu kennen braucht, so gilt für den anderen, der Kritik an ihm übt, das gleiche. Aus den Rissen, Mängeln und Fehlkonstruktionen heraus kann der Überblick nicht gewonnen werden. An dem Erfolg des Plans ist gar nicht zu zweifeln; der Erfolg ist handgreiflich, wahrnehmbar, nicht zu leugnen. Aber wer sich auf den Erfolg einläßt, der bleibt innerhalb des Plans, wie der Wissenschaftler, dem etwas gelingt, innerhalb des Plans bleibt, weil ihm etwas gelingt. Der Plan scheitert nicht, weil er mißlingt; er zerspringt durch sein Gelingen. Und nur dort, wo er gelingt, kann er scheitern. Das macht ihn ungeheuer kostspielig. Er kann nicht durch Redensarten an seinem Erfolg gehindert werden. Und der Erfolg ist die Voraussetzung, daß der Plan sich enthüllt. Erfolg heißt hier technisches Gelingen. In der vollkommenen Technizität des Plans liegt eingeschlossen, daß er alles zum Substrat macht, daß alles sein Substrat wird. Der Mensch in ihm wird zum Substrat seines eigenen Wollens. Hier wird zur Deckung gebracht, was der Deckung widerstrebte, und eben die Identität des Erreichten, das Ziel, das sich verwirklicht, löst sich im Nichts auf. Der Plan gelingt, weil er nichts übrig läßt. Und er scheitert, weil er nichts übrig läßt. Das ist der Punkt, an dem alles umschlägt, an dem der Mensch auf ein neues Denken zurückgeworfen wird.

Wir wollen das an einem Beispiel deutlich machen. Es sagt jemand: wenn es gelingt, die Gartenwirtschaft, den Ackerbau, die Weidewirtschaft, die Forstwirtschaft, die Bewirtschaftung des Wassers aus dem technischen Kollektiv herauszuhalten oder wieder herauszunehmen, dann wird sich eine Erleichterung zeigen. Aber schon der Versuch eines solchen Unternehmens im Großen begegnet heute unlösbaren Schwierigkeiten. Denn jeder Versuch, der fortschreitenden

Automatisierung Widerstand zu leisten, begegnet dem Widerspruch aller Funktionäre des technischen Kollektivs. Und nicht ihrem Widerspruch allein, denn er stößt auf den Kraftbegriff, der den Automatismus forttreibt. Wir sind in einer Bewegung, in der das technische Kollektiv vordringt, in der die Eigentumsordnung in erbittertem Kampf mit dem Kollektiv liegt. Wie weit es mit diesem getrieben werden kann, wird die Zukunft lehren. Was von den Hoffnungen zu halten ist, die sich auf das Kollektiv stützen, ist in dieser Schrift dem Leser mit einer — wie ich hoffe — hinreichenden Deutlichkeit gezeigt worden. Auch für den, der eine Sackgasse ganz durchmißt, sie bis zu ihrem Ende abgeht, ist ein Gewinn an Erkenntnis nicht ausgeschlossen. Die Umkehr wird freilich um so saurer und mühsamer sein, je länger diese Sackgasse ist. Erst wenn wir uns von dem „de plus en plus fort, de plus en plus grand, de plus en plus vite, de plus en plus inhumain" entfernen, beginnt die Abkehr vom technischen Kollektiv. Vor diesem Punkte werden wir noch merkwürdige Erfahrungen machen. Eine davon ist diese. In dem sehr weit vorangetriebenen technischen Kollektiv wird zunächst an einzelnen Stellen, dann aber an sehr vielen die Wahrnehmung gemacht werden, daß die manuelle Arbeit dem Automatismus aller Automaten überlegen ist, daß dort, wo wir uns auf sie stützen, das Gesamtquantum der Arbeit sich verringert, daß sie einträglicher ist und daß mit ihr ein Friede verbunden ist, den die Welt der Automaten nicht kennen kann. Die Hand, welche die Maschinerie geschaffen hat, bleibt allen Maschinen überlegen. Das Eigentum stützt sich auf die Hand, und wenn die Hand sich wieder auf das Eigentum stützt, dann können wir sagen, daß die Kraft des technischen Kollektivs gebrochen ist. Die Hand ist intensiver als alle Maschinerie, und sie ist auch ergiebiger.

Das technische Kollektiv kann die Ordnung des Eigentums weithin zerrütten, indem es den Erdball mit einem Netz von Kraftstationen überzieht. Die Grenzenlosigkeit des Kollektivs, gegenüber der überall begrenzten Eigentumsordnung, ist aber keine Stärke, sondern eine seiner Hauptschwächen. Das Kollektiv erschöpft sich durch Vernichtung seiner Substrate, deshalb muß es alles Eigentum aufsaugen. Das Eigentum erschöpft sich nicht, weil es seine Substrate erhält und mehrt. Daher läßt sich gar nicht bezweifeln, daß der Mensch zur Ordnung des Eigentums zurückkehren wird, denn sie allein macht ihm die Erde wirklich zu eigen, während bei den Ausbeutungsvorgängen im technischen Kollektiv die Erde dem Menschen mehr und mehr entgleitet.

Es versteht sich, daß die Kritik an dem Plan nicht davon ausgehen kann, daß er rational ist. Sie wendet sich nicht gegen die Rationalität der Technik, sondern gegen den Mangel an jeder Rationalität, gegen die Mißachtung jeder Rationalität, die sie zu erkennen gibt. Rational ist die Technik — wir wiederholen diese Feststellung — nur innerhalb der von ihr entwickelten Arbeitsverfahren und Arbeitsmethoden. Die Exaktheit dieser Methoden wird verständlich nur durch den Vorgang der Aufarbeitung, mit dem sie beschäftigt sind. Die Technik vertilgt mit Hilfe dieser Methoden schonungslos die Substrate, auf die sie angewiesen ist. Das heißt, die den Arbeitsverfahren innewohnende Rationalität greift über das Verfahren hinaus und entfaltet den Gesamtarbeitsprozeß, der mit wachsenden Verlusten verbunden ist. Die Folge ist unvermeidlich, weil die Arbeit jeder Maschine mit Verlusten verbunden ist. Die Technik insgesamt und der von ihr entwickelte Universalarbeitsplan, der vollkommene Technizität erstrebt, dieser Arbeitsplan, der mit einer Universalmaschinerie verbunden ist, untersteht den Gesetzen der Wärmelehre und den von ihr beschriebenen Verlusten nicht weniger als jede beliebige Maschine, die an einem beliebigen Orte aufgestellt ist. Der Unterschied zwischen Anfang und Ende ist, daß die Kosten des Prozesses und die durch ihn bewirkten Verluste in riesenhafter Weise anschwellen, daß also andere Verhältnisse eintreten, als sie die optimistischen Beurteilungen vermuten ließen. Damit ist zugleich die Frage aufgeworfen, ob der Wissenschaftler den vernutzenden Vorgang, mit dem die Technik beschäftigt ist, billigt, ob er willens ist, an ihm weiter mitzuarbeiten.

Der Vorgang, durch den die Technik sich zur autonom arbeitenden Apparatur und zur autonom arbeitenden Organisation der menschlichen Arbeit entfaltet, ist auf eine Art zweischneidig, die nicht verhindert werden kann. Der Regreß, welcher die Zerstörungen mitführt, die Rückwirkung auf den Menschen ist nicht zu verhindern. Die Frage, wie es zu solchen Zerstörungen kommt, bleibt für den nicht mehr unverständlich, der erkennt, daß mit dem automatischen Arbeitsvorgang eine Akkumulierung von Energien verbunden ist, die nicht mehr auf die Isolatoren beschränkt werden können, sondern aus ihnen gewaltsam hervorbrechen. Diese Technik ist von allem Anfang an eine Explosivtechnik, und grob gesprochen läßt sich sagen, daß von der Erfindung des Schießpulvers bis zur Konstruktion der Atombombe der technische Vorgang mit der Erzeugung von Explosionen beschäftigt ist. Auch die Dampfmaschine ist ihrem Prinzip nach eine Explosionsmaschine, eine ventilierte allerdings, deren Explosion reguliert wird. Die explosiven Vorgänge im technischen Arbeitsbereich nehmen der Zahl wie dem Umfange nach beständig zu; aus diesem Arbeitsbereich wird der Mensch in immer umfassenderer Weise von explosiven Kräften bedroht. Er wird in die Zange genommen; er kann sich dieser Zange nicht entziehen. Das Mißtrauen, die Angst, der Haß, alle diese Empfindungen, die heute im Menschen, unter Menschen im Wachsen sind, wachsen mit der anonymen Bedrohung, die von der technischen Apparatur ausgeht, von ihr aber in die Organisation der menschlichen Arbeit eindringt. Das exakte Denken hat keine Handhaben, um diesem beunruhigenden Vorgange zu steuern, ja man muß erkennen, daß es ihn produziert. Seine Genauigkeit bleibt eine solche der Relationen; es erschöpft sich in deren Aufzeichnung. Bestimmtheit wird man ihm nicht absprechen, aber dieser Bestimmtheit ist nur die Bestimmbarkeit mechanischer Verhältnisse. Sicherheit (securitas) kann von ihm nie dem Menschen gegeben werden, denn die Sicherheit wächst keinem Menschen dadurch zu, daß er mechanische Relationen in ihrer Exaktheit vermehrt. Diese Exaktheit bewährt sich in der Durchbildung von Apparatur und Organisation. In diesen aber liegt nichts Sicherndes; von ihnen aus wird dem Menschen zugesetzt.

27.

Mächtige Kräfte werden frei, Kräfte, die sich in Akkumulatoren häufen, mobile Kräfte, die auch den Menschen mobiler, das heißt bewegbarer machen. Aus ihrem Zusammenwirken geht ein Plan hervor, der sich als Zusammenfassung aller verfügbaren Kräfte kennzeichnet, ein Plan, der selbst mechanisch gedacht ist und mechanisch wirksam wird. Wie ordnet sich in diesem Plan die mechanische Bewegung? Sie ordnet sich in mechanischen Zentralen, in denen Apparatur und Organisation sich koppeln, von denen aus die mechanische Steuerung der Bewegung erfolgt. Hier ist ein Vorgang deutlich zu machen, der begriffen werden muß, wenn wir Einsicht in Zusammenhänge gewinnen wollen, die noch gar nicht gesehen werden. Die Einsicht in diesen Vorgang ist der Schlüssel zu sehr verschiedenartigen Verhältnissen. Es handelt sich um folgendes.

Unser Automatismus ist so beschaffen, daß die Schnitte seiner Normung sich nicht mehr decken mit den Grenzen der Person und Sache, auf denen unsere alten Herrschaften und Ordnungen ruhen. Wie dieser mechanische Schnitt der Normung sich gegen Sachgrenzen verhält, wird schon an der Anlage einer Eisenbahn, einer Drahtleitung, einer Pipe-line durch den Raum sichtbar. Sachgrenzen, die immer zugleich Personengrenzen sind, das heißt Herrschaftsrechte, Eigentums- und Besitzverhältnisse, werden dabei nicht geschont und umgangen; sie werden gradlinig durchschnitten und auf mechanische Weise getrennt. Die Folgen eines solchen Vorgangs können hier nur angedeutet werden. Der Konflikt ist tief, er reicht in die Tiefen der Unfriedlichkeit unserer Zeit und unseres Lebens hinab. Unser Recht, unsere Rechtsordnung ruhte auf fest umschriebenen Vorstellungen von Personen und Sachen und auf dem Verhältnis dieser Personen und Sachen. Der Schnitt der Normung aber deckt sich nicht mehr mit den Grenzen des alten Rechts und der alten Rechtsordnung. Die Rechtsordnung wird fragwürdig, und der Anschein entsteht, daß wir nur noch von ihrem Abbau leben. Die Rechtsordnung gerät inmitten eines lückenlosen, mit größter Exaktheit arbeitenden Automatismus ins Wanken. Sie muß wanken, weil Rechtsordnungen mit einer Welt automatischer Funktionen schwer vereinbar sind. In der Vergangenheit lag aller Betrieb, alle Betriebsordnung innerhalb einer Eigentumsordnung. Heute bekommt alles Recht die Vorläufigkeit eines Regulativs. Das Recht wird zur Betriebsordnung, liegt in der Betriebsordnung und wird von ihr gesteuert. Die Betriebsordnung ist an mechanischen Bewegungen orientiert, nicht mehr an Personen, Sachen und Sachgrenzen. Betrieb ist nicht mehr der einzelne Betrieb, sondern der technische Bereich selbst in seiner mechanischen Wirksamkeit. Die Frage ist, ob der Staat selbst seinen Begriff, sein Wesen verliert und sich zur Deckung bringt mit dem Betrieb, ob alle Macht und alles Recht sich in eine Betriebsordnung umwandelt.

Wir dürfen uns sagen, daß die Probleme der angewandten Mechanik gelöst sind. Der Vermehrung von Automaten steht nichts mehr im Wege. Ungelöst sind die Fragen, die durch die Einwirkung und Rückwirkung der Mechanik auf den Menschen entstehen. Erkennbar wird jetzt, daß der Automatismus sich nicht selbst genügt, sondern eine Bewegung auslöst, welche die gesamte Koppelung von Apparatur und Organisation in sich einbezieht. Teil, Stück, Schnitt streben aus ihrer Stück- und Schnitthaftigkeit heraus, nicht so, daß sie ihre Normung und Stanzung verändern, sondern so, daß sie in eine Bewegung eingehen, die alle Stückelung nach Art eines laufenden Bandes umfaßt. Der Plan, zu dem wir so gelangen, ist zunächst nichts anderes als dieses in Bewegung begriffene Band, wobei einleuchtet, daß wir erst dort zu einem Plan gelangen, daß er erst dort exakte Ausführbarkeit gewinnt, wo innerhalb des Arbeitsverfahrens die Zahl berechenbarer Wiederholungen so groß geworden ist, daß sich die Planung mit Erfolg auf sie zu stützen vermag. Die Kennzeichnung des Planes deckt den Automatismus des einzelnen Automaten auf. Im Automatismus selbst muß daher eine Fähigkeit liegen, jede verfügbare mechanische Bewegung auf sich zu beziehen. So ist es; er ist das mechanische Ordnungsverfahren selbst, durch das alle mechanischen Bewegungen auf Zentralen hingeleitet werden, um von diesen Zentralen wieder einem Ziel der Bewegung zugeführt zu werden. Wäre er nicht da, dann würde die Bewegung zerfallen.

Da die Wirksamkeit, der Erfolg des Planes von der Zahl verfügbarer mechanischer Wiederholungen abhängt, ist er in seinen Stadien an Kraft und Umfang verschieden. Er ist zunächst gar nicht vorhanden, am Anfang der Bewegung. Er schafft sich dann bescheidene Zentralen, Netze, deren Maschenwerk dichter und dichter wird. Er entfaltet sich in Betrieben, in einer Fabrik, einem Fabrikkomplex. Er wird dann in Räumen sichtbar, in denen die Koppelung von Apparatur und Organisation stark ist, in Manchester, im Ruhrgebiet, im Ölgebiet von Baku. Er hat seine Stufen, zunächst solche, auf denen er als Plan nicht begriffen wird, dann solche des planenden Bewußtseins selbst. Über seine räumlichen Vereinzelungen und Isolationen strebt er hinaus und wird zu einem Arbeitsplan, der Staaten und Länder umfaßt. Er ist ein neuer Plan. Neu ist er nicht deshalb, weil seine Arbeit geplant ist, denn Arbeit und Planung waren immer vorhanden. Neu ist er, weil er alle planende Arbeit einer neuen Koppelung unterwirft, weil er sie an die Schnitte von Automatismus und Normung bindet. Wer das bedenkt, der erkennt auch, daß der neue Plan dem alten aufgepfropft wird. Er verändert den Begriff der Arbeit und verlangt Bindung an seinen neuen Arbeitsbegriff. So wird er stärker und stärker, bis er das Stadium erreicht, in dem wir ihn speziellen Arbeitsplan nennen können, das Stadium, in dem wir uns befinden. Die Vierjahrespläne und Fünfjahrespläne, die nichts anderes bezwecken als Durchbildung des Automatismus durch ein genaueres, umfassenderes Verhältnis von Apparatur und Organisation, sind Spezialarbeitspläne. Solche Pläne sind zugleich ein Unternehmen technisch rückständiger Länder, die forcieren müssen, denn in anderen mit durchgebildetem Automatismus bedarf der Spezialarbeitsplan keiner streng befristeten und terminsmäßigen Anstrengung. Indem der Plan auch diesen Bereich verläßt, denn er ist kraft seiner mechanischen Bedingungen nicht an die räumlichen Grenzen von Staaten, Ländern, Völkern gebunden, strebt er nach planetarischer Wirksamkeit, nach einer Zentrale also, welche die Koppelung von Apparatur und Organisation auf der ganzen Erde umfaßt. Er wird Universalarbeitsplan. In diesem Stadium höchster mechanischer Kraftentfaltung durchstößt er die Grenzen der Selbständigkeit von Staaten, Ländern, Völkern und schafft die Konflikte, die wir kennen und in denen wir aufgewachsen sind. Diese Konflikte entstehen und werden entstehen, weil über die Steuerung und Leitung des Universalarbeitsplans sich Ansprüche erheben, die schwer auf friedliche Weise beizulegen sind. In ihrer fortschreitenden Technizität decken sich Gang und Richtung der geschichtlichen Bewegung vor uns auf. Manchem mag scheinen, daß die Geschichtlichkeit dieser Bewegung auf eine Umkehr aller Geschichtlichkeit hinausläuft. Dieser Anschein entsteht, weil die Bewältigung mechanischer Widerstände das Elementare immer mächtiger freisetzt, so mächtig, daß in die geschichtlichen Vorgänge der Anhauch elementarer Katastrophen tief eindringt. Doch würden wir voreilig denken, wenn wir von einer solchen Vermutung ausgehen und uns auf sie stützen. Wir kennen die Widerstände nicht, die innerhalb der geschichtlichen Bewegung selbst angelegt sind. Rationalität der Vorgänge liegt in der genauen Verrechnung von Apparatur und Organisation. Daran ist auch der Erfolg abzumessen. An ihm zweifelt der Techniker heute weniger als je. Der Angriff auf die atomare Struktur der Materie erweckt Vorstellungen einer Ergiebigkeit, die jede andere übertrifft. An diesen Vorstellungen ist etwas Zutreffendes. Die Ergiebigkeit wird aber noch übertroffen von der Gewalt des Zerfallsprozesses, der jede mögliche Ergiebigkeit erst freilegt. Wir können nicht erwarten, daß die Atomtechnik uns das in die Hand spielt, was Dampftechnik und Elektrotechnik uns versagt haben: das Perpetuum mobile. Dieses ist das Phantom aller Ablösung oder — anders ausgedrückt — ihre Idealisierung, ihr idealer Fall. Wichtiger noch als die Beobachtung der Folgen, die aus der Anwendung neuer Apparaturen sich dem Beobachter zeigen, ist eine andere Erkenntnis. Der Vorgang der Zerfällung, der sich im Denken vollzieht, dessen Abbild der Mechanismus ist, hat eine noch weiter reichende Kraft. Diese zeigt sich darin, daß die geschichtliche Struktur jetzt selbst atomar wird, daß die geschichtlichen Vorgänge in ihren atomaren Strukturen sichtbar werden. Die Vorgänge der Kettenreaktion werden im geschichtlichen Leben spürbar. Das ist es, was man mit einem anderen Wort das Zeitalter der Weltkriege nennt, welches Zeitalter gleichzeitig ist mit dem Heraufkommen des Universalarbeitsplans.

28.

Der Universalarbeitsplan, der vollkommene Technizität anstrebt, der seinem Begriffe, seiner Konstruktion nach ein planetarischer, von einer Zentrale des Planeten aus gesteuerter ist, erscheint zunächst als die Lösung von Schwierigkeiten, in welche sich Staaten und Nationen verfangen haben. Dieser Plan, an den sich die Vorstellungen eines risikolosen Menschen, die Vorstellungen einer arithmetisch arbeitenden Gleichheit, die Vorstellungen von Arbeitsersparnis, Überfluß und Sorglosigkeit knüpfen, muß scheitern, weil ihm ein fehlerhafter Kalkül und ein falsches Bild des Menschen zugrunde liegt. Er muß scheitern, weil er nur unter Verlusten vorangetrieben werden kann, die ihn als einen Abbauplan zu erkennen geben. Die Maschinerie arbeitet nicht einseitig zugunsten des Menschen; der Mensch für den sie arbeitet, wird maschineller, und diese Maschinalität läuft darauf hinaus, den Menschen einzusparen. In den Plan muß wie in jede

Maschine mehr hineingesteckt werden, als aus ihm herauszuholen ist. Das aber heißt: aus dem Menschen muß mehr herausgeholt werden, als in ihn hineingesteckt werden kann. Die Verfechter des Plans verkennen den konsumierenden Charakter der Gesamtbewegung. Der Gesamtvorgang wirft nichts ab, sondern bedarf, um in Gang gehalten zu werden, eines zusätzlichen Verzehrs. Seine Wucht, seine rollende Dynamik, sein unermüdlicher, vulkanischer Fortgang liegt eben darin, daß er sich diesen zusätzlichen Verzehr schafft und kein Mittel dazu scheut, vor keinem Mittel zurückschreckt. Der Fortgang ist, wie die Anspannung der Kräfte lehrt, kein unendlicher; ihm kann nicht einmal eine beträchtliche Zeitspanne eingeräumt werden.

An dieser Stelle erwarten wir den Einwurf: wenn dem so ist, wenn die Gesamtbewegung, also auch der Universalarbeitsplan, der ja nichts anderes als die Steuerung, Lenkung, Zentralisierung der Gesamtbewegung ist, jene Stelle nämlich, von der aus die Koppelung von Apparatur und Organisation geleitet wird, wenn diese Gesamtbewegung die Erwartungen nicht erfüllt, die sich an sie knüpfen, wenn die Arbeiter, die in ihr beschäftigt sind, sie verlassen müssen, wie sie den babylonischen Turm verlassen mußten, warum dann alles? Warum läßt sich der Mensch auf dergleichen ein? Warum stellt er seine Arbeit nicht ein? Das sind naive Fragen, auf die aber folgendes zu antworten wäre. Die Bewegung hat einen Punkt erreicht, an dem sie selbständig, automatisch, mit mechanischer Notwendigkeit zu laufen beginnt. Sie hat einen Punkt erreicht, bei dem sie nicht rücksichtslos abgebrochen werden kann, denn in ihr steckt eine Gesetzlichkeit und Geschichtlichkeit, die der Mensch seit langem, seit Jahrhunderten in sie eingebaut hat. Der Universalarbeitsplan geht auf nichts anderes hinaus als auf die zentrale Bewirtschaftung des in Masse lebenden Menschen, auf seine Verwirtschaftung. Wir sind mitten im Maelstrom. Und wir sind zugleich in einer Lage, in der es ein Akt der Notwehr wird, eine Lebensnotwendigkeit, zu Gedanken zu kommen, die in diesen Universalarbeitsplan nicht als Arbeitskonstruktionen und Arbeitshypothesen, das heißt als vernutzbare und der Vernutzung unterworfene Bestandteile einbegriffen sind. Wir müssen uns ihm widersetzen, wenn wir nicht von ihm verschlungen werden wollen. In welchem Verhältnis steht die Wissenschaft zum Universalarbeitsplan, und in welches Verhältnis gerät sie ihm gegenüber? Was bedeutet die Wissenschaft für diesen Plan? Sehr viel, wenn sie das ist, was er von ihr verlangt: Wissenschaft des Plans. Und daß sie dieses ist, dazu zwingt er sie und wird sie zwingen. Bisher wurde die Wissenschaft als etwas bestimmt, das außerhalb eines solchen Planes lag. Subjektiv gesehen ist Wissenschaft ein Zustand dessen, der weiß, des Wissenden also. Objektiv gesehen ist sie ein durch Systematisierung und durchgreifende Methoden gewonnenes Lehrgebäude, das bestimmte Architekturen aufweist. Denkt man den Inbegriff des menschlichen Wissens überhaupt, so kommt man zum Begriff der Enzyklopädie, zu einer systematischen Wissenschaftskunde. Die als rein gefaßte Wissenschaft ist die begründende, die andere die angewandte. Das Wissen ist durch Induktion oder Deduktion gewonnen, ist reales oder formales, Erfahrungswissen oder philosophisches Wissen. Alle diese Unterscheidungen und Einteilungen aber haben für den Plan wenig zu sagen, denn der Plan richtet an die Wissenschaft nur die Frage, ob sie Wissenschaft des Plans sein will oder nicht. Der Wissenschaft wird in Hinsicht auf den Plan keine Selbständigkeit mehr bewilligt; sie ist von vornherein einbegriffen in den Plan und hat sich seinen Direktiven, seiner Generallinie zu fügen. Der Plan ist prä-parat für die Wissenschaft; er präpariert alles Denken in Hinsicht auf sich selbst und seine Erfordernisse, seinen Fortgang. Er duldet keine kontrollierende Instanz mehr, die ihn sich unterordnet.

Einen solchen Universalarbeitsplan, so ließe sich hier einwerfen, gibt es noch nicht. Das ist richtig in dem Sinne, in dem es noch keinen Plan gibt, dem die ganze Bevölkerung des Planeten so unterworfen ist, daß sie von einer zentralen Stelle, von einem kleinen Brain-trust mit Hilfe eines durchgreifenden Automatismus regiert und verwaltet wird. Dafür gibt es sehr durchgreifende Spezialarbeitspläne, denen ein großer Teil der auf der Erde lebenden Menschen sich zu fügen hat. Diese speziellen Arbeitspläne sind die Modelle und Ansätze des Universalarbeitsplans. Wodurch kennzeichnen sie sich insgesamt? Durch den Glauben an die technische Bewältigung aller Probleme. Durch die Notlage, mit der sie verbunden sind und aus der sie hervorgehen. Sie kennzeichnen sich durch den genauen mechanischen Kalkül, dem sie den Menschen unterwerfen, kennzeichnen sich durch das Streben nach einem menschlichen Minimalzustand, wie es denn Minimalzustände sind, die in ihnen erwogen und verrechnet werden. In solchen Plänen steckt viel tätiger Wille und scharfer Verstand und hinter ihnen eine elementare Notwendigkeit, die sie vorwärtstreibt. Die Frage, in welche Lage die Wissenschaft gerät, die in einen solchen Plan eingebaut, in und mit ihm vernutzt wird, ist keine Frage, die im Mond liegt; sie ist durch Erfahrungen beantwortet worden. Solche Pläne sind, wie sich versteht, nicht feinfühlend und rücksichtsvoll; die in ihnen arbeitenden Grundsätze sind vielmehr radikale und durchaus rücksichtslose. Ein Arzt zum Beispiel, der über den Forderungen des Plans ganz vergißt, daß sein Beruf die Heilung von Menschen und nicht die Tötung von Geisteskranken, Schwachsinnigen, Krüppeln und Mißliebigen ist, der also vergessen hat, die Wissensentscheidung zu einer Gewissensentscheidung zu machen, wird in jene Lage kommen, die sich zeigt, wenn der Spezialarbeitsplan scheitert. Muß es zu einem Universalarbeitsplan kommen? Auf diese Frage ist eine Antwort, die keinerlei Zweifel läßt, nicht zu geben. Die Wahrscheinlichkeit, daß es zu einem solchen Plan kommt, ist aber so groß, daß sie groß genug ist, um sich mit ihm und seinen Folgen zu beschäftigen. Wer das nicht erkennt, der weiß gar nicht, was vorgeht, und ist so blind wie jener Strauß, der, von seinen Verfolgern bedrängt, den Kopf in den Sand steckt.

Wird endlich der Einwand erhoben, daß gegenüber solchen Vorgängen der einzelne nichts ist, daß also die Entscheidung auf das Kollektiv übergegangen ist, dann ist daran etwas Richtiges. Der Plan ist sehr mächtig und führt jenes Rüstzeug mit sich, das alle Einwände von vornherein niederzuschlagen versucht. Er wird gestützt von allen ihm hörigen Wissenschaftlern, die ihm ein theologisches Fundament unterschieben, ihn biologisch rechtfertigen, moralisch begründen, mechanisch ausrüsten. Der Koloß aber hat tönerne Füße. Und der einzelne ist heute nicht schwächer, sondern stärker als je. Seine Freiheit ist in einer Welt von mechanischer Notwendigkeit begründeter als je, er kommt in einer Epoche nihilistischer Konstruktionen erst dazu, seine Freiheit vollkommen zu verwirklichen. Sero sapiunt Phryges. Erst dann nämlich, wenn sie Schläge bekommen haben.

Der Mensch, der vergessen und verlernt hat, die Erde wie eine Mutter zu behandeln, ist kein Sohn der Erde mehr. Er befindet sich auf dem cartesianischen Globus, der tot ist und als tote Kugel rücksichtslos vernutzt werden kann. Sein Verhältnis zur Geschichte schließt die wehrlos gedachte Natur ein. Der Konstrukteur des sich selbst bewegenden Begriffes, der universal gedacht ist, hat auch die Methode notwendiger Fortbewegung angegeben, die den Fortschritt der Idee aufzeigt und zur stets konkreteren Erkenntnis der Wahrheit fortgeht. Was sollen wir über diese Methode notwendiger Fortbewegung mit ihren mannigfachen Umschlägen heute denken? Sie mündet in den Automatismus der Mechanik, in den der Mensch sich einbegriffen hat. Die Absicht unserer Untersuchung war, die vernutzende Kraft dieses Automatismus darzustellen. Der Leser, der davon etwas begriffen hat, hat dieses Buch mit Nutzen gelesen. Inmitten einer geschichtlichen Bewegung von zehrender und dem Menschen zusetzender Kraft ist es ersprießlich, sich folgendes deutlich zu machen.

Das Geschichtslose ist nicht der Gegensatz der Geschichte, sondern ihr Nährboden, ihr Substrat, ihr Hypokeimenon. Das Geschichtslose liegt nicht hinter uns und nicht vor uns, sondern in uns. Wird dieser Nährboden angegriffen, wird er vernichtet, dann gibt es keine Geschichte mehr. Wie alles Bewußtsein, so ist auch das geschichtliche Bewußtsein an eine Substanz gebunden, von der es lebt, aus der es Feuer und Licht macht. Diese Substanz können wir nicht schlechthin abbauen; wir müssen sie hüten. Und sie wird nicht aus dem Nichts hervorgebracht; sie ist da oder nicht da. Das bloß konsumierende Bewußtsein ist nur ein Räuber und Dieb, deshalb ist das wissenschaftliche Wissen zweideutig geworden. Das Arsenal von Begriffen, mit dem die Wissenschaft arbeitet, gewinnt, je exakter es wird, immer größere Ähnlichkeit mit einem Einbrecherwerkzeug. An seiner erfolgreichen Anwendung ist nicht zu zweifeln. Erkenntnis aber ist nicht des Erfolges wegen da. Erkenntnis ist keine Kette kluger Erfindungen, kein schlaues System, das darauf hinausläuft, die Kisten und Säcke leer zu machen. Nicht diese Wissenschaft ist es, die uns heilsam werden wird. Die Erde bedarf des Menschen als eines Pflegers und Hirten. Wir müssen wieder lernen, sie wie eine Mutter zu behandeln. Dann werden wir auf ihr gedeihen.

INHALTSÜBERSICHT

Erstes Buch: Die Perfektion der Technik

1. Technische Utopien. Die Technik und nicht mehr der Staat liefert der utopischen Betrachtung heute den Stoff. Die Utopie als Verknüpfung von Wissenschaft und Fabel. *Seite 10* — 2. Verdüsterung der utopischen Vorhersagen. Die Technik mehrt durch Mechanisierung der Arbeitsverfahren weder die Muße, noch hat sie mit Muße überhaupt etwas zu schaffen. Die quantitative Masse der mechanisch bewältigten Arbeit nimmt zu. Die durch Maschinen ersparte Handarbeit verschwindet nicht, sondern verlagert sich innerhalb der technischen Organisation. Auch die Masse der von der Mechanik abhängig gewordenen Handarbeit wächst. *Seite 13* — 3. Technischer Fortschritt schafft keinen Reichtum. Die Ausbeutungskonjunkturen des technischen Fortschritts. Bestimmung des Reichtums. Die Definition des Aristoteles. Die Rationalisierung von Arbeitsverfahren schafft keinen Reichtum. Die dem technischen Fortschritt angemessene Lage des Arbeiters ist und bleibt der Pauperismus. *Seite 18* — 4. Die technische Organisation löst nur technische Probleme. Bestimmung des Begriffs der Organisation. Ihre Grenzen, ihr Zweck. Das Kennzeichen der technischen Organisation ist nicht die Vermehrung des Reichtums, sondern die Ausbreitung der Armut. Die technische Organisation als Mangelorganisation. Die Verbindung von Technik und Verlustwirtschaft. *Seite 23* — 5. Betrachtung der Maschine. Der Hunger der Maschinerie. Die Technik verbindet sich mit dem Raubbau. Die Rationalität der technischen Arbeitsverfahren ist eine scheinbare, denn diese Rationalität steht im Dienste des Raubbaus und der Substanzvernichtung. Und das Objekt dieses Raubbaus ist nicht nur die Erde, sondern auch der Mensch. Das Prinzip des Raubbaus steckt im Denken des Technikers, ist daher in der freien Wirtschaft und in der Planwirtschaft das gleiche. Eine Technokratie würde daran nichts ändern. *Seite 26* — 6. Die Rationalisierung der Arbeitsverfahren führt zur Perfektion des technischen Arbeitsvorgangs. Zwischen ökono-

mischem und technischem Denken entsteht ein Streit, der mit der Niederlage des Wirtschaftlers endet. Das Streben nach technischer Perfektion ist identisch mit einer Verlustwirtschaft. *Seite 33* — 7. Die Kennzeichen einer wirklichen Ökonomie. Die Mysterien der Demeter. Mensch und Kuh. *Seite 35* — 8. Das Streben der Technik nach Perfektion ist identisch mit dem zunehmenden Automatismus. Die Kennzeichen des Automatismus. Die wachsende Bedeutung des Zeitproblems. *Seite 38* — 9. Descartes und der Dualismus der Res cogitans und Res extensa. Geulinx. Die Vermehrung des mechanisch Bestimmbaren durch die cartesische Lehre. Die Lehre von Descartes als Grundlegung des technischen Ausbeutungsprozesses. Der Streit zwischen Thomisten und Scotisten. Descartes und Baco. Die Vereinigung des Empirismus und des Rationalismus. Die Stellung Spinozas. Descartes und der Kapitalismus. Die Abhängigkeit der Geldwirtschaft von der Dynamik. *Seite 40* — 10. Der Einfluß der galileinewtonschen Mechanik auf den Zeitbegriff. Kant. Die Mechanisierung des Zeitbegriffs und die Mechanisierung der Zeitmeßverfahren. Die Uhren. Die Automatisierung des Zeitbegriffs. *Seite 46* — 11. Die Naturwissenschaft und der mechanisierte Zeitbegriff. *Seite 50* — 12. Alle mechanisierte Zeit ist Tempus mortuum, ist tote Zeit. Zur Geschichte der Uhr. Der Kalvinismus und die Uhrenindustrie. Rousseau. Die Brauchbarkeit und Verbrauchbarkeit der meßbaren Zeit. Die Stückelung der Zeit und ihre Rückwirkungen auf den Arbeiter. Technik und Stückzeit. Tempus mortuum und Automatismus. *Seite 52* — 13. Das Rad als bewegendes und verbindendes Prinzip der Technik. Die Technik als Räderwerk. *Seite 55* — 14. Die Laplacesche Fiktion. Determinismus und statistische Wahrscheinlichkeit. Das Auftauchen des Zeitproblems in den exakten Wissenschaften. Der Begriff des Exakten. *Seite 58* — 15. Die Lehre von der Unfreiheit des Willens. Indifferentia aequilibrii. Leibniz und der Esel Buridans. Der Unterschied zwischen dem Liberum arbitrium und der mechanisch bedungenen Notwendigkeit. Die Technik als Tretmühle. Marxismus und Spinozismus. *Seite 62* — 16. Die Folgen der Mechanisierung zeigen sich in Spezialisierung und Stückelung der Arbeit. Der Weg vom Kausalismus zum Funktionalismus. Die Verwandlung des Arbeiters in einen Maschinensklaven. Die Arbeiter-Organisationen. *Seite 67* — 17. Das Entstehen der Arbeiterfrage. Die wachsende Schutzbedürftigkeit des Arbeiters ist die Folge seiner wachsenden Abhängigkeit von Apparatur und Organisation. *Seite 70* — 18. Die Gewaltsamkeit der Maschine. Sie arbeitet mit Verlusten, erzwingt deshalb die Organisation der Arbeit und des Arbeiters. Der Unterschied von Institution und Organisation. Das Prinzip der Ausbeutung. Die Entstehung des Proletariers. Die Gebrochenheit des Arbeiters. *Seite 74* — 19. Das Zeitalter der Technik beginnt mit der Durchbildung der Dynamik. Der Arbeiter und die Apparatur der Ausbeutung. Sicherheitsbedürfnis und kausale Exaktheit. *Seite 78* — 20. Kant. Seine Scheidung von Technica intentionalis und Technica naturalis. Teleologie und Mechanik. Schelling. *Seite 82* — 21. Der Streit zwischen Mechanisten und Vitalisten. Kausales und teleologisches Denken arbeiten in der Apparatur zusammen. Der Begriff der technischen Zweckmäßigkeit und seine Grenzen. *Seite 85* — 22. Die Grenzen der technischen Zweckmäßigkeit. Das Denken des Technikers ist ein Uhrmacher-Denken. *Seite 87* — 23. Die Technik und das Prinzip der mechanischen Organisation. Apparatur und Organisation stehen im Wechselverhältnis. Das laufende Band. Das statistische Denken. *Seite 90* — 24. Der Begriff der wissenschaftlichen Exaktheit. Die Maschine als nachahmende Erfindung. Der Funktionalismus und seine Folgen für die menschliche Arbeit. Funktionalismus und Automatismus. Die konsumierende Kraft des Funktionalismus. *Seite 93* — 25. Unterscheidung der technischen Organisation von anderen Organisationen. Technik und Recht. *Seite 97* — 26. Das Verhältnis von Wissenschaft und Technik. Die Biologie als Hilfswissenschaft des technischen Fortschritts. Technische Organisation und Medizin. *Seite 100* — 27. Einwirkung der technischen Organisation auf das Geld- und Währungswesen. Der Verfall der Währungen. *Seite 104* — 28. Einwirkung der technischen Organisation auf den Bildungs- und Wissensbegriff. Die Vernichtung der Encyclios disciplina. Das enzyklopädische Wissen. Hume. *Seite 106* — 29. Technik und Ernährung. *Seite 108* — 30. Die mechanische Umformung des Staates durch die technische Organisation. *Seite 110* — 31. Die Aufgaben, die der Verstand sich in der Wissenschaft setzt. Bestimmung des Verstandes. Die Raubzüge des wissenschaftlichen Verstandes. *Seite 112* — 32. Der Begriff der wissenschaftlichen Wahrheit. Richtigkeit und Wahrheit. Die tote Bewegung der Maschine und des Menschen in der toten Zeit. *Seite 117* — 33. Die

Erde als tote Kugel. Die vernutzende Kraft der Technik zeigt sich in der planetarisch organisierten Anzapfung, im Ausbau eines planetarisch organisierten Systems von Tankstellen. Die Vulkanisierung der Erde und das Zeitalter der permanenten Revolution. Der Betriebsunfall. Die Deformierung des Menschen und der Sache. Die Gefahrenzonen. *Seite 120* — 34. Der Begriff der technischen Perfektion. Die zerstörende Kraft des funktionalen Denkens. *Seite 128* — 35. Technik und Massenbildung entsprechen sich. Kennzeichen und Begriff der Masse. Der mobile und transportable Mensch. Die Ideologien. Das transportable Wissen. *Seite 130* — 36. Apparatur und Ideologie gehören zusammen. Das Problem des Schauspielers. Reklame und Propaganda. *Seite 135* — 37. Ideologie und Ablösung. Die Photographie. *Seite 139* — 38. Rationalität und Irrationalität. Der Mensch im Zuge des Funktionalismus. Die Technik der Mobilmachung. *Seite 141* — 39. Hilfsquellen des Menschen. Die Lehren der römischen Geschichte. Die Massenbildung in Rom. *Seite 145* — 40. Technik und Sport bedingen sich. Der Sport beginnt dort, wo ein hinreichender Grad von Mechanisierung erreicht wird. Der Sport als Reaktion auf die fortschreitende Mechanisierung. *Seite 147* — 41. Die Zerstörung des Festes. Der Mechanismus des Lichtspiels. *Seite 151* — 42. Narkotischer Reiz des Automatismus. Die Funktionalisierung des Bewußtseins. *Seite 154* — 43. Die Technik endet nicht, wie die Utopisten annehmen, in einem Idyll, sondern als planetarisch organisierter Raubbau. Das Prinzip der Ausbeutung steigert sich zur totalen Mobilmachung und zum totalen Krieg. Technischer Fortschritt und Kriegsführung. *Seite 156* — 44. Sicherheit und Sicherheitsbedürfnis. Die Aufgabe der Mangel-Organisationen. *Seite 162* — 45. Die philosophischen Systeme. Leibniz. Kant. Die Hegelsche Dialektik als Entsprechung des mechanisch organisierten Fortschritts. *Seite 165* — 46. Die Willensphilosophien. Die Katastrophen-Theorien. Die Grenzen der technischen Perfektion. Sterilität der Mechanik. Prometheus. Hephästos. Die Technik als Entfesselung der titanischen und zyklopischen Kräfte. Das Verhältnis von mechanischer Progression und elementarem Regreß. *Seite 169*

Anhang: Die Weltkriege

Die Voraussetzungen der Weltkriege. Der Krieg kennzeichnet sich durch einen neuen Arbeitscharakter. Ruhmlosigkeit und Leiden des Arbeitssoldaten. Der Krieg als mechanisch geschlagene Trommel, als laufendes Band. Erster und zweiter Weltkrieg. Der Staat als automatisierte Rüstungsfabrik. Totaler Arbeitscharakter und totale Abnutzung. Der Krieg im Kolossalstadium der Technik. *Seite 180*

Zweites Buch: Maschine und Eigentum

1. Das Verhältnis von Geschichte und Technik. *Seite 201* — 2. Apparatur und Ablösung. *Seite 204* — 3. Maschine und soziale Theorie. Saint-Simon, Fourier, Proudhon, Louis Blanc, Owen, Marx. Ökonomische und technische Theorien. *Seite 206* — 4. Der Zusammenhang zwischen dynamischer Mechanik und Kapitalbewegung. Das Bankwesen. Statisches Bankwesen der Antike und dynamisches des Maschinenzeitalters. Bankwesen und Automatismus. Das Börsenwesen. *Seite 209* — 5. Die Anfänge des Geldes. Die Ablösungen des Geldbegriffs. Sachgeld, Symbolgeld, Rechnungsgeld. Die Abstraktionen des Geldwesens. Ökonomisches Geld und technisches Geld. *Seite 216* — 6. Theorie und Ideologie. Die Ideologien und der Entwicklungsgedanke. Freisetzungstheorie und Kompensationstheorie. Marx als ökonomischer Theoretiker im Zeitalter der Dampftechnik. *Seite 222* — 7. Ablösung und Normung. Normung und Automatismus. Ihre Rückwirkung auf die Arbeitsorganisation. *Seite 229* — 8. Die Vorstellungen über die Maschine im neunzehnten Jahrhundert. Die Maschine als Sache in einer Sachenwelt. Der Eigentümer-Kapitalist. Ökonomische Gesellschaft und technisches Kollektiv. Der Mehrwert. Das Verhältnis von Maschinenkapitalismus und Maschinensozialismus. Die Umkehr der ökonomischen Begriffe im technischen Kollektiv. Engels. *Seite 234* — 9. Die Umwandlung des Eigentümer-Kapitalisten in den technischen Funktionär. Ford und sein Vertikaltrust. *Seite 244* — 10. Kontinuität und Diskontinuität. Kontinuierliches Eigentum und diskontinuierlicher Kraftbegriff. Die Selbstenteignung des Maschinenkapitalisten. Die Auflösung der Sachgrenzen.

Das Kollektiv als Kapitalist. *Seite 249* — 11. Die Theorien des Eigentums. Der Sachbegriff des römischen Rechts. *Seite 255* — 12. Das Recht der Enteignung. Die Kollision zwischen Eigentum und Maschine. Die Ausweitung des Kollektivs und die Lage des Arbeiters. *Seite 261* — 13. Der Gegensatz von Sache und Maschine, von Eigentum und Kollektiv. Der Untergang des Staatseigentums. Die Grenzenlosigkeit des technischen Kollektivs. Eigentum und Scheineigentum. Die Grenzen des Eigentums. Das technische Kollektiv als Verlustkollektiv. *Seite 266* — 14. Eigentum und Scheineigentum. Die Anonymität der Mechanik. Die Sachgrenzen der Eigentumsordnung. Der Besitz. *Seite 275* — 15. Sache und Geld. Die Wandlungen des Geldbegriffs. Finanzkapital und Industriekapital. Geldwesen und Kraftgedanke. Das Geld im technischen Kollektiv. *Seite 281* — 16. Die Konzentration des Geldes und der Maschine. Der Machsche Positivismus. *Seite 287* — 17. Die Anonymität der Betriebe. Der Vorgang der Monopolisierung von Geld und Maschinerie. Das Verhältnis von Wissenschaft und Technik. Die „Vergesellschaftung" der Produktion als Gipfel der Ausbeutung und Monopolisierung. Maschinenkapitalismus und Maschinensozialismus. Der Imperialismus im technischen Kollektiv. *Seite 290* — 18. Sache und Funktion. Die Aufgaben des Automatismus. Normung und Automatisierung. Der Mensch als Verkehrszeichen. Die Aufhebung der Sachgrenzen. Die Numerierung. Die Verselbständigung des Bestandteils. Die Aufgaben der Reklame. Die technische Type. *Seite 297* — 19. Die Abhängigkeit des Eigentums vom technischen Verkehr. Die Maschine als Prothese der universalen Ausbeutung. Die Ablösung des Eigentümers durch den Funktionär. *Seite 304* — 20. Die Umformung der Person zum technischen Bestandteil. Eigentümer und Funktionär. Das laufende Band. Der Mensch als technischer Artikel. *Seite 307* — 21. Die Wirkungen des Automatismus auf den Menschen. Der Mensch im technischen Kollektiv. *Seite 313* — 22. Technisches Kollektiv und Automatismus. Die fortschreitende Monopolisierung des Geldwesens und der Mechanik. Das technische Kollektiv als mechanischer Produzent und Konsument. Die Umwandlung der Staatsgefüge. Die Sonderkollektive und das Gesamtkollektiv. Die Bindung des Kollektivs an den Automatismus. Der mechanische Arbeitsplan als Plan von Ausbeutern. Die Technik der Ablösungsverfahren. Die Photographie. Die mechanischen Vervielfältigungsverfahren. Technische Reklame und Propaganda. *Seite 318* — 23. Die Krise der Legitimität. Die Angst. Der Existentialismus von Jean Paul Sartre. Der Type foutu in der Literatur. *Seite 327* — 24. Der Mensch des technischen Kollektivs. Der Begriff der Arbeit. Freie Arbeit und Zwangsarbeit. Der Mensch als Ausbeuter und als Objekt der Ausbeutung. Der Funktionär als Verkümmerungsform. Spezialismus und Konsumtionsvorgang. *Seite 334* — 25. Die Verrechnung des Menschen durch das Kollektiv. Die Testverfahren. Der Mensch als Ausbeutungsobjekt der Wissenschaft. Die Vermehrung der mechanischen Determinationen. Präparat und Konserve. Das Sicherheitsbedürfnis. Das Risiko als geschichtlicher Begriff. Der Ursprung der Angst. *Seite 343* — 26. Technik und Wissenschaft. Der Universalarbeitsplan als Ziel des technischen Kollektivs. Die Technizität des Universalarbeitsplans. Universalarbeitsplan und Universalmaschinerie. Die Technik als Explosionstechnik. *Seite 350* — 27. Die Grenzen von Sache und Person und die Schnitte der Normung. Die Steuerung des Universalarbeitsplans. Kettenreaktion und Weltkrieg. *Seite 355* — 28. Die Kritik am Universalarbeitsplan. Der konsumierende Charakter der Gesamtbewegung. Die Wissenschaft als Dienerin des Universalarbeitsplans. Der Ausgang der Hegelschen Dialektik im Automatismus. Das Verhältnis von Geschichte und Geschichtslosem. *Seite 359*

Andreas Geyer
Nachwort

1.

Wer ist Friedrich Georg Jünger? Es ist zugegebenermaßen ungewöhnlich, das Nachwort zum philosophischen Hauptwerk eines Autors mit einer so grundsätzlichen Frage zu eröffnen. Leider ist es eben diese Frage, die heute von einem Großteil des Publikums gestellt wird, wenn Friedrich Georg Jüngers Name fällt. Während die Publikationen zum Werk von Ernst Jünger kaum mehr zu überblicken sind, ist das Werk des um drei Jahre jüngeren Bruders fast völlig in Vergessenheit geraten. Das ist schon deshalb verwunderlich, weil Friedrich Georg Jünger noch in den fünfziger und frühen sechziger Jahren als deutscher Dichter und Intellektueller durchaus bekannt und präsent war. Oft war von den „Brüdern Jünger" die Rede, die man auf Augenhöhe verortete, deren Unterschiedlichkeit man ebenso erkannte wie den prinzipiellen Gleichklang. Es war Ernst Jünger, der das enge, ja symbiotische Verhältnis zu seinem Bruder bis ans Ende seines Lebens immer wieder hervorgehoben hat.[1]

Friedrich Georg Jünger hat ein sehr facettenreiches literarisches und essayistisches Werk hinterlassen. Die Wurzeln dieses Werkes liegen wohl, ähnlich wie im Falle Ernst Jüngers, im Fronterlebnis des Ersten Weltkrieges. Die Enttäuschung über die „Erfüllungspolitik" des Weimarer Staates hat bei den Brüdern Jünger zunächst eine politische Radikalisierung zur Folge, die in einer ausgedehnten Publikationstätigkeit in einschlägigen nationalistischen Zeitschriften mündet.[2] Der nationalsozialistischen Bewegung stehen die Brüder nach anfänglicher Sympathie bald schon höchst distanziert gegenüber.

Im Falle von Ernst Jünger ist es das Buch *Das abenteuerliche*

---

[1] Vgl. Andreas Geyer: *Friedrich Georg Jünger. Werk und Leben.* Wien und Leipzig 2007, S. 15 ff.
[2] Vgl. Volker Beismann: *Spurensuche im Labyrinth. Politische Publizistik im Frühwerk Friedrich Georg Jüngers.* In: *Etappe. Zeitschrift für Politik, Kultur und Wissenschaft.* 1995, Heft 11, S. 104–125; Andreas Geyer: *Friedrich Georg Jünger. Werk und Leben* [wie Anm. 1], S. 38 ff.

Herz. Aufzeichnungen bei Tag und Nacht von 1929, das die erste Phase einer grundsätzlichen Umorientierung markiert. Friedrich Georg Jünger vollzieht eine ähnliche „innere Emigration" und tritt seit Anfang der dreißiger Jahre vor allem als Lyriker hervor. Ernst Jüngers zwar verschlüsselter, aber letztlich unverhohlen regimekritischer Roman *Auf den Marmorklippen* von 1939 hat ein frühes Pendant in Friedrich Georgs Gedicht *Der Mohn* (1934), das in strengen klassischen Formen die Hohlheit und Pöbelhaftigkeit des nationalsozialistischen Regimes entlarvt.[3] Zwar wird Friedrich Georg Jünger zweimal von der Gestapo verhört, bleibt ansonsten aber weitgehend unbehelligt. Der Schwerpunkt seines Schaffens liegt in den folgenden Jahren auf der Lyrik und einer dezidiert unpolitischen Essayistik; später kommen Erzählungen, Erinnerungsbände und Romane hinzu.[4] Sein zivilisationskritisches Hauptwerk *Die Perfektion der Technik* entsteht in einer ersten Fassung bereits im Jahr 1939. Der ursprünglich vorgesehene Titel lautete noch *Illusionen der Technik*. In den Kreisen, in denen die Brüder Jünger verkehrten, kursierten offenbar ab 1940 bereits Abschriften des Textes.[5]

Die zahlreichen Imponderabilien, die das Erscheinen des Buches behinderten, haben Ernst Jünger zu der Bemerkung veranlasst, es scheine fast so, als ob die Technik selbst alles daran gesetzt habe, das unliebsame Werk zu „sekretieren"[6]. Das Buch geht zwar schon im März 1940 in den Satz, der Druck wird von der Hanseatischen

---

[3] Veröffentlicht in: Friedrich Georg Jünger: *Gedichte*. Berlin 1934, S. 60f.; Bemerkenswert ist ein Tagebucheintrag des im Schweizer Exil befindlichen Thomas Mann, der am 30. November 1934 notiert: „Las in klassizistischen Gedichten eines F. G. Jünger, die Bermann geschickt hatte, erschienen im ‚Widerstandsverlag' (!) Berlin, darin ein Stück ‚Der Mohn', von fabelhafter Aggressivität gegen die Machthaber, das ich, als die Meinen vom Theater zurückgekehrt waren, ihnen beim Abendessen zu allgemeinem Erstaunen vorlas." (Thomas Mann: *Tagebücher 1933–1934*. Herausgegeben von Peter de Mendelssohn und Inge Jens. Frankfurt 1977, S. 578)
[4] Vgl. die akribisch erstellte Bibliographie von Ulrich Fröschle: *Friedrich Georg Jünger (1898–1977). Kommentiertes Verzeichnis seiner Schriften*. Marbach am Neckar 1998; einen zusammenfassenden Überblick gibt Andreas Geyer: *Friedrich Georg Jünger* [wie Anm. 1].
[5] Vgl. Ulrich Fröschle: *Vom ‚Aufmarsch des Nationalismus' zu den ‚Illusionen der Technik' – Friedrich Georg Jüngers Revision des technischen Machtanspruchs*. In: Friedrich Strack (Hg.): *Titan Technik. Ernst und Friedrich Georg Jünger über das technische Zeitalter*. Würzburg 2000, S. 133, Anm. 2.
[6] Ernst Jünger: *Kirchhorster Blätter*. Kirchhorst, 13. Dezember 1944. In: *Sämtliche Werke*, Bd. 3. Stuttgart 1979, S. 341.

Verlagsanstalt aber aus politischen Erwägungen zunächst zurückgestellt. Als Friedrich Georg Jünger von der Entscheidung des Verlages erfährt, schreibt er an den Bruder: „Die Schrift über die Technik wird nicht gedruckt werden. Ich bin damit ganz einverstanden, denn warum soll ich mir mit Gewalt Flöhe in den Pelz setzen."[7] Eine spätere, überarbeitete Fassung fällt dem britischen Bombenangriff auf Hamburg am 27. Juli 1942 zum Opfer. 1943 wird das Buch von Vittorio Klostermann übernommen, erneut gesetzt und in 3000 Exemplaren gedruckt. Ein britischer Bombenangriff auf Freiburg im Breisgau zerstört diese schon fertiggestellte erste Auflage mit dem Titel *Über die Perfektion der Technik* am 27. November 1944 nahezu vollständig. Die wenigen Exemplare, die sich nicht im bombardierten Lagerraum befanden und deshalb erhalten blieben, sind heute gesuchte Raritäten, die auf dem Antiquariatsmarkt praktisch unauffindbar sind. In der letzten Phase des Krieges und in der unmittelbaren Nachkriegszeit ist an einen dritten Anlauf zur Veröffentlichung des Textes vorerst nicht mehr zu denken. Erst im März 1946 kann das Buch, nun unter dem endgültigen Titel *Die Perfektion der Technik*, bei Klostermann erscheinen. Diese Ausgabe ist faktisch als Erstveröffentlichung anzusehen. 1949, im Jahr der nächsten – erneut überarbeiteten und um den Anhang *Die Weltkriege* erweiterten – Auflage von *Die Perfektion der Technik*, publiziert Jünger eine weitere technikkritische Schrift mit dem Titel *Maschine und Eigentum*.[8] Seit der vierten (eigentlich dritten) Auflage im Jahr 1953 ergänzt *Maschine und Eigentum* als „Zweiter Teil" den Grundtext von *Die Perfektion der Technik*. Diese Fassung, die in allen folgenden Auflagen (1968, 1980 und 1993) unverändert blieb, ist auch die Grundlage der vorliegenden Neuausgabe.[9]

2.

Friedrich Georg Jüngers *Die Perfektion der Technik* ist zunächst vor dem Hintergrund einer breit gefächerten Debatte um die Technik zu lesen, die schon in der Frühromantik beginnt, am Vorabend des Ersten

---

[7] Friedrich Georg Jünger an Ernst Jünger. Kirchhorst, den 24. März 1940. Zitiert nach der Abschrift im Deutschen Literaturarchiv Marbach a. N.
[8] Friedrich Georg Jünger: *Maschine und Eigentum*. Frankfurt am Main 1949.
[9] Zur Textgeschichte vgl. auch die detaillierten Ausführungen bei Ulrich Fröschle: *Friedrich Georg Jünger (1898–1977)* [wie Anm. 4], S. 58 ff. (Nr. 20, 21, 32, 35, 45).

Weltkrieges einen Höhepunkt erreicht und unter dem Eindruck der Verheerungen einer entfesselten Kriegstechnik in den zwanziger Jahren fortgeführt wird.[10] Es sind vor allem Autoren aus einem im weitesten Sinne konservativen Umfeld, die im ersten Drittel des zwanzigsten Jahrhunderts an dieser Diskussion teilnehmen. Eine – zumindest tendenziell – wissenschaftsskeptische bzw. technikkritische Haltung finden wir etwa bei Max Weber, Walther Rathenau, Ludwig Klages, Theodor Lessing, Oswald Spengler, Werner Sombart und Hans Freyer, die mit unterschiedlichen Akzentsetzungen die zunehmende Dominanz der Technik in den Blick nehmen.[11]

Eine besonders relevante frühe Wortmeldung zur Technikkritik und Naturschutzdiskussion, die für Friedrich Georg Jünger besonders instruktiv gewesen sein dürfte, geht auf Ludwig Klages zurück. Die Rede, die Klages im Oktober 1913 anlässlich des Gründungstreffens der Freideutschen Jugend auf dem Hohen Meißner hielt[12], war eine furiose Abrechnung mit den negativen Begleiterscheinungen der Moderne: „Eine Verwüstungsorgie ohnegleichen hat die Menschheit ergriffen, die ‚Zivilisation' trägt die Züge entfesselter Mordsucht, und die Fülle der Erde verdorrt vor ihrem giftigen Anhauch. So also sähen die Früchte des ‚Fortschritts' aus!"[13] Klages entfaltet hier schon die Topoi der ökologischen Debatte in ihrer ganzen Bandbreite. Durch die frappierende Hellsichtigkeit, ja scheinbare Modernität mancher Passagen, kann dem heutigen Leser leicht entgehen, daß Klages' Generalangriff auf die Moderne sich aus einem dezidiert antirationalen und gegenaufklärerischen Weltbild speist. Der Untergang des Menschen und der Erde resultiert für Klages aus der zerstörerischen Wirkung des – im Sinne des Nietzscheanischen *Willens zur Macht* begriffenen – Geistes und erscheint letztlich als schicksalhaft. Die „*innere Lebenswende*", die vonnöten wäre, um dem Untergang zu entgehen, liegt „nicht im Vermögen von Menschen".[14]

[10] Vgl. Rolf Peter Sieferle: *Fortschrittsfeinde. Opposition gegen Technik und Industrie von der Romantik bis zur Gegenwart*. München 1984
[11] Vgl. den umsichtigen Abriß von Gilbert Merlio: *Kultur- und Technikkritik vor und nach dem ersten Weltkrieg*. In: Friedrich Strack (Hg.): *Titan Technik* [wie Anm. 5], S. 19–41; Michael Großheim: *Ökologie oder Technokratie. Der Konservatismus in der Moderne*. Berlin 1995; Stefan Breuer: *Anatomie der Konservativen Revolution*. Darmstadt 1993, S. 70 ff.
[12] Zit. nach Ludwig Klages: *Mensch und Erde. Sieben Abhandlungen*. 3. erweiterte Auflage. Jena: Eugen Diederichs 1929.
[13] Ludwig Klages: *Mensch und Erde* [wie Anm. 12], S. 20.
[14] Ebd., S. 39.

Nachwort

Ein weiterer wichtiger Gewährsmann für Friedrich Georg Jüngers Technikkritik ist Oswald Spengler. Mit seinem Monumentalwerk *Der Untergang des Abendlandes* landete er nach dem Ersten Weltkrieg einen Sensationserfolg und wurde auch von den Brüdern Jünger begeistert rezipiert. Im Rahmen seiner Geschichtsphilosophie, die der Weltgeschichte einen Rhythmus von Aufstieg und Niedergang der Zivilisationen einzuschreiben versucht, widmete sich Spengler auch dem Problem der Technik. Zunächst scheint es eine durchaus technikbejahende Haltung zu sein, die Spengler einnimmt. Ähnlich wie bei Klages ist es der von Nietzsche propagierte Wille zur Macht, der – wie Spengler formuliert – eine „faustische Technik"[15] hervorbringt, die die Natur unter ihre Herrschaft zwingt. Dieser Sieg der Technik über die Natur ist aber nur scheinbar ein Sieg für den Menschen. In Wahrheit sei „der faustische Mensch *zum Sklaven seiner Schöpfung geworden*".[16] Spenglers Essay *Der Mensch und die Technik* von 1931[17] ist als direkter Bezugstext für Friedrich Georg Jünger zu betrachten. Die Maschinentechnik, so Spenglers pessimistische Prognose, werde den faustischen Menschen zerstören – und dann gemeinsam mit ihm untergehen. Einen Ausweg aus dieser mißlichen Situation kann auch Spengler im Kontext seiner Geschichtsphilosophie nicht aufzeigen. Schließlich zieht Spengler das fatalistische Resümee: „Wir sind in diese Zeit geboren und müssen tapfer den Weg zu Ende gehen, der uns bestimmt ist. Es gibt keinen andern. Auf dem verlorenen Posten ausharren ohne Hoffnung, ohne Rettung, ist Pflicht."[18]

Technikkritische Wortmeldungen finden sich immer wieder in Ernst Niekischs nationalbolschewistischer Zeitschrift *Widerstand*, der die Brüder Jünger als Autoren – Friedrich Georg sogar zeitweise als „Hilfsredakteur" – verpflichtet sind. Einen besonders markanten Diskussionsbeitrag liefert Ernst Niekisch selbst, der 1931 unter dem Pseudonym Nikolaus Götz einen Artikel mit dem Titel *Menschenfresser Technik* publiziert. Der jeweilige Stand der Technik stehe, so Niekisch, immer im engen Zusammenhang mit der Wirtschaftsstruktur. Das aktuelle Stadium sei dabei von einer

---

[15] Oswald Spengler: *Der Untergang des Abendlandes. Umrisse einer Morphologie der Weltgeschichte.* Zweiter Band: *Welthistorische Perspektiven.* München 1922, S. 627.
[16] Ebd., S. 631.
[17] Oswald Spengler: *Der Mensch und die Technik. Beitrag zu einer Philosophie des Lebens.* München 1931.
[18] Ebd., S. 88f.

Tendenz zum Maßlosen, zum Niederreißen jeglicher Grenzen bestimmt. Niekisch diagnostiziert: „*Technik ist Vergewaltigung der Natur*" und „Technik treibt immer Raubbau mit der Ehrfurcht vor dem Leben. Die Technik frißt Menschen und Menschliches".[19] In ähnlicher Weise wie Klages und Spengler sieht Niekisch die Unausweichlichkeit der Entwicklung: „Der Siegeslauf der Technik über die Erde ist unaufhaltsam."[20] Allerdings verharrt Niekisch angesichts dieser Diagnose nicht im Spenglerschen Fatalismus, sondern gibt der Kritik im Sinne seiner Affinität zum russischen Bolschewismus eine optimistische Wendung. Für Niekisch verliert die Technik ihre Schrecken, wenn sie den richtigen Protagonisten in die Hand gegeben ist. Die in der Sowjetunion betriebene Kollektivierung sei ein wirksames Mittel, die zerstörerischen Kräfte der Technik so gering wie möglich zu halten. So mündet die Argumentation von Niekisch in ein Loblied auf den russischen Kollektivismus und den Appell für eine Orientierung Deutschlands nach Osten hin.

Wie schon angedeutet, entstehen die Werke von Ernst und Friedrich Georg Jünger stets im intensiven Gespräch und intellektuellen Austausch zwischen den Brüdern. Dabei bleibt durchaus auch Raum für Meinungsunterschiede, die gerade im Hinblick auf die Bewertung der Technik in den dreißiger Jahren besonders virulent werden. Ulrich Fröschle weist zu Recht auf Friedrich Georg Jüngers durchgehende „kulturkritische Gestimmtheit gegen die moderne Wissenschaft und Technik"[21] hin, die schon in den frühen Texten identifizierbar ist. Der in Niekischs *Widerstand* veröffentlichte Aufsatz mit dem Titel *E.T.A. Hoffmann* markiert einen Punkt, an dem Jüngers apokalyptische Einschätzung der Technik zum ersten Mal explizit wird.[22]

Friedrich Georg Jüngers *Die Perfektion der Technik* kann als direkte kritische Antwort auf Ernst Jüngers Buch *Der Arbeiter* – jenem

---

[19] Nikolaus Götz (d.i. Ernst Niekisch): *Menschenfresser Technik*. In: *Widerstand*, 4. Heft, April 1931, S. 110.
[20] Ebd., S. 113.
[21] Ulrich Fröschle: *Vom ‚Aufmarsch des Nationalismus' zu den ‚Illusionen der Technik' – Friedrich Georg Jüngers Revision des technischen Machtanspruchs*. In: Friedrich Strack (Hg.): *Titan Technik* [wie Anm. 5], S. 1, S. 134.
[22] Friedrich Georg Jünger: *E.T.A. Hoffmann*. In: *Widerstand. Zeitschrift für nationalrevolutionäre Politik*. Herausgegeben von Ernst Niekisch und A. Paul Weber. 11. Heft, November 1934, S. 376–383; vgl. dazu Andreas Geyer: *Friedrich Georg Jünger*, S. 81 ff.

seltsamen Zwitterwerk aus zeitdiagnostischer Analyse, politischem Traktat und phantastischer Beschwörung – gelesen werden.[23] Der Arbeiter in der visionär-idealisierenden Sichtweise Ernst Jüngers ist eine welthistorische Gestalt, von der sich bereits abzeichnet, daß sie in absehbarer Zeit die Weltherrschaft erlangen wird. Der Technik kommt dabei eine entscheidende Funktion zu, denn: „Die Technik ist die Art und Weise, in der die Gestalt des Arbeiters die Welt mobilisiert."[24] Ernst Jünger versteht die Technik hier weder als verhängnisvolle Eigenbewegung noch als neutrales Werkzeug, sondern als einzig jenem welthistorisch determinierten Prozeß zugeordnet, in dessen Verlauf der Arbeiter sich zur Herrschaft aufschwingen wird. Am Ende des – im Sinne Spenglers determinierten – Prozesses steht die „Perfektion der Technik"[25], die dem Fortschritt ein Ende setzt und der Herrschaft des Arbeiters eine tragfähige und endgültige Basis gibt. Friedrich Georg Jüngers Buch *Die Perfektion der Technik* nimmt also schon mit dem Titel direkt auf einen der Schlüsselbegriffe aus Ernst Jüngers *Der Arbeiter* Bezug. Allerdings findet sich bei Friedrich Georg Jünger keine Spur mehr vom fast schon eschatologisch überformten Glauben an jene Gestalt des Arbeiters, die am Ende alles richten wird, weil schon von Anfang an alles auf sie zuläuft. Der heroisch-utopischen Auffassung des Bruders wird vielmehr eine klare und bittere Absage erteilt. Die von Ernst Jünger mythisch überhöhte Gestalt des Arbeiters wird von Friedrich Georg Jünger wieder auf ein irdisches Maß zurückgestutzt.

Während Ernst Jünger im *Arbeiter* einem emphatischen Fortschritts- und Entwicklungsoptimismus das Wort redet, finden wir in Friedrich Georg Jüngers *Die Perfektion der Technik* eine zutiefst skeptische Einschätzung des technischen Fortschritts, die sich der Position von Klages wieder annähert.

Interessant ist, wie Ernst Jünger den offensichtlichen, ja schroffen Gegensatz zu Friedrich Georg einzuordnen und einzuebnen versucht. Er ist bemüht, hier nicht die Differenz, sondern ein komplementäres Verhältnis hervorzuheben. In einer Tagebuchaufzeich-

---

[23] Vgl. z.B. Ralf Heyer: *„Die Maschine ist kein glückspendender Gott". Fortschrittsskeptizismus und ökologische Visionen im Werk von Friedrich Georg Jünger.* Stuttgart 2000, S. 26; Daniel Morat: *Von der Tat zur Gelassenheit. Konservatives Denken bei Martin Heidegger, Ernst Jünger und Friedrich Georg Jünger 1920–1960.* Göttingen 2007, S. 224 ff.
[24] Ernst Jünger: Der Arbeiter. Herrschaft und Gestalt. In: *Sämtliche Werke*, Bd. 8. Stuttgart 1981, S. 160.
[25] Ebd., S. 182.

nung von 1942 lesen wir: „Mein ‚Arbeiter' und Friedrich Georgs ‚Illusion [sic!] der Technik' gleichen dem Positiv und dem Negativ eines Lichtbildes – die Gleichzeitigkeit der Verfahren deutet auf eine neue Objektivität, während der enge Geist nur den Widerspruch darin erblicken wird."[26] Es ist Ernst Jüngers Konzept einer ganzheitlichen Wahrnehmung durch den *stereoskopischen Blick*, das hier aufscheint.[27]

3.

In *Die Perfektion der Technik* entlarvt Friedrich Georg Jünger schon zu Beginn alle Hoffnungen, die sich an den technischen Fortschritt knüpfen, als unhaltbare Illusionen. *Illusionen der Technik* sollte der Titel des Buches ja zunächst auch lauten. Die Technik, das stellt Jünger schon in den ersten Kapiteln klar, bringe dem Menschen weder Muße noch Reichtum. Das Kennzeichen der Technik sei vielmehr – die Anklänge an Ludwig Klages sind offensichtlich – ein immer brutaler um sich greifender Raubbau an der Natur. Die von der Technik unters Joch genommenen Naturkräfte nehmen die Gefangenschaft nur scheinbar und zeitweise hin. Der allzeit drohende Rückschlag der entfesselten Elementarkräfte ist deshalb für Jünger ein weiteres Charakteristikum der technisierten Welt.

Der Fortgang der Mechanisierung bringt zunächst eine immer perfekter werdende technische Apparatur hervor, die ihrerseits eine streng mechanische Organisation der menschlichen Arbeit erzwingt. Aus diesem Zusammenwirken resultiert eine Gesellschaftsform, die Jünger als *technisches Kollektiv* charakterisiert. Das technische Kollektiv „entsteht überall dort, wo die Automatisierung der Technik einen hinlänglichen Grad erreicht hat"[28]. Seine größte Kraft erreicht das technische Kollektiv „in der nahtlosen Vereinigung von Apparatur und Organisation".[29] Apparatur *und* Organisation fungieren für Jünger als die beiden Mühlsteine, zwischen denen der Mensch des technischen Zeitalters zerrieben wird: „Der Mensch meistert die

---

[26] Ernst Jünger: *Das zweite Pariser Tagebuch*. Paris, 11. März 1944. In: Sämtliche Werke, Bd. 3. Stuttgart 1979, S. 236.
[27] Zur „Stereoskopie" bei Ernst Jünger vgl. z.B. die zusammenfassenden Ausführungen bei Steffen Martus: *Ernst Jünger*. Stuttgart, Weimar 2001, S. 84 ff.
[28] *Die Perfektion der Technik*, S. 318.
[29] Ebd., S. 254.

mechanische Gesetzlichkeit nicht mehr, die er in Gang gebracht hat. Diese Gesetzlichkeit meistert ihn."[30]

Die Ausweitung der Maschinerie, an die der Siegeszug der Technik gekoppelt ist, ist auch notwendig verbunden mit einem Generalangriff auf das Eigentum – der in gravierender Weise auf den Menschen zurückwirkt und seine auf Nutzung und Pflege beruhende Verbindung mit der Natur durchtrennt. Jünger plädiert in diesem Sinne in einer von Klages inspirierten Terminologie[31] für eine Umkehr: „Die Erde bedarf des Menschen als eines Pflegers und Hirten. Wir müssen wieder lernen, sie wie eine Mutter zu behandeln. Dann werden wir auf ihr gedeihen."[32]

In Übereinstimmung mit Ernst Jünger begreift auch Friedrich Georg Jünger den Arbeiter als eine Figur, die für die Epoche im höchsten Maße prägend ist: „Ein neuer Mensch, ein Arbeiter, wie wir ihn vorher nicht sahen, ist da." Aber schon im nächsten Satz wird der fundamentale Unterschied zur Position des Bruders erkennbar:

„Dieser Arbeiter ist Subjekt der Apparatur, aber indem er es ist, ist er zugleich Objekt der durch die Apparatur entfalteten Arbeitsorganisation. Seine Probleme, seine Nöte und Leiden, seine Herrschafts- und Machtgelüste verstehen wir nur, wenn wir erkennen, wie die Koppelung von Apparatur und Organisation hinter ihm steht, wie sie in seinen Gedanken vor ihm liegt."[33]

Es ist die Vereinnahmung und Knebelung durch Apparatur und Organisation, die die Gestalt des Arbeiters von der mythisch-ver-

[30] Ebd., S. 197.
[31] Schon bei Klages ist häufig die Rede von der „Mutter Erde". Klages' Argumentation ruht, wie schon angedeutet, auf der Annahme eines unüberwindlichen Gegensatz zwischen dem Geist und der Seele, an der der Geist sein zerstörerisches Werk vollführt. Dessen Zerstörungswillen richtet sich in gleicher Weise gegen die „Mutter Erde": „Wir sollten einsehen, daß es zum *Wesen* des „rationalen" Willens gehöre, den ‚Schleier der Maya' in Fetzen zu reißen, und daß eine Menschheit, die sich solchem Willen anheimgegeben, in blinder Wut die eigene Mutter, die Erde, verheeren müsse, bis alles Leben und schließlich sie selbst dem Nichts überliefert ist. [...] Nur wenn „das Wissen von der *weltschaffenden Webkraft allverbindender Liebe* [...] in der Menschheit wiederwüchse, möchten vielleicht die Wunden vernarben, die ihr muttermörderisch der Geist geschlagen." (Ludwig Klages: *Mensch und Erde* [wie Anm. 12], S. 38 ff.)
[32] *Die Perfektion der Technik*, S. 363.
[33] Ebd., S. 290.

klärten Größe, die ihm Ernst Jünger zumaß, zur bedauernswerten Kreatur, ja zum „Arbeitsvieh"[34], herabsinken lassen.

Immer wieder betont Friedrich Georg Jünger nachdrücklich die Eigengesetzlichkeit der technischen Entwicklung. Die Technik ist kein neutrales Instrument, das – wie etwa Karl Marx, Ernst Niekisch und eben auch Ernst Jünger meinten – nur in die richtigen Hände gelegt werden muß, um segensreich zu wirken. Der Technik ist ihre zerstörerische Wirkung vielmehr von vornherein schon eingeschrieben. Die Ideologien des Nationalismus und des Sozialismus sind deshalb „gleich brauchbares Heizmaterial für Apparat und Organisation".[35]

Ähnlich wie Ludwig Klages verortet auch Friedrich Georg Jünger den Keim dieser ruinösen Eigendynamik in einer ungebremsten Entfaltung des rationalen Denkens:

„Dieses Denken ist selbst konsumierend, verzehrend, es hat keinen Zugang zum Reichtum, es kann keinen Überfluß hervorzaubern. Alle Anstrengung des Scharfsinns, alle erfindende Kraft, die hier geltend gemacht wird, vermögen es nicht. Denn das Rationalisieren macht den Hunger nur schärfer, es macht auch den Verzehr größer."[36]

Das technische Denken, das aus diesem rationalen Denken hervorgeht, ist von einem unbegrenzten und rücksichtslosen Machtstreben bestimmt. Dennoch, oder gerade deshalb, kann es den drohenden Durchbruch der elementaren Kräfte nicht verhindern – im Gegenteil: es bietet ihnen letztlich ein bequemes Einfallstor.

Friedrich Georg Jünger zieht das bittere und ernüchternde Resümee:

„Die Maschine ist kein glückspendender Gott, und das Zeitalter der Technik endet in keinem friedlichen und liebenswürdigen Idyll. Die Macht, die es uns anbietet, muß zu allen Zeiten teuer bezahlt werden mit dem Blute und der Nervenkraft von Hekatomben von Menschen, die auf irgendeine Weise in das Getriebe von Rädern und Schrauben geraten sind. Sie wird bezahlt durch den Stumpfsinn des Arbeits- und Erwerbslebens, der in dieser

---

[34] Ebd., S. 343.
[35] Ebd., S. 314.
[36] Ebd., S. 27.

Zeit seinen Gipfel erreicht, in der mechanischen Arbeit um den Lohn, in dem Arbeitsautomatismus, von dem der Arbeiter abhängig wird. Sie wird bezahlt durch die Verödung des geistigen Lebens, die überall um sich greift, wo die Mechanik erweitert wird. Es ist gut, wenn man alle Illusionen über die Segnungen der Technik fahren läßt, vor allem aber die Illusionen des ruhigen Glückes, die man mit ihr verbindet. Sie verfügt über kein Füllhorn."37

4.

Jüngers radikale Technikkritik löste in den vierziger und fünfziger Jahren zwar zum Teil engagierte Diskussionen aus – die ganz große und folgenreiche Resonanz blieb jedoch aus. Die unmittelbare Nachkriegszeit, in der alle Energie in einen schnellen Wiederaufbau und die Verbesserung der wirtschaftlichen Verhältnisse floß, bot kein günstiges Klima für Jüngers gleichermaßen prinzipielle wie pessimistische Diagnosen und Thesen.38

Friedrich Georg Jünger ist seinem Lebensthema auch später treu geblieben. Im Jahr 1969 lieferte er mit seinem Buch *Die vollkommene Schöpfung* einen weiteren technikkritischen Großessay, in dem er zahlreiche Gedanken aus *Die Perfektion der Technik* wieder aufgreift.39 Auch die Zeitschrift *Scheidewege. Vierteljahresschrift für skeptisches Denken*, die er zusammen mit Max Himmelheber ab 1971 herausgibt, bietet ein Podium für konservativ-ökologische Wortmeldungen. Eine breitere Öffentlichkeit konnte Jünger aber auch damit nicht erreichen.40

Technikkritik, Umweltschutz und ökologisches Engagement in den diversen Spielarten werden im öffentlichen Bewußtsein inzwischen vollends der politischen Linken zugeordnet. In Wahrheit entstammen die Bemühungen um Natur- und Umweltschutz ursprünglich einer konservativen Wertekonstellation, die an ihren

---

37 Ebd., S. 157.
38 Ein Überblick über die erste Rezeption von *Die Perfektion der Technik* findet sich bei Anton H. Koch: *A Thematic Approach to the Works of F. G. Jünger*. Bern und Frankfurt am Main 1982, S. 63 ff.; vgl. auch Andreas Geyer: *Friedrich Georg Jünger* [wie Anm.1], S. 153 ff.
39 Friedrich Georg Jünger: *Die vollkommene Schöpfung. Natur oder Naturwissenschaft?* Frankfurt am Main: Vittorio Klostermann 1969.
40 Vgl. Andreas Geyer: *Friedrich Georg Jünger* [wie Anm. 1], S. 246 ff.

Rändern zuweilen durchaus nationalistisch-reaktionäre Züge trug. Die entsprechenden Natur- und „Heimatschutz"-Bewegungen befanden sich nicht selten in beunruhigender Nähe zu völkischem und rassistischem Gedankengut. Vermutlich hängt es auch damit zusammen, daß die ökologischen Themenfelder sehr spät, nämlich erst zu Anfang der siebziger Jahre, von der Linken entdeckt – dann aber um so entschiedener vereinnahmt wurden.[41]

Eine Trendwende brachten die siebziger Jahre, als der Zustand von Natur und Umwelt mit einem verbesserten kybernetischen Instrumentarium und von unverdächtigen Protagonisten untersucht wurde. Eine besondere, weil alarmierende Wirkung löste dabei die im Auftrag des *Club of Rome* erstellte Studie *The Limits to Growth* aus, die die Paradigmen von Fortschritt und Wirtschaftswachstum energisch in Frage stellte.[42] Die umweltpolitische Debatte, die zusätzlichen Zündstoff aus dem beginnenden Streit um die Atomkraft bezog[43], brachte in der Folge zahlreiche Protestgruppen, Bürgerinitiativen und alternative Wählervereinigungen hervor und führte schließlich Anfang 1980 zur Gründung der Bundespartei *Die Grünen*. Die Ökologisch-Demokratische Partei (ÖDP) des ehemaligen CDU-Bundestagsabgeordneten Herbert Gruhl, die sich 1982 von den *Grünen* abspaltete, konnte zu diesem Zeitpunkt schon nicht mehr in nachhaltiger Weise Fuß fassen. Zu Beginn der achtziger Jahre war der Umweltschutz endgültig zum „linken" Thema geworden und galt zudem „als Ausdruck einer fundamentalen Systemopposition, als Teil einer Grundhaltung, die meist auch pazifistisch, internationalistisch, feministisch, antikapitalistisch und antirassistisch geprägt war"[44].

---

[41] Vgl. Oliver Geden: *Rechte Ökologie. Umweltschutz zwischen Emanzipation und Faschismus.* Berlin ²1999. Zur konservativen Vorgeschichte der Technikkritik vgl. auch: Thomas Rohkrämer: *Eine andere Moderne? Zivilisationskritik, Natur und Technik in Deutschland 1880–1933.* Paderborn, München, Wien, Zürich 1999.
[42] Vgl. Kai F. Hünemörder: *1972 – Epochenschwelle der Umweltgeschichte?* In: Franz-Josef Brüggemeier; Jens Ivo Engels: *Natur- und Umweltschutz nach 1945. Konzepte, Konflikte, Kompetenzen.* Frankfurt am Main 2005, S. 124–144.
[43] Vgl. Thomas Dannenbaum: „*Atomstaat*" oder „*Unregierbarkeit*"? *Wahrnehmungsmuster im westdeutschen Atomkonflikt der siebziger Jahre.* In: Franz-Josef Brüggemeier; Jens Ivo Engels: *Natur- und Umweltschutz nach 1945* [wie Anm. 42], S. 268–286.
[44] Oliver Geden: *Rechte Ökologie* [wie Anm. 41], S. 33.

Wenn man sich diesen Hintergrund vergegenwärtigt, wird nachvollziehbar, weshalb Friedrich Georg Jünger, der doch eigentlich dazu prädestiniert gewesen wäre, für die grüne Bewegung als Gewährsmann und Vordenker nicht in Frage kam und allenfalls indirekt konsultiert wurde. Auch wenn eine direkte Rezeption und Diskussion der Jüngerschen Thesen in der breiten Öffentlichkeit unterblieb, dürfte gerade *Die Perfektion der Technik* doch subkutan eine nicht zu unterschätzende Wirkung entfaltet haben. Es ist anzunehmen, daß zumindest die älteren Protagonisten und Multiplikatoren der ökologischen Bewegung in den siebziger und achtziger Jahren Friedrich Georg Jüngers Schriften sehr wohl rezipiert hatten, sich aber hüteten, ihn als Quelle anzugeben. Die denkerischen Impulse eines ausgewiesenen Konservativen – und Bruders einer Reizfigur wie Ernst Jünger – waren in der Diskurs-Atmosphäre der siebziger Jahre wohl nicht salonfähig. Schließlich kam noch hinzu, daß Friedrich Georg Jünger nie einen Zweifel daran ließ, daß er zwischen dem Nationalsozialismus und dem seinerzeit oft noch unkritisch idealisierten realen Sozialismus die Hand nicht umdrehte.

So hat Friedrich Georg Jüngers *Die Perfektion der Technik* gleichsam inkognito gewirkt. Nur angedeutet werden kann hier der Einfluß auf den befreundeten Martin Heidegger, dessen Technikphilosophie – wie schon *Die Perfektion der Technik* – in Abgrenzung zu Ernst Jüngers *Der Arbeiter* konzipiert wurde und ganz offensichtlich auch von Friedrich Georg Jüngers Überlegungen zehrte.[45] Und nicht zuletzt ist es Ernst Jünger, der seine „heroische" Interpretation des technischen Fortschritts schließlich aufgegeben hat und faktisch ganz auf die Linie des Bruders eingeschwenkt ist.

5.

Nach Friedrich Georg Jüngers Tod wurde mehrfach der Versuch unternommen, Jüngers ökologische Bemühungen ins Bewußtsein zurückzurufen. So formulierte der rechtskonservative Autor Armin Mohler 1977 in seinem Nachruf auf Friedrich Georg Jünger:

> „Auf ihn geht [...] in Deutschland die ganze Diskussion über ‚Umweltschutz' und ‚Lebensqualität' zurück. Wer sich in dieser

---

45 Vgl. Andreas Geyer: *Friedrich Georg Jünger* [wie Anm. 1], S. 229.

Problematik bewegt, greift stets, ob bewußt oder unbewußt, ob in direkter Übernahme oder über das Zwischenglied von Vulgarisatoren, auf das zurück, was F. G. Jünger gleich nach dem Krieg in seinem revolutionären Buch ‚Die Perfektion der Technik' entwickelt hat."[46]

Friedrich Georg Jünger, so bemerkt Mohler bei anderer Gelegenheit, habe seinerzeit „die geistigen Grundlagen der ökologischen Bewegung in Deutschland gelegt", die ihren „strengen Zuchtmeister" aber inzwischen vergessen habe.[47]

Der Soziologe Stefan Breuer – im Gegensatz zu Mohler[48] einer allzu großen Nähe zu den Brüdern Jünger gänzlich unverdächtig – konzediert im Jahr 1993: „*Die Perfektion der Technik* [...] ist ein Buch von geradezu bestürzender Weitsicht, das die moderne Ökologiedebatte vorweggenommen hat."[49] Breuer deutet die Entwicklung der modernen Gesellschaft – auf der Folie der Kritischen Theorie und der Luhmannschen Systemtheorie sowie einer kritischen Auseinandersetzung mit Norbert Elias und Michel Foucault – als einen Prozeß der Selbstzerstörung „mittels einer historisch beispiellosen Entfesselung von Wissenschaft und Technik."[50] Im Hinblick auf die Positionen Friedrich Georg Jüngers konstatiert Breuer „eine gewisse Affinität zum Technikverständnis der Linken".[51] Dabei würdigt er ausführlich *Die Perfektion der Technik* und stellt Jüngers Essay gleichrangig in eine Reihe mit den Klassikern der Kulturkritik *Dialektik der Aufklärung* von Horkheimer und Adorno sowie *Die Antiquiertheit des Menschen* von Günther Anders.

In der Tat finden sich frappierende Parallelen und Komplementaritäten zwischen den fast zeitgleich gestellten Diagnosen von Horkheimer/Adorno und Friedrich Georg Jünger. Zentrale Referenztexte sind hier die *Dialektik der Aufklärung* (1944) und – gerade im Hinblick auf die gemeinsame Grundthese einer repressiven Zweckrationalität – Horkheimers Essay *Eclipse of Reason* (1946, deutsch:

---

46 Armin Mohler: *Barrikaden gegen die Technik. Zum Tod von F. G. Jünger*. In: *Die Welt*, 23. Juli 1977.
47 Armin Mohler: *Wider die All-Gemeinheiten oder das Besondere ist das Wirkliche*. Krefeld 1981, S. 66.
48 Mohler war von 1949 bis 1953 Ernst Jüngers Privatsekretär.
49 Stefan Breuer: *Die Gesellschaft des Verschwindens. Von der Selbstzerstörung der technischen Zivilisation*. Hamburg ²1993, S. 103.
50 Ebd., S. 103.
51 Ebd., S. 107.

Zur Kritik der instrumentellen Vernunft, 1967).[52] Eine Diskussion zwischen den so unterschiedlichen Zeitdiagnostikern hat freilich niemals stattgefunden, und es ist davon auszugehen, daß man sich nicht einmal ernsthaft gegenseitig rezipiert hat.

Fast noch deutlicher sind die Parallelen zwischen Jüngers *Die Perfektion der Technik* und Günther Anders' zweibändigem Werk *Die Antiquiertheit des Menschen* (1956/1980). Im Falle von Günther Anders ist es sehr wahrscheinlich, daß er Friedrich Georg Jüngers Buch gekannt hat, wenngleich auch er eine direkte Bezugnahme vermeidet. Analog zu Jünger unterzieht Anders das technische Zeitalter einer fundamentalen Kritik und prognostiziert, daß „die *Bedeutung der Technik so überhand*" nehmen werde, „daß sich *das politische Geschehen schließlich in deren Rahmen* abspielt". Vor diesem Hintergrund beobachtet Anders eine zunehmende Konvergenz der politischen Systeme: „Und diese *bewegt sich nicht in Richtung: Freiheit des Menschen, sondern in Richtung: Totalitarismus der Geräte*".[53] Anders' Formulierung vom *Totalitarismus der Geräte* bezeichnet exakt dasselbe finale Stadium, das Jünger als *Perfektion der Technik* charakterisiert hatte. Jünger und Anders gelangen auf verschiedenen Wegen und ausgestattet mit unterschiedlichem weltanschaulichen Proviant zu sehr ähnlichen Diagnosen.

Doch auch Stefan Breuers energische Betonung des innovativen Stellenwerts von Jüngers *Die Perfektion der Technik* ist – so muß man heute konstatieren – weitgehend ungehört verhallt. Eine erneute Rezeption und Diskussion der kulturkritischen Überlegungen Jüngers – über das engere akademische Umfeld hinaus[54] – ist auch nach Breuers Vorstoß weitgehend ausgeblieben. Gleichwohl ist in den letzten Jahren eine Reihe von Monographien erschienen, die sich mit unterschiedlichen Akzentsetzungen dem Werk Friedrich Georg Jüngers zu nähern versuchen.[55]

---

[52] Vgl. Klaus Gauger: *Friedrich Georg Jüngers ‚Perfektion der Technik'*. In: Friedrich Strack (Hrsg.): *Titan Technik* [wie Anm. 5], S. 165.
[53] Günther Anders: *Die Antiquiertheit des Menschen. Zweiter Band. Über die Zerstörung des Lebens im Zeitalter der dritten industriellen Revolution*. München 2002, S. 108f.
[54] Einen Versuch, Friedrich Georg Jüngers Gedanken in der philosophischen und wirtschaftswissenschaftlichen Debatte zu plazieren, unternimmt Fred Slanitz: *Wirtschaft, Technik, Mythos. Friedrich Georg Jünger nachdenken*. Würzburg 2000.
[55] Daniel Morat: *Von der Tat zur Gelassenheit* [wie Anm. 23]; Andreas Geyer: *Friedrich Georg Jünger* [wie Anm. 1]; Ulrich Fröschle: *Friedrich*

6.

Angesichts der skizzierten „verpaßten" Chancen einer Rezeption kommt man – gerade anläßlich der Neuauflage von *Die Perfektion der Technik* – an der Frage nach der Aktualität von Friedrich Georg Jüngers Überlegungen nicht vorbei.

Sicherlich ist *Die Perfektion der Technik* nicht in allen Teilen „frisch" geblieben. Einer ganzen Reihe von Grundprämissen mögen wir heute nicht mehr ohne weiteres zustimmen. Manche Prognosen sind, mit dem heutigen Wissen um die tatsächliche Entwicklung betrachtet, auch schlicht durch die Fakten widerlegt. Dieses Schicksal teilt *Die Perfektion der Technik* aber mit vielen Büchern seiner Art: Ähnliches ließe sich auch über die *Dialektik der Aufklärung* von Horkheimer und Adorno und auch über Günther Anders' *Die Antiquiertheit des Menschen*, ganz zu schweigen von Ernst Jüngers *Der Arbeiter*, sagen. Der Wert bedeutender Bücher erschöpft sich aber bekanntermaßen gerade nicht in ihrer unmittelbaren Zeitbezogenheit.

In *Die Perfektion der Technik* verarbeitet Friedrich Georg Jünger, wie angedeutet, eine Vielzahl von Einflüssen. Was Jünger von den meisten seiner Vorgänger und Nachfolger gleichermaßen unterscheidet, ist der Umstand, daß seine Technikkritik keiner Ideologie verpflichtet ist. *Die Perfektion der Technik* kann geradezu als ideengeschichtlicher Markstein, als „missing link" für den Übergang der Technikkritik und der Naturschutzdebatte vom rechten ins linke Lager betrachtet werden. In Jüngers Buch fehlt jener ungute Anklang an Volk und Blut und Boden, jener raunende Irrationalismus, von dem die frühere Technikkritik, gerade bei ihren zweit- und drittklassigen Protagonisten, häufig unterlegt ist. Es findet sich aber auch noch nicht jener trivialisierende Generalvorwurf gegen ein zynisches „Establishment", das aus bösartiger Profitgier zu jeder Schandtat bereit sei und selbstverständlich auch eine globale Umweltkatastrophe in Kauf nehme und befördere.

Jünger begreift den technischen Fortschritt aus seiner Eigengesetzlichkeit heraus und verortet ihn jenseits der Ideologien. Die Technik, so seine Grundthese, ist nicht die Erfüllungsgehilfin der Ideologien, sondern ist ihnen vor- und übergeordnet. In immer neuen Anläufen arbeitet Jünger den parasitären Charakter der Technik

Georg Jünger und der „radikale Geist". Eine Fallstudie zum literarischen Radikalismus der Zwischenkriegszeit. Dresden 2008.

Nachwort

heraus, von der kaum ein Bereich – in der Terminologie der Systemtheorie würde man sagen: kein Funktionssystem – der Gesellschaft unberührt bleibt. Gleichermaßen betroffen von dieser Bewegung sind Wirtschaft, Wissenschaft, Recht, das Bildungssystem und schließlich die Organisation des Staates, den die Technik nach ihren Erfordernissen umbaut. Aus heutiger Sicht wäre wohl vor allem ein systemtheoretischer Ansatz geeignet, viele der inhaltlichen Ungereimtheiten und begrifflichen Unbekümmertheiten Jüngers zu präzisieren und „anschlußfähig" zu reformulieren.

Auch wenn Jüngers Großessay *Die Perfektion der Technik* wohl nicht mehr in unmittelbarer Weise als zeitgenössischer Text rezipiert werden kann, ist er doch weit mehr als bloß von historischem und dokumentarischem Interesse. Trotz aller offensichtlichen Irrtümer und punktuellen Überholtheiten könnte Jüngers Text in seiner Originalität, Gedankenfülle und Verknüpfungsfreude durchaus noch fruchtbar gemacht werden. Jünger denkt über viele Themen nach, die uns auch heute noch bewegen. Und Jünger denkt quer zu vielen Folgerungen und Resultaten, die uns heute selbstverständlich scheinen. Man muß Friedrich Georg Jünger nicht in allen Punkten folgen, doch man kann die Tragfähigkeit anderer Standpunkte an seinen Einwürfen erproben.